·中国检察官文库·

6

转型社會的法律监督
理念、制度与方法

贾春旺题

（四）

徐汉明◎著

知识产权出版社
全国百佳图书出版单位

责任编辑：刘　睿　蔡敏敏　　　　**责任校对**：董志英
特约编辑：刘　欣　　　　　　　　**责任出版**：卢运霞

图书在版编目（CIP）数据

转型社会的法律监督理念、制度与方法（四）/ 徐汉明著．
—北京：知识产权出版社，2012.10
ISBN 978－7－5130－1492－2

Ⅰ．①转…　Ⅱ．①徐…　Ⅲ．①法律监督－中国－文集
Ⅳ．①D926.34－53

中国版本图书馆 CIP 数据核字（2012）第 210482 号

转型社会的法律监督理念、制度与方法（四）

Zhuanxing Shehui de Falü Jiandu Linian Zhidu yu Fangfa (Si)

徐汉明　著

出版发行：知识产权出版社
社　　址：北京市海淀区马甸南村 1 号
邮　　编：100088
网　　址：http://www.ipph.cn
邮　　箱：bjb@cnipr.com
发行电话：010－82000860 转 8101/8102
传　　真：010－82005070/82000893
责编电话：010－82000860 转 8113
责编邮箱：liurui@cnipr.com
印　　刷：北京市凯鑫彩色印刷有限公司
经　　销：新华书店及相关销售网点
开　　本：720mm×960mm　1/16
印　　张：29.75
版　　次：2012 年 10 月第一版
印　　次：2012 年 10 月第一次印刷
字　　数：430 千字
定　　价：80.00 元
ISBN 978－7－5130－1492－2/D・1554（4353）

总 序

2011年9月，在社会各界的大力关心和支持下，湖北省检察官文学艺术联合会正式成立，揭开了湖北检察文化发展的新篇章。检察文化是社会主义先进文化的重要组成部分，是加强检察队伍建设的重要载体和有效抓手，是检察官的精神家园。检察官文学艺术联合会作为检察队伍建设的重要力量，作为推动检察文化建设的重要载体和平台，对凝聚人心、激发热情、提振精神、推动检察文化发展繁荣、促进检察工作科学发展具有十分重要的作用。

湖北省检察官文学艺术联合会成立后，以党的“十七大”、十七届五中全会和六中全会精神以及社会主义核心价值体系为引领，按照“全国检察机关第十三次检察工作会议”的部署，以“六观”（大局观、核心价值观、执法观、业绩观、权力观、发展观）、“六个有机统一”统一思想，围绕“三个体系”（检察工作方针政策体系、执法办案和法律监督工作体系、检察机关自身建设体系）建设，充分发挥检察官文学艺术联合会的联络、协调、服务职能，紧贴检察工作，深入检察实际，大力开展检察文化艺术创作和文化艺术活动，在服务检察机关、服务检察队伍、服务基层、服务社会上初显成效。为了进一步增强检察文学艺术作品的凝聚力、创造力、影响力，提升广大检察人员的文化自信和自觉，湖北检察官文学艺术联合会在遵循检察文化发展规律的基础上，提出了将文化建设战略思维方案化、方案谋划项目化、项目实施活动化的工作思路，鼓励支持基层检察人员做“加法”、做“乘法”，积极参与谋划和开展“检察文化进基层”“文化提升执法公信力”等活动，以项目导向、项目策划、项目实施、项目责任、项目考核、项目效应为抓手，努力推出一批精品力作，打造一批体现湖北省检察文化建设的品牌，推动发展思路、发展目标的具体落实，为湖北省检察工作和检察队伍建设的科学发展作出贡献。

《中国检察官文库》（以下简称《文库》）就是湖北省检察官文学艺术联合会着力推进的重大项目工程之一。《文库》以检察官在执法办案中的所思、所想、所感为对象，力争以理论创新引领工作机制创新，推动检察法治文化的大发展和大繁荣。《文库》坚持以质取文的原则，入选著作既可以是针对检察工作进行顶层设计的鸿篇巨制，也可以是对检察实务中的重点、热点、难点问题进行探幽发微的短小精辟之作。只要著作言之有物、具有理论创新性，就可以被选入《文库》出版。同时，《文库》又是开放式的，不仅仅针对湖北检察官的著作，全国各地检察官的著作，只要符合《文库》的入选要求，都可以选入《文库》出版计划。另外，高等院校、科研院所、政府机构的专家学者，只要其著书与检察工作有关，有检察官参与，符合《文库》入选要求的，也十分欢迎他们的大作能为《文库》增添光彩。

《中国检察官文库》作为一株幼苗，要想茁壮健康成长，需要全国各地检察官们及时给予关心与呵护，更离不开社会各界贤达的支持、鼓励和鞭策。我真诚希望，《中国检察官文库》作为检察官自己的舞台，能够充分发挥检察官思想库的作用，积极为检察体制和工作机制创新发展建言献策，在推动我国依法治国方略的实施过程中发挥应有的作用。当然，由于水平有限，入选著作可能存在观点稚嫩甚至讹误等问题，敬请各位读者批评指正。

中国检察官文学艺术联合会常务理事，中国检察学研究会理事
湖北省检察官文学艺术联合会主席，全国检察业务专家
湖北省人文社会科学重点研究基地——中南财经政法大学法治
发展与司法改革研究中心主任，教授、博士生导师

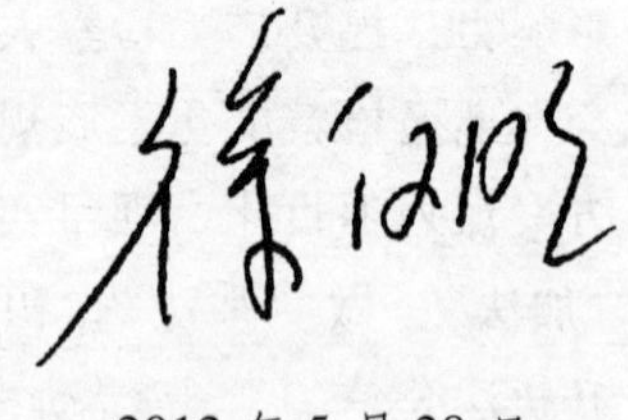

2012年5月28日

目　录

一　检察理论篇

二　检察改革篇

三　刑事法律监督篇

四　反腐倡廉篇

一　检察理论篇

检察文化建设：理念更新与实践创新*

——以深入贯彻落实党的十七届六中全会精神为视角

［课题背景］当今世界正处在大发展、大变革大调整时期，世界多极化、经济全球化深入发展，科学技术日新月异，各种思想文化交流、交融、交锋更加频繁，文化在综合国力竞争中的地位和作用更加凸显，维护国家文化安全任务更加艰巨，增强国家文化软实力、中华文化国际影响力的要求更加紧迫。

当代中国进入了全面建设小康社会的关键时期和深化改革开放、加快转变经济发展方式的攻坚时期，文化越来越成为民族凝聚力和创造力的重要源泉、越来越成为综合国力竞争的重要因素、越来越成为经济社会发展的重要支撑，丰富精神文化生活越来越成为我国人民的热切愿望。我国仍处于并将长期处于社会主义初级阶段，人民日益增长的物质文化需要同落后的社会生产之间的矛盾仍然是社会主要矛盾。全面建成惠及十几亿人口的更高水平的小康社会，既要让人民过上殷实富足的物质生活，又要让人民享有健康丰富的文化生活。必须抓住和用好我国发展的重要战略机遇期，在坚持以经济建设为中心的同时，自觉把文化繁荣发展作为坚持发展是硬道理、发展是党执政兴国第一要务的重要内容，作为深入贯彻落实科学发展观的一个基本要求，进一步推动文化建设与经济建设、政治建设、社会建设以及生态文明建设协调发展，更好地满足人民精神需求、丰富人民精

---

* 本文发表于《湖北日报》2011年9月15日第13版，由周译春硕士、吴世文博士协助完成。

神世界、增强人民精神力量，为继续解放思想、坚持改革开放、推动科学发展、促进社会和谐提供坚强思想保证、强大精神动力、有力舆论支持、良好文化条件。

正是在这样的背景下，党的十七届六中全会在总结历史经验、科学分析形势的基础上，阐述了中国特色社会主义文化发展道路，确立了建设社会主义文化强国的战略目标，提出了新形势下推进文化改革发展的指导思想、重要方针、目标任务、政策举措，强调要坚持用社会主义核心价值体系引领社会思潮，在全党全社会形成统一指导思想、共同理想信念、强大精神力量、基本道德规范。

随后下发的《中共中央关于深化文化体制改革推动社会主义文化大发展大繁荣若干重大问题的决定》又强调：全党必须深刻认识到，社会主义先进文化是马克思主义政党思想精神上的旗帜，文化建设是中国特色社会主义事业总体布局的重要组成部分。没有文化的积极引领，没有人民精神世界的极大丰富，没有全民族精神力量的充分发挥，一个国家、一个民族不可能屹立于世界民族之林。物质贫乏不是社会主义，精神空虚也不是社会主义。没有社会主义文化的繁荣发展，就没有社会主义现代化。在新的历史起点上深化文化体制改革、推动社会主义文化大发展、大繁荣，关系实现全面建设小康社会奋斗目标，关系坚持和发展中国特色社会主义，关系实现中华民族伟大复兴。要准确把握我国经济社会发展新要求，准确把握当今时代文化发展新趋势，准确把握各族人民精神文化生活新期待，增强责任感和紧迫感，解放思想，转变观念，抓住机遇，乘势而上，在全面建设小康社会进程中、在科学发展道路上奋力开创社会主义文化建设新局面。

在全社会致力于提升文化软实力的大背景下，检察文化建设的重要性与必要性日益突出。对于检察工作来说，检察文化建设任务的提出超越了法律制度和国家活动的角度而视检察工作为文化现象，标志着对检察实践反思性观照的发展和对检察工作总体性认识的深入，势必进一步推动检察实践的健康发展。但理论界对检察文化的内涵与外延、功能与建设途径等的争论，以及实践中存在的检察文化泛化、庸俗化、简单化等现象，使得对检察文化主体性及其价值功能、构建途径的深入探讨成为一项重大而迫切的课题。

一、对检察文化内涵与外延的再界定

按照人类认识事物的规律，建设检察文化，首要的问题是弄清楚检察文化是什么。而要正确把握检察文化的本质，就必须引入文化学的理论视角，对检察文化的研究和实践进行整体性的观照，并对检察文化的内在的质的规定性进行深入发掘，进而彰显检察文化的主体性，且科学认识其内涵与外延，这是进行检察文化建设的基础与前提。

（一）从文化学的视角看检察文化的三个维度

自爱德华·B. 泰勒（Edward Burnett Tylor）于1871年尝试界定“文化”以来，众说纷纭的文化定义多达160余种。其中，泰勒的定义也最为经典，他认为：“所谓文化或文明，在其广泛的民族学的意义上来说，是知识、信仰、艺术、道德、法律、习惯及其他人作为社会成员而获得的所有能力和习性的复合的总体。”❶ 后来，美国当代著名人类学家，“新进化论”学派的主要代表人物莱文·A. 怀特（Levin Alvin White）继承和发展了这一定义，认为文化是“依赖于符号的使用而产生的现象的综合——行为（各种类型的行为），物体（工具，由工具制成的产品），观念（信仰、知识）和感情（态度、‘价值’）”。❷怀特进一步概括指出，任何一种文化都由三个方面的要素或曰三个不同的层次构成：（1）文化的心理要素，即文化的精神观念层面，一般称为精神文化，包括思维方式、思想观念、价值观念、科学意识等。（2）文化的行为要素，即文化行为方式层面，一般

---

❶ ［英］爱德华·泰勒：《原始文化》，连树声译，上海文艺出版社1992年版，第1页。

❷ ［美］莱文·A. 怀特：《文化科学：人和文明的研究》，曹锦清等译，浙江人民出版社1988年版，第133页。

称为行为文化，包括规范、风俗、习惯、生活制度等。（3）文化的物质要素，即文化的物质实体层面，一般称为物质文化，包括各种生产工具、生活用具以及其他物质产品。❶

上述三个要素，分别是文化的精神观念、行为方式和物质实体的表达。笔者认为，检察文化亦不例外地由此三要素构成，它们是正确认识检察文化内涵的三个维度，分别对应检察精神文化、检察行为文化和检察物质文化：（1）检察精神文化指的是检察工作人员在检察活动中体现的思维方式和价值体系，它是检察文化的核心所在；（2）检察行为文化是指检察工作人员在检察实践活动中彰显的文化，包括在执法行为、管理行为、教育行为、交往行为等行为中；（3）检察物质文化指的是由检察建筑、设备、服饰等具体物质所表征出来的文化，是特定时期检察文化传承的外在载体和反映。

（二）检察文化与法律文化、社会文化的界分

检察文化与检察实践相生相伴。从历史上看，自秦汉以降，我国司法与行政长期不分。长达2 000余年的御史制度，作为检察文化的历史渊源，对近代乃至现代检察文化一直产生着某种影响。伴随晚清的司法制度改革而产生的检察制度，使得近代检察文化初见端倪。1931年，中华苏维埃共和国在瑞金建立了检察署，革命根据地的检察文化由此诞生并逐步发展。新中国的检察文化在历经风雨之后，1978年《宪法》与1979年《人民检察院组织法》牢固确立了检察机关“法律监督机关”的地位，检察机关的理念和结构实现了转变，检察文化事业步入正轨并获得了长足发展。❷近年来，检察文化是学界和实务界热衷探讨的话题之一。但是，何为检察文化却是目前在理论上和实践中令人困惑的问题。综观我国目前的检察文化

---

❶ 解世雄：“物理文化简论”，载《科学学研究》1998年第1期。

❷ 常安：“关于法律文化概念构建的再思考——对概念和问题本身的诘问”，载《山东大学学报（哲学社会科学版）》2006年第4期；陈伦双：《我国西部地区检察文化建设研究》，西南大学2010年硕士论文。

研究与实践，对于检察文化的内涵界定，主要有以下 4 种倾向。[1]

(1) 从文化的定义入手，在广义上把检察文化界定为检察工作人员在检察实践中创造的物质文化和精神文化的总和，在狭义上把它定义为精神文化。这是一个概括的定义。后来，有论者加入了制度维度的思考，认为检察文化是检察机关在检察实践过程中创造的制度文化、精神文化和物质文化的总和。

(2) 从学习型组织理论的角度，有论者借鉴了企业文化的理论体系，认为检察文化是检察机关新的管理思想、管理理论和管理形式，强调转变管理理念，将物的管理与人的管理结合起来，变以物为中心的管理为以人为中心的管理。该视角强调了检察文化的功用，尤其是对于检察机关管理的作用。

(3) 从人类学和组织学的角度出发，有研究者认为检察文化是检察官群体在检察活动中所秉持的信念和价值观念，其核心是检察官群体的价值观。这是从检察队伍建设角度作出的界定。

(4) 从法律文化的角度讨论，有论者把检察文化定义为法律文化的一个分支，或者法律文化的一种。

笔者认为，上述定义从不同角度界定检察文化，试图发掘检察文化的本质，其中不乏合理性，在指导检察文化建设实践的过程中，也产生了正向的效应，是人们积极思考和探索检察文化建设的成果。但是，这些较为典型的定义分别把检察文化囿于检察机关文化、管理文化、行业文化和法律文化等领域，未能昭示检察文化的主体性并清晰地洞见其本质。

凡此种种对检察文化内涵认识的模糊性，直接导致了实践层面的困惑：要么把从物质到精神、从有形到无形等方方面面的东西均视为检察文化，无所不包，导致在实践中无从入手；要么把检察文化简化为单纯的文化活动，诸如读书、下棋、打球以及各类文体竞赛等，这样操作容易，似乎见

---

[1] 孙光骏：《检察之魂——汉阳检察文化探索与实践》，中国方正出版社 2005 年版，第 9 ~ 10 页；柏荣、李乐平：《基层建设与检察文化》，中国检察出版社年版 2005 年版，第 1 页；赵志建："检察文化的概念需要科学界定"，载《检察风云》2005 年第 20 期。

效也快，但却压缩了检察文化的意义空间，也使得检察文化建设与检察工作本身割裂开来，使检察文化建设的长远意义和实效成了问题，最终导致实践中存在的检察文化建设文娱化、形式化、短期化、功利化、庸俗化等现象的出现。

毋庸置疑，检察文化是社会文化的重要组成部分，是法律文化的重要分支，但检察文化的内在的质的规定性决定了其特有的性质与品格：它虽然基于一定社会的文化传统和文化心理而产生，但它必然立足于具体的检察制度和检察工作实践；它虽然基于法律的普适价值而存在，但它必须符合检察权运行的规律，受到检察工作整体性、统一性和检察官客观义务等要求的制约。这是检察文化与法律文化、社会文化界分的关键，也正是检察文化主体性的具体体现。

（三）从主体性的角度看检察文化的内涵与外延

综合上述分析，可以给检察文化这样一个定义，即检察文化是检察工作人员以中国特色社会主义检察制度及检察权的运行为依据，在检察工作实践中所体现出来的群体性思维方式、行为方式和外在表征的总和。

笔者对检察文化的这一重新定位意在强调如下两点：(1) 检察文化必须蕴涵着某种法律价值取向；(2) 检察文化应当是附随在当代检察制度特有的执法价值指向下的法律信仰、职业道德、思维方式、执法理念、工作方法以及与之相协同的组织原则、组织氛围、管理制度、职业培训等。

这一重新定位，针对当前的检察文化理论研究与实践，还意在强调检察行为文化，彰显两个“主体性”：(1) 检察文化的主体性。随着实践的发展，需要把“文化育检”的理念和实践向上溯源、向前推进，发掘检察文化的内在规律，按照其自身逻辑体系加以架构，更加推崇和张扬检察文化的主体性。(2) 检察人员的主体性。检察人员是检察文化的主体，必须注重发挥其主体作用和主观能动性。英国文化学家雷蒙德·威廉斯（Raymond Williams）把文化界定为“一种整体的生活方式”，[1] 认为“文化即生活”，“文化是平常的”等。荷兰著名的哲学家 C. A. 冯·皮尔森（C. A. Van Peursen）亦强调：“文化不是名词，而是动词。文化是人类生存的一种战略。”[2] 这都启示我们必须深刻认识到检察文化是活的，检察人员的实践是检察文化的源头活水。只有重视检察人员的主体地位，检察文化建设才能取得长足的发展。

二、对检察文化价值功能的再认识

检察文化，是检察机关的精神旗帜，是检察制度和检察事业衍生的文化现象，是检察事业发展的“软实力”。但是，检察文化建设并不是终极性目标，而是手段性目标，它必须始终服务于检察事业的发展，体现检察权的本质属性，反映中国社会主义检察制度的特色和优越性。

与此同时，检察文化也是法律文化的重要组成部分，它以社会文化为依托，既体现一定文化的内容和活动，又受一定文化的规范和制约。因此，对检察文化价值功能的研究应当从两个层面来进行，即对检察文化的自身功能和社会功能分别分析。

所谓检察文化的自身功能，主要是强调检察文化的专业属性及其对检察活动的直接功能。所谓检察文化的社会功能，是指其在社会文化的大视野下，基于检察活动对社会关系、人际关系的调整，在社会发展、公共管理、文化教化等过程中发挥的作用。具体来说，检察文化的功能体现在以下 5 个方面。

---

[1] ［英］雷蒙德·威廉斯：《文化与社会》，吴松江、张文定译，北京大学出版社 1991 年版，第 403 页。

[2] ［荷］C. A. 冯·皮尔森：《文化战略》，刘利圭等译，中国社会科学出版社 1992 年版，第 2～3 页。

（一）价值引领功能

文化，体现着一个组织最深层的精神积淀，反映着一个团队的理想追求。价值观是文化的内核，规定着文化的性质。有什么样的价值观，就有什么样的文化立场、文化选择。检察文化，决定着检察人员的价值目标取向，是检察人员价值体系的内在塑造机制。先进的检察文化，通过思想引领、价值导向、道德规范等途径，一方面，它培育和确立着符合中国特色社会主义理论体系、符合社会主义核心价值体系、体现社会主义法治理念和检察工作规律的检察人员的共同价值体系，促进检察人员奋发向上的精神力量和团结一致的精神纽带的形成；另一方面，又潜移默化地促进着这一共同价值体系在检察人员内心的认知与认同，使之转化为检察人员的群体意识，实现在政治信仰、时代精神、正义理想、执法理念、客观义务、道德追求等方面的思想共识，并进而成为凝聚团队履行职责使命的无形力量。

当代中国，检察文化的价值引领功能具体体现为三个层面的价值整合：第一个层面，是以社会主义核心价值体系为指导，用马克思主义中国化的最新成果来武装检察人员的思想，用中国特色社会主义的共同理想来凝聚力量，用以爱国主义为核心的民族精神和以改革创新为核心的时代精神来鼓舞斗志，用社会主义荣辱观来引领风尚；第二个层面，是以社会主义法治理念为指导，将"理性、平和、文明、规范"的执法理念和"严格、公正、文明、廉洁"的目标要求融入检察队伍建设的全过程，贯穿于检察工作的各个方面，转化为检察人员的自觉追求，从而使全体检察人员的执法思想进一步统一，始终坚持"三个至上"，❶ 做到"四个在心中"；❷ 第三个层面，牢牢把握"强化法律监督，维护公平正义、推动科学发展、促进社会和谐"的检察工作根本任务，牢固树立推动科学发展、促进社会和谐

---

❶ "三个至上"，即"党的事业至上、人民利益至上、宪法法律至上"。

❷ "四个在心中"，即"党在心中、人民在心中、法在心中、正义在心中"。

的大局观，忠诚、公正、清廉、为民的核心价值观，理性、平和、文明、规范的执法观，办案数量、质量、效率、效果、规范、安全相统一的业绩观，监督者更要自觉接受监督的权力观，统筹兼顾、全面协调可持续的发展观，始终践行“立检为公，执法为民”检察职业宗旨，培育和确立体现检察工作整体性、统一性和检察官客观义务要求的检察人员职业信仰。

（二）行为规范功能

检察文化具有群体性，是历史积淀和现实形成的且被检察职业群体所共同遵守或认可的共同的行为取向和行为模式。某种行为模式一旦形成，就对检察人员具有特定的约束力。这种约束力，也正是检察文化力的具体体现。这一特性，决定了检察文化具有行为规范功能，它使得检察人员的行为被限定在法律、检察职业道德规范及规章制度等所许可的范围内。在实践中，检察文化的行为规范功能体现在如下两个方面。

一方面，激励功能。既包括外在的推动，即检察机关通过构建激励机制、典型示范、人文关怀等手段和方式，对检察人员之行为所进行的功利化的推动和促进作用，也包括内在的引导，即检察文化所具有的尊重人的主体地位、激发人的主体意识、调动人的主观积极性，使检察人员在内心深处自发地产生为检察事业拼搏奉献的自主精神，并进而转化为推动检察工作发展的自觉行动的作用。

另一方面，约束功能。指的是检察文化成果的行为规范力，它向检察人员传达什么样的行为是被许可的、什么样的行为不被许可。这种约束，既体现为制度规范的刚性约束作用，即固化的机制、规章制度对人的行为的规范作用，也体现为制度精神的软性约束作用，即源于检察机关内部的文化氛围、行为准则、道德规范的无形规范作用。这里的制度精神，具体体现为检察人员在严格、公正、文明、廉洁执法方面所具有的制度意识、责任态度和执法水平。

（三）结构聚合功能

检察文化的结构聚合功能主要是指检察文化对于理顺检察机关内部各

种关系、推进检察组织科学管理所发挥的作用。结构聚合，是指检察文化对检察机关之间以及检察机关内设组织机构之间的制度结构及其运行机制既协调配合又有序控制、制约所产生的正效应的功能作用。检察文化能通过一定的规范、制度等，促使检察机关建构成一个协调的功能体系。检察机关的内部管理，既靠制度管理，也靠文化管理。有计划地推进检察改革本身就是一项规模巨大的系统管理工程和文化调适过程。虽然检察机关的职能管辖以地域和级别为基础，检察机关内部各组织机构的工作职能也各不相同，但只有在整体结构协调有序的情况下形成功能上的协同效应，检察职能才能正常发挥，才能实现良性运行。检察机关之间以及检察机关内设组织机构之间的相互协调配合，不仅基于法律制度、检察体制、工作机制等的科学规制，还必须依赖于检察文化系统的内部调适，主要是通过目标调适、机构和制度的调适、人员行为的调适等，达到各部分的协调与行动一致，实现科学管理和有效制约。总之，检察文化的结构聚合功能最终体现为增强检察机关的内部团结、协调检察机关之间的协作、保证检察职能正确履行的功能。

（四）形象塑造功能

检察机关的形象特指检察机关展现给外界的精神面貌、思想作风、管理水平和工作效率等印象。“形象”是通过人的感官在头脑中形成的整体印象，所以检察机关的形象并不仅指检察机关的外在面貌，同时也包含社会各界对检察机关的认可度、支持度、满意度等方面的评价。简而言之，就是指检察机关的公信力。检察形象是检察文化作用于社会的外观表现，检察机关形象的塑造在很大程度上取决于检察文化的塑造。

从检察文化与社会文化的互动关系来看，检察工作实践塑造出检察文化，检察文化又通过检察工作实践与社会其他文化形态交流融合。在这一过程中，检察权不再被视做单纯的国家权力，而被更多地赋予人民群众对法律监督和权力制约的理念；检察文化也不再是专属于检察机关的部门文化，而是更多地包含了全体社会成员自愿接受监督和自觉参与监督的心理需求。检察文化对这种理想和需求的适应过程，也正是检察形象塑造的过程。

检察文化的形象塑造功能主要通过提升检察机关的公信力和扩大检察机关的影响力来体现：一方面，它推动检察机关及其检察人员在检察实践中不懈追求“公平、正义、秩序”的价值理念，追求社会主义法制的统一、尊严和权威，并在这一过程中树立检察机关和检察人员社会主义事业建设者、捍卫者和公平正义守护者的良好形象，从而增强检察机关整体形象的认同感和说服力，提高检察机关的公信力。另一方面，提高检察机关公信力的过程，也是先进检察文化的价值理念、思维方式、行为作风等传达给周围其他社会成员的过程，从而不断地扩大检察机关的社会知名度和影响力。

（五）辐射传播功能

良好的文化具有辐射效应，可以对周围的各类主体产生潜移默化的影响。“检察文化是整个法治国家建构的组成部分，作为一种法律文化，它不仅体现法治的要求，同时也是一种社会控制的重要手段。检察文化的繁荣不仅对检察官具有积极的意义，对普通民众形成完整的健全的法制观念、法治意识同样有着积极的意义”。[1]

检察文化的辐射传播功能，对外主要体现为通过检察实践活动，在与社会成员间的互动过程中，传播法治理念、正义理想、行为规范等，进而产生“教化”效应。如检察机关通过法制宣传、执法办案等活动，向社会成员传达宪法和法律对个体（包括单位和个人）行为的评价原则和准则，从而教育公民增强法治观念，进而维护国家的法律秩序。

检察文化的辐射传播功能，对内主要体现为先进的检察文化对检察人员的激励和感召，及其在检察人员内心产生的职业认同感和自豪感，以及由此所激发的工作积极性、主动性和创造性。它促使检察官成为具有良好

[1] 闻立树：“检察文化建设前景展望”，载《检察风云》2005年第20期。

政治修养、法律素质，具有崇高的正义感和使命感的一种职业群体，通过政治信仰、知识体系、制度规范和价值理念等凝聚力量，激发创造力，规范执法行为，推动检察事业持续繁荣地向前发展。

三、对检察文化发展路径的再探讨

实现社会主义文化大发展、大繁荣，是全党全社会的共同事业，需要包含检察机关在内的各方面的参与。检察文化作为社会主义先进文化的重要组成部分，是凝聚检心检力、激发干警事业热情、推动检察工作科学发展进步的强大精神动力和智力支持。深入贯彻落实党的十七届六中全会精神，推进检察文化建设大发展、大繁荣，需要研究确立“十二五”时期检察文化建设的总体思路和目标要求。这对于加强和改进新时期检察文化建设，进而推动检察工作科学发展具有重要意义。

（一）“十二五”时期检察文化建设面临的形势、任务和背景条件

1.“十二五”时期检察文化建设面临的形势、任务

“十二五”时期，检察文化建设面临在西方敌对势力坚持文化霸权主义、通过文化渗透对我国进行“西化”“分化”的形势下维护国家文化安全的重要任务；面临在国内思想文化领域发生深刻变化，人们思想活动的独立性、选择性、多变性、差异性明显增强的形势下服务促进社会主义核心价值体系建设的重要任务；面临在检察官群体价值观念多样化的形势下用社会主义法治理念统一思想、凝聚力量的重要任务；面临在检察干警精神文化需求日益增长，检察干警求知、求乐、求美的愿望更加强烈的形势下用先进文化引领检察队伍建设、维护干警基本文化权益的重要任务；面临在检察管理向高层次迈进的形势下用文化管理打造学习型、创新型检察团队，挖掘检察人员潜能，激发检察人员积极性、创造性，优化检察资源配置，提高检察工作效率，提升检察机关执法公信力的重要任务；面临在加强和改进检察机关群众工作的形势下充分发挥文化建设面向社会的桥梁

纽带作用，构建检察机关良好的社会认同和公共关系的重要任务。

2. “十二五”时期检察文化建设面临的机遇条件

一是党和国家高度重视文化建设。党的“十七大”提出了推动文化大发展大繁荣、兴起社会主义文化建设新高潮的战略任务，党的十七届五中全会对文化建设提出了新的更高要求，“十二五”规划纲要把传承创新、推动文化大发展、大繁荣作为重要的战略任务，党的十七届六中全会确立了建设社会主义文化强国的战略目标，下发了《中共中央关于深化文化体制改革 推动社会主义文化大发展大繁荣若干重大问题的决定》。这些都为检察文化建设提供了决策引领和政策支持。

二是各级人民检察院日益重视检察文化建设。2002 年，高检院颁布的《人民检察院基层建设纲要》明确提出了“检察文化建设”的任务。2010 年，高检院下发《最高人民检察院关于加强检察文化建设的意见》，进一步要求在全国检察机关兴起检察文化建设新高潮，推动检察工作科学发展。近年来，山东、广东、河南、湖北等省检察院分别把文化建设作为检察工作科学发展的战略性任务，在全省范围内进行部署。各级检察院党组对文化建设的重视程度越来越高，为检察文化建设提供了坚实的组织保障。

三是提升检察文化软实力的意识深入人心。检察文化对于提高检察队伍整体素质、提高检察机关执法公信力、推动检察事业科学发展的重要作用得到各级检察机关和广大干警的认同，为检察文化建设深入发展提供了浓厚的工作氛围。

四是全国检察文化建设具有良好的工作基础。党的“十七大”以来，全国检察机关坚持以科学发展观为指导，着眼于检察事业的科学发展，以提高检察人员政治素质、业务素质和职业道德素质为目标，大力实施“文化育检”战略，充分发挥检察文化教育、规范、约束、导向、凝聚的特殊作用，检察文化建设呈现出蓬勃发展的良好态势，初步实现了从“文化育检”向检察文化建设的转轨，检察文化的内驱力逐步显现；初步实现了从科学管理向文化管理的转轨，文化建设的战略地位逐步得到凸显；初步实现了从自身建设向社会辐射的转型，文化建设对执法公信力的提升作用逐步显现，为“十二五”时期检察文化建设奠定了基础。

3. “十二五”时期检察文化建设面临的挑战

“十二五”时期检察文化建设面临严峻考验和诸多挑战。从宏观层面看，检察机关、检察干警日益增长的文化需求与文化供给不足的矛盾，成为当前和今后一个时期检察文化建设必须着力破解的重大课题。从中观层面看，对检察文化建设的规律缺乏正确把握、理论供给不足成为检察文化大发展大繁荣的根本制约。从具体实践看，与党和人民的要求、与新时期检察工作发展的需要相比，当前检察文化建设仍存在目标定位不准、功能定位不明、建设水平不高、路径依赖不清等问题和差距，使得检察文化建设简单化、庸俗化等现象时有发生，“检察文化无用论”“检察文化万能论”两种错误倾向各有表现，未能彰显检察文化的主体性和服务性，未能凸显检察文化以管理功能为核心的建设性，检察文化建设的重点不突出、特色不明显、载体单一、保障乏力，亦未能形成清晰的、战略性的、统一的思路和体系。

总的来看，“十二五”时期检察文化建设处于大有作为的重要战略机遇期，既面临难得的历史机遇，也面对诸多问题和挑战。各级检察机关应当增强机遇意识和忧患意识，主动适应环境变化，有效破解问题挑战，更加奋发有为地推进检察文化建设在新的起点上开创新局面。

回顾总结“十一五”时期检察文化建设的成绩、经验、不足，根据新时期、新阶段的形势和任务，立足于检察机关文化建设的实践基础和发展前景，笔者认为“十二五”时期检察文化建设的总体要求可以概括为：高举中国特色社会主义伟大旗帜，深入贯彻落实科学发展观，坚持党的事业至上、人民利益至上、宪法法律至上，以社会主义核心价值体系为指导，以服务和推进检察事业科学发展为宗旨，以构建检察人员的共同价值体系为核心，以提高检察队伍素质、提升检察形象，提高检察机关执法公信力为目标，以检察人员的主体性发挥为原则，以群众性文化活动为载体，以改革创新为动力，紧贴检察工作和检察队伍建设实际，求真务实，勇于开拓，不断推动中国特色社会主义检察文化建设的大发展大繁荣，为中国特色社会主义检察事业科学发展凝聚精神力量，为推进社会主义法治文化建设、加快建设社会主义法治国家作出应有贡献。

围绕这一总体要求，建议“十二五”时期检察文化建设的总体目标是：基本建立起同中国特色社会主义检察制度相适应的检察文化理论体系和工作格局。通过检察文化建设，调动人、凝聚人，激发检察人员的积极性、主动性、创造性，形成“思想持续进步，制度持续改进，工作持续创新”的良性机制，使检察文化建设紧紧围绕检察中心工作、服务检察队伍建设，促进检察工作科学发展。具体来讲，要重点做到“六个着力”：着力构建检察人员共同价值体系，着力构建中国特色社会主义检察文化理论体系，着力形成促进提高执法公信力的检察人员共同行为取向，着力满足检察干警日益增长的文化需求，着力加强检察文化建设的各项工作机制建设，着力拓展检察文化发展空间。努力在以下六个方面见实效：在围绕中心，服务大局，推动人民检察事业科学发展上见实效；在培育检察精神，提升队伍素质，塑造检察机关良好形象上见实效；在构建检察文化理论体系，促进中国特色社会主义检察文化大发展、大繁荣上见实效；在活跃干警生活，密切检群关系，促进社会和谐稳定上见实效；在发现和培养检察系统文学艺术人才，繁荣检察文化事业上见实效；在丰富内容、创新载体，开创检察文化建设新局面上见实效。

（二）“十二五”时期检察文化建设需要正确处理的重大关系

1. 正确处理检察文化建设同国家文化建设的关系

要深刻认识文化建设是我国经济社会发展“四位一体”国家战略的重要组成部分，检察文化是社会主义先进文化的重要组成部分，是社会主义法治文化的重要内容，担负着适应“十二五”国家文化发展需要、促进中国特色社会主义先进文化大发展、大繁荣的重要使命。要站在推进中国特色社会主义文化建设的战略高度，坚持把检察文化建设摆到更加重要的位置，更加积极、更加主动、更加自觉地加强和改进检察文化建设。

2. 正确处理检察文化建设与检察工作的关系

要深刻认识到检察文化建设是中国特色社会主义检察事业的重要组成

部分，是检察工作的思想保证和精神支撑，是检察事业不断发展的重要力量源泉。发展繁荣检察文化既是推动检察工作的重要手段，又是检察事业发展进步的重要目标。要坚持把检察文化建设置于检察事业发展全局来思考和谋划，使之服务、服从于检察工作科学发展大局，努力做到“四个服务”：服务检察机关的中心工作，服务检察队伍建设，服务基层检察机关，服务检察工作科学发展。

3. 正确处理检察文化建设与检察队伍建设的关系

周永康同志指出，检察文化建设是检察队伍建设的一个重要方面，要坚持中国先进文化的前进方向，在凝聚警心警力、推动检察工作、营造氛围、更好履行法律赋予的职责上下工夫、见成效。这是从队伍建设层面对检察文化建设作出的科学定位。要深刻认识检察文化建设是提高检察队伍整体素质、提升检察机关执法公信力的重要途径，充分发挥检察文化在培育检察精神、提升职业素养、规范执法行为、塑造良好形象、促进高素质检察队伍建设方面的积极作用。

4. 正确处理检察精神文化、行为文化、物质文化之间的关系

这三者既各成体系，又密切相关，构成了检察文化的统一体，必须统筹兼顾、协调推进。（1）以共同价值体系构建为核心，塑造检察精神文化。坚持把精神文化建设作为整个检察文化建设的首要任务，着力培育符合科学发展观要求、符合社会主义核心价值体系、体现社会主义法治理念和检察工作规律的检察精神文化，着力构建检察人员共同价值体系。（2）以执法公信力建设为抓手，塑造检察行为文化。坚持以提高检察机关执法公信力为抓手，通过法律监督能力建设、执法规范化建设和职业道德及廉政建设，引导检察人员牢固树立“理性、平和、文明、规范”的执法理念，努力践行“严格、公正、文明、廉洁”执法的目标要求。（3）以和谐型、效能型机关建设为目标，塑造检察物质文化。按照检察精神文化的价值取向，全面规划、大力加强体现检察文化内涵的执法办案基础设施建设、文化阵地建设和干警执法办案能力建设，着力打造检察干警干事创业的发展平台。

5. 正确处理检察文化建设统一性与多样性的关系

在把握检察文化建设的内容方面，既要自觉学习践行社会主义核心价值体系，形成检察机关上下一体的共同价值追求，又要注意吸纳法治文化、地方文化或其他行业文化的有益特色，使检察文化建设在坚持统一性的同时呈现多样性。在检察文化建设的发展规划方面，既要着眼全局对“十二五”时期以至今后更长一段时期全国检察机关文化建设进行统一规划、统筹安排，又要凝聚各地智慧、体现基层期待，使检察文化发展规划在坚持统一意志的同时呈现灵活性。在检察文化建设的实施方面，既要坚持统一部署，有序推进，又要尊重和充分发挥各地尤其是基层检察院的积极性和创造性，通过重点突破、典型示范、“抓两头，带中间”等有效手段，推进检察文化的渐进式发展。

（三）“十二五”时期检察文化建设需要解决的重大问题

1. 关于检察文化的科学定位问题

检察文化建设是检察事业科学发展的动力源泉，是检察队伍建设和检察机关执法公信力建设的精神载体，是新形势下开创检察工作新局面的强院战略，是检察机关“软实力”的具体体现。各级检察机关应当在思想上高度重视检察文化建设，把检察文化建设放在更加重要的战略位置，作为一项系统工程，不断加强和改进检察文化建设的积极性、主动性和自觉性，不断增强检察文化建设的针对性和实效性，推动检察文化建设在更高层次上持续健康协调发展。

2. 关于检察文化基础理论体系建设问题

要着眼于进一步回答“什么是中国特色社会主义检察文化”“为什么要建设中国特色社会主义检察文化”“怎样建设中国特色社会主义检察文化”，从基本理论、基本概念、基本范畴、基本规律和基本方法入手，展开广泛深入的理论与应用研究。在建设检察文化基础理论体系过程中，要做到“五个坚持”：坚持以马克思主义的文化理论和法治理论为指导；坚持基础性理论研究与应用性理论研究相结合；坚持从检察工作实际出发，把理论研究的现实性、历史性、专题性、系统性紧密结合起来；坚持深入实际，调查研究，打牢理论研究的实践基础；坚持门户开放，加强协作，凝聚各方人力、智力，形成理论研究的强大合力。

3. 关于检察文化建设格局和发展模式问题

为实现检察文化建设的科学化，使之符合检察工作规律和文化建设规律，“十二五”时期我国的检察文化建设要做到“两个坚持”。（1）坚持检察精神文化、行为文化、物质文化同步推进的“三位一体”检察文化建设格局，其中以检察人员共同价值体系为核心的精神文化建设是根本，以检察人员共同行为规范为核心的行为文化建设是关键，以检察文化载体为核心的物质文化建设是基础和保障，三者相互联系、相辅相成，共同构成检察文化建设的基本内容。（2）坚持“服务、理论、载体、保障”紧密结合、共融共生的“四位一体”检察文化发展模式。其中，服务大局、服务检察中心工作是核心，加强理论研究提供理论支撑是根本，丰富载体创新形式是关键，形成检察文化建设的科学保障机制是基础。

4. 关于加强检察网络文化建设问题

在开放、透明、信息化条件下，加强检察网络文化建设是增强检察机关维护社会和谐稳定能力、增强自身发展软实力、提升执法公信力的必然选择和迫切任务。各级检察机关应当以清醒的认识、积极的态度和创新的精神，大力发展和传播健康向上的网络文化，推动检察机关网络文化建设又好又快发展，使网络成为传播中国特色社会主义检察文化的新途径，为检察事业科学发展提供文化服务的新平台，满足广大检察人员和人民群众精神文化需求的新渠道，着力打造检察干警的网上精神家园。

5. 关于检察文联的性质定位和职能作用问题

应当明确，检察文联是检察系统的一个社会团体组织，是各级检察院党组领导下的检察队伍建设、检察文化建设的辅助力量。其职能作用主要是：以文学艺术的形式，充分发挥社会团体的优势，协助检察机关，大力推动检察文化和法治文化大发展大繁荣。主要体现在：服务检察队伍建设，发挥助手作用；推进检察机关群众工作，发挥平台作用；构建干警精神家园，发挥载体作用；凝聚检察文艺人才，发挥纽带作用；加强内外沟通联系，发挥桥梁作用。

（四）“十二五”时期检察文化建设应当推进的重点项目

以重点项目为抓手，推动发展思路、发展目标的具体落实，既是检察文化建设的内在要求，也是深化检察文化建设的工作方法。检察机关在“十二五”时期应当着力推进以下方面的检察文化建设重点项目。

（1）推出一批检察文化理论丛书。组织2~3次全国性的检察文化理论与应用研究论坛，推出5~10部检察文化研究专著或论文集，引导和深化对检察文化建设的理论和实践问题的研究，为中国特色社会主义检察文化的大发展、大繁荣奠定坚实的理论基础。

（2）推广一批检察文化建设典型。打造一批符合检察机关整体文化理念、工作基础扎实、特色突出、具有可持续发展前景的检察文化建设典型，在全国示范推广。

（3）健全完善检察人员行为规范。全面践行和系统深化现有检察人员行为规范，不断提炼深化、健全完善符合社会主义核心价值体系、符合检察工作规律的检察人员共同价值追求和行为准则体系，努力形成检察人员共同的行为取向和行为模式。

（4）出台检察文化建设实施纲要。在地方三级检察机关积极探索、制定实施纲要的基础上，争取“十二五”末期出台《全国检察机关检察文化建设实施纲要》，形成指导、推动检察文化建设的纲领性文件。

（5）实施检察文艺创作、文艺评论精品工程。以纪念建党90周年、人民检察创立80周年为契机，启动实施检察文艺创作、文艺评论精品工程，通过拍摄电视剧、开展文艺赛事等形式，大力繁荣检察文艺，不断扩大检察文艺精品的影响力和受众面。

（6）实施“检察文化进基层”和“文化提升公信力”系列工程。坚持检察文化建设立足基层、立足干警，面向基层、面向群众，组建群众性文艺团体，开展丰富多彩的群众性文艺活动，同时积极利用大众文化传媒，进一步加强检察题材文字、声像、影视、数字作品的创作和宣传，弘扬主旋律，组织协调文化、宣传、工会等部门发现、推出一批重大先进典型，发挥典型示范作用，营造争先创优的文化氛围。

（7）实施检察文艺人才“百千万”工程。制定文艺人才培养长期规划，发现和培养百名检察文艺精英、千名检察文艺骨干、万名检察文艺爱好者，打造检察文化建设的中坚力量。

（8）发展壮大和规范管理检察文化社会团体。稳步推进以中国检察官文学艺术联合会为龙头的检察文化社会团体建设，推动省、市两级检察院在两年内分步成立检察文联，形成上下一体、协调运转的检察文联运行体系。

（9）实施中国特色社会主义检察文化“走出去”战略。加强对外联系交流，适时组织“中国检察文化推介行”“中国检察文化周”等活动，大力加强对外检察文化交流，扩大国际影响，努力提升中国检察机关的国际地位。

着力推动荆楚“重商文化”的发展繁荣*

文化是生产力，文化是创造力，文化是影响力。在全党全国深入学习贯彻党的十七届六中全会精神、积极投身社会主义文化强国建设新高潮之际，湖北省委省政府响亮提出要着力营造“亲商、利商、留商、暖商、敬商、懂商、悦商”的浓厚氛围，以培育“重商文化”为切入点，将文化软实力建设与发展软环境建设结合起来，激励全民创业，促进民营企业、民营经济发展，是从文化高度推动我省科学发展、跨越式发展的再次“破题”，显示了高度的文化自觉和文化自信。

文化，作为人类在社会实践过程中所获得的物质、精神的生产能力和创造的物质、精神财富的总和，具有历史继承性、民族性和地域性等特征。我认为，“重商文化”是湖北省在全球化和市场经济条件下，适应科学发展、跨越式发展的现实需要，提出的一种以尊企重商为核心价值取向的文化，是尊企重商的价值观念、思维方式、行为模式及其物质表征的总和。

按照文化人类学“新进化论”学派主要代表人物莱文·A. 怀特的观点，任何一种文化都由精神理念、行为方式、物质形态三个层面构成。“重商文化”在精神理念层面，倡导的是公平、正义、诚信、竞争、法治和尊重劳动、尊重创造、尊重企业家等价值理念；在行为方式层面，它体现为公平竞争的市场规则、规范高效的政府服务体系和诚信有序的市场主体行

---

* 本文系作者于2011年11月14日在湖北省理论界重商文化建设座谈会上的发言，发表于《湖北日报》2011年11月15日第6版。本文由周译春硕士协助完成。

为规范等；在物质形态层面，它突出体现为对知识产权尤其是商标、标识、域名、商域等的重视和保护。

作为社会意识形态的文化，是一定社会的政治和经济的反映，同时又给予一定社会的政治和经济以巨大的影响。湖北省提出发展“重商文化”，具有极强的现实针对性。在精神理念层面，它针对湖北省地处中部，与沿海地区相比，“重农抑商、重文轻商、重官轻商”“先政后商”“君子固穷”等落后的传统思想观念在社会上根深蒂固，而“重商”理念、“经济人”理念等现代思想观念较为欠缺，在一定程度上制约了经济社会的发展。在行为方式层面，它针对的是少数政府部门和人员服务意识淡薄、服务能力不强、服务效率不高，以及作为市场主体的少数企业坑蒙拐骗、制假售假、制售有毒有害食品等诚信缺失、违背市场规则，违反法治原则的行为。在物质形态层面，它针对的是资源优化配置不够、知识产权创新不够、知识产权保护不够等问题，呼唤企业、政府和社会提高创新能力和知识产权保护意识。

从制度经济学的角度分析，“重商文化”的提出和培育，能够通过破除传统思想观念循守、政府对企业的行为选择不当、市场制度不健全等因素驱动的企业发展的非良性路径依赖，形成思想解放、遵循企业发展规律、充分发挥企业积极性的良性路径依赖，并降低政府和企业之间的交易成本，形成政府和企业之间良性的互动关系，推动经济社会跨越式发展。

当前湖北省正处于实施“十二五”规划、推动经济社会跨越式发展、推进两型社会建设的关键时期，科学发展迫切需要文化支撑，中部崛起迫切需要文化崛起，和谐社会迫切需要文化保障，我们要抓住加快构建中部崛起重要战略支点的大好机遇，正确认识和积极培育“重商文化”，着力推动湖北省“重商文化”大发展大繁荣，为湖北省经济发展提供精神动力和智力支持。

（1）在思想意识方面：要破除“重农抑商”“重官轻商”“崇官崇政”等陈旧观念，树立“崇企重商”的新理念；政府职能部门要进一步解放思想，摈除官本位意识，增强责任意识、担当意识，树立“发展第一、服务至上”的理念，不断优化发展环境的供给。

（2）在制度机制方面：要着力健全公平竞争的市场规则，着力健全政府为企业服务的长效机制，着力规范市场主体的行为，为经济发展提供有力的制度支撑。

（3）在发展保障方面：要深入探索“重商文化”培育、发展的组织形式和保障方式，着力凝聚“崇企重商”的社会共识，积极营造平等健康的创业氛围、鼓励创新的深厚土壤和优质服务的发展环境，努力形成狠抓发展软实力、软环境建设的合力。

对于检察机关来说，服务、保障和促进“重商文化”建设，就是要坚持围绕中心、服务大局，在全面充分履行法律监督职能上下工夫，着力营造诚信有序的市场环境，进一步加大对侵犯知识产权、制假售假、非法经营、金融诈骗、商业贿赂、偷税漏税等破坏市场经济秩序犯罪的打击力度，强化对利用司法手段违法插手民事经济纠纷的监督，促进公平竞争、发挥市场在资源配置中基础性作用。把社会和谐稳定作为最基本的发展环境来看待，着力营造和谐稳定的社会环境。紧盯经济社会发展重点领域和关键岗位等腐败犯罪易发多发领域，进一步加大惩治和预防职务犯罪力度，着力营造廉洁高效的政务环境。针对执法司法不公的突出问题，不断强化对诉讼活动的法律监督，着力营造公平正义的法治环境。同时，要不断加强检察文化建设，为“重商文化”的发展繁荣提供法治精神的牵引和支撑。

树立司法权威离不开人大监督支持*

湖北省委书记、省人大常委会主任李鸿忠同志2011年7月27日发表重要讲话，对做好新时期人大工作提出了明确要求，强调人大对“一府两院”要“真监督，不能含糊；真支持，支持到位”，保障法律法规的有效实施和省委重大决策部署的贯彻落实。下面，我就“树立司法权威离不开人大监督支持”谈三点认识。

一、民意民评是检验司法权威的根本标准

中国特色社会主义司法制度是中国共产党在90年的革命、建设和改革开放过程中将马克思列宁国家与法的理论与中国具体实践相结合的伟大创举，是党的三代领导集体完成和推进三件大事的重要体现之一，是马克思主义中国化成果的重要组成部分，是中国特色社会主义法律体系的支柱之一，是同中国特色社会主义根本政治制度、基本政治制度、基本经济制度以及经济、政治、文化、社会体制相匹配的具有无比优越性的制度。我国司法权作为中国特色社会主义国家权力结构体系的重要组成部分，其与行政权、军事权一并从属于国家权力机关，由人民代表大会产生，对人民代表大会负责，受人民代表大会监督；人大职权与司法权之间，是母权与子权、上位权与下位权、原始权与派生权、授权与行权的关系；行使司法权

* 本文系作者于2011年8月3日在省委座谈会上的发言，发表于《湖北日报》2011年8月5日第8版。

的人员由人大选举、批准任命、任命而产生。我国司法机关只有在党的领导、人大的监督下，依法独立公正行使审判权和检察权，才能树立司法权威。各级人民代表大会是国家权力机关，也是人民的代表机关；人民群众的民意民评，既表现为人民群众对司法的知情权、参与权、监督权及其表达权，但更多地体现为人大及其常委会所作出的决议决定，投票表决，提出意见、建议及批评，选举、批准任命、任命履行司法职责的人员，这是检验司法权威的根本标准。

二、人大监督支持是树立司法权威的根本保障

近年来，湖北省检察机关自觉主动接受人大及其常委会的监督，制定实施《湖北省人民检察院关于自觉接受湖北省人民代表大会及其常务委员会监督的办法》，有力促进了严格、公正、文明、廉洁执法，树立了司法权威，提升了司法公信力。一是认真落实向人大报告工作制度。坚持全面报告与专项报告相结合，及时向人大报告司法工作的重大情况和重要事项。2006 年以来，省检察院就先后 7 次向人大常委会及内司委等专门委员会报告专项工作。二是认真贯彻执行人大及其常委会的决议决定。2009 年 7 月，省人大常委会主要负责同志在实地考察多个省后颁布实施《湖北省人民代表大会常务委员会关于加强检察机关法律监督工作的决定》（以下简称《决定》），受到全国人大充分肯定。省人大常委会先后组织召开《决定》实施情况汇报会和推进会，要求加大宣传力度，强化监督检查，抓好贯彻实施。省检察院坚决维护人大决议决定的权威性和严肃性，制定 19 项配套制度，深化检察改革，采取有针对性的措施严格贯彻执行，增强了法律监督工作实效。2011 年 7 月，省人大听取和审议了省检察院关于全省贯彻落实中办发 37 号文件的报告，鸿忠同志亲自参观惩治和预防渎职侵权犯罪巡展，为反渎职侵权工作开展创造了良好的环境。三是广泛听取人大和代表的意见建议。坚持每年组织中层以上干部旁听各代表团讨论审议“两院”工作报告的情况；及时汇总整理，召开党组会议研究改进措施；每年

接到省人大常委会办公厅交办的代表意见建议后，适时召开工作会议研究贯彻措施，并专门制定贯彻意见下发全省督办落实。在与人民群众密切相关的重大部署、重要规范性文件出台之前，广泛征求、认真听取人大代表、人民群众的意见建议，确保决策的科学性和民主性。四是切实加强人大代表联络工作。2006 年以来，仅检察机关就走访各级人大代表 18 000余人次，召开人大代表座谈会 896 次，邀请人大代表视察检察工作 645 次，接受人大执法检查 439 次，向人大代表寄送检察要况 10 万余份，聘请 326 名人大代表担任人民监督员（占人民监督员总数的 26%）。近年来，全省各级人大及其常委会对检察工作真监督、真支持，成效非常明显：针对法律监督立法滞后问题，依法履行立法权，制定实施地方性法规，支持检察机关推行法律监督调查、检察工作一体化等机制创新；针对检察工作的薄弱环节，依法履行监督权，召开专门会议，听取情况汇报，组织专项调研，督促整改落实，促进检察机关强化了法律监督职能；针对检察队伍建设的问题，依法履行人事任免权，选举、批准任命、任命一批高素质的检察长和检察官，为依法正确履行职责提供了组织保证。实践证明，人大对司法工作的监督体现了支持，寓支持于监督之中，有力推动了公正司法，树立和维护了司法权威。

三、在人大监督下全面正确履职是树立司法权威的本质要求

党的“十七大”提出建立公正、高效、权威的中国特色社会主义司法制度，公正是本质特征，高效是内在要求，权威是重要保证。检察机关作为国家的法律监督机关，肩负着维护宪法和法律统一、正确实施的神圣职责。湖北省检察机关将深入学习贯彻胡锦涛总书记“七一”重要讲话精神，按照第十三次全国检察工作会议和鸿忠同志做好法治建设“普法、信法、守法、依法、施法、执法、司法、立法”的部署，以强化法律监督、强化自身监督、强化队伍建设为总要求，全面落实依法治国基本方略，大

力弘扬社会主义法治精神，不断推进公正司法进程，树立和维护司法权威。毫不动摇地坚持人民代表大会制度，自觉接受人大和人民群众对检察工作的监督，建立健全人大监督同检察机关法律监督有机结合的工作机制，坚持严格依法办事，保证宪法和法律得到正确实施，真正实现党的领导、人民当家做主、依法治国有机统一。全面履行批捕、起诉、查办和预防职务犯罪案件以及对诉讼活动的法律监督等职责，努力营造和谐稳定的社会环境、规范有序的市场环境、廉洁高效的政务环境、开放、竞争、有序、包容的政策环境和公平公正的法治环境，使环境条件优势转化为发展优势，使司法公信力在营造环境中得到树立和提升，促进湖北经济社会科学发展、跨越式发展。

深刻领会延安精神的核心内涵，为跨越式发展提供坚强有力的司法保障*

延安精神是中国共产党和中华民族宝贵的精神财富，是实现全面建设小康社会宏伟目标的强大精神动力。新时期弘扬延安精神，核心是要把握好科学发展这一主题，关键是要把握其与时俱进的创新品质，本质是要维护人民群众的根本利益。其中发展问题是延安精神的核心内涵，是坚定正确政治方向、解放思想、实事求是、自力更生、艰苦奋斗、全心全意为人民服务的具体体现。湖北省委提出，在“十二五”时期，要更加奋发有为地推进经济社会跨越式发展。把跨越式发展写在湖北“十二五”发展的旗帜上，充分体现了延安精神的历史性与现实性、继承性与创新性的辩证关系，充分体现了科学发展观的本质内涵，是加快构建促进中部地区崛起重要战略支点的战略举措。检察机关作为法律监督机关，弘扬延安精神，就是要紧紧围绕“人心向背、事业兴衰”的根本问题，全面履行法律监督职责，为推动跨越式发展提供坚强有力的司法保障。

一、深刻认识延安精神中发展的跨越性，科学谋划检察工作思路

“延安时期”是中国共产党由弱到强、中国革命事业突飞猛进的关键

---

* 本文系作者于2011年7月22日在省直机关“弘扬延安精神，推动湖北跨越式发展”论坛上的发言。

时期。中央红军到达延安时，队伍不到3万人；历经抗日战争，正规部队迅速扩大到120万人，解放战争结束时总数上升到500万人；党中央初到陕北时，物质条件十分艰苦，“我们曾经弄到几乎没有衣穿，没有油吃，没有纸，没有菜，战士没有鞋袜，工作人员在冬天没有被盖。国民党用停发经费和经济封锁来对付我们，企图把我们困死，我们的困难真是大极了”。❶经过全党的动员，开展大生产运动，边区的经济社会发展得到飞速发展，出现了“陕北的好江南”，自给程度竟达到财政总支出的84.44%，奠定了革命胜利的物质基础。“延安时期”的跨越式发展根本在于思想、政治、军事等方面克服了“左”“右”非马克思主义血的教训，开辟了中国特色革命道路，取得了马克思主义中国化的伟大成果——毛泽东思想，同时也告诉我们，无论是革命、建设还是改革开放的伟大实践，都证明事物的发展在呈现渐进性的同时，也会出现超常规的飞跃性。跨越式发展就是渐进性与飞跃性的统一、量变与质变的统一、发展阶段性与根本目标的统一。跨越式发展的目标定位是发展速度高于全国平均，发展业绩高于中部平均，中心功能、示范效应、“两型”试验走在前列，主要表征是不断实现弯道超越，根本要求是又好又快发展。因此，必须把检察工作放在推进湖北经济社会跨越式发展的大局中进行思考与谋划。

（一）进一步拓宽思路

要适应跨越式发展的新境界、硬任务、高目标的要求，必须解放思想，更新观念，切实增强机遇意识，深刻认识“十二五”时期是“重要战略机遇期”“黄金发展期”“改革攻坚期”“发展关键期”“大有作为期”，也是检察事业科学发展的重要机遇期，检察机关要自觉服从于、服务于跨越式发展，做到及时跟进、主动适应、自觉融入。切实增强作为意识，紧紧围绕省委“两圈一带”发展战略、武汉东湖国家自主创新示范区建设、新农村建设、大别山革命老区经济社会发展试验区建设、武陵山少数民族经济

---

❶《毛泽东选集》第3卷，人民出版社1991年版，第892页。

社会发展试验区建设等战略重点，适时调整工作思路和重心，坚持服务社会建设与服务经济发展并重，提高保障服务促进跨越式发展的针对性和实效性；切实增强人本意识，继承和创新检察机关群众工作，切实维护人民群众权益，紧紧依靠人民群众，提高群众工作能力，自觉接受群众监督，落实便民利民措施，促进社会和谐稳定；切实增强协调发展意识，解决好服务跨越式发展和促进自身科学发展两大课题，建立健全检察事业科学发展的长效机制。

（二）进一步明确职能定位

服务跨越式发展要始终立足检察机关的宪法定位，自觉做到“四个坚持”，即坚持把全面履行宪法、法律赋予的各项法律监督职责作为服务跨越式发展最基本最直接的途径，找准服务的切入点、结合点和着力点，不断提高服务水平和实效；坚持从实际出发，紧贴经济社会宏观政策部署的实施和微观经济运行的实际，正确适用法律和刑事政策，坚定不移地保护改革者，惩治犯罪者，纠正违法者，挽救失足者，为实现跨越式发展提供良好的法治保障；坚持突出重点，把化解社会矛盾、创新社会管理、促进社会建设贯穿于检察工作全过程、执法办案各个方面和环节；坚持公正廉洁执法，全面发挥法律监督职能，促进执法、司法活动的公正廉洁，维护法律的统一性和权威性。

（三）进一步明确目标任务

跨越式发展的要义在于高标定位，着力点在于弯道超越，特征在于发展的继承性、稳定性和可持续性，检验的标准在于民惠民富。检察机关要围绕保障服务跨越式发展作文章，充分发挥各项检察职能作用，营造跨越式发展的良好环境，使环境条件优势转化为发展优势。要在五个方面下工夫：加大检察环节化解社会矛盾、创新社会管理、促进社会建设力度，着力维护和谐稳定的社会环境；加大惩治破坏社会主义市场经济秩序的犯罪力度，着力维护规范有序的市场环境；加大惩治和预防职务犯罪力度，着力营造廉洁高效的政务环境；加大运用法律政策解决问题的力度，着力营造开放、竞争、有序、包容的政策环境；加大查办和预防执法、司法领域的腐败案件力度，着力营造公平公正的法治环境。

二、充分领会延安精神中发展的全面性，全面履行法律监督职能

“延安时期”是中国共产党领导下政治、经济、军事、文化等全面发展的鼎盛时期。毛泽东曾总结延安“十没有”，国民党统治区著名法学家陈瑾昆教授撰文称“共（产党）与国（民党）有天渊之别”“解放区虽尚非天堂，非解放区则确为地狱”。在极其艰苦的条件下，不忘人民群众的利益，帮助人民修建“幸福渠”，减免群众公粮，消除匪患，经济、社会等真正做到了协调发展。因此，跨越式发展必然是一个涵盖经济、社会、文化、生态等各个方面协调推进的系统工程，是一个科学的体系。检察机关服务跨越式发展，必须把握规律性，注重全面性，体现政策性。

（一）严格履行职责，维护发展秩序

要认真履行批捕、起诉职能，依法严厉打击严重危害人民群众安全的刑事犯罪、侵犯人民群众财产权的犯罪和涉众型经济犯罪、黑恶势力犯罪、危害人民生命财产安全的犯罪、妨碍社会管理秩序的犯罪，确保社会安定祥和，使人民群众能集中精力投身跨越式发展。要严肃查办影响发展的职务犯罪案件尤其是大案要案，规范相关部门及其国家工作人员公权力运行，增强“跨越式发展使命重于泰山”的历史责任感和时代紧迫感；要依法监督纠正执法不严、司法不公的突出问题，严肃查办和积极预防执法、司法腐败案件，加强刑事立案、侦查活动、刑事审判活动和刑罚执行活动监督，坚持刑事诉讼与民事行政诉讼监督并重，切实维护宪法和法律统一规范实施，维护社会公平正义。进一步强化理性、平和、文明、规范执法理念，为跨越式发展提供包容性、成长性、活力性的空间和环境。

（二）保障和改善民生，激发创造活力

跨越式发展的目的在于提高人民群众的幸福指数，增强公民、社会组织和国家的创新能力，激发创造活力。检察机关要发挥检察职能以促进解决人民群众最关心、最直接、最现实的利益问题，充分调动人民群众的积极性、主动性和创造性。要围绕跨越式发展战略目标实施，综合运用打击、保护、预防、监督等法律监督职能，积极组织开展治理商业贿赂、查办新农村建设领域贪污贿赂犯罪、查办危害能源资源和生态环境渎职犯罪、查办和积极预防国家投资领域职务犯罪等专项活动，切实保障和维护人民群众在教育、医疗、就业、土地征用、社会保障、公共服务等方面的现实利益，不断满足人民群众实现全面发展的新要求。

（三）掌握政策策略，注重执法效果

要适应“十二五”期间跨越式发展的新任务、新要求，全面贯彻宽严相济的刑事政策，正确运用“依法坚决查办、坚持惩防并举、把握政策界限、掌握分寸节奏、注意方式方法”的办案原则，严格区分一般违法与刑事犯罪的界限，区分经济领域中的不正之风、违反财经纪律行为与贪污贿赂、私分国有资产等犯罪的界限，区分因配套制度和规定不健全导致的决策、管理失误与渎职犯罪的界限，区分网络侵权行为与网络犯罪的界限，区分非公有制经济组织、新社会组织的正当收入与利用社会管理漏洞实施犯罪的界限等。在办理社会事业、公共服务等领域案件过程中，要选择适当办案时机，区分轻重缓急。加强与发案单位和主管部门的沟通，慎重采取查封、冻结、扣押等司法强制措施，努力实现执法办案的法律效果、政治效果与社会效果的有机统一。做到既依法有效惩治犯罪，又保护改革创业者的积极性；既严格执法，又妥善化解社会矛盾，减少对抗。

三、认真把握延安精神中发展的创新性，深入推进工作体制机制创新

“延安时期”是党和人民的创造力空前迸发的时期，是中国共产党人在理论和实践的双重探索中取得辉煌成果的时期。❶“三大作风”“三大法宝”等理论概括，民主集中制、“精兵简政”等原则，“三三制”等政权结构，“马锡五审判方式”等司法方式，都体现了可贵的创新精神。跨越式发展是推进工业化、信息化、城镇化、市场化、国际化，卸掉城乡二元经济结构沉重历史包袱、实现中等发达水平宏伟目标的必由之路，是理论创新和实践创新相互结合、相辅相成的过程，必然会形成制度创新的巨大空间。检察机关要抢抓保障服务促进跨越式发展这一千载难逢的机遇，自觉融入跨越式发展的大局之中，深入推进检察工作体制机制创新，切实解决好影响和制约法律监督的体制性障碍、机制性束缚、保障性困扰。

（一）及时总结推广检察工作机制创新成果

近几年来，湖北检察机关紧紧围绕发展主旋律，结合自身实际，持续、稳定地推进改革创新，探索了一些方式方法，形成了一些积极成果。在思路方面，提出了“六个符合”，即符合法律、符合规律、符合大局、符合民意、符合理念、符合实际；在路径方面，注重基层首创、典型示范、上下结合、渐进式推进；在价值取向方面，注重主体性，把握方向性，充分调动检察人员在中国特色社会主义事业建设者、捍卫者、公平正义守护者方面的积极性、主动性和创造性，着力推进公正、高效、权威的社会主义司法制度的建设；在整体布局方面，深入推进检察工作一体化机制建设、法律监督调查机制建设、各项业务工作机制建设、队伍管理机制建设、检务保障机制建设，完善政法部门协调与配合机制，着力构建以执法办案为

---

❶ 《弘扬延安精神，实践“三个代表”（试用本）》，中国延安干部学院编，第58页。

中心、以制度规范为基础、以执法管理为前提、以监督制约为关键、以执法保障为条件的“五位一体”促进公正廉洁执法的工作格局，以“四化”建设为载体，深入推进基层检察院执法规范化、队伍专业化、管理科学化和保障现代化建设；在组织保证方面，深入推进检察队伍思想政治建设、领导班子建设、作风纪律建设、素质能力建设、队伍管理机制建设、检察文化建设“六项工程”，推进检察人才高地建设，努力建设高素质的检察人才队伍。

（二）深入推进检察环节化解社会矛盾、创新社会管理、促进社会建设工作机制创新

和谐稳定的社会环境是跨越式发展的基础。要进一步强化“大稳定观”和“一线观念”，建立健全检察环节社会矛盾排查化解机制，努力把社会不稳定因素消除在萌芽状态；加强检察机关群众工作，建立健全社情民意和群众利益诉求表达机制；健全并落实执法办案风险评估、预警机制，增强防范社会风险的预见性和主动性；完善涉检信访工作机制、检调对接工作机制，形成化解矛盾的工作合力；坚持运用情势判断要清晰、情报信息要快捷、处理焦点要细致、把握中心要紧扣、适用法律要准确、综合措施要到位、把握刑事政策要严格、上下协同要紧密、依靠党委要主动等行之有效的工作方法，建立健全检察环节应急处置机制；着力提高开放、透明、信息化条件下应对新闻媒体、处置敏感事件的能力。

（三）积极而又审慎地推进内部组织管理体制机制创新

要正视司法资源有序配置、节约成本、提高管理效率与效益中的诸多热点难点问题，积极探索以“两个适当分离”（诉讼职能和诉讼监督职能适当分离、案件办理职能和案件管理职能适当分离）为主线的管理机制创新。要围绕“检察权运行规律”这一核心问题，突出改革的工作实效，进一步整合资源，提高工作效率；优化职能配置，增强整体运行功能；强化监督职能，提升诉讼监督效果；强化内部监督制约，提高管理的集约化水平；探索分类管理，推动专业化建设。建立重点课题研究制度，加强基础理论研究与运行模式的实证分析，为改革创新提供理论与实践支撑。进一步健全科学规范的工作机制，建立以检察官为主体的岗位目标责任制，改进考评方式方法，加强履职保障。强化“能力席位”意识，推进精英团队建设，突破性地培养一批复合型的高素质人才。积极推进管理机制创新，强化人本理念，正视人的全面发展需要，创设一个尊重、包容、竞争、友爱、和谐的人文氛围，营造一个人心思进、人心思齐的干事创业环境，使每个检察人员把自身价值的实现与检察机关的整体价值实现融合在一起，把推进检察事业科学发展与保障服务促进跨越式发展有机结合起来，实现从管理者个人因素占主导的管理模式向制度因素占主导的管理模式跨越，从制度因素占主导的管理模式向文化因素占主导的管理模式跨越。注重管理细节，加强执行力建设，优化执法公信力评价体系，增强人民群众对检察工作的认可度、满意度和支持度，用科学发展的标准与跨越式发展的要求检验检察工作。

检察机关要在社会管理中有新作为*

胡锦涛总书记指出，加强和创新社会管理是“从党和国家事业发展全局出发确定的一项重大战略任务”，把社会管理提到国家战略的层面，并首次就新时期社会管理的基本理念、目标要求、基本任务、总体格局等方面进行了全面系统深刻的论述，发展和丰富了马克思主义社会管理理论，深化了对“三大规律”的认识。当前正处于推动科学发展、实施“十二五”规划的关键时期，加强和创新社会管理是包括检察机关在内的所有机关、团体、社会组织和个人的共同责任。

一、深化检察机关本质属性认识，增强参与社会管理的使命感

检察机关是社会管理体系的重要组成部分，检察权是社会管理的重要权能，检察职能是社会管理的重要载体。

（一）深化对人民性的认识

人民群众是社会发展进步的主体，也是社会管理的主体，社会管理最核心的问题是人民利益问题，人民利益至上是社会管理的核心理念，人民群众幸福指数是管理体系的重要参照。检察权来源于人民，对人民负责、服务于人民、受人民监督，代表的是最广大人民的意志和利益，具有最彻

* 本文发表于《湖北日报》2011 年 7 月 13 日第 14 版，由苏永胜硕士协助完成。

底的人民性。检察机关的人民性，是历史的必然，是中国特色社会主义民主政治制度的本质要求，是我国检察制度的核心内涵。坚持检察机关的人民性，就是要把检察工作的着力点、落脚点放在解决人民群众最关心、最直接、最现实的利益问题上，体现在检察工作的全过程，坚持一切为了人民群众，尊重人民群众首创，充分汲取人民群众智慧，提高群众工作能力，运用人民群众的满意度来评判检察工作，从根本上解决影响社会和谐稳定的问题，提高社会管理的效果。

（二）深化对法律监督属性的认识

法律监督权是宪法赋予检察机关的权力，从一般性权能看，法律监督权具有确认、保护、引导、监督、制约等功能，是社会管理的重要手段。从权力的特殊性看，通过行使批准逮捕权、公诉权，追诉犯罪，保护合法权益，维护正常的社会秩序，特别是不批准逮捕和不起诉，有效地保障了人权；通过行使对贪污贿赂、渎职侵权等职务犯罪侦查权，促使公权力规范运行，维护良好的社会管理秩序；通过行使诉讼监督权，保证侦查、审判、执行活动在健康有序的轨道上运行；通过公正地适用法律，指引、评价公众行为的合法性，比照法定标准对自身行为进行预测，潜移默化地影响公众行为，矫正不良的行为。检察机关这些特有的功能，能有效地实现“协调社会关系、规范社会行为、解决社会问题、化解社会矛盾、促进社会公正、应对社会风险、保持社会稳定”等基本任务，是实现社会管理机制科学有效运行的重要保障。

二、围绕科学发展的大局，切实履行检察职能促进社会管理

社会管理的基础和源头是科学发展、跨越式发展的历程，检察机关参与、推进社会管理，首要任务是要严格履职，解决好发展的动力、发展的环境、发展的目的、发展的标准等方面问题。

（一）围绕重大发展战略履职，增强发展动力

重大发展战略是党和国家在不同历史时期带有全局性的根本目标任务，涉及重大利益格局的调整，牵动着社会的基本单元和每一根神经，重大发展战略的实施往往伴随社会管理目标的调整以及社会管理理念、管理制度与管理方式的创新。当前，要紧紧围绕“十二五”规划的实施，紧紧围绕中央关于加快经济发展方式转变、加强宏观调控、改善民生等重大决策部署，谋划和推进检察工作，综合运用打击、保护、预防、监督等检察职能，落实服务发展大局的工作措施，切实解决好发展的动力问题，夯实社会管理的基础。

（二）围绕和谐稳定环境履职，增加和谐因素

要认真履行批捕、公诉等职能，依法严厉打击危害公共安全的暴力性犯罪、财产性犯罪，依法严厉打击“两抢一盗”、拐卖妇女儿童、非法集资、传销、金融诈骗等影响人民群众安全感的犯罪，依法严厉打击垄断行业经营、操纵“黄、赌、毒”活动、涉及面广的罪恶势力犯罪，依法严厉打击聚众斗殴、寻衅滋事、制毒贩毒、组织卖淫等妨碍社会管理秩序的犯罪，确定社会安定祥和。要全面贯彻宽严相济的刑事政策，健全和完善犯罪情节轻微的人员从轻处理、轻微刑事案件快速办理工作机制，贯彻落实好依法坚决查办、坚持惩防并举、把握政策界限、掌握分寸节奏、注意方式方法等“五条办案原则”，充分运用检察职能化解社会矛盾、修复社会关系、防止社会断裂，最大限度地增加和谐因素。

（三）围绕人民群众切身利益履职，激发主体活力

要围绕食品安全、教育、卫生、住房等人民群众生活息息相关的问题，严厉打击制售有毒、有害食品、假药劣药、假农药化肥种子等危害人民生命财产安全的犯罪；严肃查办发生在土地管理、征地拆迁、环境资源、安全生产、社保资金等社会管理领域的职务犯罪；严肃查办群体性事件、个人极端事件、社会热点事件背后的职务犯罪。严肃查办职务犯罪，一方面，促进公权力部门和国家工作人员严格履行社会管理职责；另一方面，使人民群众通过具体案件的处理获得实实在在的利益，从而增强自身参与社会管理和积极性、主动性。

（四）围绕社会公平正义主题履职，维护法治秩序

公平正义是社会管理的基石，也是检察工作的主题与责任。要充分运用法律监督调查机制，针对人民群众反映强烈的执法不公、不严、不廉的现象，构建立案、侦查、审判、执行全方位的监督体系，坚持刑事、民事行政案件并重，改进法律监督方式，增强法律监督效果，促进全社会形成崇尚法治、公平正义的价值认同，使社会管理的环境更加优化。要健全行政执法与刑事司法相衔接的机制，有针对性开展专项监督活动，促进执法机关、社会管理部门严格履行社会管理职责，公正公平地提供社会服务。

三、把握检察环节社会管理的规律，系统构建促进社会管理的长效机制

法律监督工作的特殊性决定了检察机关在推进社会管理时，要善于把握规律性，注重长效性。

（一）把握检察环节社会管理的特殊性

要认真分析“十二五”时期经济社会发展的趋势、社会管理存在的主要问题、综合因素，以及检察机关推进社会管理面临的形势任务，通过剖析司法具体过程、分析重点个案、吸收借鉴有关司法机关、其他部门参与、推进社会管理的经验，把握五个方面规律，即检察环节易发、高发性矛盾发生发展规律，群体性事件应急处置规律，群众利益与司法冲突的调适规律，检察舆情传播与应对规律，群众权益保障规律等。紧紧围绕三个“最大限度”，处理好四个方面关系，即检察机关法律监督责任与社会责任的

关系，执法办案与管理服务的关系，个案价值与社会价值的关系，专门机关与公众参与的关系。在此基础上，对检察机关在社会管理中的职责进行科学定位，进一步明确社会管理的目标任务、工作措施，找准参与社会管理的切入点。

（二）建立健全检察环节社会管理工作运行机制

（1）矛盾排查与预警机制。加强对执法办案各个方面环节矛盾发展情势的分析、研判，及时发现可能影响社会和谐稳定的“燃点”，加强对敏感时段、敏感单位、敏感事件中采取执法办案措施的风险评估、分级预警，落实好化解矛盾与风险的工作预案。（2）群众利益诉求表达机制。加强检察机关群众工作，加强综合性受理接待中心建设，充分发挥“12309”检察服务电话举报、控告、申诉、投诉、咨询、查询等“六合一”功能，畅通群众利益诉求表达渠道。加强与“两代表一委员”及广大人民群众的联系，充分掌握社情民意，落实便民利民措施。（3）矛盾调处与应急机制。依托“大调解”工作格局，妥善处理好涉法涉诉矛盾。完善检察机关突发事件应急处置办法，坚持运用情势判断要清晰、情报信息要快捷、处理焦点要细致、把握中心要紧扣、适用法律要准确、综合措施要到位、把握刑事政策要严格、上下协同要紧密、依靠党委要主动等行之有效的工作方法，落实好应急预案，健全问责制，做好善后等。（4）困难当事人、刑事案件被害人救助机制。依托社会救助体系，建立检察机关救助制度，探索统筹建立救助专项基金的做法。

（三）统筹推进协同与协同推进的关系

既要积极履行社会责任，推进社会管理的协同问题，又要发挥好法律监督职能，协同推进管理。（1）在党委、政府主导下，加强与执法、执纪部门的沟通衔接，加强与工、青、妇等群团组织和其他社会组织的联系，建立信息共享、共同管理、协调配合的工作机制，运用法律手段保护、促进、规范、引导、监督社会组织的健康发展，充分发挥社会组织在社会管理中的作用，有效地解决好“社会管理社会化”的课题，促进“大管理”格局的形成与完善。(2) 强化预防的管理效应。加强对重点部门、重点领域的职务犯罪预防，建立预防职务犯罪年度报告制度，针对执法办案中发现的社会管理问题，积极向党委政府、行业主管部门和发案单位提出检察建议，促进解决管理制度不完善、管理机制不健全等问题。(3) 加强管理的基层基础。加强基层检察院派驻检察室、检察服务站、检察巡回服务组建设，推进检察工作向基层有序延伸，强化检察机关在基层的社会管理、公共服务功能。

四、加强检察机关自身的管理，引领推动社会管理创新

要正视社会管理的系统性特征，把检察机关作为社会管理体系的细胞单元，深入推进“强化检察管理年活动”，通过强化自身的规范化管理，引领推动社会管理创新发展。

(一) 实现管理目标的有效对接

坚持从经济社会发展的阶段性特征谋划检察管理，从社会管理的总体目标定位检察管理，树立以人为本、公平效率、均衡发展的管理理念，把握社会管理规律与检察管理规律，注重管理的普遍性与特殊性，整合好检察主体、管理对象、管理手段、管理环境、管理目标等管理要素，实现管理方案的最优化、社会效果的最大化。要从整个社会管理的视角分析解决好检察管理存在的突出问题，强化“落实、增效、规范、创新”的管理目标，确保检令畅通，管理制度、管理措施得到有效执行；正确处理好公平与效率的关系，树立成本效率意识，提高管理的集约化水平，促进管理内在品质的提升；加强制度体系和工作机制建设，提高管理的自我调节作用；坚持观念创新、制度创新、方式创新，充分运用现代科技手段，建立运转灵活、监督有效的管理体系。

（二）推动组织管理体系的创新示范

强化检察工作一体化机制建设，健全完善“上下统一、横向协作、内部整合、总体统筹”的配套制度，保证管理的统一性、有效性。按照案件管理职能与案件办理职能适当分离、诉讼职能与诉讼监督职能适当分离的原则，加强执法办案的监督管理、综合管理机构建设，实现权力分置与有效制约，合理有序地推进部分基层检察院“大部制”改革，有效地整合人、财、物等检察资源，实行扁平化管理。强化社会责任，加强检察机关群众工作机构、新闻机构、联络机构、基层检察院派出机构建设，进一步规范、拓展参与、推进社会管理的工作职责、工作方式。

（三）倡导形成和谐的社会管理文化

围绕马克思主义的指导思想，以爱国主义为核心的民族精神和以改革创新为核心的时代精神，社会主义核心价值体系，社会主义荣辱观等中国特色社会主义理论体系的展开，加强和谐文化建设。把和谐文化建设延伸到检察管理的全过程，发挥文化在管理中的价值引领、行为规范、结构聚合、形象塑造、辐射传播等功能，将管理的核心理念融入检察共同价值体系的构建，坚持制度管理的硬手段与文化熏陶的软约束并重，树立理性、平和、文明、规范的管理风范，推进在全社会形成尊重、包容、诚信、友爱的管理文化氛围。

光辉曲折的历程，伴我进步的导师*

——贺《人民检察》创刊55周年暨出版600期

在全党、全国即将迎来中国共产党成立90周年之际，《人民检察》杂志迎来了自己的55岁生日。受邀参加这次座谈会，我感触良多、十分荣幸。

作为最高人民检察院的机关刊物，她历史厚重、地位凸显。自1956年创刊以来，经历了创立初期的艰难起步、两度停刊复刊的曲折磨砺、恢复重建以来的厚重积累以及2005年以来的全面快速发展。历经半个多世纪的积淀，她已成为我国法律类享有盛名的核心期刊，跻身全国百种重点期刊前列，聚集了法学理论界一批大师巨匠，汇集了司法实务界一批业务中坚、理论人才，推出了一批批法律和检察理论及应用研究精品，在我国法学理论界和司法实务界颇具影响力，占有重要地位。

她内容丰富、特色鲜明。始终紧扣检察事业发展这一中心布局，多维度、全方位地取材，既有法学和检察理论观点的争鸣交锋，又有司法、检察实践问题的探讨交流；既有对检察事业历史的追溯考察，又有对未来的思考谋划；既有立法层面的建言献策，又有司法层面的方式方法；既有我国法制的讨论研究，又有国际视野的思考借鉴，可谓体系完整、覆盖面广、知识容量大，集理论性与实践性于一身，融历史性与前瞻性于一体，汇本土性与国际性于一家。

她定位准确、贡献突出。55年来，始终坚持正确的办刊方向，秉承

* 本文发表于《人民检察》2011年6月，第12期。

“交流经验，指导业务”的办刊宗旨，务实进取、勇于创新，办刊水平和质量不断提升，其作用和功能得以充分发挥，成为宣传党的方针政策、诠释国家法律、贯彻检察决策部署、反映工作成效的重要阵地；引领法律适用和检察基础理论与应用理论研究前沿、丰富发展检察制度，推进检察事业科学发展的重要平台；传播法学新知、探究检察工作规律、总结推广法律监督实践新鲜经验、培养造就法律人才和检察人才的重要园地；与时俱进、推陈出新、对外交流、扬弃借鉴的重要窗口。她已成为法学理论研究者和司法实务工作者须臾不可离开的良师益友，中国特色社会主义检察事业须臾不可离开的生力军、助推器，中国法治建设须臾不可离开的重要阵地。

在55年的曲折而光辉历程中，《人民检察》始终扎根于人民检察事业这片沃土，与我国检察事业相伴相生、同命运、共荣辱，她就像一面镜子，从一个侧面客观反映了新中国检察事业从形成创建，到顺利发展，到削弱破坏，再到恢复重建飞跃发展的全部历程，是一部人民检察事业发展史的缩影和写照，记录着检察工作发展道路上的一点一滴，承载着几十年来检察事业发展的艰辛与硕果。在55年的曲折而光辉历程中，《人民检察》始终立足于人民检察官这支队伍，与共和国检察官同呼吸、心连心，她就像一面旗帜，指引着一代又一代检察官前进方向，滋养着检察干警的心灵，丰富着检察干警的智慧，成为全体检察官的共同精神家园，为我们更好地履行法律监督职责、维护宪法和法律统一正确实施、维护社会和谐稳定、维护社会公平正义、维护人民群众权益提供了强大的精神动力和智力支持。

在我32年的从检生涯中，《人民检察》始终是一位良师益友伴我左右、助我进步。我不能忘怀，32年前，在我刚刚踏入检察机关门槛之时，是《人民检察》为我打开了法律之门，带我走进了法律事业、检察事业的殿堂，从此我成为她的一名忠实读者，开始了与她的不解之缘；不能忘怀，31年前，当我向她投出第一份稿件——《热爱》时的忐忑不安之情，当我第一次看到文章被她采用之时的激动喜悦之情，正是这篇稿件的刊载，平添了我深入理论研究的信心决心；不能忘怀，30年前，我被聘为《人民检察》通讯员，得到她的认可让我备感自豪和欣慰；不能忘怀，32 年来，我向《人民检察》这座法律宝库求索新知、与《人民检察》领导、编辑探讨交流的全部过程。在此，我要真诚地感谢《人民检察》杂志社历任编委和编辑同志，是你们以广博的学识、睿智的眼光和辛勤的汗水为检察干警提供着源源不绝的精神食粮，为检察事业发展提供着源源不断的精神力量。

此时此刻，我们以感激之心为《人民检察》祈福祝愿，祝她在传播法治前沿观点、繁荣法学研究、攀登理论高峰、造就法律人才、完善检察制度、促进检察事业科学发展的道路上，勇立潮头、扬帆奋进、再创辉煌！

加强学习型党组织建设，促进检察工作科学发展*

建设马克思主义学习型政党，是党的十七届四中全会从全面推进中国特色社会主义伟大事业和党的建设伟大工程的全局出发，提出的一项重大战略任务；建设学习型党组织是建设马克思主义学习型政党的基础工程。湖北省人民检察院认真贯彻中央、省委和最高人民检察院部署，高度重视、周密部署、扎实推进学习型党组织建设，取得了积极成效，有力地促进了全省检察机关党的建设与队伍建设水平提升，促进了全省检察工作科学发展。

一、情　况

党的十七届四中全会以来，湖北省检察院认真贯彻中央、省委、最高人民检察院关于建设学习型党组织的重大决策部署，结合检察机关实际，在省院机关36个基层党组织、386名干部职工、379名党员中积极组织开展建设“学习型党组织、学习型检察院”活动。在活动目标上，我们提出建设学习型党组织和学习型检察机关，不仅仅要做到崇尚学习、抓好学习，更关键是要提高思想政治水平，提高理论联系实际、解决实际问题的能力，提高运用新知识、新经验和新方法创造性开展工作的能力，提高战略思维、

* 本文系作者于2011年5月27日在荆楚网与网友在线交流学习型党组织建设时的采访稿。

辩证思想、创新思维能力，增强工作的原则性、系统性、预见性和创造性。在学习内容上，紧紧围绕中国特色社会主义理论体系、社会主义核心价值体系、社会主义法治理念和检察职业道德、政策法律、专业理论和检察业务知识等重点内容开展学习。在方法途径上，坚持党组中心组学习制度，深入推进大规模教育培训，广泛开展个性化自我学习，创造性开展学习小组、读书会、学习沙龙、党建论坛、业务讲坛等团队学习，多方组织开展实践性学习活动，积极推进网络学习，省检察院每年组织党组中心组学习8次以上，组织政治理论学习16次、各类业务学习讲座35次、能力素质培训班114期，组织干警参与各项考评、测试4次，切实丰富了学习途径和载体。在组织领导上，坚持把建设学习型党组织、学习型检察院作为加强和改进检察机关党的建设和各项工作的强大动力，列入党组议事日程，专门制订活动方案，明确目标职责，健全落实各项学习教育培训制度，完善学习激励机制，积极发挥党组和各级领导干部表率作用，党组织的战斗堡垒作用，党员的先锋模范作用，推动活动持续深入开展。

二、做　法

湖北省检察院在开展建设“学习型党组织、学习型检察院”活动中，既认真贯彻中央、省委、高检院统一部署，又紧密结合湖北检察机关实际，主要采取了以下做法。

（一）坚持以思想理论建设为根本，积极开展政治理论学习

坚持把马克思主义作为检察工作的根本指导思想，用中国特色社会主义理论体系武装检察干警头脑，不断提高干警思想理论素养。每年年初制定《理论学习教育安排意见》，结合深入学习实践科学发展观等活动，组织全体干警深入学习马克思主义理论、中国特色社会主义理论体系、社会主义核心价值体系、社会主义法治理念，认真学习党的十七届四中五中全会、中央经济工作会议、省委工作会议暨全省经济工作会议、全国全省政

法工作会议、全国检察长会议等一系列重要会议精神，深入开展“恪守检察职业道德、促进公正廉洁执法”“提高执法公信力”“加强检察机关群众工作”等20多个专题教育活动，邀请省委、高检院、省直机关工委、大专院校等领导和专家学者作专题辅导讲座16场。通过强化思想理论学习，不断增强贯彻党的基本理论、基本路线、基本纲领、基本经验的自觉性，增强走中国特色社会主义道路、为党和人民事业不断奋斗的自觉性和坚定性，确保干警始终在思想上、政治上、行动上与党中央保持高度一致，始终坚持“三者统一”“三个至上”“三个效果统一”，始终保持忠于党、忠于国家、忠于人民、忠于法律的政治本色。

（二）坚持以领导干部为重点，积极推进学习型领导班子建设

湖北省检察院党组和各级检察领导干部始终把学习作为提高检察领导干部素质、增长本领、做好领导工作的根本途径，自觉带头学习，积极在建设学习型党组织和学习型检察院活动中做学习的示范者、推动者和实践者，以领导的率先垂范带动党员干警的学习提高。省检察院专门制定《关于进一步加强和改进全省检察机关领导班子思想政治建设的实施意见》，修订《关于进一步加强和改进党组中心组学习的实施意见》，举办两期处级领导干部培训班，完善学习计划、组织、交流、考勤等制度，建立查学考学、述学评学等机制，增强领导干部特别是党组中心组学习的规范性和系统性。2009年以来，省检察院党组先后开展了“认真贯彻落实十七届四中全会精神、努力提高检察机关党建科学化水平”“加强检察机关公信力建设”“加强领导班子思想政治建设”“加强党性修养、弘扬优良作风”“推进社会矛盾化解、社会管理创新、公正廉洁执法三项重点工作”“十二五规划”等专题学习。党组成员带头读书、带头思考、带头调研、带头转化研讨成果，党组成员有20多篇文章在省级以上刊物上发表或会议上交流，党组成员在外单位讲课或作辅导报告30多场次，有2名党组成员出版了法学理论专著，多篇中心组学习简报被《湖北机关党建》等刊载。通过学习，省检察院党组进一步加深了对科学发展观的理解和认识，增强了坚持中国特色社会主义道路及其理论体系、贯彻落实科学发展观的自觉性和坚定性。进一步明确了检察工作思路，自觉使工作思路和决策部署做到“六个符合”，即符合法律、符合规律、符合大局、符合民意、符合理念、符合实际，不断培养领导干部的战略思维、辩证思想、创新思维，不断提高领导班子的学习力、决策力、创新力、执行力、凝聚力和公信力。2010年，根据中央、省委、高检院关于深入推进三项重点工作部署，提出了“六个积极”的工作要求；2011年，省检察院党组牢牢把握科学发展这个主题和加快转变经济发展方式这条主线，对全省检察工作作出了“八个围绕、八个深入”的总体部署，增强了检察工作的原则性、系统性、预见性和创造性。

（三）坚持以提升法律监督能力为核心，积极推进全员教育培训

紧紧围绕建设严格、公正、文明、廉洁执法的高素质检察队伍，把建设学习型党组织和学习型检察院活动与检察机关大规模教育培训紧密结合起来，促进提升队伍整体素质和法律监督能力。制定实施统筹全员培训意见，把教育培训的对象定位于全体检察人员，按照统一规划、分级实施的要求，下大气力扩大教育培训规模，提出并落实每人每年培训时间不少于15天、全省检察人员每3年轮训一次的要求，完善全员培训工作机制，加强培训基地、师资队伍、教材课程、经费保障等基础体系建设，使教育培训覆盖整个检察队伍，保证检察人员人人受教育、年年有培训，努力形成完整的大教育、大培训格局。2010年，省市两级检察院共举办司法考试培训、新进人员培训等各类培训班61期，共培训5 800余人次；制订岗位练兵、业务竞赛活动实施方案，认真组织优秀公诉人、优秀侦查监督检察官竞赛等活动，全面提升队伍专业化水平。加快构筑检察人才战略高地，探索“检校共建”模式，与华中科技大学共同开办首届检察专业法学硕士研究生班。坚持把党务工作培训作为提升党务干部素质的重要途径，明确支部书记由处室“一把手”兼任，围绕党务干部特别是党支部书记“六会”要求，组织机关支部书记38人次参加省直机关工委举办的基层党支部书记培训班，举办2次支部宣传委员、组织委员、党小组长培训班，切实提高基层党务工作水平。通过深入开展全员教育培训，既有力推动了学习型党组织、学习型检察机关建设，又促进了检察队伍整体素质的进一步提升。

（四）坚持以多元化学习途径为载体，积极拓展学习阵地

方法新颖、形式活泼的学习载体，是推进学习型党组织建设的有效途径。在坚持运用一些行之有效的传统做法的同时，紧密结合新形势、新任务，不断探索有时代特点的新方式、新手段，增强学习的实效性和感染力。积极采取脱产学习与在职培训相结合、学历教育与非学历教育相结合、集中办班与分散学习相结合、集中学习与个人自学相结合、理论研讨与实地考察相结合、专题辅导与座谈讨论相结合的办法，加大对干警的学习培训力度，提升学习效果。积极组织开展“恪守检察职业道德、促进公正廉洁执法”主题教育、执法公信力建设专项工作等专项活动，充分运用学习讲座、读书会、知识竞赛、参观考察等干警喜闻乐见、易于接受的方式，丰富和完善学习抓手。积极利用新兴传媒传播快捷、覆盖面广的优势，制作理论网页、教育课件，开设“网上论坛”“网上在线学习”栏目，不断提高学习教育的信息化水平。

（五）坚持以促进检察工作科学发展为根本目标，积极增强建设学习型党组织和学习型检察机关的实效

在活动过程中，始终坚持理论联系实际的学风，把是否促进检察工作科学发展作为检验学习效果的根本标准，自觉做到学用结合、以学促用。坚持把理论学习思考与实践调研紧密结合，高度重视调研工作在决策部署中的基础作用，始终做到作决策、办事情调研先行。近年来，湖北省检察院推进基层院“四化”建设、加强检察机关执法公信力建设、加强检务保障、推进“科技强检”等重大决策部署都是在大范围专题调研的基础上作出的，有效确保了决策的科学性。2009年，省检察院在谋划和部署加强检察机关群众工作中，深入全省各地开展人民群众新要求、新期待调研，并上网征求群众意见建议，为制定《湖北省人民检察院关于加强检察机关群众工作的指导意见》奠定了坚实基础，得到了省委、高检院充分肯定，省委全文转发了省检察院的指导意见。2010 年，省检察院在广泛调研的基础上，制定出台了《湖北省人民检察院关于充分发挥检察职能作用促进社会建设、创新社会管理、化解社会矛盾、公正廉洁执法的意见》，高检院、省委主要领导均作出重要批示予以肯定，省委全文转发该意见，有效指导并推动了全省检察机关深入推进三项重点工作。通过扎实有效地创建活动，有力地促进了检察工作全面发展进步，全省检察机关维护社会和谐稳定成效明显，服务经济平稳较快发展取得了新的进展，发挥检察职能促进社会建设、创新社会管理稳步推进，对诉讼活动的法律监督全面加强，检察机关执法公信力稳步提高，检察改革和工作机制建设不断深化。省院近年来先后 12 次在中央政法委、高检院、省委一类会议上作经验发言，先后荣获“省级文明单位”“全国检察机关基层检察院建设组织奖”、省直机关“党建工作先进单位”、省直机关“目标责任制考核先进单位”“综合治理先进单位”等多项荣誉，全省 96% 的检察院被评为文明单位，其中省级文明单位 43 个、省级最佳文明单位 15 个，涌现出了武汉市汉阳区院、枣阳市院等全国十佳、先进检察院和党的“十七大”代表、全国十大杰出检察官马俊镠等先进个人。

三、体　　会

在开展学习型党组织、学习型检察院建设的过程中，我们深切体会到要抓好这项活动、提升工作成效，第一，必须高举旗帜、把握方向，把政治理论学习作为首要任务。只有不断用中国特色社会主义理论体系武装全体干警头脑，用社会主义核心价值体系指导主观世界的改造，才能始终确保检察工作正确的政治方向，才能真正担负起中国特色社会主义建设者、捍卫者和社会公平正义守护者的神圣职责。第二，必须统筹协调、全面推进，把建设学习型党组织与建设学习型检察院紧密结合起来。要针对检察机关实现了党组织全覆盖，检察人员中党员占绝大多数，基本实行各级主要领导检察领导职务同党组织领导职务“双肩挑”的实际，统筹组织，协调开展，相互促进，全面推进，以学习型党组织建设带动学习型检察院建设，以党的建设带动和促进检察队伍建设、促进检察事业科学发展。第三，必须联系实际、学以致用，把推动工作作为根本目标。要紧密联系本地区本单位党的建设、队伍建设、业务建设实际推进学习型党组织、学习型检察院建设，引导党员干部、检察人员紧密结合岗位职责、工作实际和业务专长，广泛学习、突出重点，大力加强专业学习，努力把学习成果转化为运用科学理论和科学知识分析解决实际问题的能力、转化为推进工作的实效。第四，必须解放思想、与时俱进，把改革创新精神融入活动全过程。要立足世情、国情、党情、检情的新变化，做到解放思想、实事求是、与时俱进，坚持继承与创新相统一，营造宽松环境，尊重和发扬各级院特别是基层党组织、基层单位及党员干部、检察人员的首创精神，积极拓展学习的内容、途径、渠道，不断创新组织学习的思路、办法，完善领导责任、目标牵引、调查研究、课题研讨、考核评估等工作机制，使学习型党组织、学习型检察院建设体现时代性、把握规律性、富于创造性。

检察基础理论研究概述*

检察基础理论是整个检察理论大厦的基石，旨在解决我国检察制度的理论基础、发展完善等宏观性重大理论问题，同时也要对检察实践作出科学的理论总结与概括。检察基础理论研究关系到检察制度的前途，关系到检察事业的全局，关系到检察改革的方向，具有很强的现实意义和深远的历史影响。加强检察基础理论研究，事关中国特色社会主义检察制度的发展和完善。坚持和完善中国特色社会主义检察制度，必须构建中国特色社会主义检察理论体系。目前，中国特色社会主义检察理论体系还有许多深层次问题需要进一步作出科学回答。检察基础理论研究相对薄弱的局面还未得到根本改变，还面临诸多理论挑战，理论创新不够、理论储备不足、理论观点说服力不强等现象仍然客观存在。坚持以中国特色社会主义理论体系为指导，把检察基础理论研究摆在更加突出的位置，全面提高基础理论研究的前瞻性、科学性和系统性，对于构建科学完备的中国特色社会主义检察理论体系，确保中国特色社会主义检察制度不断巩固、完善和发展意义重大。加强检察基础理论研究，事关检察事业的科学发展。科学发展观不仅是我国经济社会发展而且是检察工作的重要指导方针。检察机关深入贯彻落实科学发展观，就必须对涉及检察事业科学发展的全局性、战略性重大问题，进行理论上的深入解答。加强检察基础理论研究，重点深化对检察活动基本规律、检察制度发展规律、检察职权配置规律和检察管理

---

* 本文系作者于2011年5月在华中科技大学检察学硕士研究生班的授课提纲，由阮志勇博士协助完成。

规律的研究和认识，对于正确认识把握检察工作规律，推动“十二五”时期和今后一个时期检察工作科学发展意义重大。加强检察基础理论研究，事关检察改革的深入推进。党的“十七大”要求，深化司法体制改革，优化司法职权配置，规范司法行为，建设公正高效权威的社会主义司法制度。深化检察改革，是建设公正高效权威的社会主义司法制度的基本途径，是司法体制改革的重要内容，更是检察基础理论研究的中心任务之一。加强基础理论研究，深化对检察职权优化配置、人民检察院接受监督制约制度、人民检察院组织体系和检察干部管理制度、检察经费保障体制等问题的全面系统研究，对于解决影响和制约检察工作的体制性、机制性、保障性障碍，发挥中国特色检察制度的优越性意义重大。

一、恢复重建以来检察基础理论的研究历程*

检察基础理论，主要是研究检察机关的法律定位、检察权的性质、法律监督、检察机关的职权、检察机关的组织体系与活动原则等检察制度的基本问题。有人在此基础上提出，检察基础理论具体包括检察机关的宪政地位理论、法律监督理论、检察职权配置理论、检察组织结构理论、检察活动原则和检察机关管理理论等6个方面的具体内容。❶ 综览检察机关恢复重建30年多来检察基础理论的研究，可以清晰地看到，检察理论研究经历了三个发展阶段。

（一）恢复期

1978～1987年是检察理论研究的恢复期。这一时期以王桂五1978年

* 此部分主要参考张智辉所著《中国特色检察制度的理论探索——检察基础理论研究30年述评》（载《中国法学》2009年第3期）一文。

❶ 杨斌：“试论我国检察基础理论体系的构建”，见中国法学会检察学研究会检察基础理论专业委员会编：《诉讼规律和诉讼监督规律与检察职能的优化配置》，湖北人民出版社2011年版，第86～88页。

11月7日发表在《人民日报》上的《政法战线也要冲破禁区》一文为标志。该文对20世纪50年代后期以来被“左”的思想搞乱了的一些重大理论问题，如法律监督是把专政矛头对准人民内部、检察机关实行垂直领导是摆脱和反对党的领导、强调法律监督是以法抗党等，进行了深刻的反思，提出了正确认识社会主义检察制度的任务。此后，一些法学家和检察人员，围绕检察机关在恢复重建过程中遇到的重大思想观念和制度建设方面的问题，开始了理论上的探索，出现了一系列检察基础理论研究的文章和著作。

这一时期的主要代表作有：王桂五《人民检察制度概论》，法律出版社1982年版；王洪俊《检察学》，重庆出版社1987年版；孙静贞《检察机关的性质和任务》，载《北京政法学院学报》1979年第1期；金默生《论独立行使检察权》，载《法学研究》1981年第3期；孙谦《论检察机关法律监督的几个问题》，载《当代法学》1987年第4期；徐益初《论全面充分发挥检察机关法律监督职能的作用》，载《中国法学》1987年第4期等。

这一时期检察基础理论研究的主要问题有：检察机关的性质、地位、任务、作用，检察机关的领导体制，法律监督的概念、范围，马克思主义经典作家有关法律本质以及法制统一的论述，检察机关的活动原则特别是依法独立行使检察权，创建检察学的必要性和检察学的理论架构，以及对国外检察制度的介绍等。这一时期关于检察基础理论的研究特别值得一提的是老一辈著名法学家对检察学学科构建的关注和对检察机关监督民事诉讼的论述。如刘家兴等在《法学研究》1981年第1期上发表的《试论人民检察院参加民事诉讼》、柴发邦在《北京检察》1984年第2期上发表的《关于人民检察院监督民事诉讼问题的探讨》、孙国华撰写的《民主、法制与检察学》、❶ 王洪俊出版的《检察学》著作等。

这一时期检察基础理论研究的特点：（1）汲取历史的教训，对50年代后期以来搞乱了的一些检察制度基本理论是非进行清理，对中国检察制度

---

❶　该文在1986年8月召开的“检察学理论研究问题座谈会”宣读并收入沈阳市检察学会编印的《检察学研究论集》。该文提出：“建立一门检察学，专门研究法律监督问题，研究检察工作应当遵循的规律性问题，是完全必要的。”

的研究侧重于正面论述，少有对宪法和法律的规定提出批评意见的观点；（2）对涉及检察制度的一些重大理论问题的研究刚刚起步，研究的深度不够；（3）法学界专家学者参与检察基础理论研究的热情很高，法学刊物也对检察基础理论给予了较大的关注，发表有关这方面的理论文章较多。

（二）发展期

1988~1998 年是检察理论研究的发展期。这一时期以中国检察学会的成立（1988 年 6 月）为标志。中国检察学会成立后大力倡导和积极组织检察理论研究，创办《检察理论研究》杂志（1991 年），每年召开全国性检察理论研讨会，吸引了一批检察人员研究检察理论，促进了检察理论研究的开展，出现了许多检察理论研究成果。

这一时期的主要代表作有：李士英等《当代中国的检察制度》，中国社会科学出版社 1988 年版；赵登举等主编《检察学》，湖南人民出版社 1988 年版；张穹等《检察制度比较研究》，中国检察出版社 1990 年版；王桂五主编《中华人民共和国检察制度研究》，法律出版社 1991 年版；程荣斌主编《检察制度检察理论》，中国检察出版社 1992 年版；樊凤林《关于完善检察制度的几个问题》，载《法学杂志》1992 年第 4 期；徐益初《对建设中国特色社会主义检察制度的几点思考》，载《检察理论研究》1992 年第 1 期；李桂茂、张国吉《我国法律监督制度的改革与完善——论监督法律关系》，载《中国社会科学》1997 年第 2 期；唐生、陈冰如《关于检察权的几个问题》，载《人大研究》1998 年第 6 期等。

这一时期的检察基础理论研究，除了继续围绕检察机关的性质、地位、检察机关的领导体制、检察机关活动原则等问题进行之外，有关检察制度历史发展和国外检察制度介绍方面的研究进一步深入，对检察官制度的研究和检察机关职权特别是职务犯罪侦查权的研究成为理论探讨的热点。

这一时期检察基础理论研究的特点：（1）研究的广度有所扩展，检察制度发展中遇到的一些新问题如检察活动中的人权保障问题、检察机关的内部制约与外部监督等开始纳入检察基础理论研究的视野；（2）研究的深度有所增加，在检察制度的一些基本问题上出现了有一定深度的新的研究成果；（3）出现了对我国现行检察制度进行质疑的观点，形成检察理论研究的一些热点；（4）在检察理论研究中开始触及检察改革的问题。

（三）繁荣期

从1999年至今是检察理论研究的繁荣期。以1999年7月最高人民检察院作出《关于加强检察理论研究的决定》为标志，检察理论研究工作纳入全国各级检察机关的工作重点，出现了研究检察理论的繁荣发展的新时期。“十五大”报告提出了司法体制改革的任务。学术界在司法体制改革的研讨中十分关注检察机关在司法体制中的定位问题，出现了一些对检察机关法律地位和检察权性质的研究成果，对检察制度的发展完善提出了许多有益的建议。2003年最高人民检察院作出《关于进一步加强检察理论研究工作的意见》。特别是2005年，最高人民检察院在南京召开全国检察理论研究工作会议暨第六届检察理论研究年会，贾春旺检察长在这次会议上发表了关于加强检察理论研究工作的重要讲话，提出了一系列建立健全检察理论研究工作机制的举措。此后的3年，全国各级检察机关充分调动各个方面的积极性，有组织地开展检察理论研究，出现了前所未有的发展态势，涌现出一大批高水平的研究成果。

这一时期的主要代表作有：龙宗智《检察制度教程》，法律出版社2002年版；孙谦《检察：理念、制度与改革》，法律出版社2004年版；孙谦主编《中国检察制度论纲》，人民出版社2004年版；韩大元主编《中国检察制度宪法基础研究》，中国检察出版社2007年版；张智辉《检察权研究》，中国检察出版社2007年版；张穹《当代检察官的职权》，载《检察日报》1999年6月2日；邱学强《论检察体制改革》，载《中国法学》2003年第5期；朱孝清《中国检察制度的几个问题》，载《中国法学》2007年第2期等。

这一时期检察基础理论研究的突出特点：（1）理论研究的思辨性、论辩性显著增强，不同学术观点的争鸣成为理论研究关注的热点；（2）检察基础理论研究的成果显著增多，有关检察基础理论的学术著作不断涌现，并且理论层次逐渐提升；（3）对检察制度的宏观思考、对检察制度改革完善的研究成为检察基础理论的主流；（4）对检察制度中的一些重大问题的认识逐渐趋于一致。

从检察基础理论的研究视角看，大致上是从四个方面展开的：（1）从检察制度的视角进行研究，系统论述中国特色社会主义检察制度的基本理论及其理论基础；（2）从检察权的视角进行研究，重点研究检察权的性质、构造、权能及其运作机制；（3）从检察学的视角进行研究，探讨检察制度的基本理论和检察活动的规律，构建检察制度的理论体系；（4）从检察改革的视角进行研究，着力探讨检察制度在实践中遇到的困难和问题，以完善中国特色社会主义检察制度为目的，提出完善的建议。❶ 本课程主要从检察学的视角，对检察基础理论进行探讨，这是因为检察基础理论是检察学的重要研究内容，深入研究检察基础理论对检察学理论体系的科学构建具有十分重要的作用。

二、检察学的产生与发展

中国检察学的研究经历了移植借鉴、探索起步、深入推进与全面展开四个阶段。我国近代意义上的检察学研究，是清朝末年在吸收日本检察制度立法的过程中开始的。清政府为了变法维新、改革法制，于1908年在京师法学堂开办了检察制度研究会。1911年，上海的中国图书公司出版我国最早的一本检察学方面的著作《检察制度》；1912年，检察制度研究会在北平编辑出版《检察制度详考》。这两本书是中国检察理论研究的开端。❷ 新中国成立后，我国社会主义检察制度得以创立，现代意义上的检察学研究亦随之产生。最早提出检察学概念的是在1983年上半年由最高人民检察

❶ 张智辉：“中国特色检察制度的理论探索——检察基础理论研究30年述评”，载《中国法学》2009年第3期。

❷ 周其华：《中国检察学》，中国法制出版社1998年版，第16页。

院教育部门召集的一次座谈会。当时，最高人民检察院的同志提出应把检察课程从刑事诉讼法学中分离出来，作为一门独立的学科进行讲授。❶ 20世纪80年代，检察学研究逐步发展，并成立了我国第一个全国性的专门研究检察理论的群众性学术团体——中国检察学会；20世纪90年代，检察学研究的力度明显加大，出版了一批有代表性、有影响力的专著（如王桂五主编的《中华人民共和国检察制度研究》等），检察学方面的文章更如雨后春笋般涌现，取得了累累硕果，形成了中国特色社会主义检察理论的基本框架。进入21世纪，当代检察学研究深入发展，中国法学会检察学研究会应运而生，具有中国特色的检察学研究进入了一个崭新的发展阶段，这必将推动我国检察学理论体系的科学构建，促进检察学研究的大发展、大繁荣。

但是也应清醒地认识到，检察学还只是一个新兴的、发展中的法学学科，检察学作为一门法学学科的地位迄今仍未能被学术界普遍认可。❷ 我国当前的检察理论研究虽然表面上论战迭起、争鸣不已，但实际上却并没有太多的知识增量，检察理论研究实际上已经陷于某种困境，亟待突破。❸检察学要摆脱理论研究的僵局，迈入成熟学科的行列，还有漫长的路要走，还面临许多瓶颈与障碍。这主要表现为检察学的基础理论研究较为薄弱，缺乏基本的理论共识和学科范畴，在检察理论研究的基本立场上，学术界也存在很大的分歧。检察学研究大多比较零散，还没有将检察学作为一门独立的学科，故鲜有从宏观上探讨这门学科应当承担的学科使命和赖以存在的理论体系。❹ 回顾中国检察学研究的百年历程，虽然取得了一定的研究成果，但仍然任重而道远。

---

❶ 王桂五：“四十年检察理论研究述评”，见孙谦主编：《检察理论研究综述（1979～1989）》，中国检察出版社2000年版，第8页。

❷ 石少侠：“检察学：学科构建的必要与可能——兼谈检察学与其他法学学科的关系”，载《人民检察》2007年第15期。

❸ 万毅：“检察学研究要在争鸣中寻求共识”，载《法学》2007年第9期。

❹ 张智辉、李哲：“检察学的学科使命与理论体系”，载《人民检察》2007年第15期。

三、检察学的概念与特征

概念是辨识和区分社会现实中所特有的现象的工具，没有限定严格的专门概念，便不能清楚地、理性地思考法律问题。❶ 关于检察学的概念，主要有以下5种观点：

（1）分支说。该说认为检察学的研究范畴基本上为诉讼法学所涵盖，其很难取得与诉讼法学这个二级学科并列的地位，而是与刑事诉讼法学、民事诉讼法学、行政诉讼法学相并列的，从属于诉讼法学的三级分支学科。❷（2）实践与理论结合说。该说认为检察学是检察机关工作实践经验的理论总结和科学概括，是研究法律监督工作的性质、任务、理论、制度以及立法等问题，揭示国家检察制度及实施法律监督活动一般规律的一门新兴法学分支学科。❸（3）新兴综合法学说。该说主张检察学是以检察制度和检察活动为其研究对象的一门新兴的综合法学学科。❹（4）特殊社会科学说。该说认为检察学也叫检察科学，是以检察制度这一特殊的社会现象及其发展规律为对象的一门社会科学。❺（5）检察法学说。该说主张不应存在检察学的概念，而应称之为"检察法学"，其定义为"以研究人民检察院组织法为主要对象的一门独立的法律科学"。❻

笔者认为，第一种观点将检察学作为诉讼法学的分支学科显失偏颇，是不科学的。诉讼虽然向来是检察机关的重要职权范围，检察官在诉讼中

---

❶ ［美］E. 博登海默："法理学——法律哲学与法律方法"，邓正来译，中国政法大学出版社1999年版，第486～487页。

❷ 樊崇义、吴光升："检察学：如何才能成为一门学科"，载中国法学会检察学研究会编印：《检察学理论体系研讨会论文集》，2007年11月（上海），第12页。

❸ 王然翼：《当代中国检察学》，法律出版社1989年版，第10页。

❹ 石少侠："检察学：学科构建的必要与可能——兼谈检察学与其他法学学科的关系"，载《人民检察》2007年第15期。

❺ 程荣斌：《检察制度基础理论》，中国检察出版社1992年版，第1页。

❻ 王晓军、孙谦、刘立宪等：《实用检察学》，辽宁人民出版社1988年版，第3页。

承担着追诉、指控犯罪与保障人权等重要任务，但是，检察学只是将诉讼监督作为其重要研究对象之一，除此之外检察学还有着更为广泛的研究领域。检察制度是国家政治制度的重要组成部分，检察机关具有对公职人员履职行为进行监督的权力。检察学不仅要研究诉讼方面的问题，还要研究国家权力配置的成本、风险、收益，特别是检察权自身的科学配置。如果把检察学作为诉讼法学的分支学科，既会严重限制检察学的研究范围从而妨碍其发展，又会造成诉讼法学理论体系的混乱。因此，检察学和诉讼法学是相互独立的法学分支学科，两者虽存在交叉的研究领域，但彼此间并不存在隶属关系。第二种观点和第三种观点实际上是相同的，都认为检察学是独立的法学学科，其研究对象是检察制度和检察活动（或者检察工作），只不过两者的视角有所不同，前者以中国现行检察制度为基础，后者则不受此限制，而是以世界各国和地区的检察制度为论述对象。这两种观点虽然指出了检察学的研究对象，但无论是检察活动还是检察工作，其外延均过于宽泛，缺乏加以界定的标准，故有必要进一步加以明确。第四种观点将检察学的研究对象仅界定为检察制度，这显然是片面的，同时也未明确检察学是独立的法学学科，而只是泛泛指出其是一门社会科学。其实，检察制度是检察权在行使过程中所形成的一系列具体制度的总称，其只是检察权行使的制度载体。检察权不仅应成为检察学的研究对象，而且是检察学研究的基础和重点，绝对不能顾此失彼。第五种观点持纯粹法学的观点，认为检察学以人民检察院组织法等有关法律规范为研究对象，人为地缩小了检察学的研究范围，这显然是不妥当的。

综上所述，检察学的概念应被界定为：检察学，乃是研究检察权和检察制度一般规律的、独立的法学分支学科。详言之，检察学要研究检察权的属性、配置及权能结构体系、功能、运行、效益及效率，研究为顺利实现检察权的功能与运行而建立的组织结构、活动原则及保障体系，研究检察机关授权行使检察权的主体——检察官的职业地位、职业准入、职业操守、职业培训、职业晋升等，研究检察制度的产生、发展和完善的科学规律。❶ 依据检察学内在的、质的规律性，其具有以下特征。

（一）检察学的研究方位富有时代性

检察学是检察制度发展史、检察事业发展史的必然产物，也是时代发展的客观需要。中国检察学的根本问题是研究在经济全球化、依法治国和构建和谐社会的时代背景下，如何更好地发挥检察机关的法律监督职能。中国检察学要借鉴域外检察制度建设的先进经验和文明成果，摒弃其糟粕以及与我国检察制度基本性质不相符合的成分，更要坚持中国特色的社会主义检察制度，坚持我国检察制度的实践特色、民族特色和时代特色，研究解决在检察制度本土化、现代化道路上出现的各种问题，使检察学成为研究当代司法制度、政治制度的重要学科。

（二）检察学的研究对象具有特殊性

任何一门学科都有与之相对应的实际存在的客观对象，检察学独特的研究对象就是检察权和检察制度。宪法学、诉讼法学等法学学科虽然都要研究检察权和检察制度，但与检察学相比，其侧重点和落脚点均有所不同，都不能包含或者代替检察学从总体上对检察权和检察制度进行专门、系统的研究。

（三）检察学的研究内容具有综合性

检察学作为法学分支学科，与其他社会科学（如哲学、政治学、历史学、经济学、管理学、社会学等）有着十分密切的联系，同时，检察学的研究也会涉及法学的众多分支学科（如宪法学、诉讼法学、法理学、刑法学、民法学、律师学等）。检察学通过汲取多学科的理论营养，综合地研究

---

❶ 徐汉明、周理松、阮志勇："检察学若干基本问题探讨——以中国检察学理论体系的科学构建为基点"，载《法学评论》2008 年第 4 期。

检察权和检察制度，赋予其新的内涵并建立起自身的理论体系，而非将其他学科的研究成果加以机械拼凑。

（四）检察学的研究体系注重实践性

检察学并非进行纯粹的学术理论研究，而是理论法学和应用法学的结合。从宏观上看，检察学的研究要充分揭示中国特色社会主义检察制度的合理性、必然性和优越性，要探索对检察权进行科学配置的一般规律，以更好地履行检察机关的法律监督职责；从微观上看，检察学的研究要立足实践，解决检察工作的新情况、新问题，总结新经验，提出新解答，为检察工作提供强有力的智力支持和坚实的理论支撑。

（五）检察学的研究要具有前瞻性，体现先进性

中国特色社会主义检察制度的创设与实践，根植于中国特色社会主义理论体系，成为其相对独立的有机组成部分，贯穿于中国特色社会主义道路的全过程。检察学必须坚持马克思主义法学观的指导地位，以毛泽东思想、邓小平理论和“三个代表”重要思想为基础，深入贯彻落实科学发展观，科学地回答什么是中国特色社会主义检察制度，怎样建设中国特色社会主义检察制度等一系列问题。检察学是一个开放的系统，检察理论研究要与时俱进，就必须体现时代性、把握规律性、富于创造性、反映科学性，建立起具有中国特色的社会主义检察理论体系。当前，检察学研究要保持先进性，就必须深入理解科学发展观的内涵，通过检察制度功能的运用、协调及其展开，促进经济社会发展和自身发展；在检察权运行的过程中，要切实做到以人为本，尊重检察官的主体地位，发挥检察官的首创精神；要提高检察机关的法律监督能力，使各项检察工作全面协调可持续发展；要运用统筹兼顾的方法，对检察权运行过程中出现的地方化倾向及存在的偏差进行理论上的诠释，寻求从体制上、机制上加以解决的根本方式、方法。

鉴于检察学所具有的特征，检察学的研究不仅要遵循传统的理论联系实际、辩证分析与法解释学等方法，还要结合自身特点灵活运用历史分析、比较分析、系统分析和实证研究的方法，依托和借鉴法学和其他社会科学的一些研究方法，形成自己的基本研究方法。

四、检察学的研究对象

检察学的研究对象是检察学建立的基础，也是其区别于其他学科的主要根据。只有明确检察学特定的研究对象，才能使检察学研究做到有的放矢，才能抓住检察学学科建设的主要矛盾，取得良好效果。关于检察学的研究对象，目前主要有以下两种观点。

第一种观点认为，检察学的研究对象是检察制度和检察活动，检察制度是检察学研究的主要对象，检察活动是检察学研究的重要对象，主要包括检察执法活动和检察法律监督活动。检察制度规定检察活动的主体、活动方式、活动程序和原则。检察活动必须依照检察制度中的法律规定进行。把检察制度和检察活动中规律性的东西上升为理论，就是检察学研究的任务。❶ 持此观点的学者认为，检察学的研究范围是研究对象的展开或具体化，主要包括：（1）检察制度的起源、本质、类型、特点、内容、发展趋势；（2）各国检察立法例和检察实践经验，我国立法的内容、分类、原则和体系；（3）检察机关在国家体制中的地位和作用，包括检察机关的领导体制、性质、任务、职权等；（4）检察机关的机构设置及其内部制约机制，检察人员的任免和奖惩；（5）检察监督在法律监督系统中的地位，检察监督的对象、范围、要求、程序和原则；（6）检察管理的科学化和检察工作的办公现代化；（7）经典著作关于检察制度的论述，党和国家关于检察工作的政策和决定；（8）国外检察理论。❷

第二种观点认为，检察学以检察制度及其运作为对象，主要研究内容

---

❶ 周其华：《中国检察学》，中国法制出版社 1998 年版，第 9～12 页。

❷ 王洪俊、孙长永："略论检察学的研究对象和范围"，载《检察理论研究》1991 年第 1 期。

包括：(1) 研究检察法律制度。从内容看，包括检察机关组织方面的制度，也包括检察机关履行其职能的各种制度。从层次上看，要研究检察规范体系，包括关于检察制度建设的宪法原则和规范；关于检察机关工作和建设的法律规范，司法解释层次上的检察制度规范。从研究类型看，既要研究实有规范，又要研究应有规范。(2) 研究检察制度建设实践。(3) 研究检察理论。检察理论是对检察制度建设以及检察活动规律性的学理概括，是分析法律制度，研究实际操作的思维工具。(4) 研究国外的检察制度和实践，以借鉴其有益经验。(5) 研究我国检察制度的历史发展，总结经验教训。❶

上述观点均以检察制度作为检察学的主要研究对象，但都对检察权关注不够，检察学研究至少应给予检察权和检察制度以同等的重视。检察权与检察制度是内容与形式、目的与手段、抽象与具体的关系。检察权与检察制度的关系如此密切，以至于难以分割开来进行研究，要研究检察制度就必然会牵涉到检察权。检察学对检察权、检察制度的研究，往往须交叉进行，研究检察制度的目的是科学地配置检察权，独立公正地行使检察权；研究检察权的配置、运行与完善，对科学建构、创新完善检察制度具有至关重要的意义。检察权、检察制度成为检察学的两大研究对象，有着深远的历史与现实意义。在现代社会，检察权的加强和检察制度的完善，绝不是单纯为了实现统治阶级的专政，而是为了保障公民的基本人权，保障国家权力在民众的参与下、在宪法和法律的轨道上有效运行，即不仅要检控犯罪，而且要维护社会公益与法制统一。将检察制度、检察权作为检察学的两大研究对象，有着深远的历史意义与现实价值。

(一) 检察学的研究对象之一：检察制度

现代检察制度起源于中世纪的法国和英国。13 世纪，法国国王路易九世进行改革，限制教会、城市法院的审判权，将封建领主的司法权置于王

---

❶ 龙宗智："检察学研究的对象、范畴与方法"，载《人民检察》2007 年第 15 期。

室法院管辖之下。1285年，菲利浦四世改当事人自诉为主的弹劾主义诉讼模式为国家主动追究的职权主义诉讼模式，赋予检察官以政府公诉人的地位，并禀赋检察官提起公诉、侦查案件、代表国王监督地方行政当局等6项职权，为当代检察制度的形成及后来联合国制定关于检察官作用的准则提供了历史铺垫。17世纪，路易十四将政府公诉人定名为总检察官，下设检察官于各级法院。从此，近代大陆法系的检察制度即告形成。1790年，经过大革命后组成的国民议会通过法令，规定检察官是行政部门派在各级法院的代表。1808年《法国刑事诉讼法典》规定了检察官在刑事诉讼中的地位和职权，使得检察官的组织体系、领导体制等日趋成熟，此后200年未有大的变化，从而形成了以法国为代表的大陆法系检察制度。如德意志各邦自19世纪初叶渐渐采行法国之检察官制，经1848年革命风潮推波助澜后，几为帝国统一前各邦共行的法制。❶ 欧洲大陆的比利时、意大利和亚洲的日本、韩国，以及法国在拉丁美洲和非洲的殖民地国家纷纷仿效，这种检察制度模型广泛影响着大陆法系110多个国家检察制度的创立与发展。英国检察制度的创建、定型经历了800多年。1162年，亨利二世设立专司向法院控告重大刑事案的12名陪审员。13世纪，英王派律师代其起诉，其检察制度正式建立。1461年，英王律师更名为总检察长，同时设置国王辩护人（1515年更名为副总检察长），专司对破坏王室利益案件的侦查、起诉和听审。其身份具有多重性，集总检察长、女王的法律顾问、政府的法律官员和律师界的领袖于一身。随着英国向海外的扩张，英国检察制度亦传播到所有英属殖民地国家，并且深刻影响着加拿大、印度、澳大利亚、新西兰等近60个国家，形成了具有英美法系特色的检察制度。中国检察制度的历史渊源是多元的。中国古代的御史制度、大陆法系国家的检察制度以及苏联的检察制度，都为现代中国检察制度的形成与发展提供了重要的文化与制度渊源。与其他国家的检察制度相比，我国检察制度有许多自己的鲜明特色。这些特色是由我国的社会主义性质，特别是中国共产

❶ 林钰雄：《检察官论》，台北学林文化事业有限公司2000年版，第14页。

党的领导和人民代表大会制度所决定的，是与我国历史文化传统和社会主义初级阶段的基本国情相适应的。❶ 此外，由于历史原因，我国还存在港、澳、台地区的检察制度，从而形成了以大陆社会主义检察制度为主体，以港、澳、台地区的检察制度为补充的多元结构的检察制度体系。

考量检察制度的发端，其之所以未随着私有制、国家的产生而产生，而是在人类文明进步到特定历史阶段才出现，乃是因为检察制度根源于特定的社会物质生活条件。在经济利益上，只有当中央利益同地方利益激烈冲突并威胁到国家利益时，国家才需要一种力量同地方利益相抗衡。检察制度之所以起源于中世纪的法国和英国，是因为两国当时都处于封建割据状态，封建领主、教会教士同代表中央利益的王室的利益冲突异常激烈，根本无法调和。这种状况导致了司法的多元与专横，破坏了法制的统一，破坏了国家统一，更遑论经济社会的发展。鉴此，在政治制度上，迫切需要一种新型的制度安排来协调国王、领主和教会的利益，使其享有的权力得到平抑与协调。检察制度就是顺应当时加强以国王为代表的中央集权同宗教势力进行斗争，实现民族国家的统一，对抗封建司法多元与专横这一客观需要而产生的。随着检察制度的发展，检察官逐渐由国王的顾问、代理人转变为国家的公诉人、社会的公益代表人，其对统治阶级内部进行监督，对滥用公权力的行为进行侦查。针对司法专横，国家收回和削弱了封建领主、教会的裁判权，为司法裁判的一元化提供了条件，在一定范围内实现了国家权力的平衡。在文化观念上，当时人们渴望国家结束封建割据，恢复社会秩序，故法制统一、权力制衡成为当时盛行的价值观。总之，中央同地方之间的利益冲突，导致国家需要承担更大的社会控制成本，安定、秩序难以实现，国民呼吁进行新的制度安排，这就是检察制度产生的社会根源。通过考察分析，大致可以获得这样的基本认识：检察制度具有普遍性、必然性，它是人类社会的文明成果，是司法制度现代化的必然结果；

❶ 贾春旺：“加强理论研究，构建中国特色社会主义检察理论体系”，载《人民检察》2005 年第 7 期。

检察制度呈现出多样性、差异性，这是由各国特定的物质生活条件所决定的。

制度是“人们有意识制造的一系列政策和规则，它包括政治规则、经济规则和契约以及由各类正式规则所形成的一种等级结构”。在广义上，它是人们现实所形成的各种经济、社会、政治组织或体制的集合体，是一切经济活动与种种经济关系所产生和发展的框架。❶ 新制度经济学派的代表人物舒尔茨、诺思、林毅夫和纽金特从不同角度揭示了制度的一般功能。他们指出，制度具有经济价值的服务功能，创建秩序和降低交易的不确定性功能，节约与再分配的功能。❷ 检察制度，是由国家制定和认可的检察机关及其性质、任务、职权、组织机构和活动原则等一系列制度的总和，既是国家政治制度的重要组成部分，也是现代司法制度的重要组成部分。以德国新制度经济学家柯武刚等人的观点为参考，我认为检察制度的功能可概括为：(1) 协调功能。国家为了实现正义和秩序，对破坏社会统治秩序的行为进行纠正，从而配置了司法权，设置了司法制度。检察制度同审判制度、警察制度等虽然有所区别，但是，它们在本质上是协调一致的，在整体上形成了有机统一的司法制度。检察制度使复杂的司法程序变得更易理解，避免了“超负荷识别”(cognitive overload)，减少了人们为追求公平、秩序的“远期无知”(forward ignorance)，增强了可预见性。(2) 保护与控制功能。检察制度能有效防止权力滥用，保护人们的正当权益，使其免受外部不恰当、不合法的干预，并依赖科学制度支撑的程序对权力运行施加控制。(3) 防止和化解冲突的功能。检察制度及其规则一旦得到确认并运行，它便能给人们提供防范相关冲突的预期，一旦现实的冲突发生，人们则可以运用制度规则去化解、调整冲突。(4) 选择功能。检察制度的建立和完善，是建立健全决策权、执行权、监督权既相互制约又相互协调

---

❶ 张培刚：《发展经济学教程》，经济出版社 2001 年版，第 152 页。

❷ Lin, Justin yifu and Jeffery B. Nugent, Institutions and Economic Development, *Handbook of Development Economics*, VOL. 3, 1995. 转引自张培刚：《发展经济学教程》，经济出版社 2001 年版，第 152 页。

的权力结构和运行机制的重要一环，是落实对权力的法律监督、增强监督合力和实效所作出的必然选择，是权力对人类理性与社会和谐所作出的合理让步。

有学者认为，从具体内容上看，检察制度应涵盖检察组织、检察人员配置以及检察工作三大部分，其中检察组织包括检察机关之地位、组织系统、机构设置、领导方式等；检察人员部分，涵盖检察人员之产生、任职、考核、奖惩等制度；而检察工作方面，则在于说明检察机关之职权与行使检察权所应遵循的原则与程序。[1] 我认为，检察制度研究的主要方面是检察组织、检察人员配置等方面的问题，检察工作方面的研究其实是对检察权运行规律的探索，重点是有所不同的。检察制度研究的重点具体包括：检察机关的宪法和组织法地位，与其他机关的关系；检察机关的组织体系与领导体制，检察机关的内部组织结构及其关系；检察官的遴选、管理、晋升、培训制度和职业保障制度，检察人员的分类管理制度等。

（二）检察学的研究对象之二：检察权

在全部国家权力产生的先后顺序上，与立法权、司法权、行政权等国家权力相比，检察权是国家权力中较晚产生的权力。检察权与行政权分离，与审判权分立，其独立性得以显现。检察权承担着追究犯罪、控诉犯罪、有效地打击统治阶级外部对社会秩序的威胁及有效地惩治统治阶级内部对社会秩序之威胁的两大职能，这是行政权、审判权所不能替代的。检察权通过行使这两大职能，其平抑利益冲突、制衡权力运行、修复受损秩序、创建制度安排、配置社会资源等功能得以充分发挥出来。在私诉时期，私诉往往导致同态复仇，社会秩序难以建立，各类成本消耗较大，且最终要由受害人和社会来分摊。检察权产生之后，检察官作为国家和社会公益的代表，通过行使起诉、不起诉等权力，实现法律对犯罪人的一体追究，使因犯罪行为引起的各种利益冲突达到平衡，使警察权、审判权等公权力受

---

[1] 龙宗智：《检察制度教程》，中国检察出版社 2006 年版，第 8 页。

到制衡，使遭到破坏的社会秩序与社会关系得到修复，使公平、正义、法治、人权等基本价值转化为具体的制度安排，使稀缺的司法资源能够实现有序分配、有效利用。

检察权的产生是国家权力重新配置的结果，它要求建立新的国家权力关系，并在动态的变革中寻求静态的权力平衡。由于检察权产生伊始就面对着既有的权力结构，面临在既有的权力结构中加以定位和发展，因而它理应得到更多的理论关注。在这一背景下思考构建检察学学科的意义，更加凸显其紧迫与必要。❶ 有学者明确指出，对检察权的研究，在检察制度研究中具有基础性的作用，是检察理论研究的主线。❷ 检察学要从国家权力配置的角度探索检察权的科学配置，研究检察权的性质与特征、结构与功能、运行程序与效力，研究检察权的制约、协调、评价机制等。检察学要立足于各国检察权的运行现状，特别是我国检察权的运行现状及改革完善，对实然的检察权进行研究，为检察实践工作提供指导。此外，检察权是一种不断发展的权力，故检察学更要研究应然的检察权，探讨法治条件下检察机关应当享有的权力及法律上的依据，为检察体制改革提供有力的理论支撑。

五、检察学的理论体系

任何一门学科走向成熟的标志，总表现为将已经取得的理性知识的成果——概念、范畴、定律和原理加以系统化，从而构成一个科学的理论体系。❸ 因此，如何审慎地看待以往所取得的检察学研究成果并从中吸取科学成分，如何构建符合时代发展趋势、符合检察权运行规律、符合社会主义法治理念、符合中国国情的检察理论体系，并形成内容完整、协调统一、

❶ 石少侠："检察学：学科构建的必要与可能——兼谈检察学与其他法学学科的关系"，载《人民检察》2007 年第 15 期。

❷ 张智辉：《检察权研究》，中国检察出版社 2007 年版，第 1 页。

❸ 彭漪涟：《概念论：辩证逻辑的概念理论》，学林出版社 1991 年版，第 2 页。

对检察实践具有积极指导意义的检察学理论体系，就成为检察理论研究所必须完成的一项基础作业和主要任务。

检察学的理论体系，是指检察学的基本理论构成，是检察学的内容按照一定逻辑排列组合的结构形式，通常就是检察学著作的体例。检察学的理论体系，要体现检察学研究对象与内容的内在本质联系。关于检察学的理论体系，主要存在以下几种观点：

（1）“两块说”。该说认为检察学可分为总论和分论两大部分。总论包括检察学概论、检察制度比较研究等；分论包括检察监督结构概述、侦查监督、审判检察、监所检察、公职人员职务犯罪检察、青少年犯罪检察等。❶

（2）“三块说”。该说认为检察学由绪论、总论和分论三大部分构成。代表作是李士英主编的《当代中国的检察制度》（中国社会科学出版社1987年版）。

（3）“四块说”。在“四块说”中，一种意见认为，检察学的理论体系由绪论（包括检察学的概念、研究对象以及范围和体系、起源和发展、理论基础和研究方法等）、检察理论（包括检察史、检察学基础理论）、检察实践和检察管理等四部分构成；❷ 另一种意见认为，检察学应从检察权基本原理到检察制度，再到检察具体工作，以及域外检察、检察制度史等不同层面，进行分层次、系统化的研究，由检察权的基本原理、检察制度、检察工作、域外检察的研究与检察制度史的研究等四部分构成。❸

（4）“五块说”。该说认为检察学由总论、职能论（法律监督论）、程序论、组织论和管理论等五部分构成。❹

---

❶ 王然翼：《当代中国检察学》，法律出版社1989年版，目录第1～4页。

❷ 赵登举等：《检察学》，湖南人民出版社1988年版，第12～13页。

❸ 张智辉、李哲：“检察学的学科使命与理论体系”，载《人民检察》2007年第15期。

❹ 王桂五：《中华人民共和国检察制度研究》，法律出版社1991年版，目录第1～8页。

（5）“七块说”。该说认为检察学由绪论、检察制度的历史沿革、检察制度的基本原理、检察机关的组织结构、检察权、检察活动和检察管理等七部分构成。❶

（6）“十块说”。该说认为检察学的理论体系由检察学（检察制度）概论、检察制度发展史、检察制度的比较研究、检察权理论、检察业务制度、检察官论、检察体制与组织、检察管理、检察特色理论、检察政策研究等十大板块构成。❷

以上6种体例各有特色，也各有不足，可以帮助我们以多元化的方式认识检察学理论，都为构建检察学理论体系提供了有益的参考。笔者认为，“两块说”“三块说”过于抽象，未能反映出检察学研究对象与内容之间的本质联系，缺乏检察学体系建构的逻辑性，其分论实际上是在与我国检察实践搞简单的对应关系，用实然替代应然，因而是不科学的。“四块说”的第一种意见，与“两块说”相比虽有所进步，但和“两块说”有着同样的缺陷，即其逻辑性不足，且将检察学所包括的内容与检察实践等同起来。“四块说”的第二种意见，紧紧围绕检察制度和检察实践来建构检察学的理论体系，内容较为周全，层次较为清晰，但是条理性略显不足。域外检察的研究和检察制度史的研究与检察权的基本原理、检察制度、检察工作等内容不具有并列关系，其实际上是强调要运用比较分析法、历史分析法对检察权和检察制度进行横向上、纵向上的二元研究，以借鉴和吸收人类共同的文明成果。因此，域外检察的研究与检察制度史的研究没有必要独立出来，完全可以被其他部分所吸纳。比较而言，“五块说”最为合理，但是，仍然有进一步完善的空间。譬如，“程序论”的主要内容（所谓诉讼形式的法律监督）属于诉讼法学的研究范围，检察学完全可以吸收诉讼法学的研究成果，而侧重研究检察权的运行规律和机制，否则就会造成学术上的“重复建设”。

---

❶ 朱孝清、张智辉：《检察学》，中国检察出版社2010年版，第24页。

❷ 龙宗智：“论检察学理论体系的构建”，见孙谦主编：《检察论丛》（第14卷），法律出版社2009年版，第21～22页。

检察学理论体系的建构应当极力避免这样一种倾向：把检察学的内容与检察立法、检察实践的内容简单等同起来，使检察学仅成为检察立法的注释体系，成为检察实践的归纳总结。如此不仅不能使其保持相对的稳定性，而且使检察学的重要理论总是停留在对检察立法、检察实践进行滞后解释的被动状态，妨碍检察学前瞻性研究的进行。理想的进路应当是将检察立法、检察实践作为检察学理论体系构建的重要参考依据，但又不能使检察学研究囿于检察立法与检察实践。为检察学的长远发展计，检察学理论体系应当具有相对的稳定性和适度的前瞻性。此外，检察学理论体系在内容上应当具有完整性，在形式上应当具有协调性，同时其对检察立法、检察实践应当具有指导性。遵照这一指导思想，综合考虑上述观点的合理因素，紧密围绕检察学的研究对象，我认为，检察学理论体系应由本体论、权能论、运行论、组织论、管理论共5大理论板块构成。现具体说明如下。

（一）本体论

所谓本体论，是指对检察学的核心、本源及其基础的认识和概括，主要包括：检察学的概念、性质、特点，检察学的研究对象和研究方法，检察学的基本原则和基本范畴，检察学的理论体系和学科结构，检察学与其他学科的关系，检察学的历史演进、研究现状和发展趋势。其中，重点研究具有中国特色的社会主义检察学，我国检察制度的法律渊源、主要特点及其理论基础；检察制度的历史研究、比较研究，以探求其质的规律性和赖以存在的基础。

（二）权能论

所谓权能论，是指对检察权的权力与职能、内容与效力及其科学配置的认识和概括，主要研究检察权的概念、性质、特征，检察权在国家权力结构中的地位，检察权与其他国家权力的区别和联系，当代中国检察权的基本属性，明确法律监督的概念、性质、特征及模式，检察权的功能，检察权行使的对象、范围、权能结构、启动及其运行条件等，检察官自由裁量权的概念、特征和权限等。其中，重点研究如何科学配置我国的检察权，按照检察机关作为法律监督机关的性质，对检察权的结构进行必要的调整，增加具有法律监督性质的权能，严格规范检察权的行使。譬如，公益诉权、监督权和弹劾权等构成民事检察权应然的权能结构，其划分了明确的权能范围，形成了严密的权能体系。与民事检察权应然的权能结构进行对照，我国的民事检察权尚需增加公益诉权、民事执行监督权、弹劾权等权能，以充分发挥民事法律监督职能。

（三）运行论

所谓运行论，是指对检察机关运行、实现检察权各个环节的认识和概括，涉及检察机关如何贯彻国家的司法政策、树立先进的执法理念，影响检察权运行和实现的诸因素，检察权运行中的基本原理等。运行论主要包括：检察权行使的基本原则，如法治原则、客观公正原则、依法独立行使原则等；检察权运行的重要机制，如检察工作一体化机制、检察权运行的保障机制（地位保障、身份保障、经济保障、法律授权保障等）、检察权运行的制约机制（包括内部制约和外部制约）、检察权运行的评价机制（包括自我评价、社会评价、职权评价等）。

（四）组织论

所谓组织论，是指对检察权行使主体的认识和概括，是关于检察机关的设置、领导体制、内部组织结构、检察官制度等问题的理论。组织论主要包括检察机关在国家机构中的地位，检察机关的领导体制、组织原则和机构设置，检察委员会制度及其改革完善，检察官的遴选、地位、权限、管理、晋升、培训制度和职业保障制度等。

（五）管理论

所谓管理论，是指对通过计划、组织、领导和控制等基本活动以实现检察职能的认识和概括，是关于检察管理的基本原理、检察政策、检察决策和检察业务管理、检察队伍管理、检务保障的特点和规律的理论，其研究的是优化、整合和充分利用检察资源，保障检察权依法有效地运行等宏观性问题。

“十二五”时期深化检察保障体制改革的总体思路和基本要求*

科学确立“十二五”时期深化检察保障体制改革的总体思路和基本要求，对于加强和改进新时期检察保障工作、推进检察工作科学发展具有重要意义。本部分以调研分析作为研究的基本方法和路径，从调查“十一五”时期检察保障的基本情况入手，深入剖析检察保障取得的成效和存在的问题，深入分析“十二五”时期检察保障工作面临的形势任务、机遇与挑战，从而构建深化检察保障体制改革的总体框架，并厘清深化改革需处理的重大关系、需解决的重大问题以及应推进的重大项目，以供决策层参考。

一、“十二五”时期深化检察保障体制改革的形势任务和背景条件

准确把握“十二五”时期检察保障工作的形势任务和背景条件，是科学确立深化检察保障体制改革总体思路和基本要求的重要前提。

（一）形势任务

“十二五”时期，我国发展仍处于可以大有作为的重要战略机遇期，

* 本文系作者于2011年5月在华中科技大学检察学硕士研究生班的授课提纲，由刘大举、刘尧成同志协助完成。

检察工作正处于发展的关键时期。深化检察保障体制改革、不断提高检察保障水平，是健全完善中国特色社会主义检察制度、推动人民检察事业发展进步、保障检察机关全面履行法律监督职能的迫切需要。从检察工作面临的新形势、新任务来看，“十二五”时期检察工作面临对敌斗争更加尖锐复杂、经济领域矛盾纠纷不断显现、人民内部矛盾多样多发、刑事犯罪高位运行、职务犯罪仍然易发多发等新的形势，检察机关在维护国家安全、服务经济社会发展、维护社会和谐稳定、推进反腐败斗争深入发展、提升自身执法能力与水平等各方面的责任更加重大、任务更加繁重，迫切需要深化检察保障体制改革，加强和改进检察保障工作。从推动检察工作科学发展看，在检察工作中，业务工作是中心，队伍建设是根本，检务保障是基础，三者相辅相成。检察工作科学发展要求统筹处理好业务建设、队伍建设、保障建设的关系，形成更为合理的工作格局。在当前业务建设、队伍建设积极推进并不断取得新成果的情况下，检察保障相对滞后、薄弱的问题日益显现。检察保障体制必须与检察业务建设、队伍建设的形势与任务相适应，使检务保障与业务工作、队伍建设协调发展。从落实公正廉洁执法的要求看，检察机关加强自身建设、增强执法能力与水平、提高执法公信力任务繁重，需要建立与之相适应的检察保障体制；特别是对利益驱动导致的执法不严不公、为钱办案等问题，需要通过改善检察保障消除深层诱因。从检察保障体制的运行规律看，中办、国办已出台推行的分级负责、分类负担的保障模式及其运行机制，对于推动检察事业科学发展、促进公正廉洁执法具有重大作用，但仍未能跳出传统的保障模式，检察经费保障仍然依赖和受制于地方，区域性差异明显，根除检察保障的体制性障碍、机制性缺陷任务艰巨。

（二）工作基础

“十一五”时期特别是2009年分类负担保障政策实施以来，检察机关在党中央、国务院的正确领导下，在各级党委政府的大力支持下，检察保障和执法条件不断改善。这主要体现在以下几点。

（1）检察经费保障水平不断提高。2006～2010年，全国检察机关（含各省、市、自治区、新疆生产建设兵团，不含最高人民检察院本级。下同）经费总收入年均增长率为19.67%，经费总支出年均增长率为19.01%。

（2）检察经费收入与支出结构基本稳定。2006～2010年，全国检察机关人员经费（包括工资、津补贴、其他）、公用经费（包括日常公用经费、检察业务经费）、装备费（包括检察业务类、技术检验鉴定类、综合办公类、基础网络类和人员培训类等经费）的收入结构比例每年基本保持在44.62%、43.7%、11.68%左右，支出结构比例基本保持在45.72%、43.75%、10.53%左右。

（3）赃款返还在经费收入中的比例有所下降。2006～2010年，全国检察机关依法追缴赃款上缴财政560.21亿元，占国家财政总收入的0.18%。其中，赃款返还126.81亿元，占上缴财政的22.64%，占检察经费总收入的9.21%，年均减少0.05%。

（4）中央和省转移支付、专项补贴投入比重逐年加大。2006～2010年，中央、省转移支付和专项补贴155.29亿元。其中，中央转移支付和专项补贴103.87亿元，省转移支付和专项补贴51.42亿元；2009年改革后的年均增长率为85.11%，比改革前上升了45%。

（5）"收支两条线"的财政管理制度有效执行。各级检察机关认真贯彻执行中央和国务院"收支两条线"的规定，不断规范财务管理，暂扣款进入财政专户监管，赃款全额上缴。如湖北省检察院和省财政厅适时组织专项检查，督促"收支两条线"制度的落实，纠正和防止检察机关坐收坐支、挪用赃款和私设"小金库"等问题。

（6）市县级检察院公用经费保障标准逐步落实。截至2010年，全国检察机关有31个省级检察院协同财政部门制定了市县级检察院公用经费最低保障标准。湖北省检察院2006年会同省财政厅制定了《全省县级检察院公用经费保障标准》，分三类予以保障，已全部落实到位。

（7）装备配备得到加强。截至2010年年底，全国检察机关的地市级检察院全部联入检察专线网并建成计算机局域网；县级检察院中有93%联入检察专线网，98% 建成了计算机局域网。据对湖北省检察机关的调查，全系统共有各类器材设备 49 886件（台、套），总价约6.78 亿元。

（8）基础设施建设发展较快。2006～2010 年，全国检察机关“两房”建设累计投资 460 多亿元，总面积达 1 428.9万平方米。90% 的检察院基本完成了“两房”建设任务；有 9 个省级检察院建立了检察官分院。湖北省检察机关新建、改扩建“两房”累计投资 13 多亿元，建设面积 54.84 万平方米，现人均达到 51.5 平方米。检察保障状况的不断改善，为深化检察保障体制改革奠定了良好基础。

（三）机遇与挑战

“十二五”时期，深化检察保障体制改革面临难得的发展机遇和有利条件：（1）党中央对深化司法体制改革，完善政法检察保障体制提出了明确要求；（2）人民群众深化检察保障体制改革的呼声较高，对建立与国家公共财政均等化保障相适应的中国特色社会主义检察保障体系有较高的认知度；（3）“十二五”时期我国经济社会将继续保持良好发展势头，综合国力增强，国家调控财力的能力大幅提升，为深化检察保障体制改革提供有力支撑。同时，也面临新的挑战：（1）中国特色社会主义法律体系已经形成，维护国家法制统一是推进法治建设的必然要求，但现有保障体制特别是经费保障方面存在的结构性缺陷、区域性差异与国家法制统一要求保障均等化的矛盾进一步显现；（2）社会主义法律体系形成后，需要更加重视法律实施，在这种情况下有法必依、执法必严、违法必究的问题就显得更为突出和紧迫，检察机关加强法律监督、保障国家法律统一正确实施的责任更加重大，不断增长的法律监督任务对检察保障提出了更高需求；（3）随着社会结构深刻变动，社会群体类别不断增多，不同群体的利益诉求不尽相同，对社会公正的期待也不尽相同，使得社会公正问题凸显，检察机关在维护社会公正方面的任务更加艰巨繁重，工作量、工作成本、工作难度大大增加，对检察保障提出了更高需求；（4）当前执法环境更加公开、透明、信息化，同时国家法律制度如修订后的律师法、国家赔偿法以及新出台的“两个证据规则”等对执法办案提出了更高、更严格的要求，需要建立与之相适应的检察保障体制；（5）科技强检是必由之路，检察机关围绕强办案、强监督、强管理推进科技强检的任务急迫地摆在面前，实现保障现代化、提升检察工作科技含量是检察机关面临的重大考验。

二、“十二五”时期深化检察保障体制改革的总体思路、目标任务、基本原则、方案选择

（一）总体思路

总结检察机关近年来检察保障取得的成绩与不足，根据当前的形势任务和发展要求，湖北省检察院建议，将“十二五”时期深化检察保障体制改革的总体思路概括为：高举中国特色社会主义伟大旗帜，以邓小平理论和“三个代表”重要思想为指导，深入贯彻落实科学发展观，以推进检察经费保障体制改革为主线，以提升保障力为核心，以体制、机制创新为重点，优化检察保障资源配置，努力建立与国家公共财政均等化保障相适应的中国特色社会主义检察保障体系，为检察事业科学发展提供有力支撑。准确把握这一总体思路，需要把握以下基本要求。

（1）坚持以中国特色社会主义检察理论体系为指导。检察保障体制是中国特色社会主义检察制度的重要组成部分，深化检察保障体制改革应立足于中国特色社会主义检察制度的自我完善和发展，保持正确的改革方向。

（2）坚持以推进检察经费保障体制改革为主线。曹建明检察长指出：“在整个保障建设中，经费保障是核心。”根据这一要求，应把推进检察经费保障体制改革作为“十二五”时期深化检察保障体制改革的主要任务，着力围绕检察经费供给、分配、使用和管理，完善体制、机制，以此推进检察保障的全面建设。

（3）坚持以提升保障力为核心。深化检察保障体制改革，应当着力解决现行保障体制下存在的保障不力、保障不到位等突出问题，切实提升保

障力。提升对执法办案的保障力度，为检察机关全面履行法律监督职能和严格公正文明廉洁执法提供有力保障。提升对检察人员的保障力度，为检察人员履行职责提供良好的职业保障和执法条件，特别是针对基层和经济欠发达地区检察机关保障困难、人才短缺的实际，建立相关保障制度，确保检察人才均衡分布，促进检察事业协调发展。

(4) 坚持以体制、机制创新为重点。深化检察保障体制改革的重要任务是破解检察保障体制性障碍、机制性困扰，既注重体制创新，解决好检察保障的基础性、深层次矛盾和问题，又适应体制运行需要，建立健全工作机制。应当实现体制与机制互相衔接，为检察保障提供制度保证。

(二) 目标任务

湖北省检察院建议，将“十二五”时期深化检察保障体制改革的总体目标确定为：基本建立与国家公共财政均等化保障相适应的中国特色社会主义检察保障体系。提出这一总体目标，主要基于以下要求。

(1) 与检察机关的宪法职能定位相适应。宪法规定国家维护社会主义法制的统一和尊严；同时宪法规定人民检察院是国家的法律监督机关，依照法律规定独立行使检察权。检察机关法律监督在维护国家法律统一正确实施中肩负重大职责。高检院指出新时期检察工作的根本目标是“一个保障、四个维护”，即保障经济社会又好又快发展、维护社会和谐稳定、维护社会公平正义、维护人民权益、维护社会主义法制的统一尊严权威。强化法律监督保障国家法律统一正确实施的重大任务，客观要求检察工作所产生的经济、社会和法律效果都是全国性的，不是地域性的，客观要求各级检察机关人财物保障在全国范围内具有相对均衡性和稳定性，保证检察机关的职能得以充分发挥。

(2) 与国家公共财政均等化保障的现代管理要求相适应。从现代公共财政基础理论看，检察权等司法事权属中央政府提供的全国性公共产品服务，提供者也应当为中央政府，不应当让中央事权的保障由地方提供，避免因地方财力差异导致保障不均衡，避免因保障受制于地方而产生地方保护主义等问题，影响中央事权在全国范围内的统一行使。这就要求检察保障要与时俱进，应当与公共财政投资管理体系改革相匹配，应当在人财物方面实行国家公共财政均等化统一保障。

（3）与深化司法体制改革相适应。党的“十七大”报告明确提出，要推进司法体制改革，建设公正高效权威的社会主义司法制度。2008 年以来，中央部署了新一轮司法体制和工作机制改革，其中改革司法保障体制是四项重大改革内容之一。当前，新一轮司法体制机制改革已进入克难攻坚阶段。检察机关紧跟深化司法体制改革的改革进程，积极推动检察保障体系改革，努力破解检察保障的体制性障碍、机制性困扰。

实现这一总体目标，需要努力完成以下 5 项任务：

（1）建立以基层检察人员工资、津贴、医疗均等化保障为基点的优检保障体系。周永康同志曾在全国政法工作会议上指出，要完善与政法干警职业特点相适应的职业保障制度。建立与检察干警职业特点相适应的职业保障制度，应当以实现基层检察人员工资、津贴、医疗均等化保障为基点展开。按照鼓励检察人员扎根基层、到艰苦边远地区工作的政策原则，制定基层检察人员工资、津贴、医疗保障标准，在此基础上构建优检保障体系。

（2）建立以强化法律监督职能为基点的公用经费、业务装备经费、基础设施建设经费保障体系。公用经费、业务装备经费、基础设施建设经费保障都是为了满足法律监督工作需要。应当按照供求均衡的原则，围绕法律监督职能需求，综合办案（业务）工作量、运行成本、技术要求等，合理确定分配因素，建立种类齐全、分配科学、正常增长的公用经费、业务装备经费、基础设施建设经费保障标准体系、增长机制及其运行机制。

（3）建立以提高执法公信力为基点的检察信息化保障体系。检察信息化的最终目的是提高执法公信力。应当通过推进检察业务科技建设、综合办公科技建设、基础信息网络类建设、检验鉴定类科技建设、检务保障信息化建设，将执法公信力要求注入检察信息化保障的各个环节。

（4）建立以提高执行力为基点的检察保障管理体系。曹建明检察长指出："越是对检察经费投入增大，越要加强经费的管理和监督。"实行国家公共财政均等化保障检察经费体制后，应着力围绕提高经费保障政策的执行力，建立真正的"收支两条线"财政管理体制，建立符合检察经费特点的财务核算体系和检察经费保障监督管理和科学考评机制，努力实现资金使用效益最大化。

(5) 建立以推进"五化"建设为基点的项目实施机制体系。围绕推进保障制度化、装备现代化、建设规范化、管理科学化、队伍专业化，将改革的战略思想方案化、方案谋划项目化、项目实施具体化，使深化检察保障体制改革成为可操作的项目，有序推进，顺利完成目标任务。

(三) 基本原则

湖北省检察院建议，推进"十二五"时期各项检察保障体制改革任务，应当坚持以下 4 个原则：

(1) 必须从国情出发。检察保障体制改革，既要有利于保障和促进中国特色社会主义检察事业全面发展，又要坚持量力而行；既要适应检察业务工作规范化、队伍专业化、保障现代化要求，又要贯彻"厉行节约、勤俭办一切事业"的方针；既要与时俱进，改革创新，又要实事求是，稳步推进。

(2) 必须立足于资源优化配置。对检察机关的经费、装备设施、信息技术等各类检务保障资源，应当按照优化配置的原则，进行有机组合，最大限度减少检务保障资源浪费，提高资源的使用效率，实现检务保障的经济效果、法律效果和社会效果的最大化。

(3) 必须有利于公正司法。检验保障体制改革成效的根本标准在于适应人民群众新要求、新期待，实现司法公正和社会公平正义。应当把保障和维护人民群众最关心、最直接、最现实的利益问题作为改革的根本出发点、落脚点，从人民群众日益增长的司法需求入手，研究制约履行法律监督职能、实现司法公正、维护社会公平正义的传统保障体制、机制的弊端及根源，探索总结增强法律监督能力保障方面的新经验、新方法，建立有利于实现司法公正和社会公平正义的新型司法保障体制机制。

（4）必须与组织、人事、财政体制改革相衔接。检察保障体制改革既是组织、人事、财政体制改革的有机组成部分，又同司法体制改革密不可分，且具有自身的特点。检察保障体制改革的目标、任务、内容及其相关政策的调整，既要与党政领导干部选拔任用条例、公务员法、预算法等相衔接，又要体现检察官法等管理规范的要求；既要适应组织、人事、财政体制改革的新目标、新要求，又要体现政法检察保障体制改革的新特点、新发展；既要同组织、人事、财政体制机制改革相匹配，使组织、人事、财政部门在检察保障体制机制的调控主导作用更为充分，又能发挥检察机关在保障方面的高效组织、管理、监督作用。

（四）方案选择

湖北省检察院通过调研论证，提出两种有代表性的改革实施方案：

方案1，纳入中央财政预算，实行国家统一保障。主要内容是：全国检察机关的人员、公用、装备及设施建设经费全部纳入中央财政预算，实行国家统一保障。根据预算法的规定，政法领导机关、最高人民检察院作为中央的部门预算单位，负责对其所属的全国政法机关、各级人民检察院及专门检察院的年度预算及调整、决算提出编制草案，通过财政部提请国务院核准，并由国务院提交全国人大审查批准；政法领导机关、最高人民检察院会同财政部按照审查批准的预算、决算组织执行、管理和实行财务管理及内部审计监督；财政部、审计署及驻各省、自治区、直辖市专员办负责财务监督、审计监督。绝大多数基层人大代表、政协委员、党政领导、社会各界及基层群众的意见，赞成采取这一改革方案。

方案2，实行中央与省两级预算分担，省级统一保障。主要内容是：全国检察机关的人员、装备及设施建设经费纳入中央财政预算并转移支付给各省，公用经费由省级预算统一安排，形成国家统一保障的过渡体制。根据预算法的规定，省级政府的预算，由中央转移支付及专款补助、地方收入构成。各省、自治区、直辖市的政法领导机关、省人民检察院作为省级的部门预算单位，负责对其所属的全省政法机关、各级人民检察院及专门检察院的年度预算及调整、决算提出编制草案并向最高人民检察院备案审查，通过财政厅（局）提请省级政府核准，并由省级政府提交省人大审查批准；省级政法领导机关、省人民检察院会同财政厅（局）按照审查批准的预算、决算组织执行、管理和实行财务管理和内部审计监督；财政厅（局）、审计厅（局）负责财务监督、审计监督。

三、“十二五”时期深化检察保障体制改革需要处理的重大关系

曹建明检察长强调，科学谋划好“十二五”时期的检察工作，要坚持把统筹兼顾作为根本方法。湖北省检察院认为，“十二五”时期深化检察保障体制改革，应当贯彻这一要求，正确处理好以下8个重大关系。

（一）正确处理检察保障与经济社会发展的关系

检察保障水平直接影响检察机关的法律监督能力与水平，进而影响到检察机关服务经济社会发展的水平；经济社会的快速发展，也为加强和改进检察保障工作创造了良好条件。湖北省检察院认为，应当从服务经济社会发展的全局，谋划检察保障工作的发展，将检察保障的重大项目建设纳入国民经济发展规划，着力解决检察保障水平与经济社会发展水平不相适应的问题，并建立正常增长机制；同时，应当通过深化检察保障体制改革，完善体制与机制，使检察保障与检察机关日趋繁重的法律监督工作任务相适应，服务经济社会快速发展。

（二）正确处理检察保障体系与公共财政投资管理体系的关系

检察保障体系应当纳入公共财政投资管理体系，适应公共财政投资管理体系的各项管理要求。同时，要建立健全适应检察工作科学发展的检察保障制度、机制、管理、监督体系。要落实年度预算、年终结算制度，对

每年度的检察经费需求进行合理计划，对预算实施情况进行总体评估。要重视项目建设，通过项目实施推动各项经费落实到位并保障专款专用。要服从管理，遵守公共财政投资管理体系的管理要求，自觉接受管理和监督；对违纪违规行为，严格按照公共财政管理体系有关制度规定进行责任追究。

（三）正确处理检察保障体制改革与其他政法保障体制改革的关系

检察保障体制改革是司法保障体制改革的有机组成部分，但又具有自身鲜明特点。检察保障体制改革的目标、任务、内容及相关政策的调整，必须与司法保障体制改革相衔接、相统一；检察保障体制改革又必须充分彰显检察职业的特殊性，从而有别于其他政法部门保障体制改革。应按照中央有关司法保障体制改革的总体要求，突出检察职业的特殊性，对检察保障体制进行准确定位，科学部署推进检察保障体制改革的各项工作。统筹考虑政法机关的执法保障特点，使检察保障体制改革与其他政法保障体制改革有机衔接，既注重满足执法需求，又要注重共建共享。

（四）正确处理长远规划与分步实施的关系

长远规划是对检察保障体制改革进行的整体性、长期性考量和设计，是检察保障体制改革的目标指南和行动纲领。分步实施则是在长远规划的总体框架下，结合检察工作和经济社会发展实际，所采取的使长远规划确定的目标得以实现的必要步骤、措施。只有将长远规划与分步实施有机结合，才能使检察保障体制改革积极稳妥地推进。“十二五”时期，既要准确把握保障体制改革形势与任务，着眼长远，统筹兼顾，科学规划保障体制改革工作；又应当按照“立足实际，适度超前，分步实施”的原则，有条不紊地推进。无论是规划还是实施，都要立足“适应性思维”和“引领性思维”。既要立足于经济社会发展和检察工作实际进行思考和研究，又要立足于未来发展的需要，科学规划、逐步推进，避免检察保障无序发展、不平衡发展，项目建设脱离实际、盲目决策、草率上马，装备购置“重数量、轻质量”或一味追求“先进”，最终导致设备闲置、资源浪费等问题。

准确定位长远规划的角度，增强规划的前瞻性；规划时注重深度，全方位研判，全面、客观、创新、科学规划；在分步实施过程中要有力度，切实抓好规划的组织实施工作，把检察人员的智慧和力量凝聚到实现规划确定的目标上来。

（五）正确处理重点突破与整体推进的关系

深化检察保障体制改革，既要总揽全局，统筹谋划，全面推进各项工作，又要抓主要矛盾和矛盾的主要方面，突出重点，以点带面，达到纲举目张的效果。检察保障体制改革包括多个方面，其中有效解决影响保障水平提高、制约保障资源优化配置的体制机制问题是重点，深化检察保障体制改革就应当围绕这一重点问题来展开。要紧紧抓住牵动全局的重点问题，系统研究、科学论证，力求在解决关键问题上取得新突破、新成效。要整体推进，坚决防止“只抓重点，忽视一般，以点概面”的错误做法，在重点突破的同时全面推进检察保障体制改革各个方面的工作。

（六）正确处理强化保障与规范管理的关系

有“管理”无“保障”，“管理”无从谈起；有“保障”无“管理”，“保障”就不能充分发挥作用，只有做到“保障”与“管理”并重，才能使检察保障建设得到真正加强并更好地服务检察工作。应当针对保障管理制度不健全、日常管理不善而造成的经费使用不节约、资源配置不合理、设备使用效率低、日常维护跟不上等突出问题，切实加大各类保障资源管控力度，提高保障资源的使用效益。要努力“开源”，不断完善保障体制，积极争取政策支持，不断加大保障投入。要真正“节流”，加强预算管理，引入成本管理、ISO 管理等方式方法，完善监管制约机制，优化资源配置，提高资源使用效率。

（七）正确处理检察保障体制创新与机制创新的关系

体制决定机制的内容，机制保障体制的实现，体制与机制是紧密联系、辩证统一的关系。深化检察保障改革，既要重视体制改革，又要关注机制创新。当前，检察保障机制创新与体制创新并不完全“合拍”。“十二五”时期应当将保障体制改革与机制创新有机统一起来，坚持体制创新与机制创新并重。保障体制机制创新应当进行统筹设计、科学规划、系统构建，既要按照高检院的总体部署，积极稳妥地推进体制创新；又要科学、及时地推进相关机制创新，为体制高效运行创造条件。要明确机制创新的要求，既鼓励在统一领导下的各地首创精神，充分调动创新的积极性、主动性；又应当符合现行政治体制和法律规定，使已有的制度、规定更加充分发挥作用。

（八）正确处理人的全面发展与检察事业科学发展的关系

人的全面发展是检察事业科学发展的基础，检察事业的科学发展又为人的全面发展提供了平台。从当前检察保障改革情况来看，无论在思想认识上，还是在体制机制上，都没有真正体现出服务人的全面发展的重要性。在深化检察保障改革过程中，应当把服务人的全面发展摆在更加突出的位置。应围绕满足人的全面发展需求，改革现行检察保障运行模式，切实解决检察人员待遇受区域经济发展制约等问题，体现中央“两个鼓励”的保障政策要求，保证检察人才均衡分布，促进法律监督工作平衡发展。应不断优化人的全面发展所必需的环境，建立健全人才引进和激励机制，保障基层和欠发达地区检察人才“进得来”“留得住”；创优育人环境，加大教育培训经费投入，提升人员专业化水平；创优工作环境，继续加强基础设施和检察装备建设，逐步提升办公办案条件；创优用人环境，最大限度发挥人才的专业、技术优势。

四、“十二五”时期深化检察保障体制改革需解决的重大问题

湖北省检察院认为，正确处理好“十二五”时期深化检察保障体制改

革的重大关系，需要认真研究解决好以下重大问题。

（一）检察保障纳入经济社会发展规划的问题

检察保障工作，是一个长期的系统工程，必须作出长远的发展计划，必须形成系统的行动方案。《中华人民共和国国民经济和社会发展第十二个五年规划纲要》不仅对经济发展目标任务作出了部署，而且对社会发展中的各项任务包括加强和创新社会管理、推进社会主义政治文明建设，尤其是对全面推进法制建设和加强反腐倡廉建设等作出了全面部署；中央也就改革司法保障体制问题明确提出，要将政法机关的基础设施、装备建设纳入国民经济发展规划，保障政法机关的装备等基本建设。湖北省检察院认为，检察保障规划编制工作应突出“检察保障体制改革”这个重点，正确处理近期建设和远景发展的要求，注重与司法保障体制改革和财政投资体制相适应，与不同阶段的国情和检察工作新形势相适应，全国一盘棋，高检院统一安排部署、统一保障标准、统一谋篇布局。因此，要认真倾听基层检察院和检察干警的建议，主动征求编制、组织人事、发改委、财政等部门的意见，使规划编制过程更民主，编制内容更科学；要积极争取各级党委政府把检察保障列入重要议事日程，全额编制检察经费年度保障预算，保证检察经费保障增幅与国家财力增长同步，并将“两房”建设、检察官学院建设、信息化建设、派驻检察室建设等重大项目建设纳入经济社会发展总体规划，统筹安排。

建议将“十二五”检察保障规划分为前期规划（2011～2013年）和后期规划（2014～2015年）。前期规划的主要任务是：（1）制定和完善相对均等化的人员经费保障标准和公用经费保障标准、检察装备保障标准和基础设施建设标准；（2）积极协调中央和省级编制、组织人事、发改委、财政等部门，在分配检察专项编制和转移支付资金时向重点地区倾斜，向基层一线倾斜；（3）把检察教育培训经费列入检察经费总体预算；（4）健全检察机关内部财务管理办法；（5）建立检察保障基础数据库。后期规划的主要任务是：（1）国家均等化保障理论逐步成熟，建立与国家公共财政均等化保障相适应的中国特色社会主义检察保障体系形成领导决策并付诸实施；(2) 检察保障体制成为独立的保障门类，并建立起完整的检察保障理论体系和制度体系；(3) 全系统的信息化建设、“两房”等基础设施建设基本完成，债务全部化解。

（二）检察保障体制定位问题

近年来，各级检察机关一直在对检察保障体制建设进行不懈的探索。由于对检察保障体制的定位存在偏差，改革步伐缓慢。对检察保障体制的定位已经是一道绕不开的关口，是必须加以深入研究的重要课题之一。检察保障体制是以国家为主体，依据法律规定，通过国民收入的再分配，保障检察机关在履行法律赋予的职责过程中的物质需要的方法和手段。着眼长远，应建立国家统一保障政法检察经费的体制。这一体制可以从以下几方面进行定位：从贯彻原则看，应当体现中央事权与财权相一致；从制定依据看，应当符合宪法及组织法、选举法、公务员法、法官法、检察官法等法律规定；从制度安排看，应当与经济社会发展相适应，与国家财力增长相协调；从实施方式看，应当由中央（或中央与省共同负担）提供人员、公用、装备及设施建设经费统一保障与管理；从落实效果看，应当不受东中西部地区经济社会发展与财力增长状况制约，为履行政法检察职能所需，有利于维护国家宪法、法律统一正确实施。

（三）检察保障标准化建设问题

通过建立基础保障标准、工作规范标准，增强制度的可操作性、可执行性，科学确定检察保障目标，提高检察保障效能。

(1) 建立与公务员法相衔接、体现检察官法规范管理要求的人员工资、津补贴、待遇保障标准体系。针对政法检察人员工资、津补贴、待遇偏低方面存在的突出问题，建议在公务员法的总体框架内，建立与公务员法、检察官法等法律相衔接的，体现其规范管理要求的检察人员工资、津补贴、待遇标准体系。

（2）建立检察公用经费保障标准体系。针对公用经费保障方面存在的突出问题，建议以1992年财政部、高检院制定的《检察业务费开支范围和管理办法的规定》和2006年财政部、高检院制定的《县级人民检察院公用经费保障标准》为依据，对公用经费保障体系进行设计。

（3）建立统一的检察装备配备标准体系。针对装备设施建设方面存在的突出问题，在健全完善《县级人民检察院基本业务装备配备指导标准（试行）》的基础上，建立省级和市州分级检察院装备配备标准及实施方案。

（4）建立检察基础设施标准体系。针对政法检察基础设施投入不足的实际状况，"两房"设施建设计划尚未完成，根据国家发改委《关于进一步加强地方政法基础设施建设规范投资保障机制的意见》，健全完善《人民检察院办案用房和专业技术用房建设标准》《国家检察官学院分院建设标准》，出台相关配套措施。

（5）建立统一的财务管理标准体系。健全完善《人民检察院财务管理暂行办法》和《检察业务费开支范围和管理办法的规定》，为加强、规范财务管理提供政策依据。

（6）建立统一的涉案款物管理标准体系。认真总结各地检察机关在扣押、冻结、处理涉案款物中的良好经验，制定统一的管理标准，建立统一的工作模式。

（四）检察保障管理科学化建设问题

检察保障管理是检察管理的重要组成部分，必须加强管理科学化建设，向管理要效率、要质量、要战斗力。

（1）加强检察保障制度建设。检察保障体制改革是一项系统工程，必须要有相应的配套制度建设匹配。要完善与检察保障体制改革相适应的预算编制制度，充分发挥预算的成本控制和效益导向作用，加强预算的执行力度；完善与检察保障体制改革相适应的检务保障体系，使其更具有可行性和可操作性；完善与检察保障体制改革相适应的规范管理制度，加强保障管理。

(2) 加强检察保障规范化建设。对前述6类标准体系的运行、监管作出配套规定，确保检察保障运行规范、监管有力。

(3) 加强信息化建设。加快计划财务装备信息系统建设，建立健全装备和资产管理系统，加强财务和资产数据的运用。

(4) 加强检察保障的科学评价。检察保障体制改革方案的评价可以从以下6个方面考虑：①是否在对现有的“分类负担”保障体制的运行状况进行了深入的调研和分析的基础上，对改革的必然性进行充分的论证；②是否开展对国情、法律规定和检察工作发展实际的分析，对改革的可行性是否进行了论证；③是否仔细叙述了用来解释改革的观点、程序理论依据，使改革的理论基础清楚雄厚；④是否考虑了改革的各项配套措施的落实；⑤是否细致考虑到了改革中可能出现的利害冲突，使各方利害的冲突不致影响改革的过程与结果，或者是对改革过程中可能影响改革进程的各种因素预加注意并得到控制；⑥改革的路径、阶段是否有清晰的规划和设计。检察保障体制改革的效果评价可以从以下五个方面考虑：①是否有利于人的全面发展；②在检察保障模式上，是否实现了根本性转变；③各级、各地检察机关的检务保障水平是否基本满足了日益繁重的工作需要；④检察机关在履行宪法和法律赋予的职责、服务经济社会科学发展方面，是否有新的跨越；⑤社会各界是否对改革成果普遍接受。

（五）检察保障资源配置问题

深化检察保障体制改革，应立足于检察工作一体化的格局，紧密结合检察工作实际，自觉遵循科学管理规律，大胆运用经济管理和商业运作领域的先进理论，对各类检务保障资源要素进行有机组合和合理配置，最大限度提高资源的使用效率。湖北省检察院认为，可以从四个方面进行优化：(1) 省级检察院统一管理和配置检察保障资源，提高检务保障的统一性、可靠性和灵活性；(2) 以效率高、耗费少为原则，合理确定各级检察院保障资源配置标准体系；(3) 强化基层院之间、上下级院之间、院内设机构之间的资源共享机制，提升资源使用效率；（4）研究建立适合检察保障资源的配置模型，引进前沿管理理论，使检察保障资源的配置更加优化。同时，还应重点针对人力保障资源、经费保障资源和装备保障资源、设施保障资源四个方面，加强以下三项流转机制建设：一是以“健全、盘活、激励、稳定”为基本原则的人力资源流转机制，建设一支素质过硬的计财装备队伍；二是以“科学规划、规范控制”为基本原则的资金资源流转机制，把握资金流转的关键控制点，建立健全严格的内部控制程序；三是以“节俭高效”为基本原则的装备资源流转机制，加强成本控制、分级管理、分级维护、共建共享，形成规范有序的装备管理、流转制度，实现检察装备使用效益的最大化。

（六）检察保障能力建设问题

必须站在新的起点上，着眼于检察工作发展任务重、强度高、节奏快的现实需求，进一步提高计划财务装备队伍的综合保障能力。

（1）加强机构建设。各级检察院原则上均应建立计划财务装备工作专门机构，暂不具备条件的要配备专职会计和出纳人员；市级以上检察院必须设立计划财务机构，省级检察院计划财务装备机构做到名称统一、职能统一。

（2）加强思想作风建设。牢固树立“为检察业务服务、为基层服务、为检察干警服务”的意识，爱岗敬业，干事创业，始终保持艰苦奋斗的作风，勤俭节约、精打细算，严格执行廉洁从检的各项纪律规定，认真执行财经纪律，坚持原则，秉公用权，严格教育，严格管理，严格监督。

（3）加强素质能力建设。加强业务培训和实践锻炼，改善知识结构，不断提高协调沟通能力、改革创新能力、管理服务能力和解决实际问题能力。

（4）加强专业化建设。按照分类管理的要求，积极探索计划财务装备干部的专门化管理机制，优化队伍结构，加大人才引进和内部调配力度，多渠道引进专门人才，大力培养既懂业务，又懂保障；既懂信息技术，又有良好知识结构、富于创新精神的复合型保障人才，不断提高队伍专业化水平。

（七）检察保障的理论构建问题

检察保障理论与应用研究是检察理论体系的一个分支，但长期以来对其重视关注不够、深入研究不够。这对于中国检察保障体制的改革，存在不利的影响。湖北省检察院认为，检察保障的理论体系可以围绕检察保障概论、检察保障资源配置、检察保障运行模式及运行机制、现行检察保障重要文件政策的解读及评估、检察保障存在的主要问题及对策分析、检察保障体制改革研究等主要方面构建，同时建立检察保障国际交流机制，汲取其他国家和地区的先进理论和经验，促进我国检察保障研究的深入。

五、“十二五”时期深化检察保障体制改革应当推进的重大项目

应当把“十二五”时期深化检察保障体制改革需要解决的重大问题项目化，通过未来一定时期的认真落实，推动改革目标任务的完成。湖北省检察院经认真论证，围绕保障制度化、装备现代化、建设规范化、管理科学化、队伍专业化等“五化”要求，设计了“十二五”时期应当着力推进的20个重点项目，预计总投入281.72亿元（不含第1个、第18~19个三个项目的资金预算），平均每年投入56.34亿元。

（一）“保障制度化”相关项目

（1）建立与经济社会发展相适应的经费正常增长机制。调增检察经费在国家财政收入中的比重；调增检察经费在国家政法经费总投入中的比例；建立经费正常增长评估、反馈机制。

（2）健全完善检察公用经费保障标准体系。以建立均等化人员经费、公用经费保障标准体系为目标，对现有的人员经费、公用经费保障标准进

行全面系统修订，形成覆盖全国、上下统一、中央与省两级提供保障、高检院与省级院协同同级组织人事、财政部门监管的、具有中国特色的检察人员经费和公用经费保障模式。

（3）建立中央与省级财政预算分担检察经费保障的配套机制。理顺中央与地方国民收入初次分配关系，确定经费保障基数及其在财政预算中的比例，使之与经费保障体制运行相适应。

（4）加强中国特色社会主义检察保障理论研究。主要围绕检察保障概论、检察保障资源配置、检察保障运行模式及运行机制、现行检察保障重要文件政策的解读及评估、检察保障存在的主要问题及对策分析、检察保障体制改革研究等展开研究。

（二）“装备现代化”相关项目

（1）完善检察装备配备标准体系。完善县级检察机关装备配备标准；制定省市两级检察机关装备配备标准；制定政法机关之间以及检察机关之间共享共用装备配备标准。

（2）推进检察业务类科技建设（共28个子项目）。完善办案区同步录音录像及侦查指挥系统；在省级院及能覆盖周边地区的有区域代表性的市级院建设移动侦查指挥系统；建立检察业务查询咨询受理系统；每个办案组配备必要的侦查取证装备；建立数字化检委会系统；每个办案组配备必要的办案所需装备；建设证据展示分析系统；统一电子检务应用系统检察业务子系统（含14个子系统）及检察业务数据库软件建设；外部信息共享交换系统（含5个子系统）及数据库软件建设。

（3）推进综合办公类科技建设（共4个子项目）。建设电子档案系统、保密系统、高清视频系统、检察工作信息资源数据库。

（4）推进基础信息网络类建设（共5个子项目）。建设检察专线网、网络机房、统一电子检务应用系统数据中心及应用中心平台、网络管理系统、运行维护系统。

（5）推进检验鉴定类科技建设项目（共6个子项目）。适应强化法律监督和检察工作新任务的需要，按照标准化、规范化、专业化的要求，高标定位，合理布局，加快电子证据检验鉴定、心理测试、司法会计检验鉴定、法医检验鉴定、文件检验鉴定、信息化应用等6个实验室的建设、评估、验收、授权工作，形成以高检院为龙头，以省级院、省会城市、计划单列市为主体，覆盖市县两级检察机关的检验鉴定新格局。

（三）“建设规范化”相关项目

（1）完善基础设施建设标准体系。完善现行“两房”建设标准；制定市（地）级检察教育培训中心建设标准；制定重点乡镇检察室建设标准。

（2）进一步加强“两房”建设。全面完成“两房”建设及其改扩建设任务；将全国检察机关“两房”建设历史债务纳入当地政府还款计划统筹化解。

（3）加强和规范乡镇检察室建设。每个县（市）院设立2~3个乡镇检察室，全国设立约5 000个乡镇检察室。

（4）推进国家检察官学院分院和“智能校园”建设。完成9个已正式批复成立、21个经批准正在筹建的国家检察官学院分院建设，以及上述30个分院“智能校园”建设。

（5）建立新建基础设施会审机制。建立新建基础设施省级院和省级发改委共同审查制度，防止重复建设、超标建设。

（四）“管理科学化”相关项目

（1）建立真正的“收支两条线”管理机制。改革现有“收支两条线”管理体系及管理办法，实行将赃款赃物上缴省级财政纳入预算统一管理，由省级财政按照均等化保障体制及运行模式统筹转移支付市县两级院经费的保障来源，真正实现罚没收入与保障来源脱钩，从基础性制度安排层面真正杜绝坐收坐支、明脱暗挂、挪用罚没款物等违纪违规行为；坚决治理和整顿装备设施建设中大手大脚、奢侈浪费的不正之风；严格执行国家规定的开支范围和标准，积极开展减支节约活动，大力推进“节约型”机关建设；建立赃款中央财政专户监管制度、转移支付调节补偿机制、赃款管理责任追究制度。

(2）加快检务保障管理信息化建设。开发应用财务管理、基础设施建设项目报备审批、国有资产管理、装备配备管理使用维护等软件，实现检务保障管理信息化、智能化、科学化。

(3）建立经费保障监督管理和科学考评机制。全面推行重大装备、设施建设政府采购、招投标、国库集中支付等改革举措；建立检察经费保障、支出考评制度，制定符合检察经费保障、支出特点的考评指标体系，科学考评经费使用效益，并以此作为安排检察经费的重要依据，提高资金使用效益。

(五）“队伍专业化”相关项目

(1）建立以基层检察人员工资津贴医疗基本均等化为重点的优检保障体系。建立与人员分类、职务晋升相配套的人员工资、津贴、医疗等保障制度，形成科学完善、结构合理、保障有力、管理规范的从优待检特别是基层检察人员激励机制。

(2）加强检务保障人才的引进、培养、使用。健全人才引进机制、奖惩激励机制，优化人才资源配置，提升队伍专业化水平。

(3）建立检察保障国际交流机制。采取选派计划财务装备工作骨干出国培训、学习考察、参加国际学术交流等形式，促进检察保障工作的国际交流与合作。

推进法治建设应当高度重视维护社会主义法制的统一、尊严、权威*

依法治国，建设社会主义法治国家，是一项宏伟的系统工程。自党的十五大明确提出“依法治国，建设社会主义法治国家”治国方略以来，我国坚持依法治国，深入推进社会主义民主法治建设，取得了伟大成就：立法建设不断推进，中国特色社会主义法律体系业已形成，实现了在国家经济、政治、文化、社会生活各个方面有法可依；依法行政稳步推进，各级行政机关依法行政意识、依法行政能力得到明显提高；司法体制和工作机制改革不断深化，司法为民观念进一步增强，司法公开、司法民主、司法监督得到持续改进；公民法治意识和法律素质不断增强，社会主义法治理念渐入人心，等等。但与此同时，还存在一些与依法治国不协调的问题：法律体系虽已形成，但还不健全完善；法制的统一、尊严、权威与依法治国的要求相比还有差距；立法、执法、司法等领域还存在损害法制的统一、尊严和权威的问题；执法不严，违法不究的现象较为普遍地存在；执法过程中不能正确处理好执行法律与党和国家政策之间的关系，既存在贯彻执行党的方针政策不够的问题，也存在以具体政策代替法律，重政策轻法律的虚无主义现象；公民法治意识和法律素质整体水平不高，敬法、守法、畏法、规范执法、崇尚法治的社会氛围真正形成的任务还相当艰巨。这里，我主要就维护国家法制统一、尊严和权威这个问题谈些意见，供参考。

---

* 本文系作者于2011年4月12日在中国法学会“依法治国总体战略研究”座谈会上的发言。

国家法制统一并在全社会树立尊严和权威，是建设法治国家的前提和基础，也是推进法治建设必须首先关注的一个重大问题。当前，损害国家法制统一、尊严和权威的情况不少，突出表现在以下方面。

（一）立法不完善影响执法工作

据调查统计，“十一五”期间，我国刑事犯罪立案数高达2 950余万件，年均518万余件，呈逐年上升趋势；2010年高达596.9万件，预计“十二五”期间年均立案将突破600万件。“十一五”期间，全国刑事破案1 181.3万件，年均236余万件，破案率仅为46.5%，且呈逐年下降趋势，2010年破案率为39%。未破案件1 409.5万余件，年均未破案件为281.9万件，呈逐年上升趋势。案件未能及时破获和久侦不破，这是涉及保障民生的突出问题，表明受害公民的实体权利未得到有效的保护。按照每件未破案件影响受害公民家庭5人计算，其波及面达7 000余万人，占总人口的5.18%。检察机关按照现有的法律规定，开展立案监督年均2万余件，审查批捕年均92.4万余人，起诉年均111万人。检察机关依职权介入监督仅占立案数的21.26%，破案数的46.62%。人民法院每年受理的各类刑事、民事和行政案件超过1 000万件之巨，检察机关对不服生效刑事、民事和行政案件申诉处理为39.8万件，年均7.96万件，占法院受案数的0.8%左右。据对海关、审计、工商、技术质量监督、药品监管、土地、物价、国税、地税、农业、水政、林业、交通等13个行政执法部门的统计，共查处违法案件1 220余万件，年均244万件，其中移送司法机关依法处理的21.7万件，占行政执法案件的1.78%。此外，据初步统计，治安、消防每年执法处理的案件超过120万件。检察机关共立案查处职务犯罪16.6万余件20.7万余人，年均3.32万件4.15万余人。

这种种情况表明，检察机关对立案监督、刑事审判监督、民行诉讼和行政执行监督手段单一、范围较窄，行政执法领域以罚代刑、徇私舞弊、贪赃枉法现象滋生，查办职务犯罪同腐败犯罪高发的态势形成强烈的反差，与人民群众建设公正、高效、清廉、文明的法治政府的新要求新期待有差距。造成这种状况的原因是多方面的，其中深层次原因之一是立法不完善、法制不统一。

在刑事立法尤其是刑事诉讼立法方面，对如何有效保护被害人合法权益、维护被告人正当权益、赋予侦查机关必要的侦查手段三个方面协调平衡不够。比如近期出台的两个非法证据排除规则对维护被告人合法权益是必要的，但如何保护被害人的权益、赋予侦查机关必要的侦查手段，同提高破案率、有效保护民生等方面的顶层立法设计衔接不够；从对职务犯罪侦查权的制约看，出台规范限制的立法、司法解释是必要的，但优化职权配置存在立法缺陷，比如赋予检察机关对腐败分子采用刑事秘密侦查手段、污点证人交易、举报人权益保护、证人出庭特殊保护措施、腐败分子举证责任倒置、逃往境外犯罪分子缺席审判等一系列有利于遏制腐败的立法严重滞后。这方面的立法不完善，使非法证据排除规则难以同其他的法律制度安排相匹配，引发执法工作诸多困境和挑战。

在民事行政诉讼监督方面，民事诉讼法和行政诉讼法相关规定过于原则、抽象，操作困难，严重制约诉讼监督工作有效开展。民事诉讼法仅有5个条款对民事审判监督、监督采取抗诉形式进行作了原则规定，没有对抗诉权的运行程序进行制度设计与规定，民行检察监督被虚化；行政诉讼法仅有2个条款对行政诉讼监督作出规定，更为原则和简单化。立法不完善导致以下突出问题：监督手段单一，法定监督手段只有抗诉一种；监督程序缺失，没有对开展监督与接受监督作出严密程序规范；抗诉启动难，未由法律赋予检察机关为启动抗诉而需要的调查权、调阅案件卷宗权等配套权能；检察机关出席抗诉再审法庭的法律地位、任务和权限没有规定，造成诉讼地位不明确；对当前大量存在的国有资产流失，国家利益遭受重大损失的现象，没有设定对应的公益诉讼制度，等等。

在行政执法的监督制约上，我们摒弃苏联一般监督的模式，实践证明是对的，必须坚持。但对行政执法违法行为的控制，目前的制度设计是：执法犯法触犯刑律的，由检察机关调查；对行政执法不服的，由法院进行司法审查；法院判决不公的，再由检察机关进行司法审查；对违反政纪党纪的，由纪检监察机关处理。从实践上看，这样的制度设计有着诸多的薄弱环节，需要从顶层设计上来思考，加强对行政执法严格规范方面的立法，比如赋予检察机关对违法行为的调查权、更换行政执法人员建议权、对造成国家重大损失的直接起诉权、支持行政起诉等权力，以此建立健全党领导、人大监督下的行政权、检察权和审判权之间既协调平衡又监督制约的权能结构体系。

（二）行政立法存在超越法律授权的现象

根据法律规定，国务院可以根据宪法和法律，就执行法律规定的事项、实施宪法规定职权事项以及全国人大授权事项制定行政法规。实践中，由于“根据宪法和法律”“执行法律的规定”等用语抽象，理解不一，加之实施性立法与创制性立法的界限难以截然划分，行政法规干预司法权的现象时有发生。如国务院2011年1月颁布的《国有土地上房屋征收与补偿条例》，其第28条“对拒不搬迁的，市、县级人民政府可申请人民法院强制执行”的规定，涉嫌越权。根据立法法的规定，其一，对人民法院职权设定只能由法律规定，国务院行政法规不能设定由法院来强制执行；其二，对于行政行为、行政决定的执行应当由行政机关执行，法院应当有权对其合法性进行司法审查；其三，法院未经审查而直接执行，违背了法院居中的角色，也不利于发挥法院在处理社会纠纷中的纠错功能；其四，法院未经审查直接执行行政决定，直接参与拆迁，有成为被告的可能，而司法是社会正义的最后一道防线，法院是不能成为被告的。如国务院颁布的信访条例规定信访人对司法机关职权范围内的信访事项，需要遵守信访条例的规定。❶ 由行政机关对公民向司法机关的信访作出规定，明显超越法律授权。又如国务院颁布的《生产安全事故报告和调查处理条例》中对检察机关参与事故调查要求执行该条例内容的规定，属于行政立法越权规定。

（三）司法解释存在冲突

（1）越权解释。如有关民事法律监督涉及抗诉问题，最高法出台司法解释明确规定管辖、支付令、先予执行、未经质证的证据不能采信不能作为抗诉的依据等，这些解释就微观层面讲，对于司法个案审理可能是适当的，但其中涉及对抗诉权的限制，属国家立法机关的权限，并且涉及一个机关牵制另一个机关权力的行使问题，客观上导致司法解释越权。又比如民事诉讼证据规定对于审理案件是必须的，其中规则设计对诉讼当事人的请求权的限制问题，我认为这涉及公民基本权利的实现与限制问题，属于立法机关制定法律的权限。对公民的请求权等基本权利进行限制的，需要由全国人大立法才有效，而不应由司法机关加以规定。（2）司法解释之间存在冲突。比如生效的刑事判决裁定一旦发生错误，如何依照审判监督程序抗诉或院长提请进行纠正，对此刑事诉讼法仅有原则规定，两高司法解释不尽一致。司法实践中，依据《最高人民法院关于执行〈中华人民共和

❶ 第15条规定，信访人对各级人民代表大会以及县级以上各级人民代表大会常务委员会、人民法院、人民检察院职权范围内的信访事项，应当分别向有关的人民代表大会及其常务委员会、人民法院、人民检察院提出，并遵守该条例第16～20条的规定。而第16条规定，信访人采用走访形式提出信访事项，应当向依法有权处理的本级或者上一级机关提出；信访事项已经受理或者正在办理的，信访人在规定期限内向受理、办理机关的上级机关再提出同一信访事项的，该上级机关不予受理。第17条规定，信访人提出信访事项，一般应当采用书信、电子邮件、传真等书面形式；信访人提出投诉请求的，还应当载明信访人的姓名（名称）、住址和请求、事实、理由。有关机关对采用口头形式提出的投诉请求，应当记录信访人的姓名（名称）、住址和请求、事实、理由。第18条规定，信访人采用走访形式提出信访事项的，应当到有关机关设立或者指定的接待场所提出。多人采用走访形式提出共同的信访事项的，应当推选代表，代表人数不得超过5人。

国刑事诉讼法〉若干问题的解释》，通常采取撤回原判发回重审而不是直接改判纠错，有的甚至要求检察机关撤诉或退回公安机关处理，导致错判的当事人在法律上找不到公正的说法。

（四）同案不同判、同罪异罚的现象较为突出

宪法规定，公民在法律面前一律平等。但实践中，犯罪行为相同、情节相当、数额相当、社会危害相当的犯罪在量刑上悬殊，“同案不同判”的现象引起社会极大关注和不满，损害法制的统一尊严权威。同时，普通刑事犯罪与职务犯罪在刑罚的执行上差别化问题也日益突出，表现出明显的“职务犯罪轻刑化”倾向。据统计，2001～2005年职务犯罪案件被判处有罪但免予刑事处罚或适用缓刑的比率，已由2001年的51.38%增至2005年的66.48%。2006年全国法院对职务犯罪作出有罪判决25 654人，其中免刑5 033人，缓刑13 171人，免缓刑比例达70.96%；2007年有罪判决26 496人，其中免刑6 239人，缓刑12 507人，免缓刑比例达70.75%；2008年有罪判决29 836人，其中免刑7 978人，缓刑12 687人，免缓刑比例达69.26%；2009年有罪判决30 146人，其中免刑7 889人，缓刑12 146人，免缓刑比例达66.46%。从湖北省的情况看，2006年免缓刑比例为75.31%，2007年为69.69%，2008年为71.93%，2009年为71.99%。这意味着，近年来，至少超过一半以上的职务犯罪人员，虽然被判有罪，却通过“缓刑”得以幸免于牢狱惩罚，与其他普通刑事犯罪相比，司法审判对职务犯罪的处罚有明显的轻刑化倾向，没有做到“同罪同罚”。

中国特色社会主义法律体系形成以后，如何适应经济社会发展和民主法制建设需要，深化推进依法治国基本方略，维护国家法制统一尊严权威，成为摆在我们面前的重大问题。这里我提几点建议。

第一，推动立法，完善法律体系。对立法、执法实践中反映出来的突出问题，加强调查研究，及时立法解决；对因经济社会发展已不再适用的，及时废止；对因环境条件不能完全适用的，及时修改；对当时制定较原则、抽象的，明确适用条件，增强可操作性；对试行成熟的需要上升为法律规定的，及时报请人大制定。就检察工作有关的立法事项来讲，我建议：吸收 30 多年来法制建设和检察工作发展实际，尽快完善人民检察院组织法；认真总结我国惩防职务犯罪的成功经验，借鉴《联合国反腐败公约》和国外的成功做法，及时制定一部反腐败法；在三大诉讼法的修改中，系统梳理近年来司法、检察改革的成果，将成熟的内容上升为法律规定；坚持预防工作规范化、法制化，建议出台预防职务犯罪法；巩固北京、湖北等 22 个省、市、自治区地方性立法的成果，推动全国人大或其常委会制定一部人民检察院法律监督法。

第二，加强对规范性法律文件的报备与审查。当前，在对行政法规规章、地方性法规、司法解释等规范性文件的报备审查方面存在的突出问题是“报而不审”“审而不严”以及“审而无果”。为此建议：一是建立健全报备审查制度机制。制定专门的有关备案审查制度的法律规定，同时注重健全配套制度机制，严密规范报备和审批工作。二是建立健全纠错机制。加强对上报的规范性文件的实质性审查，严格按照制定主体、制定权限等内容予以审查，对发现的问题及时告知纠正，或依法撤销。三是设立常设的报备审查专门机构，明确职责范围，规范审查程序，提高审查纠错效率，确保法律制定的统一性与实施的统一性。

第三，健全完善行政执法与刑事司法衔接工作机制。目前，我国关于行政执法与刑事司法衔接机制由层级较低的法规性文件构成，推进执行存在一定难度，呼吁全国人大常委会进行立法。建议分步走：第一步，由全国人大常委会出台关于加强行政执法与刑事司法衔接的决议，明确衔接机制的法律依据，衔接的途径、形式、具体程序等内容。同时，积极试点，加强调研，提出解决问题的办法。第二步，在时机成熟时，由全国人大常委会制定单行的法律，同时加强配套制度建设，进而形成信息畅通、运转有序、统一高效的行政执法与刑事司法衔接机制。

第四，统一执法标准，杜绝同案异判、同罪异罚现象。推进法院规范量刑程序工作，细化量刑标准，统一量刑尺度，推动量刑工作规范化；推进检察机关量刑建议工作，认真贯彻宽严相济刑事政策，在综合考虑案件从重、从轻、减轻或者免除处罚等各种情节的基础上提出量型建议；健全案例指导制度，积极发挥典型案例的示范、指引和规范功能，避免同罪异罚、同罪异判。

强化检察管理，提升检察软实力*

检察机关管理是一项系统工程，牵涉到检察工作的方方面面，围绕如何扎实有效地推进检察机关管理年活动，需要认真梳理检察管理方面存在的问题、研究检察管理活动的目标任务、指导思想、方法措施等，提请大家思考几个方面问题。

一、统一思想，深化对检察管理的重要性、必要性、规律性认识

2010 年，中央根据转型时期社会形势发展的需要，提出了社会矛盾化解、社会管理创新、公正廉洁执法三项重点工作，首次把社会管理提到党和国家的战略层面。2011 年 2 月 19 日，胡锦涛总书记在中共中央党校省部级主要领导干部社会管理及其创新专题研讨班开班式上就“重要战略机遇期”和“社会矛盾凸显期”的社会管理创新提出了 8 点意见，特别提出了社会管理体系建设问题。检察机关是社会主义大家庭的一员，重视、加强自身的科学管理、推进管理创新，推动检察事业科学发展，就是对国家层面管理创新的参与和促进。检察管理贯穿着检察事业发展的光辉历程，检察机关恢复重建的时候，百废待兴，在那么困难的情况下，把管理放在突出位置，对十分有限的资源进行科学配置，在短时期就使检察事业取得了突飞猛进的进步。检察事业先后经过了 6 个重要的时期，每个时期管理的

* 本文发表于《咨询与决策》2011 年第 4 期。

特色都十分鲜明，管理的重点都十分突出。可以说管理出效益、管理出战斗力、管理出公信力。我们开展强化检察管理年活动，就是要以对党负责、对人民负责、对历史负责、对法律负责、对检察事业负责的态度，以百折不挠抓管理的气概，以精益求精的科学精神，增强检察管理的责任感、使命感。

检察管理是围绕检察工作开展，通过一系列职能活动，对检察机关人力、财力、物力，及其他资源进行协调或处理，以实现法律监督工作最优化目标的活动过程。检察管理也是一门专业性很强的科学。开展强化检察管理年活动，首先必须研究探讨如何深化对检察管理活动的认识。

(1) 探讨深化对检察管理理念的认识。检察管理理念是检察管理活动的精神内核，体现检察管理的特色与风格。从总体上讲，检察管理理念贴近了检察事业发展的时代脉搏，但也存在“三重三轻”的倾向，即重执法办案“三个效果”的效益，轻成本控制甚至不计成本；重对管理对象的措施方法，轻对管理主体的激励规制；重对结果的评价考核、静态考核监督，轻过程控制、节点考核、动态监督。为此，在检察管理活动中要注意研究如何强化三种理念。一是要树立成本效益观。就是要讲究检察管理成本，从人、财、物等检察资源的投入与收益的对比分析成本的必要性、合理性，比值越大，就说明成本效益越高，反之不讲成本，不计后果，浪费资源，成本效益就越低。成本效益观与诉讼经济等司法理念是相通的，是检察战略成本管理的重要基础。当然，检察机关的成本效益不仅仅包括数量上的成本控制，不是简单的个案效益，更包括法律效果、政治效果与社会效果的统一。二是要强化人本理念。同企业的产品管理不一样，检察执法办案活动通常界定为提供公共品服务，其一般不进入经济领域的生产、流通、分配、消费等环节，检察机关执法办案产生的公共品是依照法律规定的实体规则与程序规则进行的执法活动，其主体本身是检察官，其执法办案的对象也是特定的社会成员，检验公共品的质量优劣通常以实体规则、程序规则和相关的考评机制。因此要坚持以人为本，尊重人、关心人、激励人、发展人，确立检察人员的主体地位，充分调动检察人员的积极性、主动性和创造性，实现个人价值与检察机关整体价值的统一，促进检察人员的全面发展，同时，要确立理性、平和、文明、规范的理念，推行人性化执法方式，充分保障执法对象的合法权利。三是要树立均衡性发展观。就是要强调检察管理的系统性、整体性、关联性、动态平衡性，均衡地处理好检察工作各个方面和环节的矛盾关系，实现无缝隙管理、结构性管理、最优化管理，促进检察管理活动持续、协调发展，而不能强调一点而不及其余。

(2) 研究深化对检察管理要素的认识。管理要素是管理系统的构成因素，不同的管理理论有不同的理解，资源管理理论把管理因素分为人力、物力、财力等有形要素和时间、空间、信息、组织、技术、环境等无形要素；过程管理理论把管理因素分为管理者、管理对象、管理手段，强调过程控制、节点考核、持续改进、动态监督；职能管理理论把管理因素分为计划、组织、指挥、协调、控制；诉讼管理理论以案件的诉讼过程为切入点，按照法律规范、制度规范、激励约束机制的要求，把管理因素分为立案、初查、批捕、起诉、刑事审判监督、刑罚执行监督以及民事行政审判监督、申诉、赔偿、案件评查等，分类型、分阶段、依程序进行管理工作。4种不同的理论从不同的角度认识管理要素，都有其合理性。我们认为，检察管理活动的要素一般应包括检察管理者、管理对象、管理手段、管理环境、管理目标等。充分认识检察管理要素，就是要增强对检察管理的系统性、全面性认识，切实消除重管理者素能培养轻管理对象个体发展、重管理手段硬措施轻管理环境软建设、重制度条文制订轻执行落实、重整体目标轻个体利益维护、重指标刚性评价轻文化管理、人文关怀软约束等片面性认识，协调好管理因素、管理手段和方式，以达到最优化的管理效果。

(3) 要研究深化对检察管理规律的认识。检察管理规律是检察管理活动所固有的、本质的、必然的联系，是进行有效管理的先决条件。从管理过程来讲，包括检察决策与计划管理、执行管理、评价管理、监督管理等方面规律。从管理类型来讲，包括检察执法管理、检察队伍管理、检察政务管理、检察保障管理等方面规律。从执法管理结构来讲，包括批捕公诉管理、职务犯罪侦查管理、诉讼监督管理、案件管理、综合管理等方面。

要注意避免在检察管理活动中把管理属性与检察特色割裂开来、机械组合，或者把个人意志凌驾于检察管理规律之上，或者把一般性、个别性规则当做普遍性规律加以推行的做法。我们开展强化检察管理年活动，就是要认识、把握、运用检察管理活动规律，建立管理的长效机制，而不能浅尝辄止，一知半解，制造一些好看不管用的文字材料，防止一个年度的检察管理成果成为后几个年度检察管理改革的对象。

二、着眼长远，认真梳理、解决检察管理活动中存在的突出问题

党组反复强调要把检察年活动做实，根本前提就是各职能部门要认真梳理，分析影响、制约检察管理的原因，提出解决问题的具体措施。

(1) 牢牢把握切入点。要结合各部门的职能特点，从三个层面进行分析梳理：一是本部门日常管理中存在的突出问题；二是本部门所联系指导的全省行业系统影响、制约科学管理体制性、机制性、保障性障碍方面的问题；三是省检察院机关普遍存在的带共性的管理问题。每个层次的问题都要梳理细致、抓准抓实、分析透彻，还要找出解决问题的对策和措施。

(2) 抓住一条主线。遵循检察权运行规律，以“两个适当分离”为主线，科学配置检察职能是检察工作运行机制改革的积极探索，也是检察组织管理结构体系创新的有益尝试，省检察院内设机构职能的调整、部分基层检察院内部整合改革试点工作的顺利推行等，都显现出改革的初步成效。巩固改革成果，规范、推进改革不断深入，规范、完善检察管理是最重要的手段和方式。在批捕公诉部门，注意研究如何通过加强管理，解决好批捕起诉“一手硬”，立案、侦查活动监督“一手软”，条块分离、一体化工作机制落实不够，基层检察院与上级检察院在死刑案件办理方面职能划分不科学、机制不健全、影响办案成本和质量，基层检察院资源整合不够等方面问题。在职务犯罪侦查部门，注意研究如何通过加强管理，应对职务犯罪智能化、网络化、国际化的挑战，解决好线索发现、初查、风险决策、

侦查取证等方面规律问题；研究如何通过加强管理，应对非法证据排除规则，提高案件与效率的问题；研究如何通过加强管理，破解打击行贿犯罪、应对职务犯罪轻刑化适用法律难题；研究如何通过加强管理，建立健全与纪检监察部门协作配合机制、提高惩防水平的问题；研究如何通过加强管理，解决办案团队的权责、交办案件质量管控、赃款赃物扣压处理等问题。在职务犯罪预防部门，注意研究如何通过加强管理，解决检察系统运用工作一体化机制，提高预防工作质量，在社会层面，如何依托惩防体系，构建大预防的格局，提升检察机关影响力。在诉讼监督部门，注意研究如何通过加强管理，解决线索发现，法律监督调查机制运行，立案和侦查活动、刑事审判、刑罚执行、民事行政审判中的薄弱环节等方面问题；在案件管理部门，注意研究如何通过加强管理，解决好侦查指挥、控告申诉和其他业务部门统分结合、有序分离、协作配合等方面问题。在综合管理部门，注意研究如何通过加强管理，解决充分应用信息化手段、提高服务管理水准，健全激励约束、监督制约、管理服务等制度，发挥检察人员首创精神、保障主体地位、激发检察人员的积极性、主动性、创造性，有效整合人力、物力、财力等方面资源，推进管理规范化、制度化、科学化，研究如何加强管理与服务、管理与监督、激励与约束，解决好机关庸、散、懒的现象和办事拖沓、质量不高等突出问题。

(3) 着眼机制建设。加强检察执法管理机制建设，要研究如何坚持以规范化为目标，完善检察机关执法行为规范，强化责任管理，建立健全科学规范的执法办案管理制度，执法办案部门要研究如何加强流程管理，建立健全集立案、分流、咨询、监督于一体的执法办案管理体系，实现执法办案管理的过程全覆盖、对接无缝隙。加强检察队伍管理机制建设，要研究如何坚持以人本化、专业化管理为目标，加强检察人员分类管理、职位管理，改进以目标责任制为基础的考核评价，加强日常管理与监督，强化人本管理、文化管理的措施。加强检察政务管理机制建设，要坚持以信息化、效能化为目标，健全队伍建设、机关党建、办文办会、公务接待、保密工作、档案管理、老干部工作等方面工作制度，进一步整合资源。加强检察保障管理机制建设，要研究如何坚持以保障均等化为目标，解决保障水平偏低、区域保障差异性大、正常经费增长机制不健全、中央省转移支付资金“上进下退”、基层执法办案装备差距大、信息化装备不到位、使用效率不高等方面问题。要研究思考如何推行机关内部阳光管理，做到检察机关党务公开、政务公开、财务公开、重要事项和重大活动公开。研究如何充分发挥信息技术在检察管理活动中的功能作用，如何积极开发具有实用价值的管理软件，对管理活动实行跟踪监督、质量评估、问题预警，完成执法办案情况的收集、传输、存储和处理，实现对办案质量和效率的自动化动态监控。

三、协调推进，正确处理好检察管理活动中的几个方面关系

检察管理活动的系统性决定了管理活动矛盾的特殊性、关系的协调性。在强化检察管理年活动中，要研究如何从规律性入手，协调处理好各方面关系。

（1）要研究处理好吸收、借鉴与转化的关系。知识更新的速度越来越快，管理科学的分工越来越精细。没有也不可能有绝对同一的管理模式，在检察工作中引入管理理念、管理理论、管理方法，特别是借鉴其他组织的管理体系时，要有一个再创造、再改进的转化过程，不能生搬硬套、生拉硬扯。要注重和检察工作的特殊性相结合，反复比较，充分论证。要认真总结企业ISO质量管理体系引入执法办案管理的初步经验和不足之处，把握好企业对物流的管理与执法办案以案件为载体的人流管理的根本差异，既扬ISO质量管理体系之长，又结合检察机关执法办案的特殊性，弃ISO质量管理体系之短，从多视角、多途径、多方法建立检察管理的新模式。

（2）要研究处理好共性与个性的关系。横向看，我国幅员辽阔，经济社会发展的区域差异很大，不同地区的检察机关的规模、人员、业务量不同，不可能采取一个管理模式。纵向看，全国四级检察院的职能、体系、

侧重点也不相同，不能采取从上到下一刀切的管理方式。即使是同一地区同一层级的检察院，人员规模、业务重点也有差异。即便是科学的管理理论与方式，也要选取不同类型的检察院进行试点，在试点经验比较成熟的基础上再进行推广。比如，对于人数较少的基层检察院，通过内部整合改革，实行了“五部制”的管理模式；对于中等以上规模的基层检察院，积极推行案件管理、综合管理、诉讼监督管理等方面管理工作方式的改革，都体现出各自的比较优势。再如，在执法办案的考评方式方面，曾经执行同一管理模式，经过实践运行检验，暴露出不少弊端，有的地方探索定量考评与单项考评相结合的执法考评方式，成效也比较好。

（3）要研究处理好人的因素、制度因素与文化因素的关系。在检察管理中，是人的因素占主导、制度因素占主导还是文化因素占主导反映出不同发展阶段的管理特征。管理者个人的因素占主导的管理既有粗放的一面，也有高效、快捷的一面，管理状况、集体命运依赖于管理者特别是主要决策者的威望、素质能力，容易出现不能持久的现象。制度因素占主导的管理相对比较规范，稳定，管理状况取决于管理制度的合理性，往往也会出现弹性不足、人的主体作用发挥不好的现象。文化因素占主导的管理是将管理的核心理念融入检察共同价值体系的构建，使之转化为检察机关的群体意识，植根于检察人员的思想观念、价值判断、道德情操、行为选择，形成普遍的认知认同。注意探索如何改变单纯以权威服从为管理原则、以条条框框为管理手段的传统方式方法，为通过检察文化的价值引领、行为规范、结构聚合、形象塑造、辐射传播等功能的软科学管理，创造一个尊重、包容、竞争、友爱、和谐的人文氛围，营造一个人心思进、人心思齐的干事创业环境，倡导快乐工作、激情工作、创新工作，使每个检察人员在工作中获得精神上的最大愉悦，形成“思想持续进步，制度持续改进，工作持续创新”的良性局面。因此，要探索检察管理如何实现从管理者个人因素占主导的管理模式向制度因素占主导的管理模式跨越，从制度因素占主导的管理模式向文化因素占主导的管理模式跨越，努力达到管理的最高境界。

检察权及其制度安排的演变与功能*

一、古代政治权力配置中军事权与司法裁判权的裂变

经济发展始终是政治资源配置与整合的物质基础。作为政治权力表现形式的军事权、司法权、行政权、立法权及其检察权的裂变与相对分离运行，都曾经历了漫长的演进过程，在不同历史阶段、不同国家表现出不同的轨迹特征。据古人类学家研究，人类社会经历了375多万年的漫长发展，直至五六千年前后，才逐步出现以畜牧业与农业、手工业与农业、商人阶层为标志的三次社会大分工。这一方面极大地促进了社会生产力发展，另一方面导致社会财富的集中、社会分化，于是出现了以社会产品剩余为前提的私人占有，社会分裂为剥削者与被剥削者、富人与穷人，呈现出阶级间不可调和的对抗。不同区域的氏族人类，主要通过那些经济上、政治上、军事上取得胜利的代表人物率先从氏族部落首领嬗变为奴隶主、国王或君主，氏族部落联盟嬗变为凌驾于社会之上的一种政治力量或暴力机器，这通常定义为国家。在这血与火的生存与发展中，其时的政治家们不约而同地选择了政治资源配置初级形式，抑或政治权力分配的最初方式，用以调整人们在经济、政治、文化、社会方面的种种矛盾或冲突，从而形成了以私有财富为核心的天子（国王、君主、奴隶主）独占归属与分级君授臣有

* 本文发表于《人民检察》2011年3月（第7期），《新华文摘》2011年第7期转载，张孜仪博士协助完成。

相结合的经济及其法权制度，以立法、行政、军事、司法诸权合体为标志的君王垄断的极端独裁政治制度，以反映和维护该经济、政治、军事制度的文学、艺术等文化制度，以及与此相适应的调整人们按一定经济、政治关系所结成一定社会关系的社会制度。在由氏族部落联盟向国家嬗变的一定阶段上，随着氏族部落联盟内人口的增长，生产工具的改进，氏族部落一方面面临生存与发展的双重压力，另一方面面临内部生产关系的分化引发经济与政治利益的冲突，这迫切需要由氏族部落联盟演化而来的国家通过训练有素、擅长攻击与防守的特殊阶层——军队专门从事与邻国（或相邻氏族部落）争夺土地、食物等生存与发展资源的战争。于是，军事权从国王（或部落首领）手中部分地让渡分离给专门从事战争的更高级军事将领，形成了国王（君主）对战争统一决策权和指挥权的独占，与“将在外，君命有所不受”的临阵指挥决策权的适度分离。在这漫长的阶段上，一方面，由于军事冲突的血腥与死亡，对于临阵脱逃者、拒勇不前者的革职与处死，以及对战败国王室及战俘的杀戮或分赐为奴成为必要；另一方面，对于本国内其他国人即国王与贵族内部因税赋等利益冲突，对“平民百姓”的利益调整，以防“国人（奴隶）暴动”，对战俘处置，以及对奴隶因人口再生产与物质资料和生活资料的简单再生产的最低需要所引发的逃亡、反抗等冲突的处置，既需要强大的军事力量作为后盾，更需要一个相对独立的裁判来调整，等等。于是，作为政治权力配置方式之一的司法裁判权及其制度安排，在借鉴军法裁判制度安排与总结氏族规范调整氏族成员各种利益的过程中，便从君王诸权合体的政治权力独占中分离出一项相对独立的权力。正如马克思指出的：在亚洲，一般说来，“只有三个政府部门，即：财政部门，或对内进行掠夺的部门；军事部门，或对外进行掠夺的部门；最后是公共工程部门”。❶ 中国法制史学家游绍尹教授则认为，中国古代刑罚乃为“刑起于兵”“苗人作五刑”，❷ 即劓（割鼻）、刖（砍

❶ 马克思：“不列颠在印度的统治”，见《马克思恩格斯全集》第9卷，人民出版社1961年版，第145页。

❷ 曾宪义：《中国法制史》，北京大学出版社2000年版，第22页。

去手脚)、椓(破坏生殖器官、处死)、黥(面上刺字)、大辟(死刑)。这既揭示了古代军事处罚制度向刑罚制度转变的路径,又说明夏代作为中国最早的奴隶制国家,其刑与罚制度是从苗人传承而来的。其长江中下游文明发展的苗族部落文明可能不亚于黄河文明的代表三皇的部落文明。据郭沫若先生考证,部落之间的战争加速了原始公社的瓦解过程。最先是"尧战于丹水之浦,以服南蛮";❶ 南蛮即三苗人,以拥戴尧为讲和的交换条件。随后,舜在打击共工与鲧的同时,以武力威逼有苗臣服。舜动员这次战争的政治理由有三:(1)济济有众,咸所朕言,非唯小子,敢行称乱,即有苗不服,❷ 胆敢犯上作乱;(2)弗用灵,即不敬鬼神;(3)蠢兹有苗,用天之罚,❸ 即作五刑,施刑与罚。以传子战胜传贤的斗争为标志,"世袭制"取代"禅让制"的启所建立的夏王朝以刑罚为核心的司法裁判制度,乃是以扬弃三苗的刑罚制度而创立的。其后,司法权及其制度安排也逐渐地由君权神授之下对立法、行政、司法、军事诸权专有独占,有限地将军事权、司法权分离运行。于是,军事裁判权及其制度、司法裁判权及其制度安排便最早地建立起来。由于各国社会物质生活条件的差异性,其司法裁判制度及运行模式呈现不同特点。在古代西方,则逐渐形成了世俗与神明对立的"双轨运行"的司法裁判制度安排;在古代东方如中国则出现中央专司、地方诸权合体的司法裁判及其制度安排。但值得深思的历史现象是,在人类步入文明社会之后长达3 000多年的历史阶段上,无论是奴隶制、封建制中期以前的西方国家还是古代东方国家,为什么其时的政治家们(国王与天子)都未能找到政治权力配置新的实现形式——检察权及其制度安排,以维护中央的利益与法制的统一、规制日益专横的神明裁判权与世俗裁判权?这就表明,检察权及其制度安排,其产生的社会物质生活条件具有特质性,抑或其质的规定性具有特殊性。

---

❶ "吕氏春秋",见郭沫若:《中国史稿》,人民出版社1976年版,第133页。

❷ 韩非子:"五蠹",见同上,第134页。

❸ 墨子:"爱下",引自"禹誓",见同上,第134页。

二、检察权及其制度安排的三次演变

检察，作为一种执法活动，是检察机关根据法律的授权，对法律执行和遵守情况进行监督的活动。检察制度，则是由国家制定和认可有关检察机关的性质、任务、职权、组织机构和活动原则等一系列制度的总和。❶其产生和发展根源于一国特定的社会物质生活条件，在不同历史阶段上和不同国度里则表现出不同的特点。其特征在于制定的法定性，即其通常由宪法、组织法、刑事诉讼法、检察官法等规定；职能的统一性，一是保障检察机关和检察官有效地行使监督职能，二是保证国家法律得到有效的执行和遵守；存在的普遍性，即当今世界200多个国家和地区都有检察制度。❷

检察权作为政治权力的有机组成部分，检察制度作为政治制度不可或缺的重要内容，最初从政治权力裂变可追溯到欧洲中世纪的12世纪~13世纪。其突变的局限性表现为检察权仅仅作为国家行政权的派生权，在较长的历史阶段上一直处于依附于行政权，其与生俱来的行政权属性虽表明这种权力演变存在先天不足，但相对于政治权力配置实践，仍不失为一次重大的政治权力制度方面的创新；其主要指向是规制神明与世俗的封建司法权，破解司法专横历史难题；其根本目标在于维护封建中央权威、维护封建法制统一、维护封建国家统一。这一嬗变的代表国家就是法国与英国，而他们两国所处的社会物质生活条件是十分相似或相近的。这就是：(1)经济上的分封采邑制不仅阻碍了当时社会生产力，而且直接损害了中央政权（国王王室）的经济利益，破坏了封建王朝的经济基础。(2)军事上的封建割据，直接强化了地方行政权力，破坏了国家控制力与统一。(3)教会教士、城市教会的神明裁判权威超越世俗裁判，不仅挑战中央权

❶ 张穹："当代检察机关的架构"，载http://www.chinalawedu.com/news/第1页，访问日期：2004年10月21日。

❷ 同上。

威，也直接扼杀人类科学与艺术的创新，成为当时经济社会发展的桎梏。（4）地方诸侯所拥有的同王室拥有的裁判相互分庭抗礼，不仅破坏中央王室为代表的利益与权威，而且严重破坏了封建社会的法制统一。这种情况表明，神明与世俗两类司法裁判权以及地方诸侯割据都走到了极端专横的地步！有鉴于此，作为规制司法裁判权及其制度安排的检察权及其制度安排，从国王受托（在英国表现为1162年亨利二世的改革，在法国表现为1285年菲利普斯四世的改革）并从中央行政权及其制度安排这棵大树上分离出一支躯干不仅成为可能，而且尤为急迫与必要。于是，检察权及其制度安排才迟迟登上国家政治权力结构与运行的舞台。以法国、英国、俄罗斯、中国为范例研究对象，其曾经出现3次重大演变。

（一）两大法系国家检察权及其制度的产生与演变

由于各国历史文化传统的变量要素的介入或影响，法国与英国在检察权配置及运行模式方面呈现出既有共同性又有差异性，即：两大法系的检察权性质都带有行政权的性质，其地位依附并往往受制于行政权，其相对独立性的空间较小，其对审判权的规制在诉讼活动方面的功能不足，其法律地位也低于司法裁判权。两者差异在于职权配置及运行模式方面。但两者演变的最初轨迹亦有相近之处。针对司法、地方诸侯专横的严重政治局面，法国在创设检察权及其模式方面，路易九世率先采取两项改革措施：（1）将封建主的司法权置于王室法院管辖之下；（2）对教会、城市法院的审判权作限制。1285年，菲利浦四世（1285～1314）则加大改革力度，采取3项措施，即：（1）扩大王权，战胜了教权；（2）改以当事人自诉为主的弹劾主义诉讼模式为国家主动追究的职权主义诉讼模式；（3）将检察官（国王的律师）代表国王个人处理与诸侯有关财政、税收、领土三项职权，改为专职官员，禀赋其6项职权：①听取私人控告，②侦查案件，③提起公诉，④支持控诉，⑤抗议法庭判决，⑥代表国王监督地方行政当局。[1]

---

[1] 曾宪义：《检察制度史略》，中国检察出版社1989年版，第311页。

17 世纪，路易十四将其定名为总检察官，下设检察官于各级法院。从此，近代意义的检察制度形成。这种规制司法权与地方行政权的新型权力模式及其运行机制，早于近代资产阶级国家所一致创设与推崇的“三权分离”的政治模式。1790 年 8 月 14～16 日，经过大革命组成的国民议会通过法令，规定检察官是行政派在各级法院的代表。❶ 1808 年，法国刑事诉讼法典全面规定了检察官在刑事诉讼中的地位和职权，检察官的组织体系、领导体制等日趋成熟，此后 200 年未有大的变化。❷ 法国检察制度影响了世界许多国家。欧洲大陆的比利时、德国、意大利、亚洲的日本、拉丁美洲、非洲的殖民地国家等 100 多个国家纷纷仿效，从而形成了以法国为代表的大陆法系检察制度。

与当时法国经济、政治等社会物质生活条件相近的英格兰同样进行政治资源配置新的实现的探索。这表现在，英王亨利二世于 1162 年设立专司向法院控告重大刑事案的 12 名陪审员；13 世纪起，英王派律师代替英王起诉；1461 年，英王律师更名为总检察长，同时设置“国王辩护人”，后于 1515 年更名为副总检察长，专司对破坏王室利益案件的侦查、起诉和听审。❸ 其身份具有多重性：总检察长、女王的法律顾问、政府的法律官员、律师界的领袖。其制度体系 500 年间无大的变化。英国不仅作为英美法系检察制度的代表，而且在苏格兰保留大陆法系检察制度的独特传统，成为两大法系检察制度“双轨运行”的典型国家。苏格兰实行大陆法系检察制度的历史渊源是，1295 年苏格兰同法国结盟，检察制度同英格兰相左；1707 年苏格兰才成为英国的一部分，但其司法检察体制保持独立。其特点是：（1）检察机关既不属于法院，也不属于政府，它由总检察长统一领导，向国会负责；（2）所有检察官以总检察长名义办理案件，总检察长有最终裁定权；（3）所有检察官都由总检察长任命；（4）经费由中央财政统一拨款。其职责有 4 项：（1）实行起诉垄断主义，所有刑事犯罪都由其提

❶ 王桂五：《中华人民共和国检察制度研究》，法律出版社 1991 年版，第 5 页。

❷ 同上。

❸ 樊崇义等：《域外检察制度研究》，中国人民公安大学出版社 2008 年版，第 7 页。

交法庭审判；（2）对严重欺诈、警察违法、死因不明等三类案件进行侦查；（3）起草法律草案，向政府部门提供法律咨询；（4）对一些涉及政府和公益的事务进行监督和管理，如慈善事业和无主财产的管理。❶

美国既仿效英国，又受荷兰与法国的影响，形成自身的特点。1787年，美国国会通过司法法，授权总统任命一名总检察长和若干联邦检察官。1789年，华盛顿任命埃德蒙·伦道夫（Edmund Randolph）为首任总检察长。其职责：（1）内阁首席法律官员和法律顾问，协助总统处理有关法律问题和事件；（2）不是政府机构的首长；（3）与联邦检察官没有领导、监督关系。1870年，成立司法部，部长既做内阁成员，又做总检察长。联邦检察官分设于联邦地区的辖区内。总检察长由总统提名，征得参议院同意后任命。检察长由总检察长提名，参议院批准，总统任命。总检察长领导、监督联邦检察长和检察官。❷ 其职权核心是追诉犯罪，同时，对政府官员职务犯罪行使侦查权。经过200多年的改革创新，其职权模式不断完善。这包括：（1）立案阶段的侦查权、侦查建议权及引导权，以及刑事豁免权。（2）审查起诉阶段的起诉权和辩诉交易权。（3）对重罪案由联邦检察官向大陪审团提供证据和法律咨询，并由其决定是否起诉；大陪审团决定起诉，检察官便成为公诉的执行者。（4）在庭审阶段的支持公诉权与参与法庭辩论权，包括陈述、展示证据、交叉询问、最后陈述权，等等。（5）量刑建议权。（6）上诉权。（7）提起公益民事诉讼权。（8）法律咨询与建议权。（9）犯罪矫正监督权。（10）对虐待行为的检察权。（11）其他社会管理权，等等。❸ 并且联邦检察制度与各州独立的检察制度并存，即“双轨制”，其名称有的称法务局，有的称检察署，也有的称检察事务所。以英美为代表的检察制度，在殖民掠夺与制度及文化输出过程中，为近60个国家所仿效。

考察两大法系检察权及其制度，其差异性是不言而喻的，这表现在：

---

❶ 樊崇义等：《域外检察制度研究》，中国人民公安大学出版社2008年版，第5页。

❷ 同上书，第37～38页。

❸ 张鸿巍：《美国检察制度研究》，人民出版社2009年版。

(1) 对统治阶级内部白领阶层乃至中央要员职务行为廉洁性、公正性与秩序性的规制，在禀赋侦查权的范围、权能结构及其运行方式方面，大陆法系国家一般选择对检察机关（检察官）“充分禀赋”模式，而英美法系国家则一般选择“限制禀赋”或“禀赋缺位”模式。(2) 对公民、法人和其他组织公然对抗社会与国家，挑战法制统一，从事刑事犯罪（包括违警罪、轻罪、重罪）的指控与法律评价，前者通常采用国家垄断公诉、起诉一本主义，或相对垄断公诉的模式，以对这类犯罪进行统一的法律评价与司法裁判；后者则通常采取国家（皇家）有限公诉、当事人自诉为主的模式，其统一公正有序的司法成本由当事人裁量分摊，这种诉讼模式虽然保护了当事人的诉讼自由，却增加了当事人为保障实体权利而不得不分摊沉重的诉讼成本！其检察制度与审判制度的功效在步入经济全球化的时代，遭到诸多质疑。(3) 两大法系国家对侦查、审判、执行权能的监督与民事公益诉讼的监督，以所谓立法、行政、司法三权分立的政治模式为前提，前者强调检察官对具有行政权特性的警察行使侦查权采用指挥、引导侦查等方式进行适度控制，对审判权则通过上诉、抗议进行有限控制，对民事公益案件则以社会利益为视野，代表国家进行诉讼，使其对刑事侦查、裁判等权能进行有限规制；后者则大都未赋予检察官对警察、法官的监督权。(4) 21 世纪初，泛欧国家两大法系检察权及其制度安排经历七八百年的分庭抗礼后，面对 20 世纪 80 年代以来的经济全球化迅猛发展而出现借鉴与融合的趋势。其改革的路径则呈现出“除旧革新”、注入现代化要素的趋势。

从法国看，为了适应现代检察制度的发展，20 世纪 90 年代末期，法国对检察制度进行了一系列改革。[1] 1997 年 6 月，法国司法部长伊丽莎白·冀古夫人提出了一系列改革方案：在最高司法会议方面，继 1993 年设立法官事务委员会与检察官事务委员会后，进一步规定其组成人员为总统、司法部长、5 名检察官、1 名法官、行政法院院长和 6 名行政机构人员。

[1] 魏武：《法德检察制度》，中国检察出版社 2008 年版，第 13～14 页。

1998年《法国宪法》第65条修正案又规定了11名非成员、10名司法官。这就增强了司法机关管理的开放性，突出了检察机关的司法地位，加强了对检察官职业的保障。同时，由于所有的检察官都必须按照最高司法会议的意见任命，加强了检察官和检察长行使职权的独立性。在领导体制方面，个案不再受司法部长的任何指令。1998年6月3日，国民议会通过《法国刑事方面的公共行动法案》，提出三项原则：总检察长有权监督司法部长发出的关于刑事政策方面的指令在上诉法院的运用，并协调大审法庭的运用；总检察长对上诉法院辖区的检察官有支配权；检察官职责法定。这从而使检察机关上下级之间的领导与被领导关系得到加强，促进其高效、协调、统一运转。在对警察的控制方面，侦查权由司法警察、检察官和预审法官行使。1998年的法案加强了司法官对警察的控制。在公诉方面，推行便利诉讼替代措施。1998年改革，检察官对介于公诉和简单不起诉之间的轻罪或部分违警罪，可采取刑事调解、补救条件下的不起诉、赔偿、延期决定等，以替代提起公诉。其限制是：轻罪经大审法庭庭长批准，违警罪经小审法庭庭长批准，并经受害人同意。如：罚金（5万元）；没收犯罪工具和犯罪所得；吊销驾照、狩猎许可证（4个月）；无报酬的公益劳动（60小时~6个月）。这表明，其改革并没有因为担心检察官自由裁量权的滥用而缩小其权力，也没有为了提高效率而放任裁量权的运用。❶

从英国看，英国检察机关的行政权属性较为明显，并且追诉犯罪的权力大部分不由检察机关垄断行使，任何人都有起诉权。这种组织松散、职责不明、追诉软弱的状况，受到各界批评，至20世纪70年代达到高潮。卡拉汉首相于1977年授权展开对检察机构和刑事诉讼的研究。1981年，其建议议会立法建立新检察机构。1983年，内政部发表白皮书。1984年《英国刑事起诉法》草案提交议会审议。1985年5月，撒切尔夫人执政时国会通过《英国刑事起诉法》，其改革内容包括：1986年10月起，成立皇家法

❶ 魏武：《法德检察制度》，中国检察出版社2008年版，第43~79页。

院；制定皇家检察官法；在全国设立独立的、自成体系的检察机构，❶ 中央设总检察长和皇家检察院，下设各级皇家检察院，并在英格兰、威尔士设42个地区检察院、31个区院、55个分院；❷ 检察机构不对地方政府负责，不受制于警察系统，实行垂直领导，统一行使公诉权；❸ 依据严重欺诈局法，建立总检察长领导下的严重欺诈局，直接立案侦查起诉500万英镑以上的重大、复杂欺诈案件。1998年，议会决定进一步推进检察制度改革：检察官在警察局派驻律师；向警察执行提供建议；加强检察官在刑事侦查中的作用，从而使英国检察制度同现代检察制度相衔接。❹ 这一制度模式为英联邦国家所效法，新西兰、挪威、乌干达、南非等相继成立了由总检察长领导下的反贪局。❺

考察两大法系检察权及其制度安排的变革，则有着深刻的历史与现实根源。

首先，从历史背景看，“苏东”剧变后，欧洲国家达到46个。20世纪90年代以来，以信息技术革命为先导的人类历史上第6次生产力高潮在世界范围内掀起，世界经济呈现出全球一体化的趋势。美国作为“新经济”的代表，在国际竞争中，其货物、服务、与知识产权相关的贸易及投资在总量上独领风骚。为了应对国际范围内的竞争与挑战，欧洲国家首脑积极推进一体化进程。在经济方面，以1968年7月1日实现关税同盟为发端，1993年基本建成欧洲统一大市场，1999年1月1日欧元在11个成员国启动，2002年3月1日欧元正式成为欧元区统一货币，“经济一体化”的格局基本形成。在政治方面，随着《马斯特里赫特条约》（即欧洲联盟条约）于1993年1月1日生效，欧共体演化为欧洲联盟（简称欧盟，EU），下设

---

❶ 刘立宪、谢鹏程：《海外司法改革的走向》，中国方正出版社2000年版，第96～97页。

❷ 何家弘：《检察制度比较研究》，中国检察出版2008年版，第28页。

❸ 程汉大、李培锋：《英国司法制度史》，清华大学出版社2007年版，第404页。

❹ 同上，第404页。

❺ 张穹：“当代检察机关的架构”，载 http://www.chinalawedu.com/news/第5页，访问日期：2004年10月21日。

理事会（分为欧盟首脑会议和部长理事会，前者负责确定大政方针；后者负责日常决策，拥有欧盟立法权）、欧盟委员会、欧洲议会，“政治一体化”的制度完备，功能完善。在司法仲裁方面，设有欧洲法院；还有，1953年9月3日《欧洲人权公约》（由21个国家外长于1950年签署）生效后，建立了欧洲人权机构，旨在保护欧洲人的生命，人身自由与安全，言论、集会、结社自由，公平和公开审判等12项权利，并由欧洲人权委员会、欧洲人权法院和部长委员会分别行使调解或政治性解决、司法审判和监督执行的职能，共同担负维护人权的责任，司法审判尤其是人权方面的“司法一体化”比较成熟。在警察方面，于1995年7月26日签署《欧洲警察协定》，1998年9月起开始运行；由于各国意见不统一，欧洲警察机关目前仅负责信息情报的收集、传递及利用，但“警察一体化”已经起步。1999年9月，司法和内政事务部门（JHA）成立；同年10月15~17日，欧盟15国领导人在芬兰的坦佩雷召开理事会特别会议，讨论打击犯罪、移民和避难、建立欧洲司法区的问题。在共同外交和安全政策方面，从1954年欧洲防务集团构想（EDC）的提出，到70年代政治合作（EPC）机制的出台；从1986年《单一欧洲法令》的签署，到1993年《欧盟条约》、1997年《阿姆斯特丹协定》的签署，并提出设立共同外交和安全政策高级代表办公室，负责政策规划和同盟外危机的预警，1999年前北约秘书长贾维尔·索拉纳就任首任代表，制定并完善了共同外交和安全政策的5项基本目标，这标志着欧洲外交和安全政策一体化进入快速发展阶段。在领土防卫上，由北约或一国自己实施，“领土防卫一体化”还保有冷战时期“北约防务”的机制。在社会咨询方面，设立了审计院和社会经济委员会等常设机构，等等。欧盟在推进经济、政治、司法、警察、外交、防务方面“一体化”取得重大实质性进展。所有这些，为两大法系检察权及制度安排的融合趋势提供了诸种条件。

随着欧盟政治、经济、外交、军事安全、司法、警察、中介咨询等一体化进程的加快，欧盟在司法领域尤其是检察院之间不统一状态带来五大挑战：（1）司法协助的挑战。欧盟内人员跨国流动的增加，使得欧盟各国不同检察制度、公诉权的行使存在司法协助困难。（2）打击犯罪效率的挑战。欧盟内的洗钱、贩毒、非法移民等跨国犯罪活动日益猖獗，给提高打击犯罪效率提出新的挑战。（3）跨国犯罪迅猛增加的挑战。不少人担心，东欧国家加入欧盟以后，跨国犯罪问题会有增无减。（4）国家主权的挑战。不少成员国担心失去司法、警察事务等国家主权，欧盟在打击犯罪、统一移民和避难政策、欧盟外部边境控制等问题上多年来没有取得大的进展。（5）国际与地区合作的挑战。在维护社会正义，尊重人权，保障法律统一正确实施，加强国际合作与协调一致等方面，其传统的检察权及其制度安排也遇到前所未有的困难。

其次，从面临的共同任务看，为了应对新形势、新任务，2000 年 5 月，欧洲委员会在法国斯特拉斯堡召开泛欧会议，邀请41 个成员国的总检察长参加会议，提出了建立欧洲检察官会议制度的建议，其目的是构建 21 世纪检察院的蓝图。2000 年 8 月 6 日，欧洲委员会第 724 次部长级代表大会，通过了《关于刑事司法体系中检察官的角色定位》的（2000）19 号建议案，就检察机关实现成员国间的互助，推动法律优先化，打击刑事犯罪方面扩大国际合作的效率，检察机关的职权，检察官的准入、晋升、调动的程序公正及司法保护，检察机关同立法、法官、警察的关系等协商一致，提出诸多原则性意见，从而启动了泛欧国家检察机关协调与合作，为实现“检察一体化”迈出了第一步。❶

其三，从交流合作的内容看，其是泛欧国家检察权及其制度的催化剂。根据（2000）19 号建议，泛欧国家先后召开了 11 届总检察长会议，其议题主要是：增进欧洲检察官和检察院协调一致；维护社会正义；保障法律统一正确实施；尊重人权；提高打击犯罪的效率，等等。通过广泛交流与合作，他们在如下重大问题上达到了协商一致。这包括：（1）关于检察官和法官的关系。他们认为检察官与法官的关系是刑事司法体系的核心。检

❶ 徐汉明：“协调、正义、统一、人权、效率——泛欧总检察长会议综述（上、下）”，检察日报，2002 年 8 月 22 日、26 日。

察官的任务就是对法官的错误判决提出上诉；检察官是法官的天然的监督者；在更宽广的领域里，是刑事司法的管理者；强调检察官和法官的任务事实上是相近的和互补的，两者有共同的目标追求；在诸如资格限制、道德规范、根本原则和职业保障等方面是相同的，如初任、晋升、任职以及报酬、退休和退休金等权利；检察官和法官在各自的角色定位上有一些不能混淆之处，如检察院和法院各自独立办案，在不同诉讼环节的程序上分别做到透明公正；检察官和法官担负的任务不同，导致他们在训练和层级组织结构上的不同。(2) 检察官加强国际合作和恪守原则的重要性。欧洲委员会内务司法部致成员国的“关于刑事司法体系中检察官的角色定位”的（2000）19号建议案第37～39款明确提出：应在国际司法合作方面赋予所有组织机构以独立地位，鼓励各国检察机关人员建立直接联系；为改进司法协助程序的合理性，获得司法协助程序的一致性，应通过有效工作提升检察官参与国际合作的积极性，实现国际司法合作的专业化；起诉国的检察机关为起诉之目的，可以向被要求国直接发送司法协助请求，并直接向其转交收集到的证据，等等。(3) 强调当务之急是密切关注超自然的有组织犯罪，包括各种形式的贪污腐败、经济犯罪和金融犯罪。会议指出了这些犯罪对民主政治的严重危害性，呼吁支持检察官揭露这些犯罪；希望没有引起重视的国家应赋予检察官必要的职权，推动信息交换，采取相互合作行动；并采取相应的合作意向。(4) 强调为了检察官的自治（最终实现检察官的独立)，建立基于严格的个人道德规范的职责体系的必要性。会议认为，在检察院通过严格的道德规范达到自治方面，一些检察院已从中受益；一些检察院正在进行这方面的制度建设；本着鼓励和促进的目的，支持和肯定其作用；指派其办事机构为有兴趣的欧洲检察官们准备一份道德规范的蓝本。(5) 关于支持建立欧洲检察官数据库问题。充分肯定了在设计建立欧洲检察官数据库方面的成绩，要求其办事机构要继续工作，呼吁欧洲委员会保障数据库的运转平稳，要求各检察院积极按规范录入数据，❶ 等等。这充分表明，“协调、正义、法治、人权、效率”，是不同性质与类型的检察机关所追求的目标之一，是检察制度创设的基本价值取向，也是检察制度发展与完善的动因之一。

（二）苏联社会主义检察权及其制度的产生与蜕变

苏联“十月革命”胜利、社会主义苏维埃政权的建立，为人类文明社会以来政治权力配置新模式提供了新的方式。其经济上生产资料全民占有及其法权保护，生产分配及消费的计划性，以及单一的按劳分配制度，被定型为苏联“传统社会主义模式”；其政治上确定无产阶级专政的国体与苏维埃联邦政权的政体。与此相适应，其检察权及其制度安排经历了创建苏维埃俄国检察机关（1921 ~ 1923 年）、建立苏维埃社会主义联邦检察机关联合统一体系（1924 ~ 1936 年 11 月）及其发展（1936 年 12 月 ~ 1990 年 12 月苏联解体前）三个阶段。这一模式被东欧及亚洲等社会主义国家所仿效。其特点：(1) 性质与地位被定义为“最高监督”。其含义有三个方面：①这种监督是依据法制原则、集中原则与不受地方干涉原则，以苏联最高苏维埃的名义实施的；②相对于其他国家机关、主管部门和组织的监督，检察监督具有最高性；❷ ③1977 年《苏联宪法》第 165 条规定苏联总检察长只对最高苏维埃负责并报告工作，其决定即代表检察院的监督具有最高性；第 164 条规定各级检察长对是否准确一致地遵守法律有权实施最高监督。(2) 组织原则实行集中统一的独立与垂直领导。根据第 168 条的规定，各级检察机关行使职权只对总检察长负责，不受地方任何机关的干涉。(3) 职权范围较为宽泛。其主要是强化对法制的一般监督，对各加盟共和国司法机关是否正确一致地适用法律实施监督；提起刑事追诉、支持

---

❶ 泛欧总检察长会议第三次会议决议案，[法] 斯特拉斯保，2002 年 5 月 10 日 [检察官/卢布尔雅那] /2002 年决议案/电子文档。

❷ [俄] A. B. 龙尔科夫斯基：“俄罗斯联邦检察机关的发展简史”，见何家弘主编：《检察制度比较研究》，中国检察出版社 2008 年版，第 217 页。

公诉；对国家政治总局、警察局、刑事侦查局、劳动改造机构合法性与正确性实施监督；对各加盟共和国检察机关活动实施一般领导；对管辖范围内的案件实施侦查；对民事判决、刑事判决、裁定和决定非法或没有依据的进行抗议；依照审判监督对执行判决的监督，等等。❶（4）工作组织方面，按照列宁关于"全苏维埃共和国统一的法制"❷进行组织，确定了干部的选配、任免，业务工作人员的职责分工，领导所属检察署的基本方式，检察署内部之间及外部的关系，等等。考察苏联检察权及其制度，其性质虽是高度集中而独立的最高监督权，但其仍是苏联国家政治权力配置中的一个有机组成部分，是国家权力的一个重要方面。这是以马克思主义国家学说为指导创设和配置的。正如马克思曾指出的，"巴黎公社不应当是议会式的，而应当是同时兼管立法和行政的工作机关"。列宁则认为，摆脱资产阶级议会制的出路在于把代表机关由清谈馆变成工作机关。❸因此，其根本属性是最高监督性、政治性与人民性的有机统一。其在政治权力配置中处于相对特殊地位的根源在于：用统一法制巩固和保卫苏维埃新生政权，是检察权及其制度安排被定位最高监督的政治基础；通过检察监督的手段，保障联邦国家全民所有的经济制度，调整经济利益关系，是检察权及其制度安排处于国家权力配置特殊地位的经济根源；对各加盟共和国机关中存在的官僚主义、拖拉作风、分散性、独立性，以及公职人员的滥用职权、贿赂等破坏法制行为进行斗争，则是其处于特殊地位的社会根源。这一制度安排在苏联社会主义经济、政治、文化、社会以及法制建设中曾发挥过积极作用。但由于苏联是从封建农奴制直接过渡到社会主义社会的，其生产力发展的不平衡性限制了最高监督功效的发挥；其各加盟共和国独立发展的强大惯性，一定程度上削弱与限制了这种"最高监督"的功效；而缺乏法制传统、有法不依、执法不严的肆意蔓延，成为最高监督的严重障碍；面对20世纪40年代以来西方敌对势力的分化、西化战略与渗透，苏联共

❶ 谢鹏程：《前苏联检察制度》，中国检察出版社2008年版。

❷ 《列宁文选（两卷集）》：第2卷，人民出版社，第978页。

❸ 《列宁全集》：第25卷，第408~410页。

产党和国家改弦易旗、政权质变，其社会主义“最高监督”也随之蜕变。总之，苏联社会主义检察权及其制度安排这一崭新的模式，其产生发展到蜕变衰败，给人类对政治资源配置轨迹的把握提供了诸多的思考空间，也给作为国家政治权力之一的检察权及其制度，在国家法治现代化建设中如何有序改革、渐进推进、科学发展提供了难得的反思与教训！

（三）中国特色社会主义检察制度的诞生与发展

中国检察制度具有起源早、发展慢、曲折多、成熟晚的特点。“纠察百官，监督地方”，对皇帝的过失进行提醒、规劝和批评，维护封建法制统一的传统御史制度文化，直接影响着中国百年来近代与现代检察制度建设。虽然，中国当代检察制度具有苏联检察制度模式的某些烙印，但其始终是同中国建设和改革相伴随的，其经历了新民主主义革命时期的孕育期、新中国检察制度的创建期、检察制度顺利发展期、10 年削弱期、“文化大革命”检察机关被砸烂期，以及改革开放以来恢复重建飞跃发展期等历史阶段。经过 80 多年曲折发展，终于脱胎成为人类文明社会以来真正崭新的检察制度安排。

首先，从理论支撑看，中国特色社会主义检察制度的产生、发展与成熟，根植于中国特色社会主义的经济政治文化与社会发展这一物质生活条件。中国特色社会主义伟大旗帜、中国特色社会主义道路、中国特色社会主义理论体系，既是当代中国发展、各族人民团结奋斗、全面建设小康社会的法宝，也是人民检察制度创建、发展、成熟的灵魂。检察机关恢复重建 32 年正是在这面旗帜引领、这一基础理论指引、沿着这条道路不断前行的。这种理论创新与丰富实践是中国当代检察制度创新、机制创新、工作创新的重要基础，也是把握中国当代检察制度特色的逻辑起点。她在理论基础上的创新性，体现了与时俱进的理论品质，凸显在 3 个方面：（1）保持正确政治方向。中国当代检察制度在理论基础上坚持一元化，即始终坚持以马克思主义中国化的最新理论成果作为行动指南，始终坚持党的事业至上、人民利益至上、宪法法律至上，坚定不移地做中国特色社会主义事业的建设者和捍卫者、社会公平正义的守护者，始终保持人民检察事业发展的正确政治方向。（2）适应中国国体政体。我国检察机关是中国共产党领导下的人民民主专政的国家机器的重要组成部分，检察权来源于人民、服务于人民。与西方国家通过“党派对立”和“三权分立”实现权力制衡不同，在同国体相适应的政权组织形式——人民代表大会制度下，首先必须依靠人大的监督，保证国家机关依法行使权力。我国宪法规定设置人民检察机关，确立其为国家法律监督机关，赋予其行使法律监督的专门职权，这是我国社会主义政权建设重要实现形式之一，是民主法治建设的重大举措，是中国特色社会主义司法制度优越性的集中体现，反映了政治属性、人民属性、法律监督属性的有机统一。人民检察事业32年的辉煌实践充分证明，法律监督作为国家的一种专门监督，在中国特色社会主义监督体系中发挥着不可替代的作用。（3）体现当代经济社会发展要求。中国当代检察机关坚持用马克思主义中国化的最新理论成果统领检察工作，能够着眼于其自己所处的历史方位和时代使命，深刻认识与积极应对工业化、信息化、城镇化、市场化与国际化条件下的种种挑战，牢牢把握发展着的社会主义检察制度的阶段性特征，从全面落实依法治国方略，保障和促进经济社会发展、和谐社会建设出发，不断丰富中国特色社会主义法治实践和检察实践，推进中国当代检察制度的自我完善与创新发展。

其二，从路径选择看，法制度经济学认为，制度变迁具有路径依赖性，必然是渐进性的而且是经济依赖的，还与一个国家民族文化、宗教信仰因素等密切相关。中国当代检察制度是对中外检察制度文化传统、制度模式等辩证扬弃的一种选择过程：（1）我国在革命、建设的一定阶段上，一度传承了中国御史制度的文化传统，借鉴移植了西方检察制度模式，但在相当长的历史时期内未能找到规制权力运行、避免司法专横、维护法制统一的有效途径。在汪洋大海般的小农经济环境和封建专制统治基础上诞生的新生社会主义政权，面临社会物质生活匮乏、封建残余影响根深蒂固等客观条件，强烈呼唤一个崭新的现代检察权及其制度安排，以维护新生政权，维护法制统一尊严权威，维护社会公平正义。中国当代检察制度正是在

“拿来”的过程中加以吸收、借鉴、改造，成为具有社会主义性质的新型的中国特色的现代检察制度模式。（2）在制度模式安排选择方面，表现为独特的“质的规定性”——法律监督的制度安排模式。一方面，这种法律监督扬弃了西方检察制度大都与生俱有的行政权属性及其功能，对反映当代检察制度合理内核成分——“国家权力控制”功能予以肯定与保留，即：检察官居于法官与警察、检察权居于行政权与审判权之间的中介枢纽；检察官作为法律之守护人保护被告免于法官之擅断，亦保护其免于警察之恣意，以加强对法官、警察的权力控制。中国当代检察权不是“三权分立”政权结构下行政权的一个“附属品”，而是具有相对独立性的法律监督权，发挥对刑事诉讼权力的双重控制作用，承载我国一元分立权力架构下对行政权、审判权互动协调制约的政治功能。另一方面，这种法律监督扬弃了苏联检察制度法律监督“不服水土”的内容。中国检察机关法律监督的性质、体制、职能是同我国的宪法及其国体政体一脉相承的。其在创立初期借鉴苏联检察制度模式过程中，始终从立足国情出发作了选择安排，即：（1）在领导体制上，摒弃了高度集中、上下垂直的体制，实行双重领导体制；（2）在决策机制上，摒弃了检察长一人说了算，实行检察长统一领导与民主集中制相结合；（3）在职权配置上，摒弃了一般监督，赋予其履行审查批准和决定逮捕、公诉、职务犯罪侦查以及对刑事诉讼、民事审判及行政诉讼活动实施法律监督；（4）在职权行使上，摒弃最高检察职权，实行依法独立行使职权，又接受党的领导、人大监督和社会各界的监督；（5）在人员组成上，摒弃了全部由总检察长任免的方式，实行选举产生、批准任命与任命相结合的方式等，从而形成了具有“中国特色”的检察制度“新型模式”，凸显其特色性、科学性及其优越性。正如彭真同志早在1962年就明确指出的，我国“检察院组织法是不是都是抄来的呢？不是完全抄来的，这个组织法是我们自己的，同苏联是不同的”。

其三，从结构功能看，中国当代检察制度在结构功能上具有四个特点：（1）法律地位的相对独立性。我国由人民代表大会统一行使国家权力，在这个前提下对于国家的行政权、审判权、检察权和武装力量权，作出明确划分，既避免权力过分集中，又使国家的各项工作有效进行，更有利于体现和形成全体人民根本利益的一致。检察机关是在人民代表大会下，与审判机关、人民政府等并行的国家机构。(2) 组织结构的层级性。中国当代检察制度是一种在全国范围内设立的，自上而下、自成体系四个层级式的独特结构，既保持了检察制度层级性的一般要求，又同行政权的层级与审判权的审级互相衔接照应，便于有效发挥人大监督下的检察权、行政权、审判权制约协调的国家权力结构特色。(3) 职能配置的合理性。我国既没有选择大陆法系国家“检警一体”模式下检察官指挥警察进行侦查的制度安排，也没有选择许多西方国家对涉及人身、财产的强制措施由预审法官垄断司法审查的制度模式，而是按照“分工负责、互相配合、互相制约”的原则，在人大监督下的“一府两院”权力结构下，对行政权、检察权与审判权进行分权与制约的配置。根据法律规定，为了维护宪法和法律权威，赋予检察机关对叛国案、分裂国家案和严重破坏国家的政策、法律、法令、政令统一实施的重大犯罪案件行使检察权；为了保障国家安全、维护社会秩序、保护人民生命财产安全，赋予检察机关代表国家对各类刑事犯罪进行审查批准与决定逮捕、指控犯罪的权能；为了维护国家公职人员履行职务的廉洁性，赋予检察机关对贪污贿赂、渎职侵权等公职人员职务犯罪案件行使侦查权能；为了维护社会主义法制的统一尊严权威，赋予检察机关对公安、国安机关的刑事立案与侦查活动，对审判机关的刑事诉讼、民事审判、行政诉讼活动，以及对刑罚执行和监管活动实施法律监督的权能，以有效监督纠正执法不严、违法不究、司法不公等问题。(4) 职权创设的渐进性。我国检察机关的职权是伴随着社会主义法治进程逐步完善的，法律制度安排呈现“三个演进”的特点，即：由最初赋予检察机关批准和决定逮捕权、刑事起诉权、刑事抗诉权等职权，演进扩展为对国家公职人员贪污贿赂等职务犯罪的侦查权；由最初赋予检察机关对各级人民政府及所属部门、国家机关工作人员和公民是否遵守法律行使一般检察权，其后长期备而不用，演进为对叛国案、分裂国家案和严重破坏国家的政策、法律、法令、政令统一实施的重大犯罪案件行使特别检察权，以及对国家机关工作人员滥用职权、徇私舞弊、玩忽职守等职务犯罪的侦查权；由最初赋予检察机关对刑事诉讼活动实施法律监督演进为对刑事诉讼、民事审判及行政诉讼活动实施法律监督，实现了检察职权配置的科学化、体系化与现代化。

其四，从运行机制看，中国当代检察制度在运行机制上既不同于大陆法系、英美法系的任何一个国家，也不同于苏联的检察权及其运行模式，其特点具有多样性：(1) 在领导体制上，考察世界各国检察制度历史演进可以发现，苏联与中国特色检察制度模式都产生于社会生产力发展极不平衡，同为小农经济汪洋大海般的国度，但两者形成的政治基础条件截然相反，即：苏联在苏维埃政权建设中，是通过城市武装夺取政权，地方并未建立强有力的党组织，要巩固新生的苏维埃政权，保障联邦共和国社会主义法制的统一正确实施，根据列宁的思想，其选择了总检察长领导下的上下集中统一、垂直一体的领导模式。中国在社会主义政权建设中，则通过农村包围城市夺取政权，党的地方组织健全，要巩固人民民主专政的新生政权，促进社会主义建设事业的顺利进行，检察领导体制经历了从双重领导到垂直领导再到双重领导的历史选择过程，最终确立为各级检察机关由同级人民代表大会产生，对其负责，受其监督；同时，最高人民检察院领导地方各级检察院和专门检察院的工作，上级人民检察院领导下级人民检察院的工作。我国社会主义法治建设的实践证明，苏联检察集中统一、垂直领导模式在我国“水土不服”。彭真同志早在1957年就谈到：“列宁曾经主张检察和监察机关应当实行垂直领导，不受地方一切机关的干涉。我们这样做，是否违背了列宁的精神呢？……我们是有健全的、可靠的地方党的，实行双重领导的制度，更可以保证我们的无产阶级专政的实行。而列宁的根本精神，正是为了保证无产阶级专政的实行。”(2) 在决策方式上，实行检察长领导与民主集中制相结合。检察长作为检察机关的首长统一领导检察院的工作，检察委员会实行民主集中制的组织形式，讨论决定重大案件和检察工作中的其他重大问题，按少数服从多数的原则作出决定，由检察长组织贯彻执行；检察长在讨论重大案件时不同意多数检委会委员意见的，可以报请上一级检察院决定；在讨论重大问题时不同意多数检委会委员意见的，可以报请上一级检察院或者本级人大常委会决定，从而有效防止和解决检察决策权、执行权、监督权行使过程中可能出现的矛盾与冲突，从制度层面为科学决策、民主决策、有效执行提供了保障。正如彭真同志在 1962 年指出的，“在起草我国检察院组织法时，我们同苏联专家有过争论，他们不同意在检察院实行集体领导，我向他们提出问题，列宁在哪里说过集体领导不如个人呢？他们也讲不出来。各级检察院都要实行集体领导”。(3) 在权力运行上，一方面依法独立行使检察权与坚持党的领导、接受人大监督相结合；另一方面办理案件实行个人负责、集体讨论、检察长和检察委员会决定的权力运行方式，确保检察权公正高效有序行使，实现检察活动法律效果、政治效果、社会效果的有机统一。

中国当代检察制度在运行机制上体现了检察工作一体的普遍要求，反映了检察权运行的内在规律，是运用检察权时必须遵循的基本原理。从检察权运行机制层面看，中国检察制度的一大特色在于：坚持双重领导体制前提下的“检察工作一体化机制”，具有鲜明功效性。即：(1) 实现上下统一，防止检令不通。上级检察院作出的决定，下级检察院应当执行，不得擅自改变、故意拖延或拒不执行；上级检察院认为下级检察院作出的决定确有错误的，有权予以撤销或者变更，发现下级检察院已办结的案件有错误，或者正在进行的执法活动明显违反法律、司法解释以及上级检察院有关规定的，有权指令下级检察院纠正；下级检察院如果认为上级检察院的决定有错误，应当在执行的同时向上级检察院报告，上级检察院经复议后，认为确有错误的，应当及时予以纠正。这种运行机制有利于强化上级检察院对下级检察院的领导，下级服从上级，上级支持下级，实现检察机关的上下统一，防止和纠正有令不行、有禁不止等问题，从而既能有效防止垂直领导权易导致的专权擅断，又能有效地克服地方分散等不良倾向。(2) 实现横向协作，防止相互掣肘。在履行法律监督职能过程中，遇到因调查、取证、缉拿犯罪嫌疑人、寻找涉案重要证人、涉案财产等，依法相互支持，提供帮助；对于管辖争议，需由有关各方依法协商解决，协商意见不一致的，可呈报由共同的上级检察院依法协调解决；上级检察院还依职权加强对检务协作工作的指导、协调和检查，及时纠正执法过程中的偏差。这种运行机制有利于加强各地检察机关之间的联系与协作，互通情况，加强沟通，相互支持与配合，防止和纠正相互掣肘、检察壁垒，从而有效地减少制度运行的摩擦成本、监督成本、协调监督成本，化解检察权运行中产生的诸多政治风险与法律风险，增强法律监督的整体效益。(3) 实现内部整合，防止各自为政。依法加强对职务犯罪侦查统一组织、指挥、管理与协调，实现执法办案规范管理、有序分流，统一交办、提高效率，依法管辖、防止掣肘，优化资源、增强实效，统一指挥、协调各方等功效，加强诉讼监督与职务犯罪侦查的协调配合，综合运用监督措施形成法律监督整体优势。这种运行机制有利于充分发挥检察机关各内设机构的职能作用，紧密配合，最大限度地形成工作合力，防止和纠正各自为政、部门壁垒。(4) 实现总体统筹，防止地方分散。按照检察工作整体性、统一性的要求，通过结成运转高效、关系协调、规范有序的统一运行体系，有利于充分发挥法律监督的整体效能。

其五，从规制管理看，综观世界各国立法与司法实践，对检察权的制约主要有两种渠道：其一是通过外部力量对检察权予以控制、监督与制约；其二是通过其自身的内部力量进行监督、制约。中国当代检察制度在规制管理上具有自身的特点：(1) 外部规制管理的有效性。对检察权进行外部监督，是建立公正高效权威检察制度的必然要求。在新中国成立初期，我国就高度重视司法机关之间的互相制约，刘少奇同志在新中国成立初期谈到创建司法制度与检察体制时曾指出："公安、检察院、法院三个机关可以完全不对头，各人讲各人的。"在长期实践中，我国将这种思路与司法实践总结为"分工负责、互相配合、互相制约"的原则，并上升为宪法规定，成为刑事诉讼的一条基本原则。在改革开放的条件下，检察机关行使职务犯罪侦查权一度出现执法不公、不严、不廉等问题，究其根源之一是体制机制设计层面存有缺陷，外部刚性监督不足。为此，我国司法体制改革方案引入了人民监督员制度。全国各级检察院大胆改革试验，探索对已立案的职务犯罪案件拟作撤销案件决定、拟作不起诉处理的“两类案件”，以及应当立案而不立案或者不应当立案而立案等“五种情形”进行监督的新途径、新机制、新方法，初步找到了对职务犯罪侦查权进行外部监督新的实现形式。其实践证明，这种制度安排的效用是良性的。（2）内部规制管理的有效性。注意加强检察机关各业务部门之间的内部分权与制约，实行举报（控告）、侦查、批捕、起诉、复议、复查、赔偿等有序分离；加强检察机关专门监督机构对执法办案的监督制约，健全完善巡视制度以及纪检监察部门、检务督察部门对执法办案活动的监督制约；加强上级检察院对下级检察院的领导与指导，实行重大案件、重要决定报备、审批制度；加强业务部门执法办案中的自身监督，办案组成员之间互相监督，落实讯问全程同步录音录像等制度。在管理手段现代化、信息化、规范化的条件下，检察机关还引入质量管理、绩效管理等先进管理模式和方法，通过信息网络手段实行严格的流程管理、质量控制，既保证了执法办案的质量，提高了工作效率，强化了法律监督，也受到了社会公众的青睐。

“以制度规制制度，以权力制衡权力”，是人类社会科学配置政治资源、管理国家、推进社会文明进步的必然选择，是现代司法文明的重要特征。中国当代检察制度在规制管理上的有效性，集中体现在两个方面：一方面，科学配置权力。中国当代检察制度在内部与外部规制管理的有效性，体现了权力配置的基本规律。正如权威人士指出的：“社会主义司法制度与资本主义司法制度的根本区别之一，就在于政法机关之间互相配合、互相制约，既能保证公正执法，又能有效应对、妥善处理复杂的社会问题。”有学者明确提出，检察机关与侦查机关、审判机关之间的关系是检察制度的重要内容之一，也是体现检察制度特色的重要方面。从历史教训来看，苏联既没有建立约束最高权力的法制，也没有建立约束检察权的监督制约机制，这不仅使维护法制统一的检察职能失去了存在的价值和空间，而且导致了检察职能的蜕化变质。中国当代检察制度在强调法律监督的同时，注重加强对检察权行使的监督制约，符合“决策权、执行权和监督权既相互制约又相互协调的权力结构和运行机制”。另一方面，有序规制约束。著名法制度经济学家诺思曾经明确提出，制度约束一般分为正式约束、非正式约束及实施机制三个方面。在正式约束方面，中国检察机关从外部规制管理上认真向人大及其常委会报告工作，接受人大常委会执法检查，贯彻执行人大及其常委会的决议、决定，虚心听取人大代表的建议、意见和批评，认真办理代表提出的各项议案，在接受人大监督中不断加强和改进检察工作；在内部规制管理上设置了纪检监察监督、检务督察等正式制度。在非正式约束方面，中国各级检察机关一直高度重视接受外部监督制约，正如权威人士所强调的“强化法律监督，必须完善对检察机关自身执法活动的监督制约机制”。综观应然层面与实然层面，中国检察机关在传统、文化、价值等方面都具备“监督者更要接受监督”意识等非正式约束。在实施机制方面，检察机关自觉贯彻落实“分工负责、互相配合、互相制约”的基本原则及运行机制，保证了公正司法目标的有效实现。这种权力配置的科学性和制度约束的有效性，能够从根本上保证中国当代检察制度适应国家政治体制要求，并在社会发展进程中实现制度创新与科学发展。

（四）检察权及其制度安排三次演变的几点思考

首先，从检察制度的产生看，一定的检察制度的产生与发展，根源于它那个社会特定的物质生活条件，检察制度、检察权是同民主与法治并行不悖的，它是冲破封建专制而成长起来的，一旦形成体系，便具有自身的相对独立性。以制度规制制度，以权力制衡权力，是社会文明进步的标志，是人类社会科学地配置政治资源、管理国家、推动社会文明进步的必然选择；检察制度、检察权同民主法治的进程相伴始终，是各国政治家治理国家、造福于民须臾不能离开的法宝。

其次，从检察制度的历史地位看，它在当代法治社会中具有不可替代性，往往成为一个国家政治制度是否成熟、社会是否文明进步的标志。

其三，从检察制度的职能看，检察制度是国家法制统一的有力武器，是国家权力自我制衡的重要工具。一方面，它承担着追究犯罪、控诉犯罪、有效地打击统治阶级外部对社会秩序破坏的职能；另一方面，它承担着有效地惩治统治阶级内部对统治秩序威胁的职能。当代检察制度仍是沿着这两项职能发展起来的。所不同的是，各国对检察机关的两项职能的实现形式、发展方向、时代重点则有所不同，进而影响到其性质及其不同类型的划分基础。

其四，从当代检察制度突出特点看，世界许多国家的检察制度越来越偏重于惩治统治阶级内部危害其整体利益的犯罪。清除官吏腐败、惩治职务犯罪成为检察机关艰巨的历史使命。

其五，从检察制度的学习借鉴看，各国的检察制度既具有一般共同特征，又具有各自不同的特点。交流、借鉴、学习是必须的，但生搬硬套、生吞活剥也是行不通的。

三、当代检察权及其制度安排的功能

作为政治资源配置的一种方式，检察权及其制度安排虽然在各个国家的构建模式及其运行机制上具有较大差别，但是其功效却具有某种程度的一致性，这也是国际社会将其规范统一的根源所在。检察制度的功效集中体现在以下几点。

（一）平衡利益冲突

平衡利益冲突是检察权及其制度安排的内在核心。在经济社会生活中，不同主体所追求的利益目标各不相同，市场交易的参与者所追求的是各自经济利益的最大化，公权力的行使者所追求的是国家与社会共同政治目标的实现。在这个过程中，私权与公权任何场合、任何情形下的行使不当，都会对国家与社会产生负外部性的效应，导致公民、法人、其他组织的合法权益乃至国家的利益受到侵害。国家作为公民、法人、其他组织的合法权益的保障者，社会公共利益与公平正义的守护者，应该具有高屋建瓴的政治思维和谋略，善于运用经济社会绝大多数人所认同的、调处纷争与平衡利益冲突的方式及方法，即通过公权力的有序分离与整合，构建既相互协调又相互制约的权力体系、权能结构及其运行规则，确保在平衡公民、法人、其他组织的各种利益冲突的过程中，公权力能起到维护社会公平正义的功效，不因部分社会成员或某些利益团体的原因而公然挑衅、破坏国家安全、公共利益、社会秩序及其他社会成员的合法权益，以及平衡社会不同主体之间诸多的矛盾冲突和利益纷争。在检察权产生之前，国家一般通过运用立法权、军事权、行政权及司法权来矫正违法甚至犯罪的社会行为，以达到化解矛盾冲突与补偿利益缺失之效。公职人员在履职的过程中，因受到各种因素的影响与公权力行使者个人素质的制约，常常发生亵渎职权、破坏法纲等背离执法司法目标要求的行为结果，这一方面需要国家采取相应的方式方法加以矫正，包括科学配置权力、优化公职人员管理、提高公职人员福利待遇等措施，另一方面需要优化检察权配置，即通过禀赋检察机关对职务犯罪的侦查权、对严重破坏国家安全、公共利益及社会秩序的犯罪行为等的公诉权、对刑事审判、刑罚执行及民事与行政诉讼活动法律监督权等各项权能及其有效行使，从而发挥平衡各方利益冲突、限制公权力滥用的功能，收到良好的政治效果、法律效果和社会效果。

（二）修复受损秩序

修复受损秩序是检察制度安排功能的外在表象。社会秩序是人们按照特定理念结成行为准则并据以行动所形成的社会效果及其状态。在人类社会早期，社会秩序是靠全体成员自发形成习俗并自愿加以维护的。阶级社会产生后，统治阶级开始凭借国家权力来强制维护其所欲的社会秩序，法律制度就是通过构建普适性社会关系体系成为维护社会秩序的工具。行政权、司法裁判权等公权力是为维护社会管理秩序和定纷止争秩序而产生的。随着社会的发展，人们越来越清楚地认识到，那些遭犯罪行为严重侵害的民众的人身权与财产权、社会的公共利益，单凭“不告不理”原则是无法得到修复的，检察职权中对刑事犯罪案件提起公诉的权能便弥补了这一缺憾，真正填补了这一职权配置缺陷；那些因行政权、司法裁判权等公权力运行失规与失范而对国家利益、社会公共利益、私人的合法权益造成的严重损害，也需要检察机关侦查权的有效行使来予以矫正或救治，等等。检察权的各项权能为修复受损社会秩序发挥了不可替代的功效，促进了公权力的规范有序运行、私人权利的有条不紊行使，各种行为规范被受尊重和维护，社会才形成协调、规范、有序、文明的良好状态。

（三）优化资源配置

人类社会的发展史表明，制度发生与演变的过程，就是对社会资源分配与再分配的过程。国家通过立法来规范各种社会关系，为公权力的运行和私权利的维护设置了一定的保护装置及其调节器模式，提高了社会与人们对行为的可预期性，使各项社会资源得到合理的分配与流转。然而，人们的行为不会始终朝着法律要求的既定方向发展而不发生偏离，一旦出现公权或私权运行的违规失序，现有社会资源配置模式就会遭到破坏，社会总成本运行必定提高，社会总福利必将遭受损失。任何行政权与司法权的专断与肆意、任何对正常社会关系严重破坏的犯罪行为都可能是对经济、政治、文化等社会资源的严重践踏或浪费。检察权的产生，就直观上而言，一是政治资源优化配置的结果，检察职权建构的目标之一在于规范公权力运行、实现检察权与行政权、审判权等公权力之间的有效制衡与协调。二是经济资源优化配置的结果，检察权各项权能的实现过程，同时也是经济资源优化配置的过程。如对职务犯罪案件的处理结果，会导致被犯罪人非法侵占的国家财产的追回；对严重破坏社会关系的犯罪行为的提起公诉，会导致被害人受损经济资源的恢复，等等。与此同时，检察权各项权能的实现过程也伴随着对受损文化资源的优化整合，体现在通过对受害人受伤精神的抚慰、对犯罪分子扭曲价值观的矫治及对其他社会成员的警示示范等来促进社会良好风尚的形成。

（四）创新制度安排

从国家产生伊始，调整社会关系的制度规范就随着社会的发展而不断演进。人类社会发展进步的漫长历程，可以通过一部没有尾页的制度创新史来续写。随着人类文明程度的不断提高，旧有的制度规范将会对新生的社会关系产生阻滞，这就需要通过创新制度安排来疏导。公权力产生与运行的合法性与正当性根源在于对社会绝大多数成员权利的维护，国家与公共利益的守护，当行政权、司法权无法有效地规范公权力的正当行使、无法有效地保障社会成员的人身和财产等合法权利的实现，就需要新的制度安排来予以引导、规制与救治，检察制度的产生便成为历史的选择。从宏观上而言，检察制度的产生是人类社会整个制度体系进步变迁的典型体现，是弥补已有制度缺失的必然结果。就中观上而言，检察制度旨在限制公权力行使的肆意与私人行动的妄为，这是对权力（利）体系的优化重整，是对特定社会紊乱秩序的良性梳理与再造。已有的行政权与司法权出现运行上的障碍，由其嬗变而产生的检察权就是通过对现有权力（利）的新型整合来促进社会系统的正常运行。从微观层面而言，检察制度自身运行的有效性因受诸多因素影响，并非始终完善无缺，且此时的无瑕疵并不意味着彼时的妥当性。如受公权力配置均衡性、监督对象特殊性等因素制约，出现检察权运行效度的降低，就需要反思制度的不足，根据社会发展实况来适时地调整既有检察制度，促使其各项权能得以有效实现。如因检察机关职务犯罪侦查权运行中出现某些环节缺陷，所产生的人民监督员制度的创新藉以规制职务犯罪侦查权的有序运行就是明证。

（五）实现公平正义

实现公平正义是检察制度设置的终极目标，是一个动态的过程，由一个个维护公平正义而无任何偏差的检察权行使由量到质渐进性积累而产生飞跃的过程，它一般表达为一定社会条件下人们对检察权行使的认可度、满意度与支持度的最佳状态。因此，公平、正义等社会价值是人类政治智慧和社会理性的结晶，是人类社会进步的重要标志，是任何政治体制建构与变革的核心指导理念，是法治社会实现程度的测量尺度。与国家产生相伴生的政治制度，在不同区域范围内、不同的历史阶段有其预设的特定目标，但是“正义是社会制度的首要价值……某些法律和制度，不管如何有效率和有条理，只要它们是不正义的，就必须加以改造和废除”。[1] 检察权的产生源于社会公平正义的需要，严重侵权犯罪行为的恣意、行政权与司法裁判权运行中的失范导致社会正义受到侵蚀，检察权的出现起到了有效抑制社会正义偏失的功效。检察权在运行中，通过行使侦查权及时查明案件，通过正确适用法律并作出合理处理决定来保障实体正义；通过规范严格的权力运行秩序和赋予相关参与人充分的个人权利来保障程序正义，实现了实体正义与程序正义的有机统一。当然，司法裁判权、行政权等公权力自身存在的合法性及其生命力的基础也在于对于社会公平正义的守护。政治资源配置史与政治权力运行的历史不断向现今的社会及人们昭示，权力一旦不受约束或被滥用，其必然有悖公平正义的精神理念！其后果之一必定是阻碍经济社会的有序运行，更于人类福祉造化无补！正是如此，检察权作为对既定行政、司法等权力运行秩序的引导、控制与规范，旨在实现其权力之间的衡平制约，确保对社会公平正义的有效维护。

---

[1] ［美］约翰·罗尔斯：《正义论》，何怀宏等译，中国社会科学出版社 1988 年版，第 1 页。

理念、架构与路径创新*

——在检察文化建设理论研讨会上的发言

建设、发展、繁荣检察文化是检察机关功德无量的大事，运用检察文化理念谋划、推进检察事业科学发展是检察理论与实践的有效结合与创新。作为一名时时处处感受检察文化魅力的检察人，我想以《理念、架构与路径创新》为题作一个简短发言，以此向各位领导、专家请教。

文化是创新的事业，创新是文化的秉性。检察文化作为中国特色社会主义法治文化的重要组成部分，支撑与推动检察事业的持续协调健康发展，只有坚持以时代背景作为参照，用辩证眼光进行审视，在制度性构建中全面把握，用检察事业的发展规律进行评判，以创新引领检察文化的发展方向与战略，在创新的步伐中不断丰富检察文化内涵，才能增强检察文化的吸引力、感染力和竞争力，提升检察机关“软实力”，促进检察事业科学发展。

一、以开放包容的胸襟推进检察文化理念创新

文化具有开放性和包容性，一切符合时代潮流、符合法治精神、体现检察规律的思想、理念都可以凝练为检察文化的价值内涵。

（1）必须坚持与时俱进。在知识爆炸、观念多元、文化交融的时代背景下，社会结构深刻变化，思想观念更趋活跃，人民群众的司法需要不断

* 本文发表于《法学评论》2011年第3期，由苏永胜同志协助完成。

增长，社会矛盾化解、社会管理创新、社会事业进步给检察机关带来了新挑战、新机遇，这些都是生成检察文化的厚实土壤。要牢牢把握时代特征，坚持“和而不同”，锻造体现时代精神的检察文化形式，大力弘扬适应时代要求的社会主义法治理念、司法价值和职业精神。要多维视角认识、把握中国特色检察文化的内涵，历史地、辩证地认识中国特色检察文化是时代发展的产物，是在长期法律监督工作实践中，逐渐形成的具有鲜明检察特色、民族精神和时代特征，反映检察群体趋向的价值标准、知识结构、行为方式、思维方法和审美意识以及承载特殊情感的物质载体，是检察物质文化和精神文化的总和。检察文化是一种时代表象，只有适应时代发展变化而变化，才能蓬勃葱茏、异彩纷呈。

（2）必须坚持博采众长。人类法治思想史博大精深，中外检察制度各具特色，中国古代法治思想中“法不阿贵，绳不挠直，刑不避大夫，赏善不遗匹夫”就蕴含着朴素的公平正义理念；“举纲维以督奸宄”“督司百僚”等对古代检察职能的粗线条勾勒。西方法治思想史闪烁着文化的光芒，“自由、博爱、平等”的主张，“迟到的正义非正义”“正义不仅应当实现，而且应当以人们看得见的方式实现”“正是程序决定了法治和恣意人治之间的基本区别”等对程序正义的论述，米兰达规则对沉默权的保障等影响深远。独角兽、宝剑、天平等图腾和标识都昭示着维护公平正义的重要性。要坚持批判继承的原则，从中外法治思想史、文化史的精华中启迪智慧，从当代各国检察制度及其相应的文化中汲取营养。中国幅员辽阔，地域文化源远流长，民族文化风格迥异，比如孔子文化、荆楚文化、中原文化以及各少数民族文化等传播广泛。要充分利用当地文化资源，汲取各种文化的精华，在竞争、融合中创新发展检察文化，实现与地域文化、民族文化、人文环境的交相辉映。

（3）必须坚持检察特色。没有特色和个性的文化，必然会失去应有的光彩与活力。检察文化是社会主义法治文化的重要分支，与其他文化的区别在于其鲜明的政治性和法律监督性。检察文化的源泉是检察制度以及丰富多彩的法律监督工作实践。检察文化的本质是民本思想，坚持检察权为民所赋，纯正执法目的；情为民所系，彰显人文关怀；利为民所谋，运用检察权为人民群众谋利益。检察文化的主体是广大检察人员，在行使宪法和法律赋予的法律监督职责过程中，逐渐形成一种群体趋同，长期积淀下来，形成了一种文体特质，指引与制约着检察机关的制度性和物质性安排，引领检察人员的价值取向、行为规范，以及职业素养的养成、职业形象的塑造。

（4）必须坚持系统构建。传统文化向现代文化转化的路径表明，建立一个科学的体系是文化持续健康发展的主体性支撑。检察文化体系是涵盖检察文化内涵与特征、检察文化历史渊源、检察文化借鉴与比较、检察文化价值功能、检察文化制度安排、检察文化运行模式、检察文化路径依赖、检察文化基础理论与运用实践等内容的科学体系。从内容层次看，一般应包括检察精神文化、检察行为文化、检察物质文化三个维度，其中检察精神文化是核心，检察行为文化是关键，检察物质文化是载体。从价值功能看，体现了外在行为引导与内在价值塑造的统一，是价值引领、行为规范、结构聚合、形象塑造、辐射传播等功能的集合。从运行方式看，包括检察文化理念、检察文化工作架构、检察文化设施、检察文化队伍、检察文化活动等方面。

二、用科学严谨的态度推进检察文化机制创新

要遵循文化的发展规律，把握检察文化内在的、本质的、必然性的联系，推进工作机制创新。

（1）推进组织结构体系创新。要确立一个科学、准确、公信、持续的检察文化建设目标，坚持以构建检察共同价值体系为核心，以检察人员主体性发挥为重点，以理念创新、机制创新、载体创新为动力，以检察文化各要素协调发展为原则，全面加强检察文化建设，调动、凝聚、激发广大检察人员的积极性、主动性和创造性，形成“思想持续进步，制度持续改进，工作持续创造”良性机制，提升检察机关“软实力”，为检察事业科

学发展提供精神力量、智力支持、人才保证、舆论氛围、人文环境。要改变单一的检察文化组织发展形式，提高文化建设的层次和水平。从检察文化组织发展的轨迹看，一般包括三个层次，第一层次是模式化的文化创建组织，比如检察文化创建领导小组，体现的是检察文化的外缘推动力；第二层次是常态化的文化组织，比如检察文学艺术联合会及各种协会，体现的是检察文化的内生动力；第三层次是检察组织体系的优化，比如内部组织结构的改革创新，体现的是检察文化的张力。三个层次体现了文化建设的不同境界，要保持检察文化的外缘推动力，不断催生内生动力，努力扩大张力，提高文化建设的组织化程度，增强检察文化的自我发展能力。

（2）推进素能养成机制创新。坚持用文化的理念推进学习型创建，把学习作为一种精神享受、一种生活态度，把提高素能的过程作为一个文化熏陶的过程。用文化团队的素质构成来审视检察队伍的素能结构，重视知识型、能力型增长，更重视法律思维和文化习惯养成；加强法律、检察业务的学习，也注重经济、社会、哲学、文学、艺术等学科的学习，提高综合文化素养，培养战略眼光。加强研究性团体文化建设，深化检察权运行规律的研究和探索，寻求破解检察体制性、机制性矛盾的应对之策，促进检察学学科体系建设。用文化的视野观察和思考素能培养机制创新，坚持知识与素能并重，更加注重文化品位的养成；学习与体验并重，更加注重文化体验；理论与实践并重，更加注重文化实践的熏陶；共性与个性并重，更加注重文化潜质的培养；传统方法与现代手段并重，更加注重现代文化模式的运用。按照人的全面发展需要的文化理念推进精英团队建设，突破性地培养一批复合型的高素质人才。

（3）推进管理运行机制创新。强化“人本文化”理念，从文化的视野思考人的价值，正视人的全面发展需要，通过检察文化的引导和激励，创设一个尊重、包容、竞争、友爱、和谐的人文氛围，营造一个人心思进、人心思齐的干事创业环境，使每个检察人员把自身价值的实现与检察机关的整体价值实现融合在一起，实现从管理者个人因素占主导的管理模式向制度因素占主导的管理模式跨越，从制度因素占主导的管理模式向文化因素占主导的管理模式跨越。加强“细节文化”建设，将文化理念固化、细化为简便、实用的管理制度，全面加强质量管理、流程管理、绩效管理，用符合人的全面发展规律和检察权运行规律的模式来管理检察工作。增强“执行文化”的功效，改变单纯以权威服从为管理原则、以条条框框为管理手段的管理方法，倡导快乐工作、激情工作、创新工作，使每个人的聪明才智在执行中得到充分展示，在成功执行中获得精神上的最大愉悦。

（4）推进评价激励机制创新。坚持动态性、系统性、发展性原则，加强检察文化评价体系建设，科学设置评价指标体系，合理设置权重，建立数字化的评价模型，提高评价的信息化水平。注重内部评价与外部评价相结合，建立法定机关评价、专业组织考评、社会公众评价等多元化的评价渠道，形成稳定的评价结论。加强检察文化理论研究人才队伍、检察文学创作人才队伍、检察艺术人才队伍、检察文体人才队伍建设，培养一大批检察文化的领军人才。以鼓励检察文化创新为手段，以激发检察文化创造活力为宗旨，以提升检察文化竞争力为目标，建立检察文化的“孵化器”制度，设立检察文化基金，定期不定期地组织开展“公平正义文化奖”评选活动，鼓励检察文化创造，增强检察文化创新能力，努力使一切创新思想得到尊重、一切创新才能得到发挥、一切创新成果得到肯定。

三、用生动活泼的形式推进检察文化载体创新

坚持从检察文化的价值功能出发，设计文化的载体与传承形式，既要体现时代性、新颖性，又要注重大众性、规范性。

（1）构建检察共同价值体系，增强认同感。共同价值体系是精神文化的内核，规定着文化的性质、立场与选择。要充分认识到社会主义核心价值体系、社会主义法治理念和检察共同价值体系之间是整体与部分的关系，检察共同价值体系是检察机关政治信仰、价值取向、职业操守等核心价值要素的总结和归纳，是社会主义核心价值体系在检察机关的生动体现和延伸。在政治信念上，坚持“三个认同”“三个至上”，“三个有机统一”“四

个在心中”的原则，深入贯彻落实科学发展观，弘扬社会主义法治理念；在责任使命上，始终贯穿“强化法律监督，维护公平正义”；在价值追求上，体现“立检为公、执法为民”的思想；在执法作风上，体现“理性、平和、文明、规范”的风格；在职业操守上，恪守“忠诚、公正、清廉、文明”的道德规范。检察共同价值体系是检察机关的主流思想舆论，是广大检察人员思想和行为的共同准则。构建检察共同价值体系，关键是要解决认知认同的问题，使之转化为检察机关的群体意识，要加强对检察重大理论问题的阐释解读，广泛开展各种形式的主题教育活动，坚持正确的舆论导向，用各类文化形式生动具体地表现检察共同价值体系的深刻内涵，不断地影响检察人员的思想观念、价值判断、道德情操。

（2）丰富表现形式，增强感染力。要重视行为文化的规范约束。弘扬规范性文件、章程制度所体现的文化内涵、法治精神，加强检察执法行为规范、检察职业礼仪等方面规范的总结提炼，进一步规范执法方式、思维模式、行为习惯，建立检察机关重大典礼、仪式、纪念日、检察机关公众开放日等制度，一言一行、每个办案细节都彰显文化理念，形成一种别具特色的组织风格。要重视物质文化的润物无声。发挥好物化载体的承载、宣示、传播功能，规范检察设施、检察器物、检察标识及检察文书制作，将检察价值理念融入“两房”建设、办案区建设及生活环境建设中，烘托一种“卓尔不群”的检察文化氛围。

（3）打造示范效应，扩大辐射面。要深入开展“创先争优”活动、文明创建等群众性创建活动，发现、培养一批社会公认度高的先进典型，挖掘他们身上的时代精神，运用文学艺术、影视作品等表现形式，组织创作人民群众喜爱、思想性艺术性观赏性相统一的精品力作，展示检察机关可亲可敬的社会主义建设者、捍卫者、公平正义守护者形象。要加强检察文化社会团体建设，组织业余文化骨干队伍，推进检察文化品牌建设，充分利用各种文化资源，举办检察文化节、检察文化论坛，开辟检察文化长廊、曲艺表演角等，开展文艺演出、体育比赛、书法绘画等健康向上的文化活动，增强检察文化的吸引力。积极搭建文化平台，加强同社会的互动交流，建设好检察新闻平台，利用互联网、多媒体建立网络平台，密集性宣传检察文化理念，展示检察文化建设成果，使社会公众认可、参与、支持检察文化活动。

(4) 规范载体形式，注重大众性。要克服检察文化建设中存在的片面化、功利化、形式化的倾向，自觉抵制低俗、庸俗、媚俗之风，坚持以马克思主义中国化的最新理论成果为指导，弘扬主旋律，注重民族性、科学性和大众性。正确处理好内容与形式、速度与效率的关系，防止急于求成，人为堆砌、刻意塑造昙花一现的“盆景”文化、“招牌”文化、“口号”文化。正确认识文化的共性和个性的关系，在学习借鉴一些组织和团体的文化时，要分析不同文化理念、载体的异质性，不能生搬硬套、生拉硬扯。防止为了吸引眼球，故弄玄虚，将一些陈腐观念、晦涩难懂的理念或者社会公众不认同、争议很大、普遍反感的文字图案、行为方式加以推广。要注重运用社会公众听得懂的语言解释检察文化，运用雅俗共赏、简洁明快的方式表现检察文化，运用鲜活、感人的事例充实检察文化，用法律监督工作的实效体现检察文化的成效。

为湖北经济社会跨越式发展提供坚强有力的司法保证*

湖北省委提出，在“十二五”时期，要更加奋发有为地推进经济社会跨越式发展。把跨越式发展写在湖北“十二五”发展的旗帜上，充分体现了科学发展观的本质内涵，把准了湖北经济社会发展的命脉，凸显了经济社会发展的时代主题，顺应了人民群众的新要求、新期待，是加快构建促进中部地区崛起重要战略支点的战略举措。检察机关作为法律监督机关，理应深入把握跨越式发展的核心内涵，全面履行法律监督职责，为推动湖北经济社会跨越式发展提供坚强有力的司法保证。

一、准确把握跨越式发展的核心内涵，科学谋划检察工作思路

跨越式发展的目标定位是发展速度高于全国平均，发展业绩高于中部平均，中心功能、示范效应、“两型”试验走在前列，主要表征是不断实现弯道超越，根本要求是又好又快发展，是科学发展观的生动体现。因此，我们必须坚持运用科学发展观的立场、观点和方法，把检察工作放在推进跨越式发展的大局中进行思考与谋划。

（1）进一步拓宽思路。要适应跨越式发展的新境界、硬任务、高目标的要求，必须解放思想，更新观念，切实增强机遇意识，深刻认识“十二

* 本文发表于《湖北日报》2011年1月27日第14版。

五”时期是“重要战略机遇期”“黄金发展期”“改革攻坚期”“发展关键期”“大有作为期”，也是检察事业科学发展的重要机遇期，检察机关要自觉服从于、服务于跨越式发展，做到及时跟进、主动适应、自觉融入。切实增强作为意识，紧紧围绕湖北省委“两圈一带”发展战略、武汉东湖国家自主创新示范区建设、新农村建设、大别山革命老区经济社会发展试验区建设等战略重点，适时调整工作思路和重心，坚持服务社会建设与服务经济发展并重，提高保障服务促进跨越式发展的针对性和实效性；切实增强人本意识，继承和创新检察机关群众工作，切实维护人民群众权益，紧紧依靠人民群众，提高群众工作能力，自觉接受群众监督，落实便民利民措施，促进社会和谐稳定；切实增强协调发展意识，解决好服务跨越式发展和促进自身科学发展两大课题，建立健全检察事业科学发展的长效机制。

（2）进一步明确职能定位。服务跨越式发展要始终立足检察机关的宪法定位，做到“四个坚持”，即坚持把全面履行宪法、法律赋予的各项法律监督职责作为服务跨越式发展最基本最直接的途径，找准服务的切入点、结合点和着力点，不断提高服务水平和实效；坚持从实际出发，紧贴经济社会宏观政策部署的实施和微观经济运行的实际，正确适用刑事法律政策，坚定不移地保护改革者，惩治犯罪者，纠正违法者，挽救失足者，为实现跨越式发展提供良好的法治保障；坚持突出重点，把化解社会矛盾、创新社会管理、促进社会建设贯穿于检察工作全过程、执法办案各个方面和环节；坚持公正廉洁执法，全面发挥法律监督职能，促进执法、司法活动的公正廉洁，维护法律的统一性和权威性。

（3）进一步明确目标任务。跨越式发展的要义在于高标定位，着力点在于弯道超越，特征在于发展的继承性、稳定性和可持续性，检验的标准在于民惠民富。检察机关要围绕保障服务跨越式发展作文章，充分发挥各项检察职能作用，营造跨越式发展的良好环境，使环境条件优势转化为发展优势。要在5个方面下工夫：加大检察环节化解社会矛盾、创新社会管理、促进社会建设力度，着力维护和谐稳定的社会环境；加大惩治破坏社会主义市场经济秩序的犯罪力度，着力维护规范有序的市场环境；加大惩治和预防职务犯罪力度，着力营造廉洁高效的政务环境；加大运用法律政策解决问题的力度，着力营造开放、竞争、有序、包容的政策环境；加大查办和预防执法、司法领域的腐败案件力度，着力营造公平公正的法治环境。

二、牢牢把握跨越式发展的目标任务，全面履行法律监督职能

跨越式发展是一个涵盖经济、社会、文化、生态等各个方面协调推进的系统工程，是一个科学的体系。检察机关服务跨越式发展，要把握规律性，注重全面性，体现政策性。

（1）严格履行职责，维护发展秩序。要认真履行批捕、起诉职能，依法严厉打击严重危害人民群众安全的刑事犯罪、侵犯人民群众财产权的犯罪和涉众型经济犯罪、黑恶势力犯罪、危害人民生命财产安全的犯罪、妨碍社会管理秩序的犯罪，确保社会安定祥和，使人民群众能集中精力投身跨越式发展。要严肃查办影响发展的职务犯罪案件尤其是大案要案，规范相关部门及其国家工作人员公权力运行，增强“跨越式发展使命重于泰山”的历史责任感和时代紧迫感；要依法监督纠正执法不严、司法不公的突出问题，严肃查办和积极预防执法、司法腐败案件，加强刑事立案、侦查活动、审判和刑罚执行监督，坚持刑事诉讼与民事行政诉讼监督并重，切实维护宪法和法律统一规范实施，维护社会公平正义。进一步强化理性、平和、文明、规范执法理念，为跨越式发展提供包容性、成长性、活力性的空间和环境。

（2）保障和改善民生，激发创造活力。跨越式发展的目的在于提高人民群众的幸福指数，增强公民、社会组织和国家的创新能力，激发创造活力。检察机关要发挥检察职能促进解决人民群众最关心、最直接、最现实的利益问题，充分调动人民群众的积极性、主动性和创造性。要围绕跨越式发展战略目标实施，综合运用打击、保护、预防、监督等法律监督职能，

积极组织开展治理商业贿赂、查办新农村建设领域贪污贿赂犯罪、查办危害能源资源和生态环境渎职犯罪、查办和积极预防国家投资领域职务犯罪等专项活动，切实保障和维护人民群众在教育、医疗、就业、土地征用、社会保障、公共服务等方面的现实利益，不断满足人民群众实现全面发展的新要求。

(3) 掌握政策策略，注重执法效果。要适应“十二五”期间跨越式发展的新任务、新要求，全面贯彻宽严相济的刑事政策，正确运用“依法坚决查办、坚持惩防并举、把握政策界限、掌握分寸节奏、注意方式方法”的办案原则，严格区分一般违法与刑事犯罪的界限，经济领域中的不正之风、违反财经纪律行为与贪污贿赂、私分国有资产等犯罪的界限，因配套制度和规定不健全导致的决策、管理失误与渎职犯罪的界限，网络侵权行为与网络犯罪的界限，非公有制经济组织、新社会组织的正当收入与利用社会管理漏洞实施犯罪的界限等。在办理社会事业、公共服务等领域案件过程中，要选择适当办案时机，区分轻重缓急。加强与发案单位和主管部门的沟通，慎重采取查封、冻结、扣押等司法强制措施，努力实现执法办案的法律效果、政治效果与社会效果的有机统一。做到既依法有效惩治犯罪，又保护改革创业者的积极性，既严格执法，又妥善化解社会矛盾，减少对抗。

三、积极融入跨越式发展的制度空间，深入推进检察工作体制机制创新

跨越式发展是推进工业化、信息化、城镇化、市场化、国际化，卸掉城乡二元经济结构沉重历史包袱、实现中等发达水平宏伟目标的必由之路。要求进一步扩大开放，深入推进体制机制创新，最大限度地发展生产力，营造有利于发展的制度环境与人文软环境。检察机关要抢抓保障服务跨越式发展这一千载难逢的机遇，自觉融入跨越式发展的大局之中，深入推进检察工作体制机制创新，切实解决好影响和制约法律监督的体制性障碍、

机制性束缚、保障性困扰。

(1) 及时总结推广检察工作机制创新成果。近几年来，湖北检察机关紧紧围绕发展主旋律，结合自身实际，持续、稳定地推进改革创新，探索了一些方式方法，形成了一些积极成果。在思路方面，提出了“六个符合”，即符合法律、符合规律、符合大局、符合民意、符合理念、符合实际；在路径方面，注重基层首创、典型示范、上下结合、渐进式推进；在价值取向方面，注重主体性，把握方向性，充分调动检察人员在中国特色社会主义事业建设者、捍卫者、公平正义守护者方面的积极性、主动性和创造性，着力推进公正、高效、权威的社会主义司法制度的建设；在整体布局方面，深入推进检察工作一体化机制建设、法律监督调查机制建设、各项业务工作机制建设、队伍管理机制建设、检务保障机制建设，完善政法部门协调与配合机制，着力构建以执法办案为中心、以制度规范为基础、以执法管理为前提、以监督制约为关键、以执法保障为条件的“五位一体”促进公正廉洁执法的工作格局，以“四化”建设为载体，深入推进基层检察院执法规范化、队伍专业化、管理科学化和保障现代化建设；在组织保证方面，深入推进检察队伍思想政治建设、领导班子建设、作风纪律建设、素质能力建设、队伍管理机制建设、检察文化建设“六项工程”，推进检察人才高地建设，努力建设高素质的检察人才队伍。

(2) 深入推进检察环节化解社会矛盾、创新社会管理、促进社会建设工作机制创新。和谐稳定的社会环境是跨越式发展的基础。要进一步强化“大稳定观”和“一线观念”，建立健全检察环节社会矛盾排查化解机制，努力把社会不稳定因素消除在萌芽状态；加强检察机关群众工作，建立健全社情民意和群众利益诉求表达机制；健全并落实执法办案风险评估、预警机制，增强防范社会风险的预见性和主动性；完善涉检信访工作机制、检调对接工作机制，形成化解矛盾的工作合力；坚持运用情势判断要清晰、情报信息要快捷、处理焦点要细致、把握中心要紧扣、适用法律要准确、综合措施要到位、把握刑事政策要严格、上下协同要紧密、依靠党委要主动等行之有效的工作方法，建立健全检察环节应急处置机制；着力提高开放、透明、信息化条件下应对新闻媒体、处置敏感事件的能力。

（3）积极而又审慎地推进内部组织管理体制机制创新。要正视司法资源有序配置、节约成本、提高管理效率与效益中的诸多热点难点问题，积极探索以“两个适当分离”（即诉讼职能和诉讼监督职能适当分离、案件办理职能和案件管理职能适当分离）为主线的管理机制创新。要围绕“检察权运行规律”这一核心问题，突出改革的工作实效，进一步整合资源，提高工作效率；优化职能配置，增强整体运行功能；强化监督职能，提升诉讼监督效果；强化内部监督制约，提高管理的集约化水平；探索分类管理，推动专业化建设。建立重点课题研究制度，加强基础理论研究与运行模式的实证分析，为改革创新提供理论与实践支撑。进一步健全科学规范的工作机制，建立以检察官为主体的岗位目标责任制，改进考评方式方法，加强履职保障。强化“能力席位”意识，推进精英团队建设，突破性地培养一批复合型的高素质人才。积极推进管理机制创新，强化人本理念，正视人的全面发展需要，创设一个尊重、包容、竞争、友爱、和谐的人文氛围，营造一个人心思进、人心思齐的干事创业环境，使每个检察人员把自身价值的实现与检察机关的整体价值实现融合在一起，把推进检察事业科学发展与保障服务促进跨越式发展有机结合起来，实现从管理者个人因素占主导的管理模式向制度因素占主导的管理模式跨越，从制度因素占主导的管理模式向文化因素占主导的管理模式跨越。注重管理细节，加强执行力建设，优化执法公信力评价体系，增强人民群众对检察工作的认可度、满意度和支持度，用科学发展的标准与跨越式发展的要求检验检察工作。

依法妥善处置涉检突发事件，切实维护社会和谐稳定大局*

2009 年，受国内外各种因素影响，社会稳定形势严峻复杂，维护稳定工作面临诸多新的挑战，其中各类突发事件呈现出多发频发势头，成为影响社会和谐稳定最突出、最敏感的问题。必须对此高度重视，认真研究对策，总结经验教训，不断提高处置各种突发事件的能力，切实维护社会和谐稳定大局。

一、当前社会稳定形势及中央、湖北省委、高检院的部署要求

当前，全国全省正处于应对国际金融危机的关键时期，经济回升的基础还不牢固，前进中还面临不少困难和挑战，特别是维护国家安全和社会稳定的压力明显增大。一是社会治安形势依然十分严峻。受经济发展减缓影响，由经济因素引发的社会治安问题更加凸显，刑事犯罪仍在高位徘徊并呈上升趋势。2009 年上半年，全省共立各类刑事案件 88 649起，同比上升 12.9%，从检察机关批捕环节看，共批捕 10 323件 15 807人，同比上升 14.3%；其中批捕破坏社会主义市场经济秩序犯罪案件 631 人，同比上升 16.9%；批捕故意杀人、强奸、放火、爆炸、绑架等严重暴力犯罪 2 973

* 本文系作者于 2009 年 8 月在全省检察机关第一期领导素能培训班上的讲座提纲，由杨剑波博士 、高鹏硕士协助完成。

人，同比上升15.7%；批捕盗窃、抢劫、抢夺等多发性侵财犯罪6 733人，同比上升0.2%；批捕毒品犯罪1 113人，同比上升37.4%；批捕妨害社会管理秩序犯罪3 580人，同比上升46%。二是对敌斗争形势更加复杂尖锐。在2009年经济发展遭遇困难、政治敏感时段相对集中的背景下，西方发达国家加紧通过经济、政治、文化等方面的手段转嫁本国经济金融危机矛盾，境内外敌对恐怖势力加紧勾连聚合，活动更加猖獗，尤其是“三股势力”的破坏活动密度大、势头猛，给维护国家安全和社会稳定带来严峻挑战。近年发生的新疆“7·5”事件，就是一起有着复杂的政治背景，境内外“三股势力”精心策划和组织的打砸抢烧严重暴力犯罪事件，对湖北省社会稳定的影响也不可低估。三是突发群体性事件增多。受国际金融危机冲击，由征地拆迁、劳动就业、社会保障等民生问题引发的群体性事件明显增多，一些突发群体性事件爆发突然、瞬间升级、传播迅速、冲突剧烈，破坏严重，“石首事件”就是其中的典型。四是虚拟社会对现实社会的影响明显增大。随着信息技术特别是互联网的飞速发展，各类社会问题更容易通过网络散布传播、聚合放大，网络不良舆情影响社会心理、诱导社会舆论、滋生突发事件，已成为维护现实社会稳定的一大难题；检察工作被置于更加开放的环境下，一些敏感案件和问题的处理，很容易引起网民的高度关注甚至炒作，如邓玉娇案件、石首“6·17”聚众扰乱社会秩序犯罪案件等，对检察机关的有效应对、妥善处置提出了更高要求。

2009年中央对维稳工作高度重视，作出一系列重大决策部署。胡锦涛总书记多次主持召开中央政治局常委会议，听取汇报，并作出了许多重要指示，强调要真正把维护稳定工作作为“硬任务”，切实肩负起“第一责任”，确保国家安全和社会大局稳定。中央在2009年年初就做好全年维稳工作下发了文件、召开了电视电话会议，提出了分三个阶段打好四仗的总体要求，即第一阶段主要是全国“两会”期间的稳定；第二阶段主要是围绕“6·4”等敏感节点，防范境内外敌对势力的捣乱破坏活动；第三阶段主要是围绕国庆60周年等活动做好稳定工作。要结合实际着力打好四个仗，即“防范化解社会矛盾的攻坚仗、对敌斗争的主动仗、意识形态领域反渗透的阵地仗、服务经济社会发展的整体仗”，确保国家安全和大局稳定。同时，为全面建设小康社会创造和谐稳定的社会环境，明确了7项任务及其工作措施。中央、国务院、湖北省委还下发了关于领导干部定期接访、干部下访、排查化解矛盾纠纷制度化的意见，关于加强综治工作基层基础建设的意见，关于加强和改进涉法涉诉信访工作的意见，关于做好今年“6·4”敏感期维稳工作的意见等；中央政法委、最高人民法院和湖北省委政法委、湖北省法院部署开展了集中清理执行积案行动。高检院强调指出，要切实增强“四个意识”（政权意识、大局意识、责任意识、忧患意识），把维护国家安全和社会稳定作为头等大事，切实履行批捕、起诉、控申等职责，扎实做好检察环节维护稳定的各项工作，有效保护人民群众生命财产安全，坚决维护国家统一、民族团结和社会和谐稳定。可以说，2009年以来，中央、湖北省委和高检院对维护社会稳定的重视程度之高，抓工作的力度之大、出台政策措施的密度之频是近年来少有的。一定要深刻认识到维护稳定的极端重要性，切实把思想统一到中央、湖北省委对形势的分析判断和对工作的决策部署上来，把维护稳定作为压倒一切的中心任务，牢固树立“大稳定观”和“一线观念”，全力做好检察环节维护稳定的各项工作，为庆祝新中国成立60周年创造和谐稳定的社会环境。

二、当前突发事件的特点、原因分析及有效应对的要求

进入新世纪新阶段后，我国发展呈现一系列新的阶段性特征，社会处于人民内部矛盾凸显、对敌斗争复杂、刑事犯罪高发的时期，各种矛盾多样高发，有的在短期内不仅难以彻底解决，有的还会表现得十分激烈。因人民内部矛盾引发的突发性事件，就是当前影响社会稳定的一个突出问题，2009年1~7月，湖北全省共发生一定规模群体性事件389起，同比上升40.9%，其中500人以上规模的5起。这些突发性事件呈现出爆发突然、瞬间升级、传播迅速，冲突剧烈，处置难度大的特征，对社会稳定造成严重冲击。结合湖北省情况看，突发事件表现出以下几个特点。

（1）非正常死亡案件是引发群体性事件的新“燃点”。一起普通的非正常死亡案件、一起简单的刑事案件或者治安纠纷，都可能引发大事件。2009年以来，湖北省因非正常死亡案件及刑事治安案件引发不同程度的群体性事件达900多起。一些医疗事故、交通火灾、溺水、自杀、在校学生等非正常死亡案件，已经成为一些地方最容易引爆的“导火索”。其他如食品卫生事故增多，地质灾害频发，各类安全生产事故造成的人员伤亡，等等，都是一个个不确定的“定时炸弹”。一些死者家属出于“大闹大解决，小闹小解决”的心理，动辄堵门、堵路、堵工地，闹访、闹丧、闹医、闹监、闹法庭。据统计，2009年以来湖北省共发生堵门事件1 199起，50～100人的235起，100人以上的76起，其中围堵湖北省委、省政府大门的群体性事件138起，参与人员4 736人次，20人以上32起3 354人次。有些人把矛头直接指向基层党政干部，指向政法干警，指向企业负责人。

（2）网络舆论炒作是助推群体性事件升级的“沸点”。新型媒体炒作之快、涉及范围之广、网民参与人数之多，是近年来少有的，对社会稳定和民众情绪的影响越来越大。特别是公权力大、公益性强、公众关注度高的“三公”部门和涉官、涉富、涉警等敏感话题成为网络炒作的热点、社会关注的焦点，已是不争的现实。网络越来越成为社会信息的“交换站”、社会问题的“放大器”、社会事件的“策源地”。网上刮什么风，下面就起什么浪，而且网民落地制造事端的苗头逐渐显现。一些敌对势力、敌对分子打着“维权”旗号，利用网络恶意炒作社会热点敏感问题，有的通过网络煽动策划、号召动员网民形成威胁社会稳定的现实行动。典型的如邓玉娇案件，案发后经过网络炒作，使一个普通刑事案件瞬间升级成为全国性乃至世界性的维权事件，一些敌对势力、敌对分子利用网络诱导网民制造事端，企图把邓玉娇案政治化，给社会安定造成重大隐患。

（3）各类特殊群体是参与群体性事件的“焦点”。民师、移民、涉军、下岗职工、未就业大学生、拆迁户、失地农民等多个群体利益关联性日趋明显，相互观望、相互攀比，“牵一发而动全身”。2009年上半年湖北省少数军队退役人员聚集串联策划赴省进京上访26起，实施5起，人数都在

100 人以上；民办教师 30 人以上赴各级政府部门上访 22 批 1 500余人次；征地拆迁引发群体上访事件 81 起，三峡等水利工程移民 30 人以上集体上访 12 批 300 余人次。这些群体性上访事件处理稍有不慎，就演变成群体性治安事件，一些群体性事件从“利益诉求型”向“情绪发泄型”转变，大量“非直接利益者”参与其中。有的社会闲散人员、刑释解教人员、吸毒人员由于“无书可读、无业可就、无人去管”，心怀不满，利用矛盾借机滋事，也是推动矛盾升级爆发的重要因素。

（4）个人极端暴力犯罪案件是容易导致网上群体性事件的“炒点”。“家庭不和睦”“生活不如意”“心中有怨愤”，容易产生消极、失望。绝望而悲观厌世，加之特定环境、特殊事件的刺激，就可能借机宣泄，甚至报复社会，造成极端暴力犯罪案件。湖北省个人极端暴力案件呈逐渐增多之势，已成为社会关注的热点问题，需要引起高度重视。

（5）执法不规范等问题是容易引起媒体泛炒的“热点”。周永康同志讲，政法机关执法办案也是引发群体性事件的“源头”。与过去相比，执法的水平普遍提高，但与群众的要求比，仍然存在不少问题。有的执法行为不规范，随意性大，失去了群众的信任感；有的执法作风差、方法简单粗暴，或接待群众来访不规范，服务意识淡薄，伤害了群众感情；有的工作不仔细，办案有瑕疵，引起了群众不满；有的违法违纪办案，乱扣押、超权限、超范围追缴款物，侵犯案件当事人的合法财产权、人身权；有的酒后驾车致人死亡，在社会上造成恶劣影响等。

突发事件影响社会稳定的问题量大面广，原因也是多方面的。从直接诱因上看，多源自一些经济发展产生的新问题、民生问题引发的矛盾等。据有关部门提供的资料和情况，目前湖北省有贫困人口 550 万；城镇登记失业、农民工返乡、失地农民群体 835 万；三峡等水利工程移民 300 多万；企业军转干部、抗美援朝老战士、涉核退役人员、对越自卫反击战退伍军人、退伍志愿兵等涉军群体以及辞退、退养民办教师 36.2 万等。这些特殊利益群体心态敏感脆弱，一遇一些“燃点”“沸点”“焦点”“炒点”等诱因，就会相互传染，滋生不稳定情绪，在一定条件下，有少数人成为突发事件的同情者、支持者甚至直接参与者。

从突发事件的类型上看，有的是企业改制、减产、倒闭等过程中职工利益被侵害；有的是军人退役、教师转制等过程中未得到妥善安置；有的是市政建设拆迁、移民补偿争议大，目前湖北省共有征地拆迁项目354个，涉及拆迁户57 415户331 982人，引发群体上访的项目208个，占拆迁项目的58.7%。有的是“案结事未了”导致缠访、非正常上访等问题，目前湖北省共有432个缠访老户，其中上访3年以上的158人，上访5年以上的190人，上访10年以上的67人，2009年到北京及省缠访5次以上的190人次，一些缠访老户久不息诉，有的甚至报复社会来发泄不满，如房县信访局局长吕世品同志的女儿在家中被一名缠访人杀害。还有的是一些单位及其工作人员工作失职、失误甚至乱作为导致群众利益受到损害，如有些领导干部不倾听群众呼声，不关心群众疾苦，群众遇到的问题和困难长期得不到有效解决，使小矛盾酿成大矛盾，最后酿成群体性事件，等等。究其深层次原因如下。

其一，从经济因素上看，当前我国正处在发展的黄金期，也是矛盾的凸显期，新情况新问题很多，在快速发展过程中出现的发展不平衡、不协调、不可持续问题，以及由此带来城乡、区域和居民收入差距拉大，有的群众在改革发展过程中现实利益受损、长远利益得不到保障等，导致社会矛盾易发多发。特别是近期受国际金融危机影响，部分企业破产倒闭，大量职工特别是农民工下岗失业，高校毕业生就业困难，一些不稳定因素明显增多，民生问题日益突出，使得当前社会矛盾的敏感程度、社会心态的复杂程度加大，各种矛盾碰头叠加、集中爆发的风险增加。

其二，从社会管理上看，在发展社会主义市场经济、全方位对外开放和信息化条件下，社会管理的空当盲区和薄弱环节仍然较多，包括流动人口管理、互联网监管等还比较落后，一些农村等基层组织战斗力弱化，防护能力非常脆弱。此外，境内外各种敌对势力还打着人权、民主、民权、宗教等幌子千方百计进行渗透破坏，因此，一有“导火索”，就容易引发严重的突发事件。

其三，从公众心态上看，由于贫富差距逐渐拉大，一部分人先富起来，相当一部分人还没有富起来，没有富起来的这些人心理失衡，憋得慌，有怨气；由于利益分配不公，人们的收益、生活和发展之间存在差异，比较弱势的群体有一种被“剥夺感”，看不惯、不服气；随着群众物质生活水平的普遍提高，对非经济利益诉求也“水涨船高”，人们的民主、公平、维权、“讨说法”意识越来越强烈，牢骚多、不顺气；受各类因素影响，一部分群众的现实利益受到损害，长远利益得不到保障，合理诉求久议不决，有意见，想出气。在这种情况下，社会情绪微妙复杂，容易“一点就燃”。

其四，从基层组织上看，有的地方和部门对处置突发事件经验不足，工作不力，在工作上、作风上、能力上还存在许多不适应、不符合要求的地方，主要表现在：一是稳定是第一责任的观念没有牢牢确立，抓稳定工作缺乏思考、缺乏措施、缺乏投入，出了问题惊慌失措；二是群众工作不深入不细致，及时解决问题不够，使一些问题演变成复杂棘手问题；三是不能掌握舆论导向权，使事件发生后被肆意炒作，激化矛盾，加大处置难度；四是依法依规解决问题的导向没有形成，有的地方和部门片面息事宁人，违背政策作出妥协让步，导致产生更大负面效应，一些违法气焰更加嚣张；五是部分领导干部化解矛盾的能力不强，缺乏驾驭局面的素质；六是有些政策层面缺乏统筹，政策不配套、政策落实走样等，诱发和激化一些不稳定因素；七是基层基础工作薄弱，底数不清，信息不灵，无人管事，导致许多社会矛盾不能在第一时间、在基层、在萌芽状态就得到解决。

中央、湖北省委、高检院对处置突发性事件工作高度重视，周永康同志在2009年年初的全国维护稳定暨信访工作电视电话会议上明确要求，要积极预防、妥善处置群体性事件，着力减少社会对抗。要按照“发现要早、化解要快、处置妥当、防止蔓延”的要求，一要及早发现，提前做好工作；二要妥善处置，迅速平息事态；三要做好善后，防止反复反弹。在全国维护稳定暨信访工作第二次电视电话会议上，周永康同志再次强调要着力加强群体性事件处置工作，认真落实好维护稳定的第一责任。高检院曹建明检察长在全国检察长会上明确要求，要妥善处理人民内部矛盾，着力抓好源头治理，不断增强执法透明度，完善和落实便民利民措施，认真做好释法说理、心理疏导等工作，把化解矛盾贯彻于执法办案的全过程，坚决防止重大群体性事件发生。同时曹检在全国检察长座谈会上强调要高度重视、正确把握检察工作面临的新情况新问题，切实加强网络舆情的掌握和应对工作。湖北省委书记罗清泉同志在刚刚结束的全省政法委书记（公安局长）培训班上要求，要坚定不移抓发展，千方百计改善民生，下定决心维护稳定，着力提高做好群众工作、依法行政和处置群体性事件“三个能力”，切实加强维稳能力建设，切实提高保一方平安的能力和水平。面对突发性事件，要善于见微知著，防微杜渐，快速反应，主动引导舆论。湖北省长李鸿忠同志强调指出维稳是发展的一部分，抓稳定就是抓发展，稳定投入就是发展投资，要加强维稳能力建设，舍得对维稳工作的投入。湖北省委副书记杨松同志在全省维护稳定和防范处理邪教工作会议上指出，必须始终把预防和处置群体性事件作为维护稳定工作的重中之重，做到发现要早、化解要快、处置要妥当。一旦发生群体性事件，要做到“五个第一”，即党政有关领导要第一时间到达现场，掌握情况，面对面做群众的疏导工作；第一时间向上级党委、政府和维稳领导小组报告情况；第一时间掌握事件起因和主要诉求；第一时间相关部门人员到现场控制住局势，防止事态扩大；第一时间与宣传部门和新闻媒体联系，发布权威信息。湖北省委常委、政法委书记吴永文同志在全省维护稳定和防范处理邪教工作会议上强调，问题一旦出现，必须迅速果断地采取措施，依法快速地处理，绝不能优柔寡断、久拖不决，要像救火一样迅速把它扑灭，不能够迟疑，防止和避免事态扩大。前不久，湖北省院敬大力检察长在全省检察长座谈会上强调指出，要依法妥善处置涉法涉诉涉检群体性事件、突发性事件，维护治安大局稳定。要加强对检察人员特别是领导干部处置涉法涉诉涉检群体性事件、突发性事件的培训，正确把握处置原则、处置策略、处置时机、处置方式。要增强敏锐性，对检察工作中的敏感问题、敏感案件和事件，要慎重对待、有效应对和妥善处置，防止因处理不慎、处理不当成为激化社会矛盾、引发群体性事件、突发性事件的“燃点”。周永康、曹建明、罗清泉、李鸿忠、杨松、吴永文等领导同志和敬大力检察长的指示精神，明确了处置突发性事件的总体要求、目标任务、处置原则和基本要求。我们要认真学习，准确领会，切实落实到发挥检察职能维护社会稳定的工作中去。

三、我省处置四起突发事件的做法与体会

妥善处置突发事件，是检察机关全面正确发挥维护社会稳定职能的一个新课题，也是强化大稳定观，切实履行法律监督职责，增强监督能力，肩负起维护社会主义法制的统一尊严权威、维护社会和谐稳定、维护人民权益、维护社会公平正义重大使命的一个新挑战、新机遇。2008 年以来，湖北省、市（州）、县三级检察院认真贯彻高检院、省委领导指示精神，紧密依靠地方党委、政府，迅速妥善地处置了四起突发事件，较好地维护了社会稳定，受到了领导机关的充分肯定，高检院办公厅、湖北省委办公厅专门转发了我们处置突发事件的做法。

在应对突发事件过程中，我们坚持正确把握处置原则、处置策略、处置时机和处置方式，严格依照法律和有关政策办事，积极采取各项措施有效应对、妥善处置，努力做到控制迅速有力，确保大局稳定，党和人民满意，使处置工作达到法律效果与政治效果、社会效果的有机统一。具体做法与体会如下。

(1) 判断情势要清晰。每起突发事件的背后，往往隐藏着复杂的社会矛盾，如不能及时有效地处置、疏导和化解，将会直接影响社会政治稳定，甚至引发更大的政治问题。因此，接到突发事件报告后要立即引起高度重视，认真剖析事件背后隐藏的社会矛盾，清醒认识、敏锐判断事件的性质、形势以及可能引发的社会问题。如潜江“7·13”事件发生后，湖北省检察院党组立刻判明：这不是一次普通的交通肇事案件，而是一起检察干警违纪违法，酒后驾驶警车致人死亡，影响极其恶劣的严重事件。种种因素

决定了这起事件具有特殊性：其一，当时正值奥运召开前夕，亟需一个稳定的社会环境，而贵州瓮安、上海、陕西等地发生多起恶性袭警事件，社会不稳定因素仍然大量存在，在此背景下发生影响如此恶劣的事故，势必给地方稳定添乱。其二，事发后两名死者遗体均存放在潜江市殡仪馆，该地处市中心交通要道，旁边建有一座加油站，周围有大片的居民区，存在重大安全隐患，一旦发生死者家属聚众闹事等状况，局面难以控制。其三，此次交通事故前一周，刚刚发生一起附近中学学生斗殴致1人死亡，引起不明真相的群众围攻学校、打砸毁坏公共财产的严重事件，市区群众情绪不稳定。综上，若不采取断然措施，坚决避免发生死者亲属在别有用心者的挑唆下进城堵路、抬尸游行、停尸闹丧等情况，就可能会酿成类似贵州瓮安甚至更严重的社会事件，后果将不堪设想。在阳新事件中，原案被告人曹某因故意伤害致人伤残，一审被判有期徒刑。二审法院回避矛盾，以证据不足改判其无罪。检察机关依法提请抗诉期间，曹某婆婆蔡月娥受曹某及家属的压力和挑唆，到检察院喝药自杀，若被不明情况的群众传播，就极有可能引发对检察机关不利的社会评价，若当事人一旦死亡，网上大肆炒作，亟易引发一起影响恶劣的社会事件。在天门市检察官被烧伤事件中，仅就案件本身来看，是一起严重侵害检察官的恶劣案件，但是，案发时原案尚在上诉期，如果媒体报道不适度，极有可能被社会公众误认为是检察机关办了冤案，引起一番炒作，不仅使检察机关陷于被动，还可能会诱发新的不稳定因素。在邓玉娇案件发生后，境内不少网民出于对邓玉娇的同情、对邓贵大等人的愤恨而大肆炒作，形成网络舆论热点，境外一些敌对网站乘机造势，与“民运”“维权”分子相呼应，企图通过互联网煽动群众发起“烛光晚会”“漫步天安门”“围堵湖北饭店”“网上募捐”等“九大事件”，把一个普通刑事案件炒作成全国性乃至世界性的维权事件、反腐事件，如不及时有效地引导、化解，将会带来严重的政治影响，引发不明真相群众攻击党和政府、破坏社会稳定等一系列严重后果。因此，突发事件发生后，湖北省检察院党组都切实高度重视，冷静判断形势，抓紧制定措施，快速开展处置工作并选派有经验的人员参与处置。

（2）搜集情报要快捷。面对突发事件千头万绪的复杂情况，要以快速搜集掌握有关信息情报作为切入点，使处置工作迅速打开局面。潜江“7·13”事件发生后，湖北省检察院敬大力检察长立即派出常务副检察长带领督查组连夜赶往当地摸清情况。督查组积极争取当地党委支持，建议组织专班连夜摸清死者家属有关情况，为制定各种工作方案、妥善采取各项措施奠定了基础。阳新事件发生后，湖北省检察院党组立即指示黄石市、阳新县检察机关紧密依靠党委、政府，组织专班开展调查，迅速掌握了当事人家属多在政府机关、企业任职等关键信息，为有效开展处置工作明确了方向。在天门市检察官被烧伤事件中，湖北省检察院党组迅速派出院领导赴医院慰问华丽同志，了解其伤情，指示当地检察机关协助公安机关调查有关情况，为快速、妥善处理案件做好准备。邓玉娇案件发生后，网上引发舆论热潮。恩施州、巴东县检察机关此时适时介入侦查，全面了解案情；湖北省检察院先后派出侦监处、公诉处负责人连夜赶赴巴东查阅案卷，掌握情况，主管检察长率工作组四赴巴东，全面掌握办案取证、变更强制措施、引导侦查、审查起诉、出庭预案、应对律师辩护意见、社会舆论、机关安全保卫等第一手情况，为制定各项措施和预案找准了依据，有力保障了案件的依法公正理性平和处理。

（3）处理焦点要细致。在处置过程中，要紧扣各个矛盾焦点问题，分类研究，细化措施，各个击破，确保最大限度地减少损害，有效防止新的不稳定因素滋生。如在处理潜江“7·13”事件中，我们紧紧围绕稳控社会秩序，与当地党委、政府积极配合，从6个焦点环节入手深入细致地开展工作：一是扎实做好杨姓氏族村民的稳定工作。为防止死者家族成员聚众围堵道路，进城闹丧，检察机关与公安机关密切配合，连夜摸清重点亲属思想状况，有针对性做好稳定工作；安排观察点及时搜集杨氏村民及车辆进城情况，制定阻断相关车辆进城的措施与预案；掌握重点人员思想状况，安排派出所民警及时对死者的2名刚刑满释放的亲属进行谈话训诫等。二是迅速做好事故责任认定工作。坚决支持公安机关依法严肃处理此次事故，积极协助交警部门开展调查、鉴定工作，明确事故责任界限。三是全力做好殡仪馆的安全防范。由潜江市院安排24名干警在殡仪馆昼夜轮值；公安机关在殡仪馆及外围部署警力做好准备；潜江市有关部门针对殡仪馆外加油站的安全问题连夜制定预案，防止爆炸、火灾等事故发生。四是对重点人员进行重点掌控。在摸排一周前发生聚众打砸学校财物的6名重点人员的基础上，由公安干警连夜对其训诫，有效防止其制造事端。五是妥善做好死者遗体火化工作。结合实际制定详细措施，环环紧扣做好死者亲属工作，最终使杨先池夫妻遗体顺利火化入殓。六是注重发挥宣传舆论的导向作用。按照敬大力检察长的指示，立即通过新闻媒体表明检察机关坚决支持公安机关依法查处肇事者、决不护短的坚定态度，为妥善处理事故奠定了基础；主动应对网络媒体炒作，向湖北省委常委张昌尔同志报告，联系有关部门加强网控，并安排正义网博客群应对负面网评，最大限度地减少了由事故引发的负面影响。

在办理邓玉娇案件过程中，我们紧紧抓住6个关键环节，扎实做好各项工作。一是依法提前介入引导侦查。紧扣本案是故意杀人还是故意伤害、是否存在不法侵害而进行正当防卫等关键问题，适时提前介入引导侦查，明确提出公安机关侦查工作应当补充与完善的32个问题，之后又列出10条补充侦查意见，引导公安机关全面、系统地搜集证据。二是建议不采取逮捕强制措施。针对网络恶炒、一些敌对势力借机制造事端的情况，检察机关严格审查事实证据，依法提出慎用逮捕措施的意见，建议公安机关将对邓玉娇的强制措施由刑事拘留变更为监视居住，有效防止矛盾激化，争取了政治上、舆论上的主动权，得到了中央政法委和省委的肯定。三是缜密进行审查起诉。召开审查起诉工作专题会议，严密部署审查起诉工作，详细制定《邓玉娇案件公诉工作方案》，并且抽调湖北省检察院侦监处处长徐国华、公诉一处处长刘光圣、省院优秀公诉人钱圣、刑法博士赵慧和恩施州院副检察长陈国防、公诉处长詹晓红，巴东县院许雪梅、杨玉莲等优秀办案骨干组成专案组。在审查起诉过程中，积极应对邓玉娇代理律师提出的“性侵犯论”“无罪论”等观点，认真审查案卷材料，精心制作提审预案、复核证据提纲、起诉书等，确保以充分的准备、规范的程序、扎实的证据提起并支持公诉。同时严格宣传纪律，严防在审查起诉阶段出现舆论炒作。四是精心准备出庭工作。将有关问题多次请示高检院、湖北省委，不断完善出庭预案，组织模拟出庭及时改进有关问题，围绕法庭辩论可能出现的焦点精心制定了6组关键证据的举证提纲，认真研究了举证策略、公诉词、答辩提纲等，最终庭审顺利进行，法院全部采纳了检察机关起诉书认定的事实和适用法律的意见。五是切实做好维稳工作。成立了州、县两级安全维稳工作领导小组，加强邓玉娇案公诉期间的维稳措施。制定应对媒体采访答复预案，接待并答复了部分记者和网民的来访，有效避免了媒体新一轮炒作。为党委政府当好参谋，提出以综治辖区为责任单位，以辖区负责人为第一责任人，以区域结合部联动控制为切入点，以防火、防爆炸、防打砸抢烧为重点，实行“两个有效控制”，同时建议遇有三五成群、企图寻衅滋事或聚众闹事的，微笑强制带离现场；遇有泼妇脱衣闹街，诱骗人员围观的，女干警迅速使用备用床单将其包裹，男干警迅速强制带离现场；在公共场所、重要部位安排备用车辆24小时不熄火，随时准备疏散人员；对城区重要道路实行紧急交通管制；对加油站实行戒备管制，严防纵火、爆炸等，得到了省委指导组、州委的肯定，并依此修改了维稳预案，有效防止了新的突发事件发生。六是积极引导社会舆论。针对代理律师不实爆出“邓玉娇遭受性侵犯”引起舆情急转的情况，及时组织权威媒体发布消息稿件，掌控舆论主动权。针对案件判决能否服众以及舆论关注的案件事实认定、法律适用等焦点问题，邀请武汉大学、北京师范大学刑事法律研究院、中南财经政法大学、西南政法大学等知名高校的刑法专家就“有罪免刑”判决结果的合法性、合理性、适当性、法律政策依据等在媒体上进行解读，有效正面引导了社会舆论。

（4）把握中心要紧扣。在处置工作中，要突出抓好中心环节，切实把功夫集中到解决问题的关键点上，采取有力措施全力化解矛盾。如在潜江“7·13”事件中，围绕如何妥善处理好赔偿问题，湖北省检察院督察组与潜江市委、市政府有关领导认真研究，制定了深入细致的谈判方案，将赔偿项目、数额、方式等进行了细化，对死者遗体火化时间、送葬方式、车辆数目、行驶路线甚至燃放鞭炮的方式和种类都进行了严格限定，在谈判中明确如果死者家属违反其中的项目和规定就取消或减免赔偿数额，不该让步的地方坚决不让步，使赔偿、火化、埋葬工作最终完成。在阳新事件中，以确保蔡月娥生命安全、平息事态为中心环节，我们积极争取省委、黄石市委以及省市政法委的支持，采取多项措施开展处置：组织专班医护人员全力救治蔡月娥；针对蔡月娥自杀原因展开调查取证，及时查清事实；针对蔡月娥的亲属多人在党政机关、事业单位工作的情况，组织其单位领导做好思想工作，对挑头者严肃批评，对闹事行为坚决制止；针对蔡月娥之孙在网上发布违背事实的帖子，严重损害检察机关形象的行为，及时联系公安机关找到其本人进行谈话，并对其母（原案被告人曹某）进行了训诫，同时加强网络控制，及时封堵、删除不良信息等。在邓玉娇案件中，我们以依法办案，努力做到法律效果与政治效果、社会效果有机统一为中心，一方面深入研究案情，反复组织讨论，认真向法律专家咨询，严格把握法律、政策界限，确保定性准确，处理适当。敬大力检察长亲自参与案情研究，提出邓玉娇属防卫过当构成故意伤害罪，综合考虑案件情节、办案效果等因素，建议“不捕直诉”“有罪免处”的意见，得到了中央政法委、高检院和省委的肯定，为案件依法办理明确了方向。另一方面积极应对办案过程中出现的各种情况，检察长坚持靠前指挥，指导当地检察机关研究工作策略，制定各种预案，切实抓好办案、维稳各个环节工作。此外，积极争取其他机关支持，依靠公安机关做好稳控工作，通过司法行政机关加强对律师特别是所谓“维权”律师的引导、教育和管理，与宣传部门紧密配合做好舆论引导防止炒作等，为检察机关依法办案创造良好外部环境。在省委的统一部署下，检察机关上下共同努力，紧密与其他机关协调配合，最终使案件成功办理，达到了预期效果。

（5）综合措施要到位。要坚持把加强综合措施作为稳妥处理突发事件的重要抓手，积极采取各项善后措施，促进处置工作取得好的效果。如在处理潜江“7·13”事件过程中，敬大力检察长切实拿在手上，立即部署多项综合措施，多管齐下，妥善处置。一方面及时向高检院、省委报告，争取领导重视；指示立即通过新闻媒体亮明检察机关态度，争取主动；第一时间派出常务副检察长靠前指挥，及时控制事态；与宣传部门积极联系，及时加强网控等。另一方面责成常务副检察长迅即召开全省检察机关电视电话会议，通报事故情况，部署开展为期3个月的“严肃法纪，严守规章，强化管理”教育整顿活动，深入整改车辆管理、队伍管理中的突出问题；加大检务督察力度，派出由纪检组长带队组成的5个督察组开展专项督察，对公车私用、违章行车等突出问题进行明察暗访；召开重大事件情况说明会议，由潜江市检察院检察长对事故说明情况、作出检查，并依照有关规定对潜江市院有关领导以及肇事者严冬给予处分。经过以上措施，在事件迅速得到处置的同时，切实整顿暴露出来的突出问题，使全体检察干警受到了一次深刻的教育。此外，还认真组织干警学习贯彻省委信息工作电视电话会议精神和省委《关于进一步做好重大突发事件舆论引导工作的意见》，召开党组会议研究制定了《湖北省人民检察院突发事件应急处理办法》，成立了应急管理领导小组和办事机构，进一步健全完善应对各类突发事件的长效机制，不断提高检察机关应对突发事件和抵御风险的能力。

（6）适用法律要准确。处置突发事件，必须紧密结合检察机关的职能与特点，准确适用法律法规，切实依法妥善处置，促进应对工作取得法律效果与政治效果、社会效果的有机统一。如在邓玉娇案件中，面对媒体炒作、网络舆论一边倒的情况，我们始终保持冷静、谨慎态度，认真研究案情，准确适用法律，确保案件严格依法办理。湖北省检察院党组连夜组织研究案件，严格从事实证据出发，提出邓玉娇的行为系防卫过当，涉嫌故意伤害罪；有主动投案行为，应认定其为自首等意见；同时讲究执法策略，建议对邓玉娇不宜适用逮捕的强制措施等，得到了中央政法委、高检院和省委的肯定。在案件审查起诉阶段，根据湖北省检察院具体指导意见，当地检察机关严把事实关、证据关、程序关和适用法律关，抓住本案关键情节，认定黄德智要求“异性陪浴”是案发起因；邓贵大等人对邓玉娇没有实施性侵犯，而是在不法要求未得到满足后借酒耍威风的行为；相对于邓贵大等人实施的拉扯、推搡等不法侵害行为，邓玉娇持刀刺击致人死亡的行为明显超过了必要限度，属于防卫过当，构成故意伤害罪；邓玉娇具有自首等法定从轻、减轻或者免除处罚情节，依法应当认定等。最终检察机关的起诉意见被法院全部采纳。通过严格依法办案，确保办案质量与办案效果，使得在检察机关办案环节没有发生负面新闻和新的炒作，有效稳定了公众情绪与社会舆论，促进了案件的公正妥善处理。

（7）把握刑事政策要严格。发挥检察职能参与处置突发事件，尤其是办理一些敏感案件，一定要严格把握宽严相济刑事政策，坚持全面综合考虑，区别对待矛盾，切实做到宽严辩证统一，从而促进处置工作取得好的效果。如在办理邓玉娇案件过程中，我们紧紧抓住案件关键环节，牢牢把握省检察院提出的“九个区分”认定案件，即严格区分犯罪起因，认定黄、邓侵害邓玉娇是案发起因，受害人具有过错；区分犯罪主体，邓玉娇属患有心境障碍（双相）的精神疾病，属部分（限定）刑事责任能力人；区分犯罪情节，邓玉娇的行为虽构成犯罪但属防卫过当，且具有自首等法定从轻、减轻或者免除处罚的情节；区分犯罪心态，邓玉娇在遭受邓贵大、黄德智无理纠缠、拉扯推搡、言行侮辱等不法侵害的情况下，实施的反击行为具有防卫性质，主观恶性不大；区分犯罪形态，邓贵大等人对邓玉娇拉扯、推搡，是在不法要求未得到满足后借酒耍威风的行为，没有实施性侵犯，不适用无限防卫情形，邓玉娇持刀刺击致人死亡，明显超过必要限度，属于防卫过当，构成故意伤害罪（既遂）；区分犯罪类型，邓玉娇的行为具有防卫性质；区分平常表现，邓玉娇属于初犯；区分悔罪态度，邓玉娇在案发后主动向公安机关投案，并如实供述案件事实；区分客观后果，邓玉娇案件造成一死一伤，同时产生巨大的社会影响，必须慎重处理。综合以上分析，我们精心制作起诉书，对案件事实进行了细致准确的认定，同时提出对邓玉娇慎用逮捕强制措施、有罪免刑等办案意见，有力促进了邓玉娇案件的顺利办理，取得了较好的办案效果。

（8）上下协同要紧密。在处理突发事件过程中，湖北省检察机关充分发挥检察工作一体化优势，上下协同，齐心协力，指挥得当，执行有力，形成了处置突发事件的合力，有力促进处置工作迅速、有效地开展。如在邓玉娇案件中，省检察院、恩施州检察院、巴东县检察院三级检察机关集中精力，凝聚力量，上下拧成一股绳，共同努力推动案件妥善办理。省检察院党组切实把处置工作拿在手上，对案件办理给予了强有力的领导。敬大力检察长牢牢把握案件办理的大方向，亲自组织研究邓玉娇案件的事实认定与法律适用问题，亲自修改起诉书、公诉意见书和新闻通稿等，提出慎用逮捕强制措施、有罪免刑以及把握起诉时机等重要意见；主管检察长四赴巴东，两上北京，始终工作在办案第一线，对介入侦查引导取证、审查起诉、应对网民来访、引导舆论等重大环节亲自部署，靠前指挥；省检察院侦监处及时派员赶赴巴东指导巴东县院提前介入，引导侦查；公诉一处派出精兵强将成立案件指导组，加强对审查起诉工作的指导；宣传处及时联系检察日报、湖北日报等媒体发布权威消息、专家解读意见等，积极正确引导舆论。恩施州检察院充分发挥“一线指挥部”作用，石荣春检察长多次连夜赶往巴东，按照省检察院指示精神周密安排各项工作，具体指导巴东县检察院把上级部署和工作要求落到实处，同时派出陈国防副检察长、公诉处詹晓红处长等参与案件督办与协调，大力支持、协助巴东县检察院抓好审查起诉工作。巴东县检察院党组认真贯彻上级各项指示，扎实工作，严密组织，全力做好办案、机关安全保卫和维护稳定工作，同时及时向上级报告情况，保障信息畅通。在三级检察机关共同努力、协同配合下，邓玉娇案件在检察环节的工作圆满完成，得到了高检院、省委领导的充分肯定。

（9）依靠上级领导机关、党委政府支持和其他政法机关协作要主动。要坚持把主动争取与依靠高检院和党委、政府的重视与支持，争取公安、法院、宣传等部门的全力配合，作为有效处置突发事件的基本原则和重要保证。在处理这四起事件时，省检察院党组都在第一时间向省委和高检院汇报了有关情况，均引起省委、高检院领导高度重视并作出批示和指示。在潜江“7·13”事件中，高检院曹建明检察长、张耕常务副检察长作出批示，要求严肃查处警车肇事事故，妥善处理善后事宜，举一反三，吸取教训。省委书记罗清泉同志、省委副书记杨松同志、省委常委、政法委书记吴永文同志先后作出批示，要求抓紧查清情况，依法处理，注意维护社会稳定。罗清泉同志还在2天内10多次亲自打电话责成有关部门依法妥善处理。在阳新事件中，省委书记罗清泉同志、省委常委、政法委书记吴永文同志在事发当晚省检察院报告后立即作出重要指示意见，要求全力保护蔡月娥生命安全，及时摸清亲属情况做好工作，检察机关加强指导依法办理，当地党委及时化解矛盾、平息事态等，有力指导处置工作迅速妥善开展。在天门检察官被烧伤事件中，高检院朱孝清副检察长专程到医院看望慰问了华丽同志；省委常委、政法委书记吴永文同志在省检察院报告后立即批示要求依法严肃处理伤害犯罪行为，组织力量全力救治，及时协调新闻部门把握宣传口径，为处置工作明确了方向。在邓玉娇案件中，中央政法委、高检院、省委多次召开专题会议听取汇报，部署协调，对办案工作提出重要指导意见。曹建明检察长专门电话指示，一要严格依法办案，二要妥善应对引导网络舆论。邱学强副检察长、朱孝清副检察长、公诉厅彭东副厅长等领导同志听取省检察院汇报后对案件办理工作作出了6点重要指示。省委书记罗清泉同志、省长李鸿忠同志、省委副书记杨松同志、省委常委、政法委书记吴永文同志高度重视，多次亲自研究，亲自处置，靠前指挥，在关键时刻都及时作出有针对性、操作性的指示与决断，为办好案件提供了强有力的正确领导。在开展工作过程中，省院及时将领导指示精神传达到处置工作一线，统一了工作人员的思想，明确了处置工作的原则，增强了他们做好工作、平息事态的信心与决心。同时，检察机关坚持主动争取和依靠当地党委、政府以及有关部门的全力支持配合，有力促进了各项应对工作顺利开展。如在处置潜江“7·13”事件过程中，有关部门、单位及基层党组织都积极参与了摸排情况、化解矛盾、加强稳控、安全保卫等工作。在办理邓玉娇案件过程中，各级政法委密切关注案件的办理，多次召开专题会议听取案件处置情况汇报，安排部署和协调有关工作；公安机关认真听取检察机关引导取证的意见，及时、全面地补充证据，同时采取多项措施切实做好稳控工作；法院与检察机关及时沟通协调，共同制定庭审预案和突发情况处置方案，确保了案件审理顺利进行。

关于当前检察理论研究重点问题的思考*

近年来，高检院领导亲自组织、领导全国检察理论研究工作，在国内权威期刊发表重要文章；提出检察机关要强化责任意识、改革意识、精品意识、合作意识、人才意识和协调发展意识，紧紧抓住我国法治建设进程和检察工作中的若干重大问题开展研究，为发展检察事业，推进依法治国提供新的更有力的理论支持。高检院领导集体及主管领导的率先垂范和有力组织，推动了检察理论研究工作，检察理论研究阵地呈现百花齐放、硕果累累的喜人局面。

2008 年是改革开放 30 周年，2009 年是新中国成立 60 周年。我国法学界和检察理论界已经并即将开展了形式多样的研讨、纪念、交流活动。回顾新中国成立以来检察机关的坎坷历程特别是恢复重建 30 年来的健康发展，结合个人学习、研究的心得，我体会当前和今后一个时期检察理论研究应把握 8 个重点问题。

一、中国特色社会主义检察制度的基础理论问题

从制度经济学视角来看，检察制度作为一种“制度”，是现实和具体的，并非超时空的，而且也是不能随意或自行调整与改变的，其有内在的“质的规定性”。当前，检察理论研究需要进一步总结、提炼和回答我国检

---

* 本文系作者于 2009 年 3 月向高检院提交的调研报告。

察制度“质的规定性”问题。在坚持运用中国特色社会主义理论、政治学理论、法学理论进行深入阐述的同时，需要引入新的理论——法制度经济学理论对中国特色社会主义检察制度的基础理论进行回答与解释。司法制度特别是法律监督制度一般具有平衡利益冲突、恢复受损秩序、创建制度安排、有序分配资源、实现法制统一等功能。[1]中国特色社会主义检察制度是以马克思主义关于国家与法的理论为指导，适应我国政权性质和政治体制的要求，具有深刻的国情禀赋、深厚的文化底蕴和丰富的实践基础，反映当代检察制度现代化要求的一种制度创新。从法制度经济学角度看，中国特色社会主义检察制度的一个根本点，就在于这种制度创设及其运行所支付的社会总成本是经济的；这一制度通过内在的维护社会主义法制统一尊严权威、维护社会公平正义、维护人民权益、维护社会和谐稳定、维护党的执政地位等功能的充分运用或发挥，其所获得的社会总收益（经济、政治、文化与社会发展协调一致的均衡权益）是持续增量增长的；检察权作为国家政治权力的一部分，其运行具有有序性、稳定性和协调性，同整个社会经济社会秩序是相衔接和协调的，这项权力的规范协调有序行使，有利于社会总福利（包括法律监督保障、服务、促进经济社会协调有序健康发展所形成的社会总收益等）的增量增加；这一制度对于坚持在党的领导、人大监督之下，加强对行政权、司法权的监督制约，从而有利于控制因制度设计不完善、权力监督不到位、运行机制不健全引发的执法风险、司法风险、政治风险以及由此引发的社会总风险。同时，由于中国特色社会主义政治经济文化社会制度结构的科学、制度体系的规范、层级制度安排的协调及其运行机制的健全，其所产生的制度运行效应对“西方”的价值观、制度模式及其运行机制的渗入或盲目移植、嫁接等本身就有一种排斥与“挤出”效应。这是由于体系科学、结构严密的内在制度功能运行惯性与外在（来）制度及机制之间碰撞、摩擦所产生的正外部性收益这

[1] 徐汉明、蔡虹：《中国民事法律监督程序研究》，知识产权出版社 2009 年版，第 67～77 页。

一必然结果的现实反映。因此，要坚定对中国特色社会主义政治经济文化制度及其检察制度优越性的认识，对“西化”思潮的侵蚀冲击，既不能高估，从而惊慌失措；也不能低估，而应沉着应对。中国特色社会主义检察制度同整个经济社会的政治法律文化秩序总体是相适应的，但也客观存在一些与形势任务发展不适应、不协调、不符合的环节，需要通过改革不断完善。这反映了人民群众对检察制度运行所产生的“一个保障、五个维护”增量收益的新要求新期待，是中国特色社会主义检察制度的自我完善，而不是对西方检察制度的照搬、移植，也不是将西方检察制度的某些基本要素如“个人本位”“三权制衡”“超然独立”等作为“契子”植入。当前进行司法改革的指导思想、原则、任务是正确的，也必须清醒地看到，这种制度完善、运行机制、健全都需要支付相应的成本，更涉及司法权合理配置，行使司法权过程中决策、执行、监督的模式与机制等制度安排的选择，只能通过不断深化改革才能使增量收益逐步产生，从而增加社会总收益，进一步发挥中国特色社会主义检察制度的优越性。

二、检察工作规律问题

从哲学角度讲，规律是事物发展的本质联系和必然趋势。❶ 从制度经济学角度讲，制度变迁具有路径依赖性，在制度的变迁过程中，“历史是至关重要的”，“人们过去作出的选择决定了他们现在可能的选择”。❷ 人民群众日益增长的物质文化需求与生产力发展不平衡的基本矛盾，决定了中国当代包括司法制度的政治、经济、文化、社会制度安排的模式、结构、功能、机制及其路径依赖；检察制度作为政治、司法制度的一个方面，同样要遵循这一社会发展规律。值得注意的是，检察制度并未随着阶级、国家、法律的产生而产生，而是在域外中世纪后期才产生；中国在两千多年

❶ 肖前等：《辩证唯物主义原理》，人民出版社 1981 年版，第 157 页。

❷ ［美］道格拉斯·C. 诺思：《经济史中的结构与变迁》，上海三联书店 1991 年版，第 1～2 页。

的历史中，也仅通过御史制度的制度安排折射反映。而人类进入文明社会之后，政治权力配置模式在大多数国家与地区都毫无例外地选择由最初的立法、行政、司法、军事的诸权合体的制度安排，到最先将军罚裁判与审判权分离出来，逐步形成成熟的审判制度；由对神明裁判、诸侯裁判、国王裁判相互分庭抗礼的司法专横控制模式分离出检察权，产生检察制度，对司法专横加以约束、规范，从而形成新的司法权力形态及其制度安排。生产力发展到自由资本主义经济阶段后，则出现了立法权、司法权、行政权的理念及其分权制衡的权力形态，并且作为与资本主义国家经济社会文化相适应的、反映当时政治权力形态要求的“三权分立”的权力模式和制度安排。在小农经济汪洋大海般的国度里，无论是苏联还是近代中国，都较为一致地选择了上下一体的检察制度模式，以加强对检察权行使的整体性统一性，实现对地方保护对抗中央，破坏法制统一势力的校正与控制。当代中国在检察制度的创设上，经历了模仿、照搬、移植、改造，形成了同中国政治经济文化社会相协调的制度安排，产生了中国特色社会主义检察制度模式。这深刻表明，第一，检察制度安排有着自身的发展规律性及其阶段的渐进性；第二，不同经济发展阶段的国家所选择的检察制度安排、配置检察权有较大的差异性；第三，中国特色社会主义检察制度根植于中国特色社会主义的经济政治文化与社会发展这一物质生活条件，是中国特色社会主义伟大旗帜的一角，是中国特色社会主义道路的一径，是中国特色社会主义理论体系的有机组成部分，与此并举的是其发展规律有着自身的特色。所以，研究检察制度创设、检察工作运行规律，其前提就在于深刻揭示“中国特色”的这一方面，而不是以不同发展阶段的国家为蓝本照搬照抄。那种以发达国家或苏联的检察制度模式设计、工作机制、运行规律作为衡量“中国特色”检察制度成熟与否的标准，常常会出“削足适履”的毛病，犯“照葫芦画瓢”的错误，也难以发现与把握中国特色检察工作的规律。正如周永康同志深刻指出的一样：“我们决不能以西方国家的司法理念、司法模式来评判我国的司法制度，更不能生搬硬套西方国家的司法制度，特别是不能把西方国家已经抛弃的陈旧做法当作经验来学习，不能不顾国家利益和最广大人民的根本利益盲目接轨。”

三、检察工作指导思想问题

检察工作指导思想是既定的检察制度安排在某一阶段，通过检察制度功能的运行所应当达到的总体目标与总体要求。检察机关恢复重建以来，高检院历届党组都从不同历史阶段的实际情况出发，提出了明确的检察工作总体指导思想（以检察工作主题、方针或总体要求等形式提出），如黄火青检察长提出新时期检察工作方针是：党委领导、群众路线、执法必严、违法必究、保障民主、加强专政、实现大治、促进四化；张思卿检察长提出“严格执法、狠抓办案、加强监督”的工作方针；韩杼滨检察长提出了检察工作20字方针：“公正执法、加强监督、依法办案、从严治检、服务大局”；贾春旺检察长提出了“强化法律监督，维护公平正义”的检察工作主题，等等。这些指导思想的提出与贯彻执行，都是符合当时的形势和任务要求的，对保障检察职能的正确履行，推进检察工作的阶段性发展，实现检察工作目标要求，都发挥了积极作用。回顾检察制度创设、曲折、发展的60年，尤其是恢复重建30年来的光辉历程，笔者认为，检察工作始终应当有一个根本指导思想问题，贯穿于各个阶段的始终；检察工作的根本任务是检察工作根本指导思想的核心。曹建明检察长提出了检察工作“一个保障，四个维护”的根本目标，即：保障经济社会又好又快发展；维护社会和谐稳定、维护社会公平正义、维护人民权益、维护社会主义法制统一尊严权威。笔者认为，“一个保障，四个维护”的提出，就抓住了检察工作的灵魂，把握了检察工作的全部真谛，扭住了检察工作的根本任务，是在原有检察工作指导思想基础上的继承和发展，更是以科学发展观引领检察工作的最佳结合点与有效实践形式。胡锦涛总书记深刻指出“切实维护党的执政地位，切实维护国家安全，切实维护人民权益，确保社会大局稳定，是政法战线的首要政治任务”。坚持中国共产党的执政地位，是一项根本的宪法原则，是中国革命、建设、改革实践的必然选择，也是检察机关必须始终遵循的政治原则。检察机关的宪法定位是国家法律监督机关，通过强化法律监督来保障国家法律的统一正确实施，坚决同地方保护主义、部门保护主义、搞“土政策、土办法”等破坏法治的行为作斗争，是检察机关的一项根本任务和创设检察制度的重要目的。因此，笔者认为，检察工作的指导思想可以概括为“一个保障，五个维护”，也就是在现有“一个保障，四个维护”的基础上，增强“一个维护”——维护党的执政地位，这是可以讨论的。

四、检察改革重大项目的取舍问题

检察改革是对现行制度安排的一种补充、完善与创新。这种制度补充、完善与创新，是由即期与未来社会物质生活条件所决定的。其中重要方面是，由于经济社会总收益转化为国民收入总收益的再分配，决定了检察改革必须在一定的时机提出一些重大项目的取舍。回顾近年来的改革方案和展望即将进行的改革规划，笔者认为有些改革项目安排是值得认真总结与反思的，主要涉及四个问题：第一，检察长、副检察长的任免权限问题。检察机关恢复重建之后，人民检察院组织法修改时，囿于改革开放之初国力不强等条件的制约，将地方各级检察院检察长、副检察长提请任命权下放。这虽然解决了在同层级党的领导、人大监督下与行政权、审判权分工负责、监督制约的协调一致，但为现在即未来有效发挥检察机关领导体制运行的掣肘埋下了伏笔，而即期只能以县级检察院领导班子须先对省检察院实行“报备制”作为补救。第二，强化对诉讼活动的法律监督问题。全国人大在组织起草审议民事诉讼法过程中，曾拟赋予检察机关实行法律监督的程序性规定，由于当时迁就人、财、物及人员素质能力的局限性制约而放弃程序性立法规定的提请和建议，形成目前民事法律监督程序的缺憾、改革攻坚与立法的历史难题。第三，主诉主办检察官办案责任制问题。我国现行检察权配置及其运行模式的基本原则是“民主集中制+检察长负责制”。但是，2000年的改革方案中引入了主诉主办检察官办案责任制。这种制度安排在强化主诉检察官个体责任，增强办案效率与执法责任，过错机制相衔接等方面的功效一度较好。但这种制度安排是以主诉检察官个体本位为价值理念，权力运行突破了“个人承办、集体讨论、检察长或检察委员会决定”模式，形成了“双线”运行机制。由于这种运行机制缺乏相应的配套制度作支撑，导致主诉主办检察官支付的体力智力超出常态，而检察官的其他团队协调、配合不够，加之工资、津贴、福利、荣誉等其他制度环境认可、支持不力，以致这一机制运行艰难。这从法制度经济学层面分析，就是通常所指“边际效应递减规律”“挤出效应”的一种反映。第四，检察官逐级遴选问题。最近的改革规划提出检察官原则上实行逐级遴选，这从当期与预期检察工作发展看都是必须的。但是，相应的制度环境并不匹配，被遴选的检察官均面临子女就学、配偶就业、医疗等一系列具体制约因素。在看到这种制度创新可能带来的增量收益的同时，也必须计算为此可能要付出的增量成本，对改革可能出现的问题、困难要充分论证。也就是改革的系统性、整体性、配套性、渐进性与预期性的协调统一，往往是改革成败的关键。上述四个问题都表明，在事关检察制度某些环节的补充完善、某些权能的优化配置、某些重大问题的取舍，既要立足当前，更要具有前瞻性和长远性，既要评估其合理性与必要性，又要评估其可行性与制约性，既要分析相关收益，又要考量可能形成的风险与潜在的成本或损失。换句话说，就是要立足中国特色社会主义检察制度的模式、结构、功能、目标等来综合考量。正如周永康同志深刻指出的一样：“要防止今天的改革成果成为明天的改革内容。”

五、检察工作一体化机制问题

在如何配置检察资源，解决“检令不畅通”“检察工作整体性统一性不够”的理论与实践问题上，曾出现过两种偏差：一种是盲目照搬前苏联模式，推行或企图恢复苏联“一长制”领导垂直模式与一般监督的制度安排；另一种是盲目照搬西方发达国家的检察制度模式及工作运行机制，要么推崇上下一体的部门一体化，要么推崇检察官主体个性化，检察权运行不受其他权力控制与监督的独任制运行机制。这样导致从两个方面背离或抛弃了中国特色社会主义检察制度模式及其运行机制。理论、制度安排及其实践三个方面都表明，在不变更中国特色社会主义既定制度模式，坚持党的领导、一府两院，维护检察权的整体性统一性的法律制度安排禀赋，全国检察机关分为4个层级（不含专门派出检察院），选举、批准任命、任命相结合产生行权主体，探索同既定的行政权、审判权分级授权相协调，与分工负责、互相配合、互相制约的制度安排相适应的检察工作一体化机制，应当是当前制度安排的最佳实现形式。2006年以来，湖北省检察机关厘清现行法律、法规、司法解释及相关规定禀赋检察工作机制框架的基础上，理性地提出了实行“上下统一、横向协作、内部整合、总体统筹”的工作运行机制，形成了检察工作一体化机制的制度模式和配套规定。近年来的实践证明，实行检察工作一体化机制，有利于充分发挥检察机关领导体制优势，增强法律监督合力，促进结成运转高效、关系协调、规范有序的统一整体，充分发挥法律监督整体效能，从而从根本上维护检察工作的整体性、统一性。因此，我们建议高检院把检察工作一体化作为检察制度的一个基本理论问题进行研究思考，使其逐步发展成为检察学理论体系的一个重要组成部分，推进检察工作一体化机制的制度化、规范化和法制化。

六、强化对诉讼活动的法律监督问题

这次检察改革贯彻中央关于科学配置权力的要求，高检院提出从8个方面优化检察职权配置，完善法律监督的范围、程序和措施，加强对诉讼活动的法律监督，切实维护司法公正。笔者认为，检验改革方案成效的标准是这些措施是否具有针对性、操作性和实效性；改革贯彻的原则并不是扩大检察权，而是按照分工负责、互相配合、互相制约的要求，建立决策权、执行权、监督权相协调的运行机制。从理论、制度和实践三个层面来看，仍有一些问题亟待回答。第一，关于对行政（执法）权一定范围的监督问题。摒弃一般监督的制度创设路径，实践证明是对的。但是不等于说这方面监督的方式、途径、设计的空间成为禁区。检察机关对党、人大具有一般监督权，这种制度设计肯定是错误的，但对行政权进行一般监督的方式方法则是可以也值得研究的。在现行制度安排下，检察机关对行政执法活动的监督比较乏力。2001 年，国务院第 310 号令《行政执法机关移送涉嫌犯罪案件的规定》，要求行政执法机关依法接受人民检察院的监督。但由最高行政机关提出这一要求，从立法法的规定来看是有缺陷的。据调查统计，2003 ~ 2006 年，全国工商、质检、药检、土地、物价等行政执法部门对各类违法行为立案查处 461. 37 万件，移送司法机关追究刑事责任的仅 4 431件，占 0. 096%；国税、地税执法部门对偷税、漏税等违法行为立案查处 268. 48 万件，移送司法机关追究刑事责任的仅 2 953件，占 0. 11%；农业、水政执法部门立案查处各类违法行为 444. 61 万件，移送司法机关追究刑事责任的仅 339 件，占 0. 008%；林业执法部门立案查处各类违法案件 73. 5 万件，移送司法机关追究刑事责任的仅 21 567件，占 2. 93%。实践表明，检察机关对行政权滥用的规制一直没有找到有效方式，监督的渠道、手段、机制、实效都有待进一步加强；同时，检察机关在人事、编制、经费等方面一直是受控于行政权的。我国第一代领导集体在设计检察权与行政权关系时，虽然蕴含了“分工负责、互相配合、互相制约”的含义，但检察权受控于行政权是大于检察权对行政权的监督制约的，没有达到互动制衡的功效。当前，检察权在一定程度上呈现地方化倾向，出现利益驱动、办案为钱问题，都与这种制度设计有密切关系。检察改革的任务应当使检察权与行政权形成互动制衡，而不能使检察权依附于行政权，甚至成为行政权的附庸和工具。第二，关于检警关系问题。不应照搬一些大陆法系国家检察指挥警察的制度安排，但当前公安机关一部分行政行为游离、失控于检察监督之外也是一种缺陷。加强对公安机关交通、治安、户籍、边防等公共事务管理权的监督应当是改革的一个重点。第三，关于对审判权的监督制约问题。我国刑事诉讼制度设计贯彻了互动制衡原则，但民事行政诉讼制度的互动制衡问题却没有得到有效解决。改革的重点应当通过完善范围、程序和措施，加强对审判、执行活动不严、不公、不廉但尚不影响裁判、执行实体结果变更情况的监督，落实建议更换办案人、检察建议权、提请诫免权等具体权利。第四，关于加强对刑事侦查活动的监督问题。在加强对职务犯罪侦查活动监督的同时，检察机关要强化对公安、国家安全机关刑事侦查活动的监督。据调查统计，2003～2007年，全国公安机关共立案各类刑事犯罪案件2 316万件，破案1 056.6万件，破案率为45.6%，年均立案463.6万件，破案211.35万件；5年间累计未破案件高达1 260余万件，年均252万件，未破案件数高于已破案件数。从同期检察机关履行法律监督职能情况看，受理提请批准逮捕案件3 057 723件4 717 543人，决定逮捕4 232 616人，批捕率为91.3%；年均受理批捕案件94.4万人，决定逮捕84.7万人；受理批捕案件数占刑事案件发案数的13.2%，破案数的28.9%。从立案监督情况看，全国检察机关同期对公安机关应当立案而未立案的提出监督立案94 766件，占同期立案数的0.41%，未破案数的0.75%；追捕63 817人，同比上升25.5%，占同期立案数的0.27%，未破案数的0.5%；对不应当立案而监督撤案18 266件，占同期立案数的0.078%。这说明，全国每年刑事发案、立案、破案活动有高达70%以上的案件没有纳入检察机关的监督视野，检察机关开展立案监督、追捕件数不足同期公安机关立案的1%。目前，全国检察机关侦查监督部门人员配置比例为7.3%，共3万余人，按每人每年监督未破获案件100件计算，需增编4.6万人，按每人每年监督未破获案件300件计算，则需增编1.53万人。湖北省襄樊市南漳县检察院坚持改革创新，积极探索，要求公安机关每月5日前向检察机关报送上月本县发案、立案、破案情况，变更或解除强制措施的情况，撤销案件情况等，较好地解决了监督“知情权”问题，拓宽了监督渠道，增强了监督实效。目前，检察机关加强对刑事侦查活动的法律监督仍是一个薄弱环节，具有较大的发展空间，要总结南漳等地经验，并加以制度化、规范化、立法化。所有检察改革措施不能迁就当前现状，而应坚持贯彻法律监督的目标取向，不仅要关注权力配置、程序完善问题，更要关注可能涉及的人力、物力、财力等制度成本的增量增加，建立相应的配套制度，促进法律监督工作的全面强化。

七、农村检察工作发展方向问题

中国当代的发展问题，本质上是农业工业化问题。因此，解决农业、农民、农村问题一直是党中央制定、研究发展问题的重中之重。推进社会主义新农村建设，是贯彻落实科学发展观，实现“三步走”战略目标，解决二元经济转、经济体制转型的一个“关节点”问题。加强农村检察工作，探索农村检察工作新的形式，在“三农”条件下实现“一个保障、五个维护”根本任务，就是检察工作面临的亟待解决的一个重大课题。这是因为，执法不严、不公、不廉问题，大量普遍发生在农村，地方、部门保护主义也较多地在县域经济以下滋生，以权压法、以言代法在农村范围内的基层负责干部层面有深刻的土壤。与此相对应的是，检察机关和检察官团队更多的聚居在县域中心城区等经济较为发达的地方，乡镇、街道、边远城区老百姓很难见到检察官，对农村基层执法人员每时每刻发生的破坏法律统一正确实施、损害人民群众权益、危害社会和谐稳定的乱作为、不作为往往鞭长莫及。因此，检察机关坚持“强化法律监督，维护公平正义”的检察工作主题，职能作用进一步向基层延伸、向农村拓展，是当前人民群众对检察工作的新要求新期待之一。一些省如湖北、海南、河北等结合本地实际，通过规范、健全、发挥乡镇检察室的辐射功能，探索农村检察工作的有益经验，是该总结、规范、提高、发展的时候了。

八、检察机关素能建设问题

检察机关素能建设经历了学历教育一哄而上，专业培训遍地开花等阶段，也收到了效果。但是，系统培训一直缺乏科学性、规范性和配套性规定，使检察官团队的素能建设面临着年年投入、年年培训、年年喊素能不高的尴尬局面。曹建明检察长明确提出，要以开展大规模教育培训为抓手，加强法律监督能力建设。笔者认为，全国检察机关对此自上而下要深刻反思，理清关系，明确责任，按照刚刚出台的四年实施“意见”，咬定目标不放松，全力抓好素能建设。要在国民教育和职业教育两个方面着力。一方面要建立检察理论国民教育体系，争取教育部支持，所有高等院校法律专业本科学生都开设《检察学》专业课程，系统进行检察基础理论和法律监督知识的教育与训练；要把有关检察体制、检察制度的基本知识纳入全国“六五”“七五”“八五”普法计划，使全民增强对人民检察院性质、地位、作用等基本常识的了解。另一方面要加大资金投入，加强国家检察官学院及其分院建设，充实师资队伍、完善培训教材，大力加强检察职业教育，主要是解决好四个问题。第一，学什么。要按照检察人员的不同类型，开展正规化分类培训工作，主要是抓好职业准入、岗位技能、职务晋升、领导素能等培训工作。职业准入培训主要是要求新进人员必须脱产 1 年进行检察理论学习，1 年进行基层实践锻炼；在 1 年检察理论学习中，要系统学习社会主义法治理念、中国特色社会主义检察制度、公共管理学等 3 门公共课程，深入学习侦监、公诉、反贪、反渎、监所、民行、预防、技术、法律政策研究等 9 门业务课程，全面学习政工、党建、宣传、监察、文秘、督办、档案、保密、计财、装备、信息化等综合知识。岗位技能培训主要是要求检察人员掌握履行岗位职责必须具备相应的技能，应当依靠所在院通过以老带新、互帮互学等方式进行。职务晋升培训主要是指检察中层领导晋升必须到省级检察官培训学院或国家检察官学院（分院）进行晋升培训。领导素能培训应当重视哲学、管理学、领导学、人才学、国际政治经济形势和突发事件应对等内容。第二，谁来教。要摒弃请相关专家人士进行没有针对性的“满堂灌”方式，提高检察长教检察官、检察官教检察官，建立一支专兼结合的检察官教师队伍，要完善教材、教案、评价体系，提高职业教育水平，增强检察人员的操作技能、工作能力和综合素养。第三，哪里学。要依托国家检察官学院及其分院，加强市州分院教学点建设，着眼于全员培训，按照分级培训的原则，统筹抓好各级各类检察人员的教育培训，加强对不同地区检察教育培训工作的分类指导，全面加强职业培训工作。第四，怎么学。实践证明，现行的“大呼隆”培训方式亟待改进，分级分类培训“空喊”多年效果不佳。要着眼建立目标考核和良性运行机制，积极探索专门教学、互动教学、案例教学、模拟教学等形式，增强检察职业培训的实效。

二　检察改革篇

深化司法体制工作机制改革，推动民事行政检察工作跨越式发展*

"两院"召开贯彻落实"两高"会签文件精神座谈会，这是湖北审判机关、检察机关加强协作、相互支持，规范民事审判、行政诉讼与完善民事行政诉讼法律监督的重大举措，对于推进法治湖北建设，维护司法公正，促进经济社会科学发展、跨越式发展意义重大。

一、深化认识，切实增强贯彻落实"两高文件"要求的紧迫性和责任感

民事行政诉讼和民事行政诉讼法律监督是我国司法制度的重要组成部分，是维护社会公平正义的重要手段。"两高文件"的出台实施，是民事行政检察工作开展以来，"两高"首次以文件形式就民事审判、执行和行政诉讼实施法律监督达成共识，这对于规范民事审判、执行和行政诉讼工作，加强民事行政检察工作，深入推进司法体制改革，丰富和发展中国特色社会主义司法制度，促进依法治国方略实施，维护社会公平正义，具有重大现实意义和深远历史影响。全省检察机关一定要从战略的高度，深化认识，切实增强贯彻落实文件精神的自觉性。

---

* 本文摘自作者于2011年8月30日在贯彻落实"两高"会签文件精神座谈会上的讲话，由廖旭同志协助完成。

（一）“两高文件”是司法体制和工作机制改革的重大成果

完善检察机关对民事、行政诉讼和民事执行工作实施法律监督的范围和程序，是中央新一轮司法体制和工作机制改革的重点任务之一。在中央领导下，“两高”为了贯彻落实司法改革任务、优化司法职权配置、促进民事审判、执行和行政诉讼工作依法开展，积极协商沟通，相互支持配合，会签了“两高文件”。这是司法体制和工作机制改革的重大成果。这些改革要求坚持正确的政治方向，充分考虑我国现阶段国情，吸收借鉴了各地长期以来在民事行政诉讼及其监督工作中积累的成功经验，是中国特色社会主义司法制度的自我发展完善，必将极大地促进建设公正高效权威的社会主义司法制度，为经济社会又好又快发展提供更加有力的司法保障。

（二）“两高文件”是审判机关和检察机关共同维护司法公正、维护人民合法权益的重大举措

周永康同志强调，要始终把人民放在心中最高位置。司法公正是人民群众的强烈期盼。由于民事行政法律调整范围的广泛性及其与生活生产的紧密相关性，使人民群众对司法公正的要求更多地集中在民事行政领域。长期以来，湖北省法院系统和检察系统既在各自职权范围内依法公正行使审判权和检察权，又积极加强沟通协调和相互配合，特别是认真贯彻省人大常委会《关于加强检察机关法律监督工作的决定》，省法检两家联合制定了关于加强监督制约和协调配合的规定，就经常性工作联系、办案协调与配合、监督与制约、检察长列席审判委员会、申诉案件处理等问题达成了广泛共识，在共同维护司法公正工作中取得了积极成效，形成了良性互动，拥有良好基础。“两高文件”的出台，进一步体现了审判机关和检察机关维护司法公正的共同目标和坚定决心，有利于统一法检两家认识，加强监督制约和协调配合，以公正司法的实际行动维护好人民群众合法权益。

（三）“两高文件”是推动完善民事行政诉讼立法的重要步骤

司法实践是立法完善的重要依据，我国立法工作也往往是司法改革先行，在总结利弊、积累经验的基础上推动立法完善。民事诉讼法是我国的基本法律之一。随着我国经济社会发展、民主法制进程加快，民事诉讼法的修改已经经过多次论证，修改草案正在形成之中。从目前情况看，“两高文件”的很多重要内容已经纳入民事诉讼法修改范围。全省检察机关一定要从完善中国特色社会主义法律体系和司法制度的高度，充分认识贯彻落实“两高文件”的重要性。一方面，要通过积极的司法活动为修改完善民诉法提供丰富的实践素材、提供宝贵的实践依据，特别是要注重发现和研究解决存在的问题和困难，供立法机关参考；另一方面，通过在实践中不断磨合、加强协调、完善机制，为更好地贯彻落实修改后民诉法做好准备、奠定基础。

（四）“两高文件”是推进民行检察工作深入发展的重大机遇

近年来，全省检察机关按照“四个加强、四个维护”（加强对民事行政判决裁定的监督，维护民事行政裁判的公正权威；加强对司法调解、民事执行和其他非诉活动的监督，维护民事和行政诉讼活动的规范合法；加强对诉讼违法行为和渎职行为的监督，维护民事和行政诉讼活动的廉洁高效；加强对刑事附带民事诉讼、支持起诉、督促行政作为、督促提起诉讼等工作的探索，维护国家和社会公共利益不受侵犯）的总体部署全面履行民事行政检察职能，办案规模稳中有升，办案质量不断提高，工作机制逐步健全，依法监督、规范监督、理性监督水平明显提升，在实践中探索，在民行检察工作中贯彻检察工作一体化机制、民行法律监督调查机制等经验做法，得到了高检院的肯定和推广，为维护司法公正和法制统一、推进三项重点工作、服务经济社会科学发展作出了重要贡献。这些成绩的取得与各级领导的高度重视、全省民行干警的努力奋斗，与各级法院和广大法官的大力支持密不可分。“两高文件”的出台，为民事行政检察工作提供了更为有力的制度保障，为两院共同维护民事行政司法公正和权威创造了重要条件。全省检察机关要以此为契机，进一步强化措施、加强沟通、完善机制，切实依法正确履行法律监督职责，推进湖北省民行检察工作深入健康发展。

二、把握文件精神实质，依法加强和规范民行检察工作

“两高文件”进一步明确了民事审判、行政诉讼及民事执行法律监督的范围、程序、方式和效力等重大问题，解决了长期困扰民事行政检察工作的主要障碍。全省检察机关一定要深刻领会、准确把握文件精神实质。这里重点强调几个问题。

（一）准确把握民事行政诉讼监督原则

落实“两高文件”、开展民事行政法律监督工作，必须立足并坚持法律监督属性，遵循司法规律和民事、行政诉讼规律，牢牢把握以下基本原则：坚持法律监督的基本属性，依法规范监督行为；牢牢把握民事行政诉讼法律监督对象的特定性、监督范围的有限性、监督时间的事后性、监督效力的程序性等基本属性，不断提高监督能力，确保检察权依法行使、规范行使；坚持审判救济渠道优先和当事人处分原则。这是司法规律和民事诉讼规律的必然要求，在“两高文件”中也有充分体现。检察机关实施法律监督，要优先适用当事人自己申请和审判机关自我纠错的机制，在穷尽审判监督救济渠道之后方可启动检察监督机制。坚持监督与支持并重，支持人民法院依法独立行使审判权。检、法分工不同，但维护社会公平正义是共同的目标。监督不是相互掣肘，而是相互配合、互相支持，在监督中配合、在配合中监督。检察机关既要依法履行诉讼监督职能，也要对妨碍审判权依法独立行使的行为予以监督，帮助人民法院排除审判、执行工作中的干扰与阻力，支持人民法院依法独立行使审判权；既要监督纠正生效的错误裁判和诉讼中的违法行为，又要认真做好正确裁判的服判息诉工作，

共同维护司法公正和法制权威。坚持把强化法律监督与强化自身监督放在同等重要位置，增强检察机关执法公信力。检察机关要从维护司法公正的目标出发，处理好诉讼监督与诉讼制约的关系，不断完善对自身执法活动的监督制约机制，自觉接受法院制约，高度重视法院提出的意见建议，切实防止监督权的滥用。坚持积极稳妥、循序渐进。“两高文件”是司法改革的重大举措，既要强化措施、坚定不移地推进落实，又要遵循规律、充分考虑客观实际，有步骤有计划地渐进推动，及时研究新情况、解决新问题，确保改革沿着正确方向和既定目标推进。

（二）准确把握民事行政诉讼监督范围

《关于对民事审判活动和行政诉讼实行法律监督若干意见（试行）的通知》根据诉讼法的原则以及中央司法体制改革精神，对现行民诉法和行诉法关于抗诉的相关规定进行了重申，同时强调对一审生效裁判的抗诉申请进行了必要限制；明确了对损害国家利益、社会公共利益的民事调解、行政赔偿调解以及不予受理、驳回起诉、管辖权异议等行政裁定可以提出抗诉；规定对不能通过抗诉启动审判监督程序的其他违法情形应当以检察建议的方式监督。《关于在部分地方开展民事执行活动法律监督试点工作的通知》明确规定检察机关依据当事人、利害关系人申请，可以对民事执行活动中的5种情形进行法律监督。“两高三部”《关于对司法工作人员在诉讼活动中的渎职行为加强法律监督的若干规定》（以下简称《若干规定》）还明确了检察机关应当对司法人员在诉讼活动中涉嫌渎职的12种情形进行调查核实。这些规定对民事行政诉讼法律监督的范围再次予以了明确并进行了扩大，为拓展民事行政检察工作领域创造了有利条件。我们越是面临有利条件，越是要谦虚谨慎，切不可以监督者自居、盛气凌人，要始终恪守社会主义法治原则，既做到敢于监督、善于监督、强化监督，又坚持依法监督、规范监督、理性监督，在法律授权和文件规定的范围内对民事、行政生效错误裁判和审判、执行过程中的违法情形进行监督；首次开展执行监督试点的7个市级院和所辖基层院，一定要审慎把握执行监督范围，按照监督权限开展工作，做到既不缺位又不越位，既不打折扣又不搞突破，切实防止检察权的滥用。

（三）准确把握民事行政诉讼监督方式

“两高文件”在法定的抗诉方式基础上，增加规定了再审检察建议、检察建议两种监督方式；《若干规定》还明确了对司法人员渎职行为可以通过提出纠正违法意见、建议更换办案人员等方式进行监督。这表明“两高”在民行法律监督的方式上达成了共识，实现了监督方式与职能范围相适应，既有助于更加有效地维护民事审判、执行和行政诉讼公正权威，又有助于提高司法效率，减轻当事人讼累。全省检察机关要注意全面准确把握各种监督方式的适用范围、适用条件、适用依据、程序效力等问题，在进一步加强和规范抗诉的同时，更加注重再审检察建议、检察建议等同级监督方式的运用，努力构建以抗诉为中心的多元化监督工作格局，并高度重视将检察监督与法院内部纠错机制相结合，提升监督效率，增强监督的适当性和实效性。

（四）准确把握民事行政诉讼监督程序

“两高文件”规定了当事人认为审判机关在审判活动中存在不适用再审程序的“其他违法情形”和民事执行活动违法损害了自己合法权益而向人民检察院申诉的前置程序；明确了人民法院对再审检察建议、检察建议的审查时限以及上一级检察机关进行后续监督的保障措施；还规定了检察机关接受法院制约、回复法院建议的时限和程序。这些规定有利于强化法院内部纠错机制、节约司法资源，有利于提升监督的效力、避免案件久拖不决，也有利于增强监督的合法性和规范性。全省检察机关在贯彻落实过程中，要按照现行法律法规和“两高文件”要求，进一步细化和规范受理申诉、立案、调查核实、提出监督意见以及接受法院制约的程序性措施，严格遵守办案权限、时限等规定，确保规范合法、有序监督。

三、强化工作措施，确保“两高文件”精神落实到位

全省检察机关要把贯彻落实“两高文件”作为当前检察工作的重点之一、作为推进检察改革的重要抓手、作为民事行政检察工作的重中之重，以有力的措施和务实的作风抓紧抓实、抓出成效。

第一，强化组织领导。近年来，湖北省民事行政检察工作在取得新成绩、创造新经验的同时，也存在少数地方办案数量下滑、有的地方民行工作力量不足等问题。究其重要根源就在于有些地方对这项工作重视不够，未将其摆上重要议事日程，骨干力量流失不少、有的甚至被掏空，基层工作机制不健全，保障措施不到位，值得各地深刻反思总结。我们一定要以贯彻落实“两高文件”为契机，全面加强和改进民事行政检察工作。在思想认识上，要把加强民事行政检察工作作为适应人民群众司法公正要求、落实中央司法改革部署、提高法律监督能力、推进依法治国进程、建设公正高效权威的社会主义司法制度的重大紧迫任务，摆上党组重要议事日程，纠正和防止民事行政检察工作热一阵、冷一阵，抓一阵、松一阵的错误倾向。在工作部署上，要把民事行政检察工作作为检验检察工作科学发展的硬目标、硬任务来对待，作为落实“四个维护、两个促进”的检察工作根本目标、营造“四个环境”的重要任务来安排部署。在工作目标上，要以“四个加强、四个维护”为目标要求，结合实际细化工作目标和任务，特别要适应民事行政检察工作纵向格局的变化调整，认真研究探索基层院民事行政检察工作发展模式和发展道路问题，发挥好再审检察建议、检察建议的功能，着力扭转有的基层院民事行政检察工作相对薄弱的局面。在保障措施上，要适应民事行政检察工作职能丰富、任务加重的新形势和新要求，加强民事行政机构建设，适当增加民事行政部门编制，调配充实民事行政工作力量，特别要重视和解决基层民事行政检察力量不足、队伍素质不高的突出问题，加大经费投入和装备建设力度，为推动民事行政工作科学发展提供有力保障。在工作指导上，上级院要加大对下工作指导和督办

力度，在实践中及时发现和解决问题，总结推广先进经验，为完善民事行政诉讼监督立法提供参考。

第二，抓好学习培训。要迅速采取集中培训、骨干轮训、以会代训、专题讨论、巡回报告等多种形式，组织全体民行检察人员原原本本地认真学习“两高文件”，正确领会和把握其指导思想、主要目的、基本原则和任务要求，澄清模糊观念和错误认识，统一工作标准和执法尺度，提高依法、规范、有效监督的能力和水平，防止出现偏差。

第三，积极争取支持。要向地方党委、人大汇报好“两高文件”的主要精神及本地贯彻落实的意见措施，研究提出需要解决的困难和问题，紧紧依靠党委领导和人大监督推动民事行政检察工作创新发展。要切实加强与法院的沟通协调，及时解决文件实施中的具体问题。进一步落实省法检两家联合制定的关于加强监督制约和协调配合的规定，通过经常性工作联系、联席会议等多种途径不断深化交流、增进共识，及时协调解决贯彻落实中遇到的问题，实现两院的良性互动，营造和谐司法关系。

第四，加强宣传发动。要紧紧依靠人民群众开展民事行政检察工作，积极通过多种媒介加大对“两高文件”的宣传力度，大力宣传检法两家共同维护民事行政诉讼司法公正的重大举措和积极成效，大力宣传检察机关民事行政检察监督的范围、程序及工作部署，让人民群众更为了解民事行政诉讼程序及其救济途径，增强检察机关民事行政法律监督职能的社会认知度和影响力，引导群众依法理性申诉，切实解决人民群众反映强烈的突出问题，自觉接受人民群众和社会各界监督，为贯彻落实“两高文件”、开创我省民事行政诉讼监督工作新局面营造良好的外部环境。

关于检察文化建设的调查*

在全社会致力于“文化软实力”提升的宏观背景下，中国特色社会主义检察文化建设的重要性与必要性日益突出。建设有中国特色的社会主义检察文化是当代中国法治建设的重要课题之一，也是检察工作的一件大事。

随着检察文化建设实践的发展和检察文化改革的深入，检察文化建设工作遇到不少新情况、新矛盾、新问题，其中不少问题无法回避且牵一发而动全身，这要求我们必须开展专题调研，加强理论研究，努力在正确解决这些问题方面迈出新的步伐。

一、检察文化建设的现状

（一）“十一五”期间特别是2008年以来检察文化建设的现状

早在世纪之交，湖北省检察机关就探索起了检察文化建设，通过反复实践、总结提高，提出了“文化育检”战略。

近年来，湖北省检察机关把检察文化建设作为一项重要工作来抓。该省检察院检察长敬大力响亮地提出，谁做好了文化建设的文章，谁就能夺得检察工作创新发展的“制高点”。2007年11月，该省检察院正式下发了《关于加强检察队伍建设若干问题的决定》，提出大力推动检察文化载体、

---

* 本文发表于《领导参阅件》2011年第14期，最高人民检察院办公厅编，由周泽春硕士、吴世文博士协助完成。

内容形式和机制创新的任务，要求全省检察机关坚持从精神、制度、物质等各个层面营造检察文化建设氛围，在全省掀起了检察文化建设的高潮。在检察文化建设中，涌现了通过培育独具特色的汉阳检察文化由“后进院”一跃而成为“超常规发展”基层院的武汉市汉阳区检察院，以“永远追求更好”的文化理念立院的首批全国“人民满意的检察院”、全国“模范检察院”枣阳市检察院等饮誉全国的先进典型。目前，该省检察机关逐步形成了检察精神文化、行为文化、物质文化“三位一体”同步推进的检察文化建设工作格局。

在检察精神文化建设方面，该省检察院党组把精神文化建设作为整个检察文化建设的首要任务，以共同价值体系构建为核心，塑造检察精神文化，引导检察人员形成了正确的权力观、执法观、政绩观，增强了检察人员践行共同价值体系的自觉性。

在检察行为文化建设方面，该省始终坚持以提高检察机关执法公信力为抓手，引导检察人员牢固树立“理性、平和、文明、规范”的执法理念，努力践行“严格、公正、文明、廉洁执法”的目标要求，通过7项执法办案工作新机制建设和制度创新，提高了干警素能，推动全省检察机关公正规范文明执法水平迈上了新的台阶。

在检察物质文化建设方面，该省以和谐型、效能型机关建设为目标，重视科技强检对执法办案工作的促进作用，启动了为期5年以“强办案、强监督、强管理”为目标的“科技强检”活动，切实为提高执法办案能力和工作效率服务。

（二）“十一五”期间特别是2008年以来检察文化建设的成效

（1）实现了从“文化育检”向检察文化建设转轨，文化的内驱力逐步显现。转轨后的检察文化建设强调检察文化的主体性，按照检察事业的发展规律和文化建设的规律开展中国特色社会主义检察文化建设，将其推进了发展的快车道。

（2）实现了从科学管理向文化管理的转轨，文化建设的战略地位逐步得到重视。转轨后，注重从文化的全新视角审视检察管理，积极发挥检察人员的能动性和创造性，以人为本，推动检察事业跨越式发展。

(3) 实现了从自身建设向社会辐射的转型，文化建设促进了公信力建设。检察文化作为全社会文化财富的一部分，向社会辐射，是对人类文明添砖加瓦，同时，扩大了其社会影响，亦有利于树立检察机关和检察人员的良好形象，促进执法公信力建设。

二、检察文化建设面临的形势

(一)"十一五"期间特别是2008年以来我国检察文化建设存在的困难与突出问题以及原因分析

1. 存在的主要问题

一是目标定位不准。由于当前尚未就检察文化内涵达成共识，直接导致了对检察文化建设的目标定位不准，存在将检察文化建设窄化为检察物质文化建设、急功近利，追求短期的、看得见的效果，以及把检察文化建设简单化、庸俗化等现象，导致了实践层面的困惑。

二是功能定位不准。受简单化和极端化思维方式的影响，存在"检察文化无用论"和"检察文化万能论"两种错误的功能定位，取二者之间者亦未能分层次、多维度、全方位地界定检察文化的功能。

三是建设水平不高。具体表现为：部分地方把检察文化建设附庸于检察工作；部分地方把检察干警的文体活动、检察文艺创作等具体活动直接等同于检察文化来建设；还有部分地方把检察文化建设停留在"文化育检"层面，未能彰显检察文化的主体性，这落后于检察实践的要求和检察事业发展的需要，未能发挥检察文化为检察实践和检察事业发展提供精神动力和智力支持的作用。

四是深化路径不清。如何深化检察文化是伴随着检察文化建设进程的重要实践命题。当前我国的检察文化建设实践存在片面性地强调检察物质文化建设的不良倾向，未形成清晰的、战略性的、统一的思路和体系发展与完善检察文化。

2. 主要原因

一是思想认识模糊。中国特色社会主义检察文化是中国特色社会主义先进文化和法治文化的重要组成部分，是法律文化的重要分支。它不是检察机关文化、行业文化、管理文化，与法治文化和法律文化中的其他分支之间既有联系又有区别。

在实践中，存在将检察文化视为检察机关新的管理思想、管理理论和管理形式等模糊的思想认识，阻碍了检察文化建设的深入推进。

二是工作机制不顺。检察文化建设需要一个良好的运行机制，以便在检察文化建设生态系统出现失衡的情况下，能够自动进行调适，迅速作出反应，调整原定的政策、策略和措施，实现新的生态平衡。当前我国检察文化建设的组织机制、管理机制、保障机制、激励机制、公众参与机制和评估监督机制等尚未建立健全，制约了检察文化的发展。

三是经费保障不力。经济基础决定上层建筑这一简洁明了的政治经济学“定律”规定了检察文化建设必须具备强有力的经费保障。当前，经费保障不足几乎是检察文化建设的共性问题，影响了检察文化的发展壮大。此外，物质保障、人力保障与管理保障的不足也是制约检察文化发展的因素。

四是工作合力不足。中国特色社会主义检察文化由检察精神文化、检察行为文化和检察物质文化三要素构成，它与检察中心工作相结合，始终围绕检察中心工作开展，服务检察工作大局，需要统一协调，良性互动，形成工作合力。当前检察文化建设的工作合力远未形成，更遑论具有规模，带来了检察文化建设中的一系列问题。

（二）“十二五”期间检察工作面临的新形势、新任务对检察文化建设的机遇与挑战

1. 面临的机遇

一是胡锦涛总书记和党的十七届五中全会对文化建设的新论断，为加强和改进检察文化建设指明了方向。

胡锦涛总书记高度重视文化建设，党的“十七大”报告明确提出，“要坚持社会主义先进文化前进方向，兴起社会主义文化建设新高潮，激发全民族文化创造活力，提高国家文化软实力，使人民基本文化权利得到更好保障，使社会文化生活更加丰富多彩，使人民精神风貌更加昂扬向上”。党的十七届五中全会则旗帜鲜明地指出，文化是一个民族的精神和灵魂，是国家发展和民族振兴的强大力量，要推动文化大发展、大繁荣，提升国家文化软实力。这为加强和改进检察文化建设指明了方向。

二是省委、省政府文化强省战略的实施，为湖北检察文化建设提供了良好外部环境。

进入新世纪，湖北省委、省政府得风气之先，在全国范围内较早提出了文化强省战略。2009 年 11 月，省委、省政府出台了《关于推动文化大发展大繁荣的若干意见》，提出要全面推进“八大工程”，重点实施“五个一批”，明确了湖北文化强省建设的“路线图”和“时间表”，形成了战略性、前瞻性、可操作性兼备的文化强省战略实施路径，这为湖北省检察文化建设提供了良好的外部环境。

三是高检院高度重视检察文化建设，曹建明检察长、张耕等领导分别提出具体要求，为加强和改进检察文化建设明确了目标。

2010 年以来，曹建明检察长多次在不同场合强调大力推动检察文化繁荣发展。他对山东济宁召开的“全国检察文化建设工作座谈会”作出批示，要求全国检察机关要从社会主义事业兴旺发达和民族振兴的高度，充分认识文化建设的重要意义，坚持把检察文化建设摆到更加重要的位置，更加积极、更加主动、更加自觉地加强和改善检察文化建设。

原最高人民检察院常务副检察长、党组副书记张耕亲自担任了全国检察文联筹备领导小组组长，推动成立了检察文联，为更好地开展检察文化建设搭建了实践载体。

四是省检察院党组部署“检察管理年”活动，为各地探索建立将检察文化运用于队伍管理的高层次文化管理模式提供了契机。

2011 年，湖北省检察院部署在全省检察机关开展“强化检察管理年”活动，该活动对于提高检察机关法律监督能力，加强检察机关自身建设，保障严格、规范、文明、廉洁执法具有越来越重要的意义，为全省各地检察机关探索建立融汇检察文化的高层次文化管理模式提供了契机。

2. 面临的挑战

一是经济社会科学发展与检察管理相对滞后的挑战。转型期的当前中国经济社会保持着平稳较快发展，而检察管理中普遍存在的管理观念不强、管理机制不全、管理手段滞后等问题制约了检察管理科学化建设，是检察文化建设必须审慎应对的挑战。

二是司法供给不足与人民群众期望较高的矛盾的挑战。随着我国经济社会的不断发展进步以及依法治国方略的逐步推进，人民群众对司法公平正义的期望越来越高，需求也越来越大，而由于历史与体制等多方面的原因，我国当下的司法供给不足以及一定程度上存在的执法不公、司法不廉，未能满足人民群众的需求和期望，是检察文化建设必须克服的不利环境因素。

三是检察机关内部思想、行为、精神状态诸方面的不适应。作为新生事物，检察文化秉承的核心理念与基本价值会与检察人员既有的思维方式和心理模式发生抵触，同时，检察人员的思想、行为等也会与检察文化之间产生诸多不适应。检察人员是检察文化的主体，这些抵触和不适应的现象是检察文化建设的一大挑战。

三、“十二五”期间检察文化建设的指导思想与路径选择

（一）指导思想

坚持以邓小平理论和“三个代表”重要思想为指导，深入贯彻落实科学发展观，以服务和推进检察事业发展为目标，以构建检察人员的共同价值体系为核心，以检察人员的主体性发挥为原则，以推进精神文化、行为

文化、物质文化“三位一体”的建设为重点，以机制、载体创新为动力，不断推动中国特色社会主义检察文化建设的繁荣发展，为我国检察工作科学发展凝聚精神力量。

（二）路径选择

检察文化来源于检察实践，检察文化的深入发展也必须立足于检察实践，以服务和推进检察事业发展为目标，以构建检察人员的共同价值体系为核心，以检察人员的主体性发挥为原则，以推进精神文化、行为文化、物质文化“三位一体”的建设为重点，以机制、载体创新为动力，不断推动检察文化建设的繁荣发展。

第一，要明确检察文化建设的根本目标。这就是要通过检察文化建设，调动人、凝聚人，激发人的积极性、主动性、创造性，形成“思想持续进步，制度持续改进，工作持续创新”的良性机制，使检察文化建设紧紧围绕检察中心工作、服务检察队伍建设，促进检察工作科学发展。

第二，要以构建检察人员共同的价值体系为核心。要以社会主义核心价值体系和社会主义法治理念为指导，以“立检为公、执法为民”的执法观、“强化法律监督、维护公平正义”的检察工作主题、“忠诚、公正、清廉、文明”的检察官职业道德规范，以及检察工作整体性、统一性和检察官客观义务的要求为核心内容，不断建立和完善检察人员共同的价值体系，形成检察人员奋发向上的精神力量和团结一致的精神纽带，并将这一共同价值体系融入检察队伍建设的全过程，贯穿于检察工作的各个方面，转化为检察人员的自觉追求。

第三，要以检察人员主体性的发挥为原则。在检察文化建设过程中，必须坚持以人为本，以检察人员主体性的发挥为原则，从而促进检察人员的全面发展，促进检察队伍整体素质的不断提高。

第四，要坚持检察精神文化、行为文化、物质文化“三位一体”的建设格局。其中，以共同价值体系为核心的精神文化建设是根本，以共同行为规范为核心的行为文化建设是关键，以检察文化载体为核心的物质文化建设是基础和保障，三者相互联系、相辅相成，共同构成检察文化建设的基本内容。

第五，要持续加强对检察文化的理论研究。要从哲学、政治学、法学、文化学、伦理学、管理学、法制度经济学等多学科的视角，从历史与现实、理论与实践、现状与未来等多个层面，紧紧围绕检察文化的内涵与特征、检察文化的渊源、检察文化的比较借鉴、检察文化的价值功能、检察文化的实现形式、检察文化的实践模式、检察文化建设的路径、中国特色社会主义检察文化的建设与发展等基本理论和实践问题，展开广泛深入的研究，努力构建中国特色社会主义检察文化的理论体系，以坚实的理论支撑推动检察文化建设实践的繁荣，促进检察工作科学发展。

第六，要以机制、载体、方式方法创新为动力。一方面，要不断推动检察文化建设的组织领导、理论研究、考核评价、成果转化与传播等方面的机制和制度创新；另一方面，要通过积极开展“创学习型检察院、做学习型检察官”等活动，不断加强检察文化的载体建设和方式方法创新，不断增强检察文化的吸引力、感染力，使检察精神文化内化于心，检察制度文化外化于行，检察物质文化稳步推进，不断拓展检察文化建设的深度和广度，为检察事业的科学发展提供强大的精神动力和智力支持。

关于遵循检察权运行规律科学配置检察职能的若干思考*

优化检察职能配置是检察改革的重要内容，对于推动检察工作科学发展意义重大。曹建明检察长在2010年召开的全国检察长会议上强调要遵循检察权运行规律，根据不同层级检察机关的职责和特点，进一步合理调整内设机构设置；要健全符合检察工作规律、科学统一的执法办案流程管理制度，加强案件管理机构建设，形成案件集中管理机制；要积极探索建立综合性受理接待中心；要严格规范派出检察室设置，加强统一管理，等等。这些重要论述集中体现了遵循检察权运行规律，科学配置检察职能，合理设置内设机构的精神。近年来，湖北省检察机关按照一定的思路、原则在配置检察职能、设置内设机构方面进行了一些探索，现向各位领导、专家作一简要介绍。

一、科学配置检察职能应坚持的原则

科学配置检察职能，必须遵循检察权运行规律，着力建设公正高效权威的社会主义检察制度，在实践中应当坚持以下基本原则。

（一）必须探索实行“两个适当分离”

科学配置检察职能应当探索在检察机关内部实行“两个适当分离”，

* 本文系作者于2010年12月27日在检察发展论坛（黄石）上的发言。

即诉讼职能和诉讼监督职能适当分离、案件办理职能和案件管理职能适当分离。我们认为，根据检察权运行的规律和优化配置检察职能的客观需要，各项检察职能应合则合、当分则分，到底是应当合并运行还是分离运行，要根据实际情况确定；但无论是合还是分，都要达到加强法律监督、加强检察管理、加强两个方面工作的目的。第一，实行诉讼职能和诉讼监督职能适当分离，有利于回应理论界和社会上对“检察机关监督别人，谁来监督检察机关?”等质疑；有利于解决由同一个内设机构同时承担诉讼职能和诉讼监督职能，客观上既不便于对他方进行监督，也不利于自身严格公正执法的现实情况；有利于促进解决实践中将履行批捕、公诉等职能作为首要任务、硬任务，而将履行诉讼监督职能作为可有可无的次要任务、软任务，两方面的职能履行效果都不理想，削弱法律监督整体效能的突出问题。第二，实行案件办理职能和案件管理职能适当分离，在坚持案件办理部门自身管理的同时，引入相对独立的综合性管理机制，建立对案件的专业、统一、归口管理以及流程监控、过程控制的模式，是落实高检院加强检察管理一系列决策部署的必然要求，也是解决当前突出问题的客观需要，既有利于强化法律监督，又有利于加强监督制约。

（二）必须坚持检察工作一体化

在科学配置检察职能过程中，应当坚持将“检察工作一体化”作为一个指导思想来把握，作为一机制保障来建设。一方面，要坚持检察工作一体化的基本理念。在党委领导和人大监督下，依据宪法和法律的规定，实行“上下统一、横向协作、内部整合、总体统筹”的检察工作一体化机制，贯彻了检察工作整体性、统一性的要求，有利于强化上级检察院对下级检察院的领导关系，加强各地检察机关之间的工作协作，充分发挥检察机关各内设机构的职能作用与优势，体现了检察权运行的规律，应当作为科学配置检察职能的一个基本理念。另一方面，要健全检察工作一体化的机制保障。科学的检察职能配置必须要有分工合理、权责明确、互相配合、互相制约、运行高效的工作机制作保障。我们认为，应当按照检察工作一体化的要求建立相应工作机制，保障检察权依法、规范、高效、有序运行。要建立健全工作报告与评议制度，健全完善工作情况通报制度、请示报告与情况说明制度、侦捕诉监督制约与协作配合机制等，确保检察权上下之间、横向之间以及内部之间运转高效、关系协调，体现检察权运行的统一性、整体性和协调性。

（三）必须深入推进分类管理

科学配置检察职能，要求依据工作性质、基本职能、岗位特点和工作规律对现有人员进行合理分类，形成符合司法规律，具有检察机关特点的队伍分类管理机制。要逐步探索建立以检察官为主体的岗位管理模式，实行"扁平化管理"，充分发挥检察官在执法办案中的作用，并配套建立相应职务序列和工资政策，调动检察人员的工作积极性、主动性和创造性。

（四）必须进一步强化监督制约

科学配置检察职能，要求把强化自身监督与强化法律监督放在同等重要的位置来考虑，进一步理顺内部关系，完善相关制度，建立健全决策权、执行权、监督权既相互制约又相互协调的权力结构和运行机制，实行"两个适当分离"，确保对检察机关自身执法活动的监督制约更加清晰、有效。

（五）必须有利于提高工作效率

科学配置检察职能，要着力防止和解决检令不通、检禁不止、相互掣肘、各自为政等突出问题，便于排除各种制约因素，理顺内部关系，促进和谐检察，激发创造活力，促进检察机关结成运转高效、关系协调、规范有序的统一整体，进一步提高工作效率，发挥检察机关的整体优势和效能。

二、稳步推进承担诉讼职能和诉讼监督职能的机构分离

科学配置检察职能，应当突出强化法律监督这条主线。诉讼职能和诉

讼监督职能的运行规律是不一样的，批捕、公诉等诉讼职能侧重于对犯罪嫌疑人、被告人的追究，遵从诉讼规律，依照诉讼程序；诉讼监督职能侧重于对诉讼违法行为的处理、核实和纠正，遵从监督规律，依照监督程序。我们认为，在坚持检察权的法律监督性质，检察机关的诉讼职能、诉讼监督职能两种职能都不可少的前提下，应当稳步推进承担诉讼职能、诉讼监督职能的机构逐步分设或职能分别运作。

按照上述思路，湖北省检察机关2010年上半年对省院机关部分内设机构职责进行了调整：一是组建审查批捕处，承担对公安机关移送刑事案件、市级检察院提请自侦案件的审查批捕，以及批准延长羁押期限的职能；将侦查监督处的职能调整为承担刑事立案监督、侦查活动监督以及对行政执法机关向司法机关移送刑事案件的监督等职能。二是省检察院公诉二处、公诉一处分别更名为公诉处、刑事审判监督处，分别承担公诉职能和对刑事审判活动的法律监督职能。三是省检察院民事行政检察处分设，成立民事诉讼监督处和行政诉讼监督处，分别承担对民事诉讼和行政诉讼的监督职能。同时，各市州分院可以按照上述思路，有条件的地方逐步实行机构分设；暂无条件的，也通过建立工作机制使两种职能分别运作。

在探索承担诉讼职能、诉讼监督职能的机构分设的同时，我们结合实际建立健全了线索发现、移送及办理反馈机制、综合统一管理机制、工作协调配合机制、资源整合优化机制等工作机制，有力保障了两者在“适当分离”的同时，切实做到了有序衔接、互相促进。实践证明，通过这种适当分离，各级检察院进一步强化措施，使诉讼监督成为专职而不是兼职，成为主业而不是副业，成为积极的活动而不是消极的应付，在机构和制度设计上创造一个专司监督、敢于监督的环境，确保诉讼职能和诉讼监督职能都得到加强。

三、稳步推进承担案件办理职能和案件管理职能的机构分离

案件办理是行使检察职权的具体体现，是履行法律监督职能的主要方

式。案件管理主要指的是检察机关依照法律和检察工作规律对办案工作进行专业、统一、归口管理，加强流程监控、过程控制的活动。科学配置检察职能，要按照曹检要求，高度重视执法管理机制改革，逐步设立案件管理机构，形成案件集中管理机制。

按照上述精神，我们主要进行了以下三个方面的探索。一是湖北省检察院和全省15个市州分院从2007年开始陆续将职务犯罪大要案侦查指挥中心办公室改为单设机构，与反贪局、反渎局等案件办理部门并列，负责统一管理职务犯罪案件线索及其他情报信息；负责案件交办、督办和指定异地管辖；负责管理侦查协作事项等案件管理工作。逐步形成了指挥中心及其办公室负责职务犯罪案件的统一管理，反贪局、反渎局等具有侦查或者初查职责的部门负责职务犯罪案件办理的工作格局和机制。二是湖北省检察院2009年11月统一部署在黄石、宜昌、神农架林区的13个规模较小的基层检察院推进内部整合改革试点工作，将现有机构统一整合为批捕公诉部、职务犯罪侦查部、诉讼监督部、案件管理部和综合管理部5个实际运行的工作机构，形成了案件管理部统一负责案件（诉讼案件和诉讼监督案件）管理，批捕公诉部、职务犯罪侦查部和诉讼监督部分别负责有关诉讼案件或诉讼监督案件的办理的工作格局。三是注意发挥控告申诉检察部门“窗口”的统一受理和管理作用，将受理的公民、法人和其他组织对诉讼违法行为的控告，或者在受理申诉中发现的诉讼违法行为作为线索来进行管理，承担对这些线索的分流、督办、回复等案件管理工作，侦查监督、刑事审判监督、民事和行政诉讼监督、监所检察等部门则承担对控申部门移送的诉讼违法线索进行审查、开展法律监督调查、提出纠正违法意见或检察建议等工作。

我们认为，案件办理强调对案件的依法处理，案件管理则强调对案件的流程监控、过程控制、统一考评等，两者存在明显区别，是可以也应该适当分离的。实践证明，由侦查指挥中心、案件管理部或者控申部门等部门专司案件（线索）管理职责，加强了对案件的专业、统一、归口管理，保证了案件管理工作的统一规范，促进了检察机关法律监督职能的正确行使。

四、高度重视检察机关辅助机构的设置

检察机关是国家法律监督机关，承担法律监督职能，应当进一步精简综合部门，加强业务部门，把人员、精力向执法办案一线机构倾斜。科学配置检察职能，在坚持加强业务机构设置的同时，也必须充分考虑开放、透明、信息化条件对检察机关执法办公信力带来的挑战，高度重视相关辅助机构的设置。

为了深入推进三项重点工作，适应开放、透明、信息化的条件，湖北省检察院近年来在以下几个方面作了探索。一是控告申诉检察处加挂群众工作处牌子，负责归口管理、统一协调、全面推进检察机关群众工作，维护社会和谐稳定。二是宣传处加挂新闻处牌子，负责新闻发言、媒体联络、网络舆情、门户网站、检务公开等，建立同媒体的良性互动关系。三是人民监督员办公室更名为联络处，保留人民监督员办公室的牌子，负责同有关人大代表、政协委员、人民监督员以及有关社会组织的联络，营造检察机关良好公共关系。四是设立检察官协会办公室，挂靠政治部，做好检察官协会和女检察官协会的日常工作，负责组织“恪守检察职业道德、促进公正廉洁执法”主题实践活动，深入推进检察职业道德建设。五是全省统一建立综合性受理接待中心。湖北省检察院从2009年开始在原来控申接待室的基础上，在全省统一部署并于年底全部挂牌成立“综合性受理接待中心”，以此为龙头建立健全一系列便民利民工作机制：设置检务公开显示屏、电子触摸屏等便民利民设施；分区设置接访室、候访室，切实改善受理接待环境；加强受理接待制度建设，营造良好接待氛围；全面开通具有举报、控告、申诉、投诉、咨询、查询等“六合一”功能的“12309”检察服务电话，实行电话、网络、信函、接访等受理方式的“四整合”，畅通群众利益诉求表达渠道。

我们认为，在开放、透明、信息化条件下，检察机关设置一些必要的

辅助机构，对于联络人大代表，联系人民群众，营造良好公共关系，提高检察机关执法公信力具有十分重要的意义，应当根据形势发展进行科学设置和必要调整。

五、科学设置基层检察院内设机构

高检院《2009～2012 年基层人民检察院建设规划》和《关于深化检察改革 2009～2010 年工作规划》都明确提出，基层院内设机构由各地根据工作需要，在人民检察院组织法和最高人民检察院规定的框架内设置，不要求与上级人民检察院对口设置。

为了科学配置检察职能，按照“两个适当分离”的原则，湖北省检察院 2009 年 11 月统一部署在黄石、宜昌、神农架林区的 13 个规模较小（40 人以下）的基层检察院推进内部整合改革试点工作，坚持“依法进行、强化监督、整合力量、优化职能、分类管理、监督制约”6 条基本原则，将现有机构统一整合为批捕公诉部、职务犯罪侦查部、诉讼监督部、案件管理部和综合管理部 5 个实际运行的工作机构。同时，各部不再单设负责人，而由一名副检察长兼任该部负责人，减少层级，实行扁平化管理；为满足需要，协调有关部门同意设 5 名副检察长职数。5 个部内按照工作量配备检察官若干名，其他人员按履职要求合理配备，建立以检察官为主体，检察官向副检察长负责，副检察长向检察长负责的执法办案模式，并使力量向办案一线下沉，对各项工作按照受理、办理、审批、监督等基本环节进行整合并重新设计工作流程。实现了诉讼监督、批捕公诉以及职务犯罪侦查工作由诉讼监督部、批捕公诉部和职务犯罪侦查部分别负责的工作模式；形成了案件管理部统一负责案件（诉讼案件和诉讼监督案件）管理，批捕公诉部、职务犯罪侦查部和诉讼监督部分别负责有关诉讼案件或诉讼监督案件的办理的工作格局。试点 1 年多来，基层检察院内部整合改革试点工作取得了阶段性成效，受到了高检院的关注，也得到了基层检察院的肯定和欢迎。

我们认为，湖北在人数40人以下“小院”统一设置5个部门，推进内部整合改革试点，对于50~60人的“中院”，80~100人的“大院”也具有借鉴意义。虽然不同规模的基层检察院可以确定不同的整合方案、设置不同的内设机构，但实行基层检察院内部整合的指导思想、基本原则等是相通的，高检院应当考虑出台指导意见，鼓励基层检察院进行试点，逐步规范基层检察院内设机构，破解当前基层检察院内设机构林立、部门掣肘、官多兵少等问题，进一步促进检力下沉，实现管理科学化，促进基层检察院创新发展。

六、科学规范设置派出机构

高检院《关于深化检察改革2009~2010年工作规划》明确提出要依法规范派出检察院和派驻检察室设置。最近，高检院下发了《关于进一步加强和规范检察机关延伸法律监督触角，促进检力下沉工作的指导意见》（以下简称《指导意见》），要求各地结合实际，认真贯彻执行。

湖北省乡镇检察室经历了试点、快速发展、调整压缩三个阶段。1987年，部分基层检察院开始在乡镇试点设立乡镇检察室；1993年，高检院提出“重点发展乡镇检察室”之后，湖北省乡镇检察室建设进入了一个快速发展的阶段，最多时达到280多个；2001年，中央《关于地方各级人民检察院机构改革意见》出台后，根据工作需要和实际情况，先后压缩、撤销了一批乡镇检察室，截至目前共有88个乡镇检察室。2008年，省检察院组织一次专题调研，发现88个乡镇检察室可以分为3种情况，一是作为派出机构，仍在乡镇办公，共有15个（13个为基层院派出、2个为市级院派出），占17%；二是保留机构编制和人员，撤回本院办公，共有65个，占73.9%；三是只保留机构编制，不再配备人员，共有8个，占9.1%。2008年10月，省检察院将调研情况以及工作打算向高检院作了专题报告。

2010年初，根据高检院的工作部署和新的形势任务，省检察院制定了《关于加强和规范检察工作向基层延伸的试点工作方案》，按照依法进行、统一管理、规范职能、因地制宜、重点加强、积极探索的原则，选取10个派驻检察办事处、20个检察服务站以及5个派出检察巡回服务组进行试点运行，进一步总结经验，发现问题，规范工作。

高检院《指导意见》下发后，省检察院党组进行了认真学习，专题研究了以下原则意见。

一是明确指导思想。要坚持以满足人民群众的司法需求为根本出发点，立足法律监督职能，进一步发挥派出机构联系群众、服务群众、引导群众等方面的作用，不断提升检察机关执法公信力，切实提高检察机关服务科学发展水平。

二是规范三种形式。我们将派出机构统一规范为三种：第一种是检察室，主要设在经济较为发达、基层执法单位较集中、群众司法诉求较多、预防职务犯罪任务较重的中心乡镇等地方；第二种是检察服务站，是根据工作需要设置的、地点相对固定的检察工作联系点，可以设在乡镇、街道、社区办公室，也可以设在学校、大型企事业单位、重点工程建设基地等；第三种是检察巡回服务组，基层检察院可以根据工作需要派出检察巡回服务组，在一定地域、一定时间内，就多项工作或某一项工作开展巡回服务。巡回服务一般不固定时间、人员、地点，可根据具体情况和特定任务，灵活采取集中接访、走村串户等多种形式，吸引人民群众普遍参与。

三是明确工作职责。我们围绕高检院确定的7个方面的工作职责，根据检察室、检察服务站、检察巡回服务组的不同特点，确定了相应的工作职责，防止超越职能、权力失控等情况发生。

四是切实规范管理。在省检察院的统一领导下，加强管理、检查和监督，健全制度，坚决杜绝一些地方使派出检察室变相成为办案区的问题；成为具有独立承担查办职务犯罪职能的办案机构，并由不同院领导分管的“第二反贪局”“第二反渎局”的问题；疏于管理出现一些违法违纪案件的问题等，确保派出机构依法规范运行，发挥应有作用。

五是坚持“设立”与“清理”相结合，进一步加强派出检察室建设。设立检察室要达到“六有”的基本条件，即有机构设置、有人员编制、有固定的办公场所、有基本的办公保障、有完善的工作制度、有严格的人员管理规定，做到成熟一个、设置一个。同时，对历史遗留的88个乡镇检察室进行一次专项清理，由市州分院对照检察室“六有”的条件进行自查，符合条件而且要求继续保留的，在2011年3月底前按程序报省检察院审批确认；不符合条件或者不愿意保留的，省检察院审查不合格以及市州分院逾期未申报的，将一律作撤销处理，进一步加强对派出检察室的管理。

完善民事诉讼法律监督程序的立法建议*

——检察理论与应用研究重点课题顺利结题

民事诉讼法律监督程序作为纠正执法不公、保障司法公正的专门程序，对社会公平正义的维护发挥着特殊的作用。本课题试图运用法制度经济学、民事诉讼法学、法律监督学与民事检察学等多学科基础理论，在对民事检察权的权能体系、价值、功能、目的、构造、原则等基础理论进行梳理和比较研究的基础上，就完善民事法律监督程序提出立法建议，使民事诉讼法律监督程序富有时代性，反映规律性，注重实践性，体现先进性，对推进中国特色社会主义民事诉讼制度现代化建设将产生重大积极影响。

一、民事检察权权能结构体系的再造

本课题第一章首先建立了新型的“民事检察权”范畴，即“民事检察权是一种复合性权力，应当包括民事公诉权、民事诉讼监督权和司法弹劾权三种并列权能”。该范畴突破了传统定义中将“民事检察权”仅界定为“民事诉讼监督权”的局限；突破了将“民事公诉权”视为“民事诉讼监督权”派生的下位权的传统观点，提出构建“民事诉讼监督权、民事公诉权和司法弹劾权三权并重”的民事检察权权能三维结构的体系；突破了我国现行民事诉讼法对“民事诉讼监督权”的局限性规定，将检察机关的民

* 本文系作者2009年4月关于检察理论与应用研究重点课题的结题报告，由刘春梅博士、周清华、刘阳、项金桥硕士、王海斌硕士等协助完成。

事诉讼监督权从对审判活动的监督延伸到对执行活动的监督。该章还分别对民事公诉权、民事诉讼监督权和司法弹劾权进行了研究，提出民事公诉权与民事诉讼监督权两种权力相互之间并非派生或绝对对立而是相互并列平行的关系，两者统一于完整的民事检察权，在检察机关内部应实行相应的工作机制予以分离运行；提出了民事检察领域“司法弹劾权”的概念，即检察机关对法官在职务活动中的违法行为进行查处、监督、追究乃至提出弹劾建议的权力，对民事检察部门行使司法弹劾权的必要性和可行性进行了研究。

二、民事诉讼法律监督程序的价值、功能、目的与构造理论的深化

本课题第二章强调在民事诉讼法律监督程序的诸多价值中，程序安定性是其形式价值的重要体现，实体公正、程序正义、促进效率等价值是其实体价值的重要体现。这些都是民事诉讼法律监督程序的特殊价值。着眼于从当事人、社会、制度等层面分析民事诉讼法律监督程序的独特构造，民事诉讼法律监督程序的功能可以划分为平衡利益冲突、恢复受损秩序、创建制度规范、有序分配资源，体现出法律对社会存在与发展的适应性。检察机关的法律监督的目的与民事诉讼的目的虽然存有差异，但并不妨碍两者出于不同的目的而在民事诉讼这个共同的场合中和谐共存。法律监督目的的实现有助于促进民事诉讼目的的实现，民事诉讼的目的在一定程度上对于法律监督目的的实现具有引导、制约作用。民事诉讼法律监督的基本构造是指行使法律监督权的检察机关与审判机关及当事人之间形成的由他们的相互关系所决定的诉讼结构，这一构造决定了检察机关的民事诉讼法律监督职能、诉讼角色、诉讼权利与诉讼义务。

三、民事诉讼法律监督与审判独立、维护生效判决的既判力、当事人处分权以及诉讼平衡等诉讼原则之间关系的厘清与辨析

本课题第三章指出，民事诉讼法律监督不会干涉审判独立，与维护生效判决的既判力也不矛盾，反而更有助于实现审判的公正性，更有利于保护当事人的合法权益；处分原则并不必然排斥法律监督，但检察机关在行使民事诉讼法律监督职权时必须尊重当事人的处分权，对于不涉及国家利益和社会公益、仅涉及当事人私人利益的错误裁判，如果当事人服判并未提出申诉之主张，检察机关不应主动介入；诉讼法律监督权是一种独立运行的公权力，不是任何一方当事人利益及其意志指向的附庸，检察机关参与到当事人的任何一方，都不会打破当事人之间在诉讼活动中利益博弈与争讼的攻守均衡，相反诉讼法律监督的介入能使当事人的诉讼地位获得实质性平等。

本课题第四章从历史发展的角度，梳理了新中国民事诉讼监督程序在4个不同时期的立法状况，分析了民事诉讼监督程序立法在立法背景、立法内容、法律地位和发展进程4个方面的特点。重点对“有错必纠”“有限监督、事后监督”“将改判作为监督结果评价标准”“重实体、轻程序”“重公权、轻私权”等民事诉讼法律监督程序的指导思想和诉讼观念进行了剖析和反思，对民事诉讼法律监督程序中存在的监督范围狭窄、监督方式单一、抗诉权配置不足、审判机关接受监督的义务虚化等具体缺陷进行了详细的分析。

本课题第五章第一节就2007年10月28日通过的民事诉讼法修正案进行了评价。认为《中华人民共和国民事诉讼法》修正案解决了其中的某些问题，值得肯定。比如：人民检察院抗诉的条件与人民法院决定再审的条件完全一致；针对抗诉理由抽象的问题，吸收了最高人民检察院关于民事行政抗诉案件办案规则的合理规定，将抗诉理由由原来的4项细化为15项，体现了强化审判程序正当性的精神、重视当事人的程序参与权，强调

了当事人的程序参与程序正当化之间的内在关系、程序正当性与审判结果正当性的内在联系，明显增强了可操作性，更加科学和妥当；明确了检察机关抗诉案件是否以当事人申诉为前提；补充规定了抗诉案件进入再审的期限；初步明确了抗诉案件的审级，等等。但是，该“修正案”仍有许多问题没有解决或者解决的不够彻底，比如，关于监督范围、监督方式及其监督权配置、抗诉案件的再审审级以及其他监督程序等，仍需要进一步完善。

第五章第二节研究了完善监督范围的相关问题。这包括：(1) 扩大抗诉范围。建议将有损国家社会公益的调解纳入抗诉范围；明确规定可以抗诉的裁定种类。(2) 将民事执行活动纳入法律监督范围。建议《中华人民共和国民事诉讼法》第 14 条修改为“人民检察院有权对人民法院的民事审判活动和执行活动进行监督”，并在民事诉讼法分则中对执行监督的方式、手段、程序等作出相应的规定。建议以列举方式明确民事执行监督的范围，突出监督重点。(3) 增加规定对法官职务违法行为的法律监督。提出对法官职务违法行为的监督调查，即针对法官在民事审判与执行活动中涉嫌违法的行为进行调查，并根据调查结果提出监督意见，所监督的对象是既不能通过抗诉进行监督，也不能予以刑事追究的职务违法问题。这些违法问题目前处于法律监督的盲区。建议采取列举的方式，明确调查监督范围，并注意在体例上与执行监督范围进行整合，一并列举。

第五章第三节对监督方式的完善进行了阐述。主张采用抗诉和发检察监督意见书两种为法定方式。抗诉适用于生效判决和执行中的部分裁定；“监督意见书”是抗诉方式之外的监督方式的统称，适用于多种情况，包括部分执行案件的监督，对法官在民事审理、执行中职务违法行为的监督。对不同的监督对象和事项，监督意见的内容应有所不同。本节还论述了监督权配置的相关问题。建议增加规定与监督方式相适应的监督手段，包括调查权、调卷权、再审活动监督权、特殊情况下采取强制性证据保全措施的权力。

第五章第四节研究了民事检察证据规则的适用程序及操作规程。这包括：对于民事检察证据制度体系立法缺陷的剖析；建立与完善民事检察证据制度体系必要性的论证；对民事检察证据制度的立法体例分析、证据制度的分类；建立和完善民事抗诉证据制度体系的若干设计等，首次回应了理论界对民事检察证据制度完善的呼声与争鸣，不失为一项重大理论突破和创新。

第五章第五节对监督程序的完善提出了具体的对策建议。建议设计与上述监督范围和监督方式相适应的监督程序。这包括：(1) 在抗诉程序的完善方面，建议民事诉讼法进一步修改，确立民事抗诉案件“同级抗、同级审”和“上级抗、上级审”相结合的抗审级别制度；增加抗诉启动程序；增加检察机关对申请抗诉的立案、审查与处理程序及其期限；增加规定抗诉案件的再审监督程序，明确规定检察官在庭上的监督者地位与职责。(2) 在执行监督程序设计方面，建议完善执行监督的管辖、启动程序、监督进行程序、对监督意见的处理程序等内容，本章还就执行监督的立法体例提出了见解。(3) 在对法官违法行为调查监督的程序完善方面，建议增加案件来源、调查启动程序、调查进行程序、调查终结程序、处理程序、人民法院对监督意见的处理与回复等内容。(4) 建议增加人民法院接受监督的义务及义务内容方面的规定。

本课题组组长，由湖北省人民检察院常务副检察长兼检察学研究会会长、全国检察业务专家、博士生导师徐汉明博士，与中南财经政法大学教授、硕士生导师蔡虹，副教授刘春梅博士担任，并共同策划确定写作大纲、统稿、修改定稿。周清华、毛婵婵、项金桥、蒋剑伟、李少波、张绍伟等一批法学博（硕）士、具有丰富民事检察实践的检察官承担课题研究与写作任务。该课题将于近期由知识产权出版社付梓出版发行。

三　刑事法律监督篇

关于量刑建议的几个问题*

一、理论依据、效力及其意义

量刑建议权又称求刑权。它是指人民检察院在刑事诉讼中对被告人应当判处的刑罚，依法向人民法院适格量刑建议的一种诉讼权力。其特征如下。

(1) 量刑建议提出的主体是人民检察院。

(2) 量刑建议的对象是人民法院。

(3) 量刑建议的内容是被起诉的被告人应当判处的刑罚。

(4) 量刑建议的性质是对人民法院刑事裁判权有序制约与监督的公诉权的有机组成部分。

(5) 量刑建议的场域是刑事诉讼的起诉与审判阶段。

(6) 量刑建议的程序包括提出量刑意见，支持量刑意见，就量刑意见举证质证和答辩，二审程序支持量刑意见，对法院采纳量刑意见错误依法提出抗诉。

(一) 量刑建议的依据

量刑建议权的权源来自人民检察院公诉权的权能结构体系。刑事公诉权是检察院在刑事诉讼中对涉嫌犯罪的被告人向法院提出的请求认定犯罪、

* 本文系作者于2011年11月在华中科技大学检察学硕士研究生班的授课提纲。

追究刑事责任的一种诉讼权力。❶ 学理上有“意见要求说”与“诉讼活动说之分”。❷ 其结构包括审查起诉权、起诉权、不起诉权、抗诉权等权能。其中，审查起诉包括对侦查机关移送刑事犯罪嫌疑人所犯罪的事实、证据的审查判断，对可能影响刑事犯罪嫌疑人刑罚的法定情节或酌定情节的审查与判断，从而作出提起公诉或不起诉的决定。就不起诉而言，检察院通过对案件的审查与判断，是其对移送起诉刑事犯罪嫌疑人的行为尚未触犯刑事法律规范的罪名，且不应当受到刑罚的一种司法裁决，或是虽触犯了刑事法律规范的罪名，但依法可以免于刑事处罚的一种裁决；同时是中止侦查机关的刑事追诉权的一种裁定。从这个意义上讲，我国检察机关具有司法的职能。就行使起诉权而言，它既包括定罪请求权，又包括量刑请求权；在特定诉讼情景中，还包括适用程序请求权，如检察院依据《中华人民共和国刑事诉讼法》第 174 条第 1 款规定，对可能判处 3 年以下有期徒刑、拘役、管制、单处罚金的公诉案件事实清楚、证据充分的，就可以建议法院适用简易程序。所谓定罪请求权，是指检察院请求法院判决确认被告人的行为构成犯罪，触犯了某一具体刑事法律规范的罪名的一种诉讼权力。所谓量刑请求权是指检察院请求法院对被告人依法处以刑罚的一种权力。两者互为一体，不可分割。❸ 其中定罪请求权是检察院请求法院对被告人的犯罪行为依法适格定性，它是行使量刑请求权的前提；而量刑请求权则是检察院请求法院对被告人的罪行依法适格定量处罚，即请求对被告人追究刑事责任的期刑，这是行使起诉权的直接目的。检察院行使抗诉权不仅包括针对法院裁判定性错误的提出，而且包括针对法院裁判量刑错误的提出。因此，量刑请求权作为国家赋予检察院的一项权能，必然通过一定的运行方式表现出来，这就是量刑建议，亦称量刑意见。前者是量刑建议权的来源和存在的前提，后者是量刑请求权的表达形式。

---

❶ 朱孝清：“论量刑建议”，载《中国法学》2010 年第 3 期，第 5 页。

❷ 徐汉明、胡光阳：“关于量刑建议制度的研究报告”，载《刑事司法指南》2006 年第 4 期。

❸ 朱孝清：“论量刑建议”，载《中国法学》2010 年第 3 期，第 6 页。

（二）量刑建议的效力

（1）启动量刑程序。与检察院行使定罪请求权和量刑请求权相适应，法院裁判权可分为定罪权与量刑权两个程序部分，其庭审程序运行分为定罪程序与量刑程序。检察院对犯罪行为提起公诉，既包括提请法院对其定罪，又包括提请法院对其量刑。如果检察院对被告人以某一罪名公诉，法院就不能随意变更裁判被告人的犯罪行为的性质即罪名；如检察院没有向法院求刑，法院则就不能自动启动量刑程序。只有检察院对某一犯罪行为提起公诉并向法院提出了量刑建议，法院在认定被告人构成何种罪名的基础上，才能依法对其科以一定刑期的刑罚。

（2）明确证明责任。检察院的量刑建议提出，即承担起了对量刑建议内容的证明责任。在庭审中，检察官应当就量刑建议向法庭举证、质证；辩护方向公诉人出示证据进行质证的，公诉人应当答辩。在法庭辩论阶段，根据法庭的安排，公诉人应当就量刑建议的相关问题发表意见。检察机关未提出明确的量刑意见，而辩护方提出量刑意见的，公诉人应当提出答辩意见。

（3）制约量刑裁判。虽然量刑建议对法院裁判科刑并不具有强制性的约束力，但是量刑建议制度功效本身即具有制约量刑裁判的作用。这主要体现在：①限定量刑权的范围。即法院只能就检察院起诉并提出量刑建议的被告人的犯罪性质与应当科以的刑罚进行裁量。❶ ②制约法院（官）行使自由裁量权。在一般诉讼程序上，检察院提出的量刑建议，通常作为被告人被法院定罪、科刑的上限，这就在一定程度上限定了法院（官）行使自由裁量权的空间，平抑了长期“估堆”量刑的习惯方式，一旦检察院认为法院量刑裁判错误时，则有权提出抗诉，促使法院依程序纠正错误科刑。③确保检察权与审判权在“阳光”下公开公正运行。对于检察院指控被告人的犯罪所触犯的罪名及其量刑建议在经法庭调查、辩论等程序之后，法

❶ 朱孝清：“论量刑建议”，载《中国法学》2010 年第 3 期，第 6 页。

院须对被告人犯罪所触犯的罪名与量刑分别作出认定与裁判并分述理由，这就使得审判权全面公开行使，形成了检察权对审判权运行的监督，与审判权对检察权运行制约的新格局，从而实现共同维护司法公正与司法权威的目标。

(4) 增强监督功效。检察建议提出后，检察院在诉讼过程就预设履行指控犯罪与监督审判活动是否合法的职责。当案件进入审判程序，检察院对上述案件的定罪与量刑裁判是否正确进行评判，对错误的定罪或量刑依法提出抗诉；对生效定罪与量刑裁判错误的，检察院亦可按审判监督程序提出抗诉。这就使量刑建议成为检察院指控犯罪，开展量刑监督的“方向标”，使得量刑建议成为监督法院错误定罪判决与量刑错误裁判，充分行使法律监督功能，增强监督实效的重要途径之一。

（三）量刑建议的意义

(1) 有利于提高量刑的公开性、公正性和公信力。由于我国现行刑法规定的量刑幅度上下限差值在 5 年以上的法定刑有 270 多个，量刑情节缺乏量化标准、计算方法与独立程序，量刑不规范严重损害司法裁判的公开、公正与公信力。因此，推行量刑建议，既有利于提高量刑的公开性，防止“暗箱操作”等现象的发生；又有利于提高量刑的公正性，实现程序公正与实体公正的有机统一；同时，有利于提高量刑的公信力。❶

(2) 有利于保障当事人的诉讼权利。量刑建议使原本被排除在量刑程序之外的当事人进入量刑程序之内，其有权围绕量刑问题进行举证、质证和辩论，有权发表量刑意见和理由，有权知道法院量刑的理由以及意见不被采纳的原因，从而保障了当事人的诉讼权利，促进了诉讼民主和诉讼文明。

(3) 有利于强化对量刑裁判的制约监督。一方面，量刑意见使检察院

❶ 徐汉明、胡光阳：“关于量刑建议制度的研究报告”，载《刑事司法指南》2006 年第 4 期。

与当事人参与量刑程序，打破了法院量刑“一统天下”“一言九鼎”的格局；另一方面，为对法院错误判决依法提出抗诉，或被告人不服判决上诉提供了前提，同时，规范了检察院履行法律监督程序，防止公诉权的滥用。

（4）有利于提高公诉质量和水平。量刑建议制度的建立与推行，给检察院执法办案带来诸多挑战。这表现在：加剧了案多人少的矛盾；增加了“败诉”的几率；检察机关常常陷入尴尬境地；一些敏感案件使检察院往往处于“风口浪尖”。这些要求检察院适应挑战，苦练内功，大力加强公诉人队伍建设，提高公诉质量和水平。

还有的学者界定为表述功能、提示功能与保护功能等。❶ 高检院朱孝清副检察长指出该制度具有预设监督标尺的功能。❷

二、域外量刑建议立法与实践考察

（一）大陆法系国家的量刑建议制度

大陆法系国家的检察官一般有权提出量刑建议。如法国：检察官基于维护社会利益或者公共利益的职责，在法庭上可以发表对被告人有罪、无罪以及量刑轻重的各种意见。这种公诉意见包括对犯罪事实的陈述、提出证据以及提出适用刑罚的要求。❸ 德国：在法庭举证程序终结后，首先检察官对举证结果进行总结，并提出定罪与量刑的意见，其常常被视为适当量刑的上限；检察官可在适用处罚令程序中提出量刑建议；检察官还可以通过与律师交易，促使法庭快速处理一些重大案件的量刑。❹ 韩国：汉城地方高等法院曾就审理前总统全斗焕、卢泰愚腐败案件，地方检察官就提

❶ 陈岚：《量刑建议制度研究》，武汉大学出版社 2009 年版，第 106 ~ 111 页。

❷ 朱孝清：“论量刑建议”，载《中国法学》2010 年第 3 期，第 6 页。

❸ ［法］卡斯东·斯特法尼等：《法国刑事诉讼法精义》，罗结晶译，中国政法大学出版社 1988 年版，第 135 页。

❹ 杨诚、单民：《中外刑事公诉制度》，法律出版社 2000 年版，第 200 页。

出了对2人判处死刑的要求，而一审法院只判其2人无期徒刑。汉城检察院即向最高法院抗诉，最高法院遂改判2人死刑。最后金泳三总统行使特赦令，才免除2人的死刑。❶ 意大利：意大利刑事诉讼法典规定检察官有权建议审判适用刑罚、快速审判、立即审判和刑罚处刑的特别程序。❷ 日本：日本诉讼法典规定有论告与求刑的程序。论告是指检察官就案件事实及适用法律总结性地陈述意见，求刑则是检察官请求对被告人予以科刑。检察官对一审不服判决，有权向二审裁判提出抗诉，其中包括量刑不当。❸ 但有的国家禁止检察官提出量刑建议。奥地利：《奥地利刑事诉讼法》第225条规定庭长宣布证明秩序结束后，检察官首先发言，提出证明结论，提出并证明被告人应负的法律责任所适用的法律条文，但不应就法定刑标准内的具体量刑提出请求。南斯拉夫：依《南斯拉夫刑事诉讼法》第430条的规定，检察官在公诉发言中，应就从轻从重情节处罚提出建议和解释。检察官不能提出关于刑罚轻重的具体建议，但可以建议法院判警告处分或缓刑。❹

（二）英美法系国家的量刑建议制度

英美法系国家检察官一般无量刑建议传统。在英国，量刑被认为是法官专有的权力，检察官没有量刑建议权。检察官仅可陈被告人的前科，影响人格的事实材料，可以提法官被害人遭受的损失及其后果，提高量刑的法律规定和高等法院的判例指导，但不能提出量刑建议；即便20世纪60年代实行辩诉交易以来，控辩双方可与法官就被告人量刑问题沟通和讨论，

---

❶ 杨兴培、王寨华："论刑事诉讼中公诉机关的量刑请求"，载《法学》1991年第1期。

❷ 徐汉明、胡光阳："关于量刑建议制度的研究报告"，载《刑事司法指南》2006年第4期。

❸ 陈岚：《量刑建议制度研究》，武汉大学出版社2009年版，第89页。

❹ 曹振海、宋敏："量刑建议制度应该缓行"，载《国家检察官学院学报》第10卷第122页。

律师可发表量刑意见，但控方不能提出量刑意见。❶ 美国：其与英国一样，检察官无量刑建议传统。但自20世纪70年代实行辩诉交易以来，对经审判确认有罪的案件，检察官可以提出量刑建议。❷ 美国弗吉利亚州量刑委员会主任理查德·科恩在湖北省刑法研究会年会上介绍，在美国已有21个州建立了量刑指南系统，各州量刑委员会组成一般9~31人，其来源包括法官和其他职业的人员；根据可执行的规章、完整工作表、量刑委员会监督指南执行与遵守、上诉复议等6个指标对21个州进行测定考核评分，得分平均分值为6.2分，其中最高分12分为北卡罗莱纳州，最低的1分为威斯康星州。弗吉尼亚州为6分，低于平均分值。(1) 其量刑改革的演进起于1983年12月州长量刑问题工作小组发现的不合理量刑差异的证据，并作了结果发布；1985年1月，矫正局就量刑调查表格实行标准化、自动化；1985年2月，首席大法官任命一个司法委员会，研究美国的量刑指南系统；1988年7月，6个巡回法院开展量刑指南试点；1991年1月，弗州全面实施量刑指南，至今达20年。其改革目标是：第一，废除假释；第二，强调对暴力罪犯判处更长的刑期；第三，建立和公布自愿量刑指南系统；第四，减少不合理量刑；第五，安全地分流低风险服刑犯；第六，对某些非暴力的重罪犯探索其他备选的惩罚与治疗方式。以确保正确公正地刑事处罚；最有效地利用监狱资源，重视监禁暴力犯罪分子，提高量刑的确定性、一致性和惩罚的充分性。美国国家州法院评估中心评估，其成效可概括为10个方面：①实现了“量刑真理”，其改革前罪犯服刑率仅为判决的20%，改革后重罪犯服刑率必须提高到85%以上，实际执行达到90%；②废除了假释系统，暴力犯罪服刑的时间更长；③累犯率降低；④更大比例的昂贵监狱承载能力用于暴力重刑犯；⑤低风险重罪犯通过备选方式加以惩罚（不监禁），但未影响公共安全，犯罪率下降26%，监禁

❶ 杨兴培、王寨华：“论刑事诉讼中公诉机关的量刑请求”，载《法学》1991年第1期。

❷ 中国政法大学刑事法律研究中心：《中英量刑问题比较研究》，中国政法大学出版社2001年版，第268~271页。

率增长仅6%；⑥监狱人口增长放缓，改革前十年中增长154%，改革后仅增长31%；⑦总犯罪率持续下降；⑧暴力犯罪率持续下降；⑨法官自愿参照量刑指南的比例由71%提高到2004年的81%；⑩不合理量刑差异明显减少。❶ 加拿大：其在量刑聆讯阶段，控方先提出明确的量刑意见，辩方后提出量刑意见，双方展开辩论，法官量刑时充分考虑双方的意见。在辩诉交易场合，则有指控、秩序及量刑交易的秩序。其中量刑交易在法庭审理前，检察官以被告人认罪为条件，同意在量刑聆讯阶段提出量刑建议的某种让步，即在法定刑内择轻建议，或不反对辩方的量刑建议。法官一般按双方事前达成的量刑建议对被告人量刑。❷

（三）对域外量刑建议制度的评价

（1）各国刑事量刑建议制度的建立完善与否，根源于自身的物质文化生活条件。世界上没有一个最好的普适各国的量刑建议制度，只有适合本国刑事法治建设发展需要的量刑建议制度。

（2）大陆法系国家检察院的量刑建议制度总体上比英美法系国家的要起步早、发展平衡、比较规范。其权力配置特点及历史传统表明前者要比后者大。据此，朱孝清副检察长指出形成差异的根源有三，即由法官权威、审判监督职能、检察官与法官地位等方面差异所决定的。武汉大学陈岚教授则从提出依据、具体程度以及约束力三方面比较了两大法系量刑建议制度的差异与相同性，对于深入研究两大法系量刑建议制度颇具裨益。

（3）提出量刑建议的时机，大陆法系国家一般在法庭调查终结时；英美法系国家则在量刑程序之中，法院对辩诉交易案件的量刑建议采纳率较高。

---

❶ 理查德·科恩："量刑委员会的任务和重要性"，见湖北省法学会刑法研究会：《刑法改革研究》，2010年9月版，第1页。

❷ 杨诚、单民：《中外刑事公诉制度》，法律出版社2000年版，第75~77页。

三、量刑建议改革的进程、试点及初步成效

（一）问题的提出

随着社会主义法治建设的推进，人民群众对刑事实体法与程序法现代化建设的新要求、新期待，刑事实体法与程序法实施中暴露出的不公、不廉、不严的问题增多，这集中表现：①量刑处于暗箱操作，科刑随意性大；②量刑过程缺抗辩性，量刑成本居高；③抗诉职能不能有效履行；④当庭宣判率低，上诉与申诉多，诉讼成本居高，等等。这对严格公正文明执法，提高执法司法公信力带来诸多挑战，成为建设公正高效权威社会主义司法制度，保障和服务社会和谐的重大时代课题。因此，21世纪东部一些检察院协同法院率先引入新的理念，大胆探索推行量刑建议制度，经过近8年的试验，取得了初步成效。

（二）试点推行进程

（1）酝酿先行阶段（2002～2003年）。2002年8月～2003年6月，上海市杨浦区检察院率先尝试量刑建议。该区院就750名被告人向法院提出量刑意见，法院一审判决与量刑意见一致的118人，占15.7%；基本一致的529人，占70.5%，两项合计占86.2%。2003年下半年，山东枣庄市检察院与法院沟通，共同推出量刑建议，庭审分为定罪与量刑两个阶段，控辩双方对被告人应使用的基准刑、量刑幅度、量刑情节等进行答辩。检察院先后共对351件496名被告人提出量刑意见，法院采纳83%，当庭判决数提高20%，被告翻供率下降55%，上诉率由22%下降至9%。❶

（2）广泛推进阶段（2004～2008年）。河南省2003年5月起大范围动

❶ 徐汉明、胡光阳："关于量刑建议制度的研究报告"，载《刑事司法指南》2006年第4期；转引《检察日报》2003年3月30日。

员推行量刑建议试点工作，当年开展的检察院超过 1/3。湖北省 2008 年有 126 个检察院开展量刑建议试点工作，共向法院提出量刑意见 9 699件，占公诉案件的 45.5%。❶

（3）规范试点阶段（2009～2010 年 9 月）。从去年 3 月以来，检察机关会同法院在 18 个检察院开展对 15 中犯罪案件的量刑建议，配合法院推行量刑规范改革工作。截至 2011 年 9 月底，共起诉 4 698件 6 712人，提出率为 81.28%。按地区分，有 9 个检察院提出率为 100%，6 个院低于 80%。法院已审结 3709 件，采纳检察院量刑意见 3 487件，采纳率为 94.01%。其中，有 6 个检察院采纳率为 100%，有 3 个检察院采纳率低于 80%。按罪名分，妨害公务、聚众斗殴罪名的量刑意见采纳率为 100%，有 7 个罪名采纳率为 90% 以上，有 6 个罪名的采纳率在 80% 以上。❷

（三）主要做法

（1）确定量刑建议的主体。主要有几种模式：一是授予主诉检察官提出量刑建议的权利。如主诉检察官把握不准的，提请集体讨论，检察长决定。二是内设办案部门集体讨论，检察长或检委会决定。

（2）正确把握原则。主要是遵循“依法建议、客观公正，宽严相济、注重效果”等原则，确保试点工作健康开展。

（3）明确界定适用范围。这次试点院协同法院共同遵循对 15 种普通刑事犯罪提起公诉时一并开展量刑建议工作。

（4）完善建议的内容。主要采取量刑幅度建议，确定量刑建议、刑罚执行方式建议等。

（5）坚持量刑建议条件。包括：①犯罪事实清楚，证据确实充分；②所依据的各种法定从重、从轻、减轻、实际处罚等量刑情节已经查清；③所依据的重要酌定从重、从轻等量刑情节已经查清。在坚持量刑建议条

❶ 徐汉明、胡光阳：“关于量刑建议制度的研究报告”，载《刑事司法指南》2006 年第 4 期；转引河南法院网 2003 年 2 月 16 日。

❷ 湖北省人民检察院：《关于量刑建议试点情况报告》，2010 年 9 月。

件的基础上，对不同类型犯罪严格区分并提出不同的量刑建议，如下。

①除有减轻处罚情节的，量刑建议应当在法定量刑幅度内提出，不得兼跨 2 种以上的主刑；

②贯彻少杀慎杀的原则，建议判处死刑时持更为慎重的态度；

③建议判处有期徒刑的，一般应当提出一个相对明确的量刑幅度，根据案件具体情况，如有必要，也可以提出确定刑的建议；

④建议判处附加刑的，可以提出适用刑种的建议；

⑤对不宜提出具体量刑建议的案件，可以提出依法从重、从轻、减轻处罚等概括性建议；

⑥对被告人犯有数罪的，应当对指控的各罪分别提出量刑建议，可以不再提总的建议；

⑦对于共同犯罪案件，应当根据被告人在共同犯罪中的地位、作用以及应当承担的刑事责任分别提出量刑建议。

（6）完善提出量刑建议的程序。

①引导程序。即检察院按照量刑建议与量刑规范改革要求，对可能影响量刑的法定或酌定从重、从轻、减轻处罚犯罪嫌疑人的相关事实、证据，检察院在审查批捕、审查起诉阶段对侦查机关提出若干书面引导侦查取证，或在提前介入重大刑事案件过程中书面或口头提出引导侦查取证的一种前置性审查、制约与监督的措施。

②综合评估程序。即案件承办人在审查起诉时，应当对犯罪嫌疑人所犯罪行、承担的刑事责任，各种量刑情节进行综合评估，提出初步量刑意见。

③决定与审批程序。对主诉检察官决定提起公诉的一般案件由其决定提出量刑建议。对公诉部门负责人对主诉检察官提出的建议有异议的，报分管检察长决定。对重要复杂的案件，社会关注度高的敏感案件，或减轻实际处罚及非主诉检察官办理的案件，检察官提出量刑意见的，由部门负责人审核，检察长或检委会决定。

④参与法庭调查程序。对于开庭审理案件的量刑建议，公诉人可根据

案件的不同特点，在法庭调查中合理安排和调整举证顺序，可以公开先后公示定罪证据与量刑证据。对于涉及每起犯罪中量刑情节的证据，应当对该起犯罪事实举证时一并出示；对于涉及定案、综合量刑情节的证据，应当在举证阶段的最后出示。举证应采用多媒体示证，关键证人、鉴定人到庭作证以及其他举证方式。

⑤参与法庭辩论程序。对于辩护方提出的量刑证据，公诉人应当进行质证。辩护方对公诉人出示的量刑证据质疑的，公诉人应当答辩。在法庭辩论阶段，公诉人可先对被告人所犯罪发表定性的意见，后对量刑发表意见，也可两者一并发表。对于检察院未提出量刑意见而辩护方提出的，公诉人应当答辩。

⑥量刑意见的修正程序。赋予公诉人一定的机动修正权；原定量刑建议，修正部分超过权限的，建议法院休庭，待检察长或检委会确定后再提出修正的量刑意见。

⑦对量刑建议采纳的审查程序。即检察院对法庭裁判是否采纳量刑建议、量刑理由、采纳或不采纳量刑建议理由的审查，以确定对法院裁判是否提出监督纠正的一种前置程序。

⑧提出或支持抗诉程序。检察院收到法院裁判后，应当对法院裁判文书进行审查，发现量刑意见未被采纳，且裁判确有错误、符合抗诉条件的，经检察长或检委会决定可依法向法院提出抗诉。

（7）把握量刑建议的时机与方式。提出量刑建议以准确原则为前提，其提出时机选择在法庭调查之后为宜。其根据在于，为了应对庭前证据开示制度缺失，检察院对案件事实、情节及法院科刑有比较全面的掌握与了解，因而提出建议的准确率较高，而采纳率也相应提高。为此，①对公诉人出庭的适用简易程序审理的案件，应当起诉时提出量刑建议；②对于公诉人出庭的案件，一般在法庭调查结束，法庭辩论开始时发表公诉词中提出；③对被告人认罪，且被告方对案件性质、事实、情节没有异议，检察院认为有把握的，可在起诉时提出建议；④对起诉时提出建议，法庭调查与辩论后公诉人认为需修正原建议的，要及时予以修正。

(8) 加强组织领导。主要是层层动员，统一思想；建立制度规范，确保试点有章可循；加强侦捕诉一体化工作机制，形成工作合力；把握重点难点和关键点，循序渐进地推行。

(四) 初步成效

(1) 促进了公诉水平的提高。要求公诉人审查起诉既要重视对定性事实、证据的审查，又要重视对量刑事实、情节的审查；既要重视法律政策在定罪上的适用，又要重视其在量刑上的适用；既要重视情理法以及三个效果统一，又要重视量刑上的统一，从而推动工作全面开展，促进公诉水平的提高。

(2) 促进量刑均衡和公正。全国120多个检察院协同法院开展量刑规范试点，起诉审理15种刑事犯罪4.5万件。试点表明，试点前后量刑情况总体均衡，一定程度地回应群众反映的“同案不同判”等司法裁判不公监督不力问题，试点院刑事案件的上诉率、二审改判率、发回重审率普遍下降。❶

(3) 促进了司法公开文明。由于将量刑建议纳入法庭调查、质证、辩论、综合评议等程序，使量刑过程公开、公正文明，有效控制了法官的自由裁量权，较好地防范了“人情案、关系案、金钱案”等问题的发生。❷

(4) 促进了执法公信力的提高。将量刑建议提出、调查、质证、辩论、合议、决定等过程程序化、规范化、制度化，并且在法官主导下，按照控辩审三维结构的诉讼构造，增强庭审的开放度和参与度，从而为群众对司法裁判的认可度、满意度与支持度奠定了坚实基础，为提高执法公信力提供了广阔的空间。

---

❶ 熊选国：《关于规范量刑程序若干问题的意见理解与适用》，法律出版社2010年9月第1版，第15页。

❷ 同上。

四、试点的几个问题

（一）量刑试点的范围问题

目前，社会各界对职务犯罪量刑“轻缓化”问题高度关注，是近年来人大、政协会议热议的话题之一。据统计，全国法院对职务犯罪作出有罪判决中，2001 年免缓刑占比为 51.38%，2005～2009 年免缓刑占比分别为 66.48%、70.96%、70.75%、69.26% 和 66.46%。从湖北省的情况看，2006 年以来判处免缓刑比例为 75.31%、69.69%、71.93%、71.99%，均高于全国年平均水平。从 6 类职务犯罪判处情况看，贪污罪的量刑无统一标准，同案不能同判的情形较为突出，且适用缓刑较多；有的犯罪情节相似，金额差距大，但量刑一样。受贿罪缓刑适用多且不规范，存在随意性。对挪用公款犯罪的量刑随意性较大。侦查工作不力，移送证据不完整，导致法院量刑只能以部分认定为基础。滥用职权判缓免占 83.97%，高于其他职务犯罪。因此，有必要将职务犯罪引入量刑规范化改革试点。❶

（二）量刑规范与量刑建议完善制度问题

湖北省高级人民法院对量刑规范试行指导文本进行总结，发现了 11 项亟待明确的问题。湖北省高级人民法院提出的实施细则，是实践的产物、智慧的结晶。但也有需要研究完善的地方。检察院的量刑建议指导意见也缺乏针对性与操作性，亟待修改完善。

（三）审前与审理程序的完善问题

量刑规范化给刑事诉讼格局带来冲击与调整，也给审前程序及庭审程

❶ 徐汉明：《制度创新与惩防腐败问题研究》，高校高职管理培训班的讲授提纲，2010 年 8 月，第 12～13 页。

序的完善提出许多新课题。

(1) 侦查机关对量刑事实的全面规范深入调查问题。包括更新观念、转变侦查模式，建立以起诉引导侦查，以量刑意见规范侦查，以量刑规范评价侦查的现代侦查模式。

(2) 建立与量刑建议和量刑规范相适应、不同诉讼主体对量刑事实的调查与举证责任。这包括侦查机关、检察机关、被告人与被害人、社会、人民法院，等等。

(3) 建立证据开示制度。这有利于控方准确地提出量刑建议；辩方准确地为定罪与量刑辩护；有利简化举证、质证程序，提高庭审效率；有利于集中审查问题展开抗辩，提高量刑公正性与规范性。

(4) 建立量刑建议与量刑裁判说理制度。

(5) 完善刑事辩护和被害人权利保护制度，等等。

(四) 制定量刑建议标准

这包括：量刑建议的指导原则，基本方法；对侦查、批捕有关量刑事实、证据的调查的引导、审查、侦查、检察、法院、当事人及其诉讼代理人相关协作与运行机制；提出量刑建议的程序，量刑意见与量刑规范相衔接等等。

(五) 扎实贯彻两高两部文件精神

最近，两高两部就规范量刑程序若干问题提出了《关于规范量刑程序若干问题的意见（试行)》，这是指导当前及今后一个时期司法工作中规范量刑程序的指导文件，我们必须结合实际，扎实贯彻。(1) 要深刻领会精神，统一思想和行动。该文件就保障量刑活动的相对独立性，与量刑有关各种证据的收集、移送，检察院量刑建议的提出、移送、内容、送达，适用简易程序、普通程序被告人认罪案件的量刑问题的审理，被告人不认罪或者辩护人作无罪辩护案件法庭调查、辩论与相关程序，裁判量刑说理，以及二审、再审案件的量刑活动等都作了明确规定，对于明确侦查机关、检察院、法院及律师在规范量刑活动中的地位、职责、作用，相互分工制约、协调配合，共同推进规范量刑建议等意义重大。我们必须认真学习，深刻领会，增强协作配合、分工制约的自觉性与坚定性，以更加振奋的精神状态，更加务实的工作作风，更加细密的工作措施，扎扎实实推进这项改革工作。(2) 突出重点，全面启动。全省检察机关按照统一规范15个罪名的案件量刑改革的要求，全面做好将审查起诉、提起公诉、支持公诉工作中的量刑建议与对量刑活动是否合法的法律监督工作，确保全省量刑规范化改革试点的顺利推进。(3) 加强指导，形成合力。要以人民群众对量刑建议与规范量刑改革的反映为“晴雨表”，要加强改革试点状况的调查，对于出现的新情况新问题，要及时研究，加强引导，重大情况与问题要及时报告，随时指导，防止偏差。对于适用法律的重大疑难问题要加强请示报告，争取中央司法机关的支持。检察院要从有利于推进量刑改革，建设公正高效权威的社会主义司法制度，维护政治、法律、社会三个效果出发，形成合力，确保全省量刑规范化改革卓有成效地推进。

关于美国刑事诉讼制度的几个问题*

一、两个法院系统及其管辖

（一）联邦法院：最高法院、上诉法院、地区法院

（1）最高法院：1个，总部设在华盛顿；9名法官，终身制；总统提名参议院通过（下同）；下设11个区+特区阿拉斯加。所在地为阿拉斯加、爱达荷、蒙大拿、俄勒冈、华盛顿、加利福尼亚、亚利桑那、内华达、夏威夷、北玛利亚。其权力：根据《美国宪法》第3章的规定：①管辖海事案件；②州之间纠纷案件；③联邦与州之间的纠纷案件；④与外国的条约纠纷案件；⑤原无解释宪法的权力，以后逐渐扩权解释宪法与案件联系起来。

1803年，最高法院对“马伯利诉麦迪逊案”作出判决，第一次赋予对法律和各州法律的审查权，其案由是法院与行政管辖权力之争。

1989年，“约翰逊焚烧国旗案”，得克萨斯州法院判其有罪。最高法院根据《美国宪法修正案》第1条公民言论自由的规定，判决德州法院“禁止焚烧国旗违宪”的判决无效。

（2）上诉法院：区内设上诉法院1个，分院3个。

（3）地区法院：巡回区内设若干法院。例：华盛顿2个：西雅图—西部法院，斯布堪市—东部法院；阿拉斯加（1个）。

---

* 本文系作者于2011年11月在华中科技大学检察学硕士研究生班的授课提纲。

（二）受案范围

必须是与联邦法律有关的案件，如违反：（1）宪法；（2）议会通过法律；（3）总统签署生效成文法等。具体管辖如下列案件：（1）种族歧视；（2）股票交易；（3）跨州商业；（4）国防；（5）外交；（6）海关案件等。案例：1994年，西雅图中国城一场大火，4个消防员被烧死。起火是因为房东之子马丁放火，目的是骗取保险赔偿。马丁逃到巴西，后被抓获，引渡回美。该市设有下列法院：11巡回区西部法院（无管辖权），上诉法院西雅图分院（无管辖权）；华盛顿州第一上诉法院，州金县高级法院（有初审管辖权），州金县西部地区法院。（1）一般刑事案件，不涉及联邦法律规范联邦法院系统均无初审管辖权；（2）州地区法院无权管辖，其管辖属轻微的案件；（3）州第一上诉法院无管辖权；（4）金县高级法院有管辖权。上诉其程序则自州第一上诉法院→州奥林匹亚最高法院→11巡回区西部法院→上诉法院西雅图分院→联邦最高法院。

（三）州法院

州最高法院（7~9人），选举产生；州上诉法院（若干人），管辖几个县；州高级法院（每州1个）；地区法院（每市1个）。州地区法院受案：（1）扰民案件（3 000美元以下），（2）轻罪（6个月以下），（3）违章开车，（4）其他由地区法院初审的案件。州刑事诉讼程序：地区法院→高级法院→上诉法院→州最高法院。特殊情况可越级。

二、刑法和刑诉法的特点

（一）美国立国之初无成文刑法典，其依据立国百年来英国的判例法传统

例：1884年英国女王法庭判处的船员逃生案。案情：1884年7月，一条英船在大洋上遇风沉没，4 人同上一条船逃生，20 多天没吃喝。为了生存，有两人将其中一人杀死，用其肉和血维持生存并被救起。庭审中 2 人供认不讳。焦点是杀人能否保自己的命。法院判定谋杀罪：①保全自己生命是本性；②杀死他人不许可。以后法官据此断案。到了 19 世纪，各州越来越需要一部成文法典，绝大多数颁行了刑法典。目前是参照“模范刑法典”（1962 年，法律学会），各州以此作为制定州刑法的指导纲领。

（二）刑诉法来源三个方面

1. 开庭时间、步骤、具体程序来自刑法程序规定

（1）州议会授权；

（2）州最高法院组织编写（专家）；

（3）内容主要涉及程序。比如：从逮捕到第一次出庭不超过 48 小时；从起诉至开庭不超过 60 天。

2. 州最高法院和上诉法院的判例

美国是成文法 + 判例的国家。判例只对下级法院有约束作用。

3. 宪法中的人权法案及联邦法院的解释

人权法案是指《美国宪法修正案》第 1 ~ 11 条的内容。比如以下几条。

第 4 条：任何人的人身、住处和文件不被无故搜查和扣留。

第 5 条：任何人不能因同一罪行被审判一次以上，不得被强迫对自己作证等。

第 6 条：任何人享有迅速、公开审判的权利，享有公正陪审团判决的权利，享有同证人对质的权利，享有由律师代表的权利。

第 8 条：保释金数额不可过大，惩罚不得残忍和越出常规。

这些规定为联邦最高法院留下了大量的解释余地，也成了刑事诉讼判例法之源。

三、刑事诉讼的三个原则

（一）“对抗制”原则

即原告与被告都是对立对等的双方，各方都有要保护的利益。原告方州政府要定罪处罚被告，被告方要尽量开脱罪责，这都是正当的。这是美国刑事诉讼的一大特色，也可称“讨价还价之讼”。

其一，双方都有权：①调查事实；②采访证人；③请专家；④决定审判中出示何种证据；⑤传讯哪些证人；⑥如何解释法律使之有利。

其二，法官和陪审团是中立的仲裁者。①查看双方出示的证据；②听取双方所有证人的证言；③根据法律作出裁判。

其三，“事实”不能决定判决的结果，证据才是决定判决的依据。

例如：希鲁尔诉威廉姆斯案。1986 年 12 月 24 日，10 岁的帕米拉随父母去依何华州德茂恩市看摔跤比赛，其间帕一人上厕所未回。警察接到报案立即调查，发现威廉姆斯可能是劫持者。而威刚从一精神病院逃出。有人目击他在体育馆外将一捆东西装进了汽车。同月 26 日，市警察局接到达氛保市警察局电话，称威自首，让市警察局将其押回。市警局派两名警员开车去，当时达氛保市法庭已为威指定了辩护律师，律师同市警局的警员商定途中不得对威审讯。途中，一位警员说：“我希望你看看天气，天在下雨，如果雪一盖，你自己也找不着了。”“我们何不去找她？她的父母也好用基督教的丧礼把她埋了，也知道可怜的孩子在圣诞前夕被人谋杀了。”威果然带警察到他杀死并埋葬帕米拉的地点，并挖出了帕的尸体。后来，警察出庭作证，法庭判威有罪，威最后上诉到联邦最高法院，联邦法院裁判威无罪，其依据是警察途中审讯违反了“米兰达警告”。

（二）“无罪推定”原则

即嫌犯或被告在被证明有罪之前为无罪，但不排斥开庭前对其关押。

根据这一原则，嫌疑犯可以交保获释，并保证开庭时到庭。这一原则的关键是把“证明责任”由被告方转移到公诉方或原告方。负有证明责任的一方必须拿出令人信服的证据，其证明标准就是达到证明至“超过合理怀疑”的程度。

（三）“证明至超过合理怀疑”原则

这是第三条原则。何为合理怀疑，就是不是想象出的怀疑。即检方拿出的证据，仅仅证明被告可能是、或很可能是、或清楚而令人信服嫌犯的行为构成了犯罪都是不够的。它必须是达到“超过合理怀疑”的程度。有人开玩笑说，这只能由陪审团自己知道了，或由其自己决定了。

四、刑事诉讼的一般过程

（1）案件发生、报告和现场调查，包括询问、问话、拍身搜查。

（2）住宅进入与搜查，须持有逮捕证和搜查证。

警察进入时必须按下列先后顺序操作：①先敲门；②表明身份和目的；③要求被允许进入（不得破门窗，不得使用钥匙，不得推门）。搜查时：①要有明确搜查范围；②只有逮捕证而无搜查证的，搜查仅限被捕者掌控的范围，即其伸手可及处；③视野范围内的罪证可以提取，但不能故意寻找；④发现门口有罪证可以扣留，但不能翻垃圾桶。

无证进入搜查的特殊情形：①疑犯即将毁灭证据；②有人在住宅内生命受到危险；③跟踪进入罪犯的住宅。

（3）逮捕的四条警告（米兰达）。

（4）建档：①讯问；②按手印；③照相；④交保金。

（5）捕后调查：询问证人；搜查疑犯住处；现场拍照；取样；排队辨认。

（6）起诉。决定是否起诉，检察官有很大的诉辩交易权，约40%案子此时因诉辩交易而中止；有的州检方与被告方诉辩交易达70%以上。

(7) 第一次出庭。一般在被捕数日内进行。如周五逮捕的，第一次出庭为下周一上午，主要解决以下问题。

①是何种罪被起诉的；

②告之嫌犯有哪些权利；

③是否要求指定免费辩护；

④交保金释放。

(8) 初次听证。主要目的是进一步审查对被告的逮捕和起诉是否有合理根据。什么是“合理根据”？就是作为一个正常的人处在特定场合，以公正的态度把一切现有的信息情况考虑在内，如认为他可能犯罪，就可以逮捕他。为了确定这个“合理根据”是否存在，在初次听证中，检察官要传主要证人出庭作证，被告方也可传主要证人出庭，双方可以“质询”对方证人，法官听了双方作证后，认为“合理根据”不存在，就裁判并宣告被捕者或被告无罪释放。

(9) 大陪审团会议。这是由电脑从若干“盲目挑选”出来的居民组成的。其主要适用重罪案件的审查与决定。通常做法是：①通过电脑对选民投票登记挑选 12 ~ 23 人不等；②听取检察官的报告；③决定是否起诉；④签署“应予起诉书”，由检察官起诉，即实行决定起诉与执行起诉分离的公诉制约制度；⑤如决定不起诉，被告应立即释放；⑥检察官只有对轻罪可直接向法庭签署控告书。

(10) 问罪程序。就是检方将应予起诉书或控告书移送法庭后，法庭对被告开庭审理。其步骤是：①法官宣布对被告起诉的罪行；②法官问被告如何答应；③被告答应有罪，就辩论量刑问题；④被告答应无罪，法庭则宣布进入正式审判程序。

“答应讨价还价”的特有过程：①法官问罪前，检察官与被告律师都要讨价还价；②这个过程不记于档案，不负任何法律责任；③方式不限，包括电话、社交场合交换等。举例：检方对某被告起诉一级谋杀罪；律师先出一个价，如检察官同意把罪行降至过失杀人，其可答应有罪；如检察官认为证据确凿，被告难逃法网，便一次回绝对方；如检方证据不充分，便可回价降为二级谋杀罪（20年徒刑）；律师与被告商量后，可以商量接受，也可能回绝；双方最后接受，可将问罪讨价还价结果告知法官；一般情况下，这种后果对法官虽没有约束力，但法官乐观其成。

(11) 开庭前和其他程序。从问罪到开庭，原告与被告需做大量工作；采访证人，搜集证据；有义务为对方提供证据；检察官对有任何可能为被告开脱罪责的证据必须一一提供被告，任何一方有延长程序时间的要求，可以向法庭提出（口头或书面）；双方为某一问题争执不下，也可以由法庭裁决。

(12) 庭审程序。

第一，刑事审判公开方式 。

①受害人及家属，亲朋到庭听审；

②被告家属，亲朋到庭捧场；

③记者到场采访；

④证人作证有关国家安全时闭庭，作证后开放。

第二，刑事审判分为“陪审团审判”与“法官审判”，关于陪审团审判。

①开庭第一天挑选陪审员，由12人或6人组成，分重罪与轻罪组成。

②挑选由检察官和律师轮流进行，如发现对自己不利的剔除。

③这项制度源于英国，其理由是，人们认为统治者派遣的官员包括检察官、法官是不可信的，或不了解民情，且往往腐败，主张由百姓选出12人组成陪审团，听取证词，察看证据，依据自己的经验和常识作出有罪或无罪的判断，随后随移民传入美国，并由《美国宪法修正案》第5条予以规定。

④陪审员的除名条件：除生病、年迈、有小孩需照顾、离法院太远、严重影响收入、未满18岁、听不懂英语、被判过重刑（轻罪无妨），居住时间不长等外，法庭不能排斥。

⑤陪审员庭选。即从一批候选人中挑选正式陪审员，在开庭的第一个上午。其仪式是：

a. 法官、检察官、被告、律师各就各位。

b. 候选人被工作人员带入。

c. 全场起立。

d. 服务人员安排候选人入座。

e. 法官向陪审员介绍案子双方及案件性质，由检察官、律师挑选以及方法。

f. 由检方先挑选，从第一人起，问其年龄、姓名、住址、工作、家庭及其他问题，如有成见或对法律有误解而剔除。分为“有理由剔除”，或“无理由剔除”（3 个名额），各州拟定有理由剔除：非本国公民；曾是本案大陪审团的成员；可能被一方做证人传到庭；被告的亲属；被告的朋友；对案件有仇视倾向而不能公正地作判断；有种族歧视倾向；对某些法律有偏见，等等。

庭选陪审员是整个审案的关键一步，它往往决定案子的结果，一些有钱的市民被告，花大钱帮助挑选陪审员。因此，陪审团裁判案件常常出错。

g. 法庭取前 12 人或 6 人作陪审员，2 人或数人作替补。这些人只听不讨论，一旦正式陪审员缺席即递补。

h. 法官公布陪审员的职责、纪律。

第三，原告被告双方各作“开庭声明”。即：简单有力地把自己一方的故事讲给陪审团听，让其偏向自己一方。

第四，呈示检方诉案。即一个一个地传讯证人，一件件地出示证据，被告方有权反质证人。

第五，被告方进行反驳。

第六，双方作“结束辩论”。就是双方对自己的有利的方面总结，加以推理及法律解释，让陪审团相信自己。一般检方先作被告后作，检方作最后一次反驳。

第七，法官宣读“陪审团指示”，即适用本案的相关法律。

第八，陪审团入室审议。

①回顾证词；②查看证据；③相关讨论；④统一意见；⑤报告法官；

⑥法官当众宣布审议决定。如有罪即押往监狱，如被判无罪，对被告当庭释放。

（13）定刑程序。有的州规定由法官自行定刑；有的州对死刑或无期徒刑，由陪审团定刑；定刑必须公开；定刑后罪犯被送进监狱；死刑犯则等待执行。

（14）上诉程序。

一般要逐级进行。①是在州法院系统逐级上诉；县法院—高级法院—上诉法院—州最高法院；②联邦法院：巡回法院分院—上诉法院—最高法院。

依据《美国宪法修正案》第5条“一罪不得双重惩罚”的规定，一旦被告被陪审团判定无罪，检察机关不能以任何理由提出上诉或重新开审。如果陪审团判定被告有罪，法官以证据不充分宣布无罪，依据联邦法院1978年关于“巴克斯诉美国案”，检察机关同样不能上诉。

下列情形检察官可以上诉：①陪审团出现误审，检方可对被告重新起诉、提请审判；②法官宣布该动议不是检方有意造成的，检方可以重新起诉，否则，被告被无罪释放；③如被告上诉成功，上诉法院将案子退回初审法院，检方可以对被告重新审查；④法官在量刑时低于一般标准，检方可上诉要求纠正。

被告上诉的权利和方法。①第一次上诉的权利。这由《美国宪法修正案》第14条的“同等保护”原则规定，请不起律师的被告由法庭为他提供免费辩护律师；②第二次上诉已不是权利，法庭不必经审查，被告上诉的费用自理。

（15）联邦法院的“释放令”权。联邦与州法院互不隶属，一般案件上诉到州最高法院就到终点。民事案件即使当事人认为多么不公平，当事人必须接受；刑事案件上诉到州最高法院仍认为不公的，被告可请联邦法院下达释放令。

①释放令起源于13世纪的英国。美国联邦宪法第一章节予以确认。1867年，国会通过释放令法案。1976年，大法官布尔威对斯通诉鲍威尔案

中解释，州法官是选举产生的，往往难以应付舆论压力，联邦法官为终身制，可以不理会社会舆论压力，“释放令”可以作为维护被告人权利的保障。

②下达释放令的前提：

a. 被告已用全州法院系统的求助途径。

b. 被告必须在押。

c. 法官审查范围。初审法院没有管辖权。如：史密斯在纽约杀人，在西雅图被抓，由于失误，华盛顿州的金县高级法院对他审判，按照审判管辖，只有纽约的法院有管辖权。因此，联邦法院裁判裁定华盛顿州金县法院对史密斯签发释放令。

非法证据排除规则若干问题探究*

《关于办理刑事案件排除非法证据若干问题的规定》（以下简称《非法证据排除规则》）的制定和实施，无疑是推进中国特色社会主义司法制度现代化的一件大事，对于规范侦查机关（部门）的取证行为，保障被告人的合法权益，推进司法文明，维护司法公正具有十分重要的意义。非法证据排除制度设计是多重价值冲突和妥协的产物，由于相关相关配套机制、环境等的不完善，非法证据排除规则在司法运行中遇到一些新情况、新问题，需要引起高度重视。

（一）对非法证据的适用范围较宽

《中华人民共和国刑事诉讼法》（以下简称《刑事诉讼法》）第43条规定："严禁刑讯逼供和以威胁、引诱、欺骗以及其他非法的方法收集证据。"《最高人民法院关于执行〈中华人民共和国刑事诉讼法〉若干问题的解释》第61条以及《最高人民检察院刑事诉讼规则》第265条也有类似规定。非法证据排除规则从我国现阶段侦查技术、司法人员素质等基本国情出发，将非法证据限于"采用刑讯逼供等非法手段取得的犯罪嫌疑人、被告人供述和采用暴力、威胁等非法手段取得的证人证言、被害人陈述"，有利于充分实现惩罚犯罪与保障人权的有机统一。目前，真正对犯罪嫌疑人采取赤裸裸暴力手段进行取证的方式已不多见，更多地表现为不规范、不文明的审讯方式方法。从司法实践看，存在将非法证据排除范围扩大化的

* 本文发表于《检察日报》2011年6月7日第3版，由赵慧博士协助完成。

趋势。比如，有的把侦查人员对被审讯对象的长时间审讯作为非法取证手段看待；有的把被审讯对象人格遭受一定的贬损作为认定非法取证手段的重要依据；有的把侦查人员对审讯对象作出的某些承诺未能兑现作为衡量非法证据的关键因素；有的把侦查人员在审讯中的一些不文明行为视为非法取证手段，等等。

（二）被告人启动非法证据排除申请的门槛过低，且滥用行为比较普遍

根据《非法证据排除规则》第 5 条、第 12 条规定，被告人可以在一审法庭辩论结束前的全部诉讼阶段甚至二审程序中提出非法证据排除申请，且没有次数的限制。同时，非法证据排除规则没有规定被告人滥用非法证据排除申请的行为后果。司法实践中，不少被告人都以遭受刑讯逼供等违法取证为由提出非法证据排除申请，甚至不惜编造侦查机关（部门）及其工作人员刑讯逼供等非法取证的事实、情节等，企图利用非法证据排除规则混淆视听，达到排除合法证据逃避罪责的目的。

（三）排除非法证据审前程序机制尚未有效建立

依《非法证据排除规则》第 3 条的规定，人民检察院在审查批准逮捕、审查起诉中，对于非法言词证据应当依法予以排除，不能作为批准逮捕、提起公诉的根据。由此，确立了检察机关在审查批捕和审查起诉中排除非法证据的职责。依照《中华人民共和国宪法》第 129 条的规定，人民检察院是国家的法律监督机关，在刑事诉讼中不仅代表国家指控犯罪，而且负有发现、纠正侦查机关（部门）违法侦查活动包括违法取证行为的职责。赋予检察机关在审查批捕和审查起诉程序中审查与排除非法证据的责任，不仅有利于及时发现和纠正侦查机关（部门）的违法取证行为，排除非法取证行为所获证据作为检察机关批准逮捕和提起公诉的依据，避免其进入审判程序影响法官评判证据认定案件事实，而且有利于避免刑事诉讼的过于迟延，对于提高诉讼效率具有积极意义。现行非法证据排除规则的一个重大缺陷是，仅仅明确了法院在开庭审理程序中排除非法证据的程序及其效力，尚未就检察机关在审查批捕和审查起诉中依照法定职权、运用非法证据排除规则对刑事侦查活动的非法取证行为所获证据依法排除作出相应规定，这就阻碍了检察机关依法行使排除非法证据的职责，使许多本来可以在检察环节解决的非法证据问题转移到审判环节，从而加大了审判环节排除非法证据的压力。

（四）检察机关公诉部门承担证明取证合法性的机制不健全

依《非法证据排除规则》第7条、第11条规定，检察机关承担对侦查取证行为合法性的证明责任。目前，我国的侦查模式正从传统型向现代型转变，侦查主导诉讼的现象还比较普遍。在侦查中心主义机制下，侦查活动具有秘密性与封闭性，加之提前介入引导侦查机制尚未全面有效建立，检察机关公诉部门知悉介入侦查活动的渠道不畅、机制不健全，其往往仅通过事后审查、书面阅卷的方式来评判刑事侦查活动是否合法。这就导致检察机关公诉部门不仅无法全面、及时、有效发现和纠正刑事侦查中刑讯逼供等违法取证行为，而且无法同步调查、收集和固定侦查机关取证活动是否合法的证据材料。即使在审查起诉过程中通过犯罪嫌疑人控告、辩护人反映、知情者举报等方式获悉侦查机关（部门）违法取证的线索，其启动法律监督调查往往因时过境迁、场景变换、证据灭失、关键证据毁坏、犯罪嫌疑人无法有效提供非法取证的线索或证据而难以全面客观收集、固定侦查机关（部门）违法取证的证据材料。同时，侦查机关（部门）自身出具的取证合法性的书面材料以及侦查人员出庭证明自己没有刑讯逼供的证言，其客观性和证明力不强，无法有效证实侦查取证行为的合法性。

（五）侦查人员出庭作证的条件不成熟，极易引发不当炒作

根据《非法证据排除规则》第7条规定，公诉人员通过提供讯问笔录等证据材料仍不能排除刑讯逼供嫌疑的，可以提请法庭通知讯问人员出庭作证，对该供述取得的合法性予以证明。现阶段，面对刑事犯罪高发频发、有效保障人权、切实改善民生、着力促进社会和谐、维护社会公平正义等多重压力，一方面，侦查人员重打击轻保护等传统执法观念仍然存在，受各种因素的影响与制约，有的侦查人员的侦查谋略、讯问技巧以及依法收集证据的能力尚不适应形势的需要；另一方面，侦查机关（部门）的侦查技术与手段尚不适应犯罪手段现代化特别是职务犯罪智能化的发展趋势，由于职务犯罪侦查部门尚未被赋予秘密侦查等技术性侦查措施，加之公务员财产申报、公民存款实名制、社会信息交换等制度机制尚不健全，有的侦查人员在查办职务犯罪案件中不得不把案件突破放在获取犯罪嫌疑人的口供上，否则，案件就破不了、诉不出、判不了。在相关机制尚未有效建立健全的情况下，要求侦查人员出庭证实自身侦查取证行为的合法性，通常是一方否认刑讯逼供，另一方咬定存在刑讯逼供，双方各执一词，法院难以居中裁判，庭审效果不好，往往成为社会炒作焦点，给公正规范执法带来不良影响。

（六）未赋予检察机关公诉部门应对非法证据排除申请的诉讼期间

根据《非法证据排除规则》第5条规定，被告人可以在审前以及一审法庭辩论结束前的任何阶段提出非法证据排除申请。一旦被告方提出非法证据排除申请，检察机关公诉部门都要进行相应的调查核实，就侦查取证行为是否合法收集相关证据材料，否则无法就侦查取证是否合法承担举证责任。但现行刑事诉讼法以及非法证据排除规则并没有赋予检察机关公诉部门调查核实非法证据的诉讼期间，检察机关公诉部门不得不在现有审查起诉期限内挤出一定的时间来完成调查核实侦查取证工作。一旦被告方在庭审中突然提出非法证据排除申请，公诉人往往不得不申请法庭延期审理，以便对侦查取证行为是否合法进行调查核实，使得庭审活动不当迟延。

（七）非法证据审理和案件实体审理合二为一弊端明显

依《非法证据排除规则》第5条规定，被告人及其辩护人在开庭审理前或者庭审中，提出被告人审判前供述是非法取得的，法庭在公诉人宣读起诉书之后，应当先行当庭调查。这说明，我国非法证据排除规则将侦查取证行为合法性审查置于先于犯罪事实审查的位置，由此确立了程序审查优先原则。只要控辩双方对于取证合法性存在争议，被告方一经启动非法证据排除程序，法庭就要对取证行为的合法性进行不间断的审查，直至作出是否排除非法证据的决定。在司法实践中，同一合议庭先后主持非法证据排除审理程序和案件事实审理程序，即使合议庭在非法证据审理程序中对证据取得违法形成统一认识，并将该非法证据排除在定案证据之外，由于合议庭人员已经接触并知晓了非法证据的内容，该非法证据或多或少会对合议庭后续犯罪事实的认定产生间接影响，故非法证据排除规则所追求的阻断非法证据与案件事实认定的目的可能无法实现。另外，同一合议庭先后进行非法证据审理与案件事实审理，侦查取证合法性审理与案件事实审理事实上合二为一，使得两种不同性质的诉讼相互混淆，出现了先审侦查人员、后审被告人的尴尬局面，这既不利于有效排除非法证据，又严重影响对被告人犯罪事实的指控、举证质证与辩论。

（八）非法证据的裁决机制尚不健全

根据《非法证据排除规则》第5条规定，作为前置性的非法证据调查程序，要求法庭先对证据合法性作出裁决后才能进入案件实体审理。由于法院行政指导作用的加强，合议庭的职能受到削弱，法庭审理活动呈现庭上功能弱化、庭下功能增强的趋势；加之客观真实、实体正义仍然是民众对司法的主要价值要求，实践中合议庭通常未对非法证据排除问题当庭裁决，而是将非法证据审理与案件事实审理合并进行，再一并提交审判委员会讨论决定，使证据合法性问题未能及时得到裁决，给被告方、旁听群众带来诸多疑惑，庭审效果大打折扣。

笔者认为，将非法证据排除规则纳入到我国刑事诉讼程序无疑对于弥补我国证据规则的缺失，促进我国刑事司法制度的现代化具有十分重要的意义，也是构建中国特色社会主义司法制度，推动刑事诉讼制度民主化、法治化的必然选择。但是，由于非法证据排除规则在制度设计上存在的一些重大缺陷以及司法实践中出现的一些偏差，使得非法证据排除规则难以完成根治刑讯逼供或者其他违法取证痼疾的目标，不仅直接挑战司法机关的执法公信力，而且也给公民、法人或其他组织认可和遵守该规则打了折扣。这其中，有传统司法观念的影响，也与非法证据排除未能充分反映社情民意与调研论证有关，还与该规则生存运行的制度环境不够健全存在莫大干系。首先，我国以侦查为中心的传统诉讼模式未能全面改造，以法律监督与司法公正为中心的诉讼程序及其证据制度安排尚未有效建立，检察机关引导侦查的现代司法审查模式尚不健全，与查处刑事犯罪特别是职务犯罪密切相关的公民举报权益保护制度、污点证人交易制度、辩诉交易制度、缺席审判制度、腐败犯罪的举证责任倒置制度以及秘密侦查技术手段的运用等配套机制尚未建立健全，使得非法证据排除规则在推动司法文明、促进司法现代化过程中孤掌难鸣，大大降低了该规则在刑事诉讼中的作用与功效，以致出现了制度设计与司法实践相背离的双向困境。其次，非法证据排除规则作为一种限制国家权力与保障公民权利的法律规定，在赋权方面存在边界不清、义务不确定、法律后果缺失等弊端，客观上助长了有的民众滥用规则、不信守规则、不畏惧规则的局面，对于培植公民法治观念以及守法、护法意识带来了一定的消极影响。再次，非法证据排除规则未能与刑事诉讼法形成有机联系的统一整体，其相关制度设计与刑事诉讼法之间存在一定的冲突，客观上导致其无法从刑事诉讼法中寻求更为宏大的合法性资源。针对非法证据排除规则在司法运行中存在的上述突出问题，特提出如下改进意见。

(1) 培植现代司法理念。一方面，司法机关要加强执法规范化建设，树立理性、平和、文明、规范的执法理念，着力提升严格公正文明廉洁执法水平。一是从重实体轻程序到实体与程序并重执法理念的转变。在执法办案中，既要全面收集影响犯罪嫌疑人、被告人定罪、量刑的各种证据材料，也要收集证明自身取证行为合法性的证据材料，坚决杜绝刑讯逼供等非法取证行为，尽量减少执法过程不规范、不文明现象的发生。二是从重打击犯罪轻保障人权到打击犯罪与保障人权并重执法理念的转变。要坚决纠正重有罪证据轻无罪证据、罪轻证据收集的陈旧做法，依法全面客观收集各种证据材料，切实保障被告人的合法权益。三是从依赖言词证据定案到依赖物证书证等科技证据定案执法理念的转变。要切实改变依赖人证的办案方式与做法，充分发挥科学技术在司法证明的重要作用，加强对物证、书证等客观证据的收集，提升司法证明能力与水平。另一方面，要加大对普通公众的法律教育、宣传工作力度，积极引导公众培养法治心理、养成法治思维、理性合法地表达诉求，自觉维护社会主义法律的权威与尊严，为非法证据排除规则的运行创造良好的社会心理环境。

（2）完善非法证据排除规则的制度设计。要针对非法证据排除规则运行中存在的突出问题，通过启动相关立法与司法解释工作完善相应的程序规定，充分发挥非法证据排除规则在惩罚犯罪与保障人权方面的积极作用。一是明确违法取证手段的范围。从我国现阶段基本国情出发，将刑讯逼供限定为使用肉刑或变相使用肉刑的范围；将暴力取证界定为使用殴打、捆绑、违法使用械具等恶劣手段获取证言；将变相刑讯逼供严格限定在与刑讯逼供具有同等性的其他严重侵犯犯罪嫌疑人人权的范围内。对于司法实践中存在的一些不规范审讯方式方法，通过宣讲政策法律、进行政策攻心或者宣示不利后果施加一定的心理压力所取得的证据，以及通过承诺一定的事项获取犯罪嫌疑人、被告人供述等，不宜列入非法证据的范围；建议明确每次审讯时间最长不得超过16小时，两次审讯间隔时间不得少于8小时的规定，充分实现惩治犯罪与保障人权的有机统一。二是明确检察机关在审前程序中排除非法证据的程序及其效力。在启动方式上，可以采用依职权启动或者依犯罪嫌疑人申请启动两种方式。在排除非法证据过程中，检察机关可以听取犯罪嫌疑人及其辩护人关于侦查取证是否合法的意见，要求侦查机关（部门）提供侦查取证行为合法性的证据材料，必要时可以主动调查核实，依法作出排除非法证据的决定。检察机关作出的排除非法证据决定，应当具有法律效力。三是对被告方滥用非法证据排除申请的行为进行必要规范。对于被告方编造刑讯逼供等违法取证事实，否定侦查机关（部门）取证行为合法性的，检察机关应在庭审中依法予以揭露和抨击，维护司法机关的权威；对于恶意攻击侦查机关及其人员违法取证、情节严重的，应当依法追究其法律责任。四是明确被告方提出非法证据排除申请的期限与次数，并赋予检察机关必要的调查核实时间。建议将被告方提出非法证据排除申请的时间限制在一审开庭前，一审法院已就非法证据问题作出裁定的，被告方不得以任何理由重新在二审中提出非法证据排除申请，法院不能在以后程序中再就非法证据问题进行审理。五是将非法证据审理程序与案件事实审理程序进行分离。应当将审查证据合法性的主体和案件事实审理的主体分离，将非法证据审理程序置于案件事实审理前，而不能放在公诉人宣读起诉书之后，同时适当控制非法证据审理程序的庭审时间，避免案件实体审理不当迟延。六是侦查人员出庭作证要慎重。法庭在要求侦查人员出庭作证前，应当按规则要求穷尽其他证明途径。公安机关、检察机关现有证据足以证实侦查取证合法的，或者合议庭对于证据合法性没有疑问的，可以不要求侦查人员出庭作证。七是强化法院对非法证据的审查判断责任。被告方没有提出非法取证的线索或证据，或者已经提供的线索或证据无法对侦查取证的合法性形成合理疑点，法院应当当庭认可证据取得的合法性，并直接开始案件的实体性审理。在非法证据调查程序中，除特殊情况外，法院对于有证据证实侦查取证行为合法性的证据应依法予以确认，维护侦查行为的合法性。

（3）建立健全正确运用非法证据排除工作的机制。要主动适应非法证据排除规则对于司法工作的新挑战，认真总结应对非法证据的经验、做法，建立健全工作机制，全面提高应对处置能力与水平。一是建立健全协调沟通机制。在处置非法证据排除案件中，公、检、法、司机关之间要加强协调配合，认真研究非法证据排除工作中存在的问题，确保非法证据排除工作顺利进行；同时也要加强监督制约，依法排除通过刑讯逼供等非法手段取得的言词证据，切实规范侦查权的运行，保障被告人的合法权益。另外，检察机关应当加强与司法行政机关的协调沟通，充分保障律师在非法证据处置工作的参与权、辩护权等正当执业权利，促进非法证据处置工作的民主化、科学化。二是建立健全审查判断机制。针对犯罪嫌疑人、被告人提出遭受刑讯逼供等违法取证的意见，公安机关法制部门、人民检察院审查批捕与审查起诉部门以及人民法院刑事审判部门要充分运用“八审八看”方法，综合判断是否存在违法取证行为。即：审查犯罪嫌疑人、被告人供述，看其供述是否自然客观、翻供是否合理；审查原始的讯问同步录音录像，看讯问人员、讯问时间、地点、方式、内容是否客观真实；审查提押过程，看提押证上的提押时间、还押时间、提押地点是否客观真实；审查同监号在押人员的证言，看是否存在非法取证的间接证据；审查狱医、检察技术人员的证言，看其证言是否有身体检查结论或鉴定结论作支撑；审查看守所民警、驻所检察官的证言，看其是否了解犯罪嫌疑人、被告人遭受非法取证的情况；审查侦查人员的证言，看其证言是否有其他证据支持；审查辩护律师、犯罪嫌疑人、被告人家属等人反映的情况，看其反映是否客观真实。三是建立健全检察工作一体化机制。对于重大犯罪案件、在全国或者当地有重大影响的案件，下级检察院应及时向上级检察院报告。上级检察院要坚决支持下级检察院依法办案，主动及时指导督办，强化管理、检查和监督，保障案件依法处理。四是建立健全舆情处置工作机制。对于利用网络对取证合法性进行的炒作，要坚持正面宣传为主，统一对外宣传口径，表明基本态度，根据舆情发展动态，主动联系主流媒体，适时公布案件事实，树立正确舆论导向。

（4）加大配套相关法律制度建设。一是制定统一的法律监督法，就检察机关开展法律监督的范围、程序、方式、措施以及被监督对象的义务一并作出规定，促进检察机关法律监督工作的规范化、制度化。特别是要从我国现行宪政体制与司法体制机制出发，既要反对盲目学习和借鉴西方检警一体、检察指挥侦查的刑事司法模式，又要加大对侦查活动的司法审查工作力度，完善检察机关提前介入引导侦查的工作机制，畅通检察机关知悉侦查活动渠道，保证检察机关对于侦查活动知情权、参与权与监督权的有效行使。二是完善非法证据的司法认定标准。由于非法证据的排除直接关系到社会公共福祉与被追诉人的合法权利，因而需要在两者之间进行适当的利益权衡，以便充分实现惩罚犯罪与保障人权的有机统一。因此，大多数国家在认定非法证据的过程中，或多或少存在一定的利益比较和权益平衡。例如，英国1984年警察与刑事证据法以成文法的形式确认了法官对于控方非法证据的自由裁量权。实践操作中，法官一般会对控辩双方的利益予以同等的考虑，并防止因为排除非法证据而使得控方受到明显不公平的对待。❶ 美国法院在对“米兰达规则”适用过程中确立了5项限制与2项例外的规定。5项限制为：逮捕前的问话、被捕者不要求见律师而亲属为其找了律师、要求会见缓刑监督人、第二次讯问、被告人主动向警察招供；2项例外是公共安全例外与抢救例外。❷ 在德国，对于那种违反了法定禁止性规则的证据取得方式，法院在作出是否排除证据的裁决时，通常需要考虑以下因素：①违法取证行为是否损害了那种能从排除证据中受益的人的法定利益；②该证据是否非使用违法手段不得取得；③该证据的排除是否与那些被破坏的程序规则之目标相称；④证据排除是否与“依据实体真实裁判案件”这一最高利益冲突。❸ 上述国家的立法与司法实践都充分反映出对非法证据排除规则的规范与制约，因此，我国在借鉴非法证据排除规则过程中一定要弄清其产生的社会物质生活条件，不能就规则谈规则，更不能盲目照搬照套，❹ 要从我国国情出发，探索建立健全非法证据认定的司法标准，在保障社会公共利益与保护被追诉人合法权利之间保持合理的张力。三是完善相关刑事诉讼法律措施与手段。要针对刑事犯罪智能化、网络化、全球化发展的客观现实，全面提高侦查机关（部门）的科技装备水平，特别是结合反腐败斗争的需要，赋予检察机关秘密侦查等技术性侦查措施，建立辩诉交易、污点证人、缺席审判、证人特殊保护、公务员财产信息监管以及腐败犯罪案件的举证责任倒置等制度，完善职务犯罪的证明标准，为非法证据排除规则的有效实施创造良好的制度环境。

---

❶ 陈瑞华：《比较刑事诉讼法》，中国人民大学出版社2010年版，第41页。

❷ 李义冠：《美国刑事审判制度》，法律出版社1999年版，第50~72页。

❸ ［德］托马斯·魏根特：《德国刑事诉讼程序》，中国政法大学出版社2004年版，第194页。

❹ 徐汉明：《转型社会的法律监督理念、制度与方法（上）》，知识产权出版社2011年版，第91页。

关于刑事诉讼法再修改的若干意见*

随着我国政治、经济、社会和文化的发展，刑事诉讼法的再修改已经迫在眉睫。最高人民检察院根据我国社会经济发展情况，从惩罚犯罪与保障人权相统一的高度，就刑事诉讼法再修改中需要重点关注的若干问题提出了明确具体的修改意见。特别是关于检察机关立案侦查案件审查逮捕制度、逮捕条件和审查逮捕阶段讯问犯罪嫌疑人制度、检察机关侦查手段、并案侦查制度、拘传和监视居住制度、诉讼监督制度、附条件不起诉制度等提出的修改措施，具有前瞻性、现实性和可操作性，对于完善中国特色的社会主义司法制度，促进刑事诉讼民主、文明，维护社会公平正义具有十分重要的意义。对此，我们表示高度赞同，并就建议稿中没有涉及或者已经涉及但认为需要进一步完善的问题提出修改意见，供参考。

一、完善对刑事立案活动的监督

（一）强化对公安机关刑事立案情况的监督

立法建议如下。

在《刑事诉讼法》第 87 条后增加一条作为第 87 条之 4：

公安机关对于立案侦查的案件，应当在 7 日以内将立案情况向人民检

---

* 本文系作者与赵慧博士、杨剑波博士于 2011 年 5 月 19 日在全国人大法工委关于刑事诉讼法再修改座谈会上的发言。

察院通报。人民检察院对于公安机关久侦不破的案件，可以要求公安机关说明理由，公安机关应当将案件侦查进展情况及时通知人民检察院。

主要理由如下。

（1）十一五”期间，我国刑事犯罪立案数高达2 590余万件（年均518万余件），呈逐年上升趋势；同期，全国刑事破案1 181.3万件，年均236余万件，破案率仅为46.5%，且呈逐年下降趋势，未破案件1 409.5万余件，年均未破案件为281.9万件，呈逐年上升趋势。案件未能及时破获和久侦不破，这是涉及保障民生的突出问题，表明受害公民的合法权益未得到有效保护。按照每件未破案件影响受害公民家庭5人计算，其波及面达7 000余万人，占总人口的5.18%。按照现有的法律规定，检察机关开展立案监督年均2万余件，审查批捕年均92.4万余人，起诉年均111万人。检察机关依职权介入监督的，占立案数的21.26%，破案数的46.62%。其原因是复杂的，但有两个方面的问题值得高度重视：一方面，每年有近300万人实体权益未受到有效保护；另一方面，公安机关立案侦查案件中有超过50%以上的案件未能进入检察机关的法律监督范围，这对于切实保障人权，维护社会和谐稳定，促进刑事法治现代化建设都是一项紧迫的任务。

（2）刑事立案监督不仅应包括对公安机关应当立案而不立案以及不应当立案而立案情况的监督，而且还应该包括对公安机关全部立案情况的监督，以便检察机关全面掌握公安机关刑事立案情况，切实解决公安机关立而不侦、侦而不破、以破代立的问题，督促公安机关依法查处犯罪。从湖北省南彰县检察院开展对公安机关刑事立案情况开展法律监督工作看，加强对公安机关刑事立案情况的监督，有利于人民检察院全面及时了解公安机关刑事立案情况，有效督促公安机关加快刑事案件侦查办案力度，确保刑事案件及时侦破。

表 1 全国刑事犯罪案件立破案、审查批捕主要情况

	年度	公安机关对刑事犯罪立、破案情况			检察机关审查批捕刑事犯罪情况					受理批捕所占比率		
		立案	破案	破案率	受理批捕		批准逮捕	不批准逮捕	批捕率	批捕率同比增减	件数占公安立案比率	件数占公安破案比率
		（件）	（件）	（%）	（件）	（人）	（人）	（人）	（%）	（%）	（%）	（%）
1	2006 年	4 666 474	2 214 149	47.4	636 166	1 001 760	891 620	95 607	90.3	-1	13.6	28.7
2	2007 年	4 807 517	2 410 344	50.1	655 325	1 033 942	920 766	100 711	90.1	-0.2	13.6	27.2
3	2008 年	4 884 960	2 411 476	49.4	683 345	1 069 172	952 583	107 815	89.8	-0.3	14	28.3
4	2009 年	5 579 915	2 447 515	43.9	693 844	1 071 958	941 091	123 235	88.4	-1.4	12.4	28.3
5	2010 年	5 969 892	2 329 947	39	706 392	1 069 401	916 209	143 891	86.4	2	11.8	30.3
6	2006～2010 年	25 908 758	11 813 431	45.6	3 375 072	5 246 233	4 622 269	571 259	89.1	—	13	28.6
7	2001～2005 年合计	22 554 707	9 519 271	42.2	2 529 692	4 497 866	4 071 642	364 411	91.7	—	13	30.8
6/7												
		上升 14.9%	上升 24.1%	增加 3.4%	上升 15.2%	上升 17.4%	上升 13.5%	上升 56.8%	降低 2.6%	—	持平	降低 2.2%

（二）强化对行政执法部门查处行政违法案件的监督

立法建议如下。

在《刑事诉讼法》第84条增加一款作为第3款：

行政执法机关对于立案查处的行政违法案件，应当在7日以内将案件有关信息通知人民检察院。人民检察院经审查认为行政违法案件可能涉嫌犯罪的，可以要求行政执法机关将案件移送公安机关或者人民检察院处理，行政执法机关应当及时移送。公安机关和人民检察院在查处行政违法案件时，行政执法机关应当予以协助。

主要理由如下。

（1）据统计，海关、审计、工商、技术质量监督、药品监管、土地、物价、国税、地税、农业、水政、林业、交通等13个行政执法部门2006~2010年共查办违法案件1 220余万件（年均244万件），其中移送司法机关追究刑事责任的21.7万件，仅占行政执法办理案件的1.78%。巨大的行政执法案件数量和近年来行政执法工作人员渎职犯罪易发高发态势与不到2%的移送比例形成了鲜明反差，应当引起高度重视。近年来发生的苏丹红、瘦肉精、毒奶粉以及其他有毒有害食品药品事件，都与行政执法机关执法不作为、乱作为有关。这说明，目前行政执法与刑事司法衔接机制存在的问题是，一方面是行政执法机关没有依法及时移送涉嫌犯罪案件，另一方面是检察机关无法全面掌握行政执法机关行政执法信息，导致法律监督渠道不畅，使得大量案件被行政执法机关以罚代刑或者降格处理。

（2）2001年7月，国务院颁布了《行政执法机关移送涉嫌犯罪案件的规定》，2011年2月，中办、国办转发了国务院法制办等部门制定的《关于加强行政执法与刑事司法衔接工作的意见》，对行政执法机关向公安机关执法移送涉嫌犯罪的条件、程序以及处理等作了明确规定，有力推动了行政执法与刑事司法衔接机制建设，实践证明是有效的。但上述规定没有解决行政执法与刑事司法衔接机制中存在的信息不畅，案件协查和部门壁垒的问题，迫切需要在刑事诉讼法再修改中予以完善，以促进行政执法与刑事司法衔接工作的顺利开展。

表 2　湖北省刑事犯罪案件立破案、审查批捕主要情况

	年度	公安机关对刑事犯罪立、破案情况			检察机关审查批捕刑事犯罪情况					受理批捕所占比率		
		立案	破案	破案率	受理批捕		批准逮捕	不批准逮捕	批捕率	批捕率同比增减	件数占公安立案比率	件数占公安破案比率
		（件）	（件）	（%）	（件）	（人）	（人）	（人）	（%）	（%）	（%）	（%）
1	2006 年	154 114	69 759	43.9	19 295	29 901	27 370	1 787	93.9	-0.7	12.5	28.5
2	2007 年	164 415	74 833	45.5	20 864	31 702	29 180	1 876	94	0.1	12.7	27.9
3	2008 年	173 061	79 035	45.7	21 478	32 505	29 779	2 018	93.7	-0.3	12.4	27.2
4	2009 年	195 836	90 916	46.4	22 079	33 629	30 812	2 174	93.4	-0.3	11.3	24.3
5	2010 年	221 735	76 401	34.5	21 873	33 048	29 950	2 379	92.6	-0.8	9.9	28.6
6	2006～2010 年	909 161	388 780	42.8	105 589	160 785	147 091	10 234	93.5	—	11.6	27.2
7	2001～2005 年合计	777 493	391 752	50.4	92 772	139 771	125 291	8 689	93.5	—	11.9	23.7
6/7												
		上升 16.9%	下降 0.76%	降低 7.6%	上升 12.8%	上升 15%	上升 17.4%	上升 17.8%	持平	—	降低 0.3%	增加 3.5%

表 3　全国刑事犯罪案件立破案、审查起诉主要情况

年度		公安机关对刑事犯罪立、破案情况			检察机关审查批捕刑事犯罪情况					受理批捕所占比率		
		立案	破案	破案率	受理审查起诉		决定起诉	决定不起诉	起诉率	起诉率同比增减	件数占公安立案比率	件数占公安破案比率
		（件）	（件）	（%）	（件）	（人）	（人）	（人）	（%）	（%）	（%）	（%）
1	2006 年	4 666 474	2 214 149	47.4	736 867	1 175 863	999 086	18 578	98.2	0.1	15.8	33.3
2	2007 年	4 807 517	2 410 344	50.1	780 218	1 260 329	1 082 487	27 988	97.5	-0.7	16.2	32.4
3	2008 年	4 884 960	2 411 476	49.4	820 601	1 324 651	1 143 897	29 871	97.5	0	16.8	34
4	2009 年	5 579 915	2 447 515	43.9	829 188	1 332 768	1 134 380	33 048	97.2	-0.3	14.9	33.9
5	2010 年	5 969 892	2 329 947	39	837 601	1 331 198	1 148 409	37 485	96.8	-0.4	14	35.9
6	2006 ~ 2010 年	25 908 758	11 813 431	45.6	4 004 475	6 424 809	5 508 259	146 970	97.4	—	15.5	33.9
7	2001 ~ 2005 年合计	22 554 707	9 519 271	42.2	3 300 252	5 061 827	4 332 185	102 928	97.6	—	14.6	34.7
6/7												
		上升 14.9%	上升 24.1%	增加 3.4%	上升 21.3%	上升 26.9%	上升 27.1%	上升 42.8%	降低 0.2%	—	增加 0.9%	降低 0.8%

（3）目前，我国法律对行政执法的控制与监督主要是党内监督、行政监察、行政复议、人民法院对行政诉讼的司法审查、人民检察院对生效行政裁判确有错误提出抗诉（即司法再审查）以及对行政执法人员涉嫌贪污贿赂、失职渎职犯罪行为开展侦查，取消了检察机关对于行政权的一般法律监督权。实践证明，这符合中国国情，我国的检察制度建设不应再恢复一般法律监督权，但现有的对行政执法权的控制与制约的制度安排存在重大缺陷，需要在刑事诉讼法再修改中对行政执法与刑事司法衔接的程序性控制作出规定，督促行政执法机关依法行政。

（4）要强化对行政执法机关的监督，关键是要解决好执法司法信息不畅、案件协查和收集证据部门壁垒等问题。要积极推进与工商、税务、海关、审计、质监、食品药品监管、土地、物价、农业、水政、林业、交通、卫生、知识产权保护、新闻出版等行政执法部门之间的“网上衔接、信息共享”机制建设，督促有关部门严格按照规定录入案件信息，确保信息畅通，切实防止有案不移、以罚代刑。

表4　全国部分行政执法机关执法情况

执法部门	执法事项	2006年	2007年	2008年	2009年	合计
交警执法	处理交通事故（万起）	37.88	38.72	38.95	39.07	154.62
	刑事立案（件）	38 189	41 018	41 521	43 567	164 295
海关执法	立案查处走私违法行为（万件）	7.42	7.55	7.78	7.93	30.68
	刑事立案（件）	1 139	1 197	1 254	1 285	4 875
审计执法	查处违法违规案件（万件）	33.75	35.22	36.93	38.24	144.14
	移送司法机关追究刑事责任（件）	1 480	1 735	1 979	2 163	7 357
工商执法	查处违法违规案件（万件）	60.05	64.3	65.37	66.16	255.88
	移送司法机关追究刑事责任（件）	674	690	693	715	2 772
质检执法	查处违法违规案件（万件）	18.5	18.9	19.7	20.4	77.5
	移送司法机关追究刑事责任（件）	264	294	336	395	1 289
药监执法	查处违法违规案件（万件）	20.1	21.4	22.3	22.8	86.6
	移送司法机关追究刑事责任（件）	168	179	184	190	721

续表

执法部门	执法事项	2006 年	2007 年	2008 年	2009 年	合计
土地执法	查处违法违规案件（万件）	8.1	10.4	6.9	4.9	30.3
	移送司法机关追究刑事责任（件）	69	112	87	65	333
物价执法	查处违法违规案件（万件）	8.91	7.34	5.75	5.29	27.29
	移送司法机关追究刑事责任（件）	114	103	83	75	375
国税执法	稽查违反税法案件（万件）	4.93	5.15	5.7	5.99	21.77
	移送司法机关追究刑事责任（件）	351	593	730	928	2 602
地税执法	稽查违反税法案件（万件）	63.75	64.19	65.72	67.96	261.62
	移送司法机关追究刑事责任（件）	338	856	1 121	1 381	3 696
农业执法	查处违法违规案件（万件）	8.81	10.12	12.37	12.75	44.05
	移送司法机关追究刑事责任（件）	257	186	124	145	712
水政执法	查处违法违规案件（万件）	1.88	2.24	3.56	3.39	11.07
	移送司法机关追究刑事责任（件）	115	103	109	103	430
林业执法	查处违法违规案件（万件）	19.4	19.1	17.6	18.8	74.9
	刑事立案（件）	5 755	7 909	7 125	7 216	28 005

（三）强化对行政执法部门工作人员渎职行为的监督

立法建议如下。

建议将《刑事诉讼法》第 8 条修改为：

“人民检察院依法对刑事诉讼实行法律监督。对行政执法工作人员、司法工作人员的渎职行为，人民检察院可以审查案卷材料、调查核实违法事实、提出纠正违法意见或者建议更换办案人。涉嫌犯罪的，应当依法立案侦查或者移送有管辖权的机关立案侦查。”

主要理由如下。

(1) 2010 年 7 月，最高人民法院、最高人民检察院、公安部、安全部、司法部联合下发了《关于对司法人员在诉讼活动中的渎职行为加强法律监督的若干规定（试行）》，就司法工作人员在诉讼中的渎职行为开展法律监督作了具体规定。实践证明，该文件对于加强对司法工作人员以权谋私、徇私舞弊、徇情枉法、滥用职权的法律监督，对于深化司法体制和工作机制改革，加强对司法权的监督制约，推进公正廉洁执法，均具有极为重要的法律意义和现实意义。

（2）将行政执法机关工作人员的渎职行为纳入法律监督调查范围，有利于督促行政执法机关工作人员依法行政，切实解决司法实践中行政不作为、乱作为等问题，提高行政执法质量与水平。

二、完善对刑事审判活动的监督

（一）强化对简易程序审理案件的法律监督

立法建议如下。

在《刑事诉讼法》第179条后增加一条作为第179条之1：

对于人民法院适用简易程序审理的案件，人民检察院应当从程序适用关、派员出庭关和事后审查关进行法律监督。

主要理由如下。

（1）根据统计数据，全国适用简易程序审理公诉案件的平均比例为39.76%。2005－2009年，湖北省检察机关提起公诉案件99 920件，适用简易程序审理案件33 264件，简易程序适用率33.29%，其中检察机关派员出庭案件2 349件，派员出庭率仅为7.08%。简易程序案件占到全部公诉案件的1/3左右，但检察机关对于简易程序审理的案件缺乏监督。加强对简易程序审理案件的法律监督，是有效防止简易程序成为腐败源头的有理措施，对于维护司法公正具有积极作用。

（2）从湖北省调研情况看，目前简易程序的法律监督的难点和重点主要在把好三关：一是把好简易程序适用条件关。只有人民检察院和人民法院意见达成一致，才能适用简易程序。二是把好派员出庭关。对已经适用简易程序的案件，发现有必要出庭进行监督的情形，可以针对个案派员出席法庭；对于发现案情复杂或发生重大变化等情形，有必要转为普通程序审理的，检察机关应当派员出席法庭。三是把好事后审查关。要及时对相关裁判文书进行审查，重点审查认定的事实、适用的罪名、判处的刑罚等是否合法，发现问题的要根据不同情况进行有效监督。

（二）强化对自诉案件的监督

立法建议如下。

在170条后增加一条作为第170条之1：

人民检察院发现人民法院审理自诉案件中严重损害国家、集体和社会公共利益的行为，以及调解违反自愿、合法原则严重侵害自诉人合法权益的行为，有权向人民法院提出纠正意见。

主要理由如下。

自诉案件作为刑事诉讼中一个独立的诉讼程序，目前检察机关尚无有效渠道进行法律监督，导致自诉案件中违法调解以及其他严重损害国家、集体、社会公共利益甚至自诉人合法权益事件的发生。同时，考虑到自诉案件中双方当事人享有一定的处分权和案件自决权，故检察机关对于自诉案件的介入应当采取慎重的态度。对于一般违法行为，检察机关应当避免介入，但对于自诉案件中严重损害国家、集体、社会公共利益以及自诉人合法权益的行为，由于违法严重，明显违背社会公平正义，检察机关有必要依法介入，切实保障自诉人以及国家集体和社会公共利益。

（三）强化对刑事附带民事诉讼的监督

立法建议如下。

在《刑事诉讼法》第78条后增加一条作为第78条之1：

人民检察院对于人民法院在附带民事诉讼中严重损害当事人合法权益的行为，有权向人民法院提出纠正意见。

主要理由如下。

我国现行刑事诉讼法没有就附带民事诉讼中的法律监督作出明确规定。司法实践中，大量存在侵犯附带民事诉讼当事人合法权益的事件，因此，有必要加强检察机关对附带民事诉讼活动的法律监督。考虑到附带民事诉讼中当事人双方具有一定的自由处分权，建议将法律监督的重点放在严重侵犯当事人合法权益的情形，避免对于私权的过分干预。

（四）强化对二审上诉案件审理活动的监督

立法建议如下。

对《刑事诉讼法》第187条第1款修改为：

第二审人民法院对于上诉案件，应当组成合议庭，开庭审理。人民检察院经过阅卷，认为事实清楚建议不开庭审理的，人民法院可以不开庭审理。

主要理由如下。

在司法实践中，二审上诉案件不开庭审理已经成为一种常见现象。由于上诉案件不开庭审理，使得目前的二审上诉程序已经蜕变为行政审批程序，严重剥夺了被告人的诉讼权利。因此，有必要将上诉案件开庭审理作为一项原则加以规定。考虑到有些上诉案件事实比较清楚、证据确实充分，为节约司法资源、提高诉讼效率，对于检察机关通过审查案卷建议法院书面审理的，人民法院可以不开庭审理。

（五）强化对法院自行决定逮捕与变更强制措施的监督

立法建议如下。

在《刑事诉讼法》第8条后增加一条作为第8条之1：

人民法院自行决定逮捕或者变更强制措施的，应当通知检察机关，检察机关认为人民法院决定逮捕或者变更强制措施不当的，可以向人民法院提出纠正意见。

主要理由如下。

由于人民法院决定逮捕或者变更强制措施涉及犯罪嫌疑人、被告人合法权益的剥夺或者限制，司法实践中也确实存在人民法院违法逮捕或者违法变更强制措施的情况，因此有必要将此纳入检察机关的法律监督范围，督促人民法院依法行使相关权力。

（六）强化对人民法院发回重审制度的监督

立法建议如下。

对《刑事诉讼法》第189条、第191条分别修改为：

第二审人民法院对于不服第一审人民法院判决的上诉、抗诉案件，经过审理后，应当按下列情形分别处理。

（1）原判决认定事实和适用法律正确、量刑适当的，应当裁定驳回上诉或者抗诉，维持原判；

（2）原判决认定事实没有错误，但适用法律有错误，或者量刑不当的，应当改判；

（3）原判决事实不清楚或者证据不足的，应当在查清事实后改判；当事实无法查清无法确定犯罪的，应当撤销原判，宣告无罪判决。

第二审人民法院发现第一审人民法院的审理有下列违反法律规定的诉讼程序的情形之一的，可以裁定撤销原判，发回原审人民法院重新审理，但发回重审以一次为限。

（1）违反本法有关公开审判的规定的；

（2）违反本法有关回避的规定的；

（3）剥夺或者限制了当事人的法定诉讼权利，可能影响公正审判的；

（4）审判组织的组成不合法的；

（5）其他违反法律规定的诉讼程序，可能影响公正审判的。

主要理由如下。

由于现行刑事诉讼法关于发回重审理由的规定过于原则，不明确，不具有操作性，导致司法实践中发回重审制度被滥用。加之刑事诉讼法没有对发回重审的次数作出限制，导致一个案件多次发回重审，严重浪费司法资源。司法实践中，不少法院往往通过发回重审制度来规避上诉不加刑原则以及逃避应当承担的审级责任。更为重要的是，由于我国目前对被告人的羁押期限依附于办案期限，发回重审制度使得被告人被羁押的期限无限延长。因此，有必要规范发回重审制度，对其次数进行限制，避免无限制发回重审。

三、完善非法证据排除制度

立法建议如下。

1. 删除《刑事诉讼法》第43条关于引诱、欺骗的表述；

2. 在《刑事诉讼法》第43条之1增加一款，作为第43条第2款：

刑讯逼供是指对犯罪嫌疑人、被告人使用肉刑或者变相肉刑逼取口供的行为；暴力是指通过殴打、捆绑、违法使用械具等恶劣手段获取证言的行为；威胁是指以对被告人及其近亲属的人身实施一定的不利后果来获取证言的行为。

3. 在《刑事诉讼法》第92条增加一款作为第92条第3款：

每次讯问犯罪嫌疑人不得超过16小时，并且必须保证在押犯罪嫌疑人每天有连续8小时的休息时间。

4. 在《刑事诉讼法》第43条后增加一条作为第43条之3：

犯罪嫌疑人及其近亲属以及辩护人向人民检察院提出犯罪嫌疑人供述是非法取得的，或者人民检察院在审查逮捕和审查起诉过程中发现侦查人员以非法手段收集证据的，人民检察院应当听取犯罪嫌疑人及其辩护人关于侦查取证是否合法的意见，要求侦查机关提供侦查取证行为合法性的证据材料，必要时可以主动调查核实，依法作出是否排除非法证据的决定。

检察机关依法作出的排除非法证据决定，具有法律效力。

5. 对《刑事诉讼法》第151条之1修改为：

被告人及其辩护人提出证据存在本法第43条之1、第43条之2所规定情形，需要排除的，应当在开庭前10日提出，并提出相关线索或者证据，在开庭5日以前提交法庭。

法庭经审查，认为需要调查核实的，应在开庭3日以前通知控辩双方到庭就证据的合法性进行调查核实。

被告人及其辩护人因正当理由未能在开庭5日以前提出相关线索或者证据的，经法庭同意，可以在法庭审理过程中提出。

一审人民法院已就非法证据问题作出裁决的，被告人及其辩护人不得在以后的诉讼程序中就非法证据提出申请，人民法院在以后的审理程序中不对非法证据问题进行审理。

6. 对《刑事诉讼法》第159条之1修改为：

"在法庭对证据合法性进行的调查中，公诉人通过提供其他证据无法证实侦查取证行为合法的，可以提请法庭通知讯问人员或者其他人员出庭作证。经依法通知，讯问人员或者其他人员应当出庭作证。"

主要理由如下。

（1）引诱和欺骗很难与正常的侦查谋略之间加以区分，且修改后的刑事诉讼法并没有将引诱和欺骗作为违法取证手段加以规定，且第43条与第43条之1关于非法取证手段的表述存在矛盾，故建议删除该表述。

（2）由于刑事诉讼法没有明确刑讯逼供等违法取证手段的内涵，导致司法实践中无法把握。从司法实践看，存在将非法证据排除范围扩大化的趋势。比如，有的把侦查人员对被审讯对象的长时间审讯作为非法取证手段看待；有的把被审讯对象人格遭受一定的贬损作为认定非法取证手段的重要依据；有的把侦查人员对审讯对象作出的某些承诺未能兑现作为衡量非法证据的关键因素；有的把侦查人员在审讯中的一些不文明行为视为非法取证手段，等等。建议从我国刑事司法实际出发，将刑讯逼供限定为使用肉刑或变相使用肉刑的范围；将暴力取证界定为使用殴打、捆绑、违法使用械具等恶劣手段获取证言；将变相刑讯逼供严格限定在与刑讯逼供具有同等性的其他严重侵犯犯罪嫌疑人人权的范围内。对于司法实践中存在的一些不规范审讯方式方法，通过宣讲政策法律、进行政策攻心或者宣示不利后果施加一定的心理压力所取得的证据，以及通过承诺一定的事项获取犯罪嫌疑人、被告人供述等，不宜列入非法证据的范围。

（3）我国刑事诉讼法没有对一次讯问时间的长短以及被讯问人的休息时间作出规定，导致司法实践中普遍存在侦查人员对犯罪嫌疑人的讯问时间超过了合理的限度，甚至变成了一种变相的折磨，严重影响到犯罪嫌疑人供述的自愿性、真实性。依《英国1984年警察和刑事证据法》的规定，在任何24小时内，必须保证在押犯罪嫌疑人连续8小时的休息，不受讯问、旅行或来自警察的打扰。在借鉴其他国家立法经验的基础上，建议每次审讯时间最长不得超过16小时，两次审讯间隔时间不得少于8小时的规定，充分实现惩治犯罪与保障人权的有机统一。

(4) 现行法律没有明确检察机关在审前程序排除非法证据的地位与作用，这与检察机关作为法律监督机关的地位与职责不相称。赋予检察机关在审查批捕和审查起诉程序中审查与排除非法证据的责任，不仅有利于及时发现和纠正侦查机关（部门）的违法取证行为，排除非法取证行为所获证据作为检察机关批准逮捕和提起公诉的依据，避免其进入审判程序影响法官评判证据认定案件事实，而且有利于避免刑事诉讼的过于迟延，对于提高诉讼效率具有积极意义。

(5) 针对被告人可以在一审法庭辩论结束前的全部诉讼阶段甚至二审程序中提出非法证据排除申请，且没有次数的限制。建议明确被告方提出非法证据排除申请的期限与次数，并赋予检察机关必要的调查核实时间。建议将被告方提出非法证据排除申请的时间限制在一审开庭前，一审法院已就非法证据问题作出裁定的，被告方不得以任何理由重新在二审中提出非法证据排除申请，法院不能在以后程序中再就非法证据问题进行审理。

(6) 目前，面对刑事犯罪高发频发、有效保障人权、切实改善民生、着力促进社会和谐、维护社会公平正义等多重压力，一方面，侦查人员重打击轻保护等传统执法观念仍然存在，受各种因素的影响与制约，有的侦查人员的侦查谋略、讯问技巧以及依法收集证据的能力尚不适应形势的需要；另一方面，侦查机关（部门）的侦查技术与手段尚不适应犯罪手段现代化特别是职务犯罪智能化的发展趋势，由于职务犯罪侦查部门尚未被赋予秘密侦查等技术性侦查措施，加之公务员财产申报、公民存款实名制、社会信息交换等制度机制尚不健全，有的侦查人员在查办职务犯罪案件中不得不把案件突破放在获取犯罪嫌疑人的口供上，否则，案件就破不了、诉不出、判不了。在相关机制尚未有效建立健全的情况下，要求侦查人员出庭证实自身侦查取证行为的合法性，通常是一方否认刑讯逼供，另一方咬定存在刑讯逼供，双方各执一词，法院难以居中裁判，庭审效果不好，往往成为社会炒作焦点，给公正规范执法带来不良影响。建议在要求侦查人员出庭作证前，应当穷尽其他证明途径。现有证据足以证实侦查取证合法的，或者合议庭对于证据合法性没有疑问的，可以不要求侦查人员出庭作证。

四、完善查处职务犯罪相关制度

（一）建立污点证人交易制度

立法建议如下。

建议在刑事诉讼法总则增加关于污点证人交易制度。

第　条　贪污贿赂和渎职侵权案件中的行为人主动配合执法司法机关查获贪污贿赂、渎职侵权犯罪的，检察机关可以根据其犯罪情节依法作出不起诉决定或者建议人民法院从轻或者减轻处罚。行为人提供重要信息，协助执法司法机关查获重大贪污贿赂、渎职侵权犯罪案件的，检察机关应当建议人民法院减轻或者免除处罚。

主要理由如下。

(1) 建立污点证人交易制度有利于司法机关突破案件，节约司法资源，提高诉讼效率。《联合国反腐败公约》第37条关于与执法机关的合作中规定，各缔约国均应采取适当措施，鼓励参与或者参与实施根据本公约确立的犯罪的人提供有助于主管机关侦查和取证的信息，并为主管机关提供可能有助于剥夺罪犯的犯罪所得并追回这种所得的实际具体帮助。对于在犯罪侦查和起诉中提供实质性配合的被告人，各缔约国应当考虑“在适当的情况下减轻处罚”或者“不予起诉”，并为这类人员提供帮助。我国刑事诉讼制度尚未建立污点证人交易制度。出于打击犯罪的需要，我国刑法和刑事诉讼法对于犯罪参与者的立功、自首、坦白、不起诉等作出了一些规定。但这些规定同公约相比，存在三大缺陷：一是适用的狭窄性。这一规定只适用于贿赂案件，对于渎职、挪用公款等案件的犯罪参与人同侦控机关进行实质性合作，尚不适用。这就对于全面提升打击腐败犯罪的力度非常不利。二是适用的不稳定性。根据刑法的规定，行贿人或介绍贿赂人与检察机关配合的，可以对其减轻或者免除处罚，而不是应当减轻或者免除处罚。这意味着，即使犯罪人同反腐机构配合，也不必然会得到从宽处理，从而大大降低了污点证人参与刑事司法合作的积极性。三是条件的限制性。依照现行刑事诉讼的规定，只有犯罪情节轻微，依照刑法规定不需要判处刑罚或者免除刑罚的，才能实行相对不起诉。但在司法实践中，一些腐败犯罪的污点证人并不具备上述条件，使得侦控机关无法充分运用不起诉制度来促进污点证人与司法机关的合作。

(2) 为鼓励污点证人主动揭发犯罪，加大坦白从宽、立功有奖等刑事政策对于污点证人的吸引力，建议吸收《联合国反腐败公约》的有关精神，建议污点证人交易制度，规定污点证人积极配合司法机关查处案件的，依法做相对不起诉处理或者从宽处理；对于司法机关查处案件具有重大作用的，应当减轻处罚或者免除刑事处罚。

（二）建立刑事缺席审判制度

立法建议如下。

建议在刑事诉讼法建立缺席审判制度。

第一条　案件犯罪事实、证据确实充分，具备以下条件之一的，人民法院可以在被告人未到庭的情况下进行缺席审判：

1. 被告人畏罪潜逃的；

2. 被告人故意或过失自己丧失受审能力的；

3. 被告人因严重违反法庭审理秩序被带离法庭的；

4. 其他被告人无法到庭受审的情形。

第二条　人民法院决定缺席审判的案件，应当在确定开庭一个月之前在当地主要报刊上发布公告，要求被告人按时到庭接受审判。

第三条　被告人无合理理由不到庭接受审判，人民法院可以根据查明的犯罪事实和证据，依法作出有罪判决，并将判决书公告送达被告人。

第四条　案件审理过程中被告人重新出现的，人民法院应当裁定终止缺席审判程序，按照普通程序重新开始审理。

人民法院缺席判决生效后被告人重新出现的，被告人对于缺席判决提出异议的，人民法院应当裁定撤销原判，按照普通程序重新审理。

主要理由如下。

（1）在司法实践中，一旦被告人死亡或者潜逃国外，依照现行刑事诉讼法就无法对被告人的行为作出有罪判决，也无法对其犯罪所得资产依法予以追缴或者没收，严重影响到对于经济犯罪以及腐败犯罪的处理。根据《联合国反腐败公约》第 54 条第 1 款第（3）项的规定，缔约国应根据本国法律，考虑采取必要措施，以便在因为犯罪人死亡、潜逃或者缺席而无法对其起诉的情形或者其他有关情形下，能够不经过刑事定罪而没收腐败犯罪所得的财产。第 57 条第 3 款规定，对于本公约所涵盖的腐败犯罪所得的财产，被请求国在对相关财产没收后，应基于请求国法院作出的生效判决，才能将所没收的财产返还请求国。因此，在我国刑事诉讼法建立刑事缺席审判审判制度十分必要。

（2）建立刑事缺席审判制度，具有如下意义：一是有利于提高诉讼效率；二是有利于均衡诉讼各方对诉讼的期望；三是相应的救济程序可以弥补缺席审判制度的缺陷，一旦被告方能够应诉，或者有相反证据证明缺席判决确有错误，可以通过救济程序撤销该判决；四是国外缺席判决制度证明了其生命力。如德国刑事诉讼法确定的特别程序中规定了缺席审判程序，当被告方所在地不明或者被告人滞留国外，以及管辖法院不能使被告人到庭或具有其他被告人不能到庭的情形，就适用缺席审判程序。

（3）在缺席审判制度设计上，要注意以下问题：一是公告程序。对于被告人潜逃或者缺席的情况下，由人民法院发出公告，敦促其到庭参加诉讼。二是审判程序。由于被告人的特殊性，庭审中不设辩论与被告人最后陈述两个环节。三是撤销程序。在特定条件下，被告人要求回国接受审判的，原判决当然撤销，审判程序可以重新开启；当有其他证据表明缺席判决确有错误的，也应撤销原判决，重新审理。

五、完善刑事再审制度

立法建议如下。

(1) 对《刑事诉讼法》第 205 条修改为：

最高人民法院对各级人民法院已经发生法律效力的判决和裁定，上级人民法院对下级人民法院已经发生法律效力的判决和裁定，如果发现确有错误，有权提审或者指令下级人民法院再审。

最高人民检察院对各级人民法院已经发生法律效力的判决和裁定，上级人民检察院对下级人民法院已经发生法律效力的判决和裁定，如果发现确有错误，有权按照监督审判程序提出抗诉。

(2) 在《刑事诉讼法》第 205 条后增加一条作为第 205 条之 1：

人民法院自行按照审判监督程序重新审判的案件，由作出再审决定的人民法院组成合议庭重新审理，最高人民法院自行启动再审案件的例外。

人民检察院抗诉的案件，接受抗诉的人民法院应当组成合议庭重新审理。

(3) 将《刑事诉讼法》第 206 条修改为：

再审案件一律开庭审理，并应根据审理情况分别作出如下判决：

①原判决认定事实和适用法律正确，量刑适当的，应当维持原判；

②原判决认定事实没有错误，但适用法律错误，或者量刑不当的，应当改判；

③原判决事实不清、证据不足的，经过再审查清事实的，应当改判；

④原判决事实不清、证据不足，经过再审仍无法查清，不能证明被告人有罪的，应当作出无罪判决。

上述判决为终审判决。

（4）在《刑事诉讼法》第206条增加一条作为第206条之1：

对再审判决，不得以同一理由或者相同请求事项启动再审程序，但检察机关认为再审判决确有错误的除外。

主要理由如下。

（1）据湖北省高院统计数据，近年省高院平均每年自行启动再审案件50件左右，但通知省检察院出庭只有约6件左右，仅占再审案件的12%，还有近90%的再审案件处于检察机关法律监督的空白状态，其中，包括检察机关立案侦查的职务犯罪案件，这些案件判决生效已过若干年后，法院根据当事人的申诉自行启动再审，并对原判决予以改变，检察机关对再审改判却不知情，有些案件往往是在下级检察院发现或了解到当事人异常情况后，才知晓法院再审改判的情况。另外，法院再审程序的适用存在很多不按刑事诉讼法规定程序办案或违背刑事诉讼法立法原意办案的情况。如再审发回重审按普通一审程序审理从而改变审判监督程序性质；再审发回重审后要求检察机关撤回起诉、退回公安撤销案件或重新起诉；下级法院再审判决驳回上级检察院抗诉；再审撤销原有生效判决后擅自变更服刑人员的法律地位，等等。

（2）根据我国现行《刑事诉讼法》第205条的规定，原审法院、上级法院和最高人民法院都可以自行启动再审程序，学术界对此提出了批评意见，并形成了废除法院主动发动再审的一致意见。我们认为，赋予上级法院和最高人民法院一定的再审程序启动权在我国具有一定的积极意义，但不能赋予原审法院自行启动再审的权力。

（3）刑事诉讼法和最高人民法院《关于刑事再审案件开庭审理程序的具体规定》没有将再审程序与一审程序、二审程序进行区别，抹杀了再审程序的特殊性。我们认为，再审程序作为一种特殊救济程序，应当在程序设计上与一审和二审程序进行区别。从世界各国看，各国对生效裁判的再审程序有不同规定但都有严格的限制，非具有法定条件不得提起再审程序。我国应取消再审程序发回重审制度，坚持“谁启动谁审理”的原则，受理法院不得以任何理由指定下级院审理，或者撤销原判发回重审。另外，实行再审程序一审终审，有利于缩短诉讼周期，提高诉讼效益。如果再审程序中设置上诉审程序，将造成再审程序的烦琐化，浪费国家司法资源，增加当事人及其他诉讼参与人的负担。

（4）现行刑事诉讼法没有规定可以发动再审的次数，致使许多再审申请人以同一理由多次重复申请再审，无限地进行申诉，这不仅严重损害生效判决的既判力，也造成司法资源的浪费，破坏司法权威，形成无限申诉，无限再审的局面。从世界范围看，不得以同一理由或者相同请求事项，重复发起再审。对于再审判决确有错误的，检察机关作为法律监督机关，可以启动再审程序。

六、建立证据开示制度

立法建议如下。

在刑事诉讼法增加如下条款专门规定证据开示制度：

第一条　人民法院应当在开庭10日前主持控辩双方开示有关证据。

第二条　人民检察院应当向辩护人开示掌握的全部证据。

人民检察院认为相关证据的开示会泄露国家秘密、危害国家安全以及证人保护时，可以不予开示。辩护人有异议的，可以申请人民法院裁决。

第三条　辩护人欲作不在犯罪现场、患有精神疾病、未达到法定刑事责任年龄、正当防卫、紧急避险辩护时，应当向检察机关开示上述相关证据。

第四条　在审判前或审判期间，任何一方发现符合证据开示范围的新证据均应向对方开示。

第五条　检察机关违反证据开示义务的，人民法院可以裁定开示相关证据或者不予采用该证据；辩方违反证据开示义务的，人民法院可以裁定开示相关证据并处以一定数额的罚款。

人民检察院和辩护人对于对方违反证据开示义务的，有权要求法院延期审理，以便对相关证据进行调查核实。

主要理由如下。

（1）证据开示证据对于防止庭审证据偷袭，明确庭审重点，提高诉讼效率和实现司法公正具有积极意义。《中华人民共和国律师法》第34条规定："受委托的律师自案件审查起诉之日起，有权查阅、摘抄和复制与案件有关的诉讼文书及案卷材料。受委托的律师自案件被人民法院受理之日起，有权查阅、摘抄和复制与案件有关的所有材料。"这实际上明确了检察机关向辩护律师进行证据开示义务，但这种证据开示属于单方面的，即控方向辩方开示，而辩方不向控方开示，这显然不利于保障国家和社会公共利益以及被害人利益。从世界各国立法看，建立证据开示制度是一种必然的选择，甚至可以认为，证据开示制度与对抗制庭审模式存在一一对应的关系。我国要建立抗辩式的刑事诉讼模式，就必须建立证据开示制度。而且，随着律师调查取证权的赋予，辩方调查取证能力将逐步加大，要求辩方向控方开示相应的证据是符合控辩平衡要求的，由单向开示走向双向开示也是世界各国证据开示制度发展的一个规律。1996年《英国刑事诉讼与侦查法》对证据开示制度作了较大的改革，明确规定了检察官向辩护方进行证据开示的规则，同时赋予辩护一方向控方开始本方辩护内容和证据的义务，并规定了不承担这种义务的法律后果。因此，在建立完善我国证据开示制度过程中，一定要明确开示控辩双方的证据开示义务，违反证据开示的后果以及控方证据开示的例外性规定，以充分实现惩罚犯罪与保障人权的有机统一。

（2）关于证据开示制度的构建，主要包括以下方面：一是关于证据开示的时间，我们建议放在起诉后、法庭审判准备程序之前，以便为明确庭审重点作准备。二是关于证据开示的义务，控辩双方都有义务向对方开示自己所掌握的证据材料，防止证据偷袭。三是关于控方证据开示的例外，对于涉及国家秘密、危害国家安全以及保护证人的，控方可以不予开示。四是关于违反开示义务的后果，对于控辩双方违反证据开示义务的，都应当承担相应的责任。控方违反义务的，视情形分别产生开示相关证据、排除相关证据后果，而辩方违反义务的，承担开示相关证据以及人民法院给予行政性处罚的后果。

七、完善遏制刑讯逼供制度

立法建议如下。

将《刑事诉讼法》第43条修改为：

审判人员、检察人员、侦查人员必须依照法定程序，收集能够证实犯罪嫌疑人、被告人有罪或者无罪、犯罪情节轻重的各种证据。严禁刑讯逼供和以威胁以及其他非法的方法收集证据，不得强迫任何人作出证实自己有罪的供述，但涉及公共安全和为了保护他人生命除外。必须保证一切与案件有关或者了解案情的公民，有客观地充分地提供证据的条件，除特殊情况外，并且可以吸收他们协助调查。

主要理由如下。

反对强迫自证其罪原则体现了对人格尊严与人性的尊重，确立这一原则对于防止刑讯逼供、保护犯罪嫌疑人、被告人的合法权利具有非常重要的意义。但从世界各国法律规定看，反对强迫自证其罪也有例外性规定，注重在保障社会公共利益与保护被追诉人合法权利之间保持合理的张力。例如，美国法院在对“米兰达规则”适用过程中确立了5项限制与2项例外的规定。5项限制为，逮捕前的问话、被捕者不要求见律师而亲属为其找了律师、要求会见缓刑监督人、第二次讯问、被告人主动向警察招供；2项例外是，公共安全例外与抢救例外。我国在借鉴其他国家先进立法经验的同时，应全面吸收借鉴，同时还要从中国国情出发，妥善处理好惩治犯罪与保障人权的关系。

八、完善刑事诉讼模式

立法建议如下。

建议在刑事诉讼法总则增加一条：

检察机关主导审前程序的进行，根据案件具体情况，可以提前介入引导侦查侦查机关全面收集犯罪嫌疑人、被告人有罪或者无罪以及罪轻罪重的各种证据材料，并对侦查机关的侦查活动是否合法实施动态监督。

主要理由如下。

目前，我国的侦查模式正从传统型向现代型转变，侦查主导诉讼的现象还比较普遍，以法律监督与司法公正为中心的诉讼模式尚未有效建立，严重影响到刑事诉讼的现代化、科学化和民主化发展。在侦查中心主义机制下，侦查活动具有秘密性与封闭性，加之提前介入引导侦查机制尚未全面有效建立，检察机关公诉部门知悉介入侦查活动的渠道不畅、机制不健全，其往往仅通过事后审查、书面阅卷的方式来评判刑事侦查活动是否合法。要改变我国现行刑事诉讼模式，建立检察机关主导审前程序与审判中心的刑事诉讼模式。在审前程序中，虽然我国现行体制机制无法建立检察指挥侦查的模式，但考虑到侦查活动仅仅是公诉活动的准备阶段，为了有效提高刑事案件质量，切实保障人权，有必要赋予检察机关审前程序的主导权：一是提前介入引导取证权。要建立检察机关对于重大、疑难刑事案件提前介入引导取证制度，提高收集、固定证据的能力，确保案件质量。二是要全面引导侦查机关全面收集影响犯罪嫌疑人、被告人量刑的各种证据材料，为检察机关全面开展量刑建议工作创造条件。三是要建立检察机关同步监督侦查取证活动的机制，有效规范侦查权的运行，切实防止刑讯逼供等违法取证等严重侵犯诉讼当事人权利事件的发生。

附条件不起诉制度研究*

自20世纪四五十年代以来，随着经济全球化进程加快，世界各国刑事犯罪案件呈现大幅上升态势，特别是毒品犯罪、恐怖主义犯罪等跨国性严重刑事犯罪增长迅猛，司法成本逐渐增加，司法资源的相对稀缺性矛盾日益凸显。同时，随着社会文明发展进步，社会价值观、文化观逐步呈现多元化趋势，犯罪人和被害人权利受到更多关注，传统报应型刑事司法制度在高再犯率、高累犯率、教育挽救犯罪人复归社会等方面束手无策，在弥补被害人损害、修复社会秩序、实现实质正义方面显得力不从心。在这一系列深刻的经济、政治、社会、文化背景下，刑罚的轻缓化、个别化开始得到国际社会的广泛关注并被确认和推广开来，恢复性司法作为传统司法的一种补充、协调机制，其降低司法成本、协调利益冲突、控制减少犯罪、恢复受损秩序、促进社会和谐的功能逐渐被人们广泛认同。附条件不起诉制度，作为解决传统刑事司法困境的制度选择和恢复性司法的重要制度安排，已经为世界各国高度关注和广泛运用，在刑事司法实践中发挥了恢复正义、节约资源、提高效率、实现良治的积极功效。

一、附条件不起诉制度的域外考察

我国的刑事诉讼结构模式是在借鉴苏联以及德日刑事法律制度的基础上，结合中国社会实际而发展起来的，是中国特色社会主义司法制度的重

* 本文发表于《人民检察·湖北版》2011年第3期，由赵慧博士协助完成。

要组成部分。通过对德日以及台湾地区附条件不起诉制度的研究，可以准确把握附条件不起诉制度的发展趋势，进而为创设我国附条件不起诉制度提供智力资源。

在德国，起诉法定主义是刑事追诉的一项基本原则。随着刑罚目的从报应主义到预防主义的转变，20世纪60年代以来，起诉法定主义逐渐松动，检察官越来越多地拥有决定起诉或者不起诉的自由裁量权。根据1974年《德国刑事诉讼法》第153条a规定，经负责开始审理程序的法院和被指控人同意，检察院可以对轻罪暂时不予提起公诉，同时要求被指控人：（1）作出一定给付，弥补行为造成的损害；（2）向某公益设施或者国库缴纳一笔款额；（3）作出其他公益给付；（4）承担一定数额的赡养义务。同时，还规定履行上述责任和要求的期限，被告人如果在期限内不履行要求和责令的，不退还已经履行部分，并要作为轻罪予以追究。在以后的司法实践中，附条件不起诉的适用范围早已突破了轻罪这一狭窄的范围而扩大到中等程度的犯罪行为以及具有更高犯罪危害性的复杂案件，于是德国在1993年刑事诉讼法修改中对附条件不起诉的适用案件范围进行了修改，使得附条件不起诉扩大到轻罪以外的案件。另外，为了强化犯罪人对社会应当承担的义务，1998年，在《德国刑事诉讼法》第153条a的负担中又增加了第（5）项内容，即行为人根据道路交通法的规定参加一定的劳动后，刑事诉讼程序就可以终止。承担这项负担的命令只有经法院同意后才可以作出。这一负担适用于那些实施了危害公路交通犯罪的行为人。❶

在日本，明治时期的1880年《日本治罪法》和1890年《日本刑事诉讼法》并没有规定附条件不起诉制度，但随着犯罪激增、监狱管理经费大幅增加，日本政府从1885年开始有意识地鼓励附条件不起诉。在这种情况下，1909年刑事统计年表中，新增加了“缓期起诉”项目，表现出实务先行立法的态势。1909年的不起诉率为40.9%，缓期起诉占10.9%；但是到

❶ 陈光中、［德］汉斯·约格·阿尔布莱希特：《中德不起诉制度比较研究》，中国检察出版社2002年版，第66～67页。

了1912年，不起诉率为50.3%，缓期起诉却达到了24.6%。1922年《日本刑事诉讼法》第279条正式确立了起诉便宜主义，附条件不起诉制度作为有效防止再犯的手段，得到了广泛的应用。❶ 现行日本刑事诉讼法继承了起诉便宜主义规定的同时，加上了“犯罪的轻重”这句话，目的在于防止向特殊预防主义的过度倾斜，旨在一定程度上限制检察官裁量权的行使。根据该法第248条规定，检察官根据犯人的性格、年龄及境遇、犯罪的轻重、情节及犯罪后的情况，没有必要予以追诉的时候，可以不提起公诉。检察官在适用附条件不起诉时，应当考虑以下事项：一是关于犯人的事项。性格包括品行、癖性、习惯、健康状态、前科劣迹、惯犯等；年龄包括年轻年老等；境遇包括家庭环境、职业、人际关系等。二是关于犯罪的事项。罪行轻重包括法定刑的轻重、受害程度；犯罪的情况包括犯罪动机、方法、与被害人的关系、犯罪的社会影响等。三是关于犯罪后的情况。包括有无悔改之意、是否谢罪与恢复损害、有无逃跑与销毁证据、有无对被害人赔偿、达成和解、被害人的受害感情、时间经过、社会形势的变化、法令的更改等。检察官要根据上述多种判断材料，从各种角度综合考虑，例如刑事政策方面、维持社会秩序方面以及诉讼经济原则等，然后决定是否对犯罪嫌疑人附条件不起诉。❷ 关于附条件不起诉的适用对象，日本法律明确规定，附条件不起诉不适用于杀人、强奸、防火、投毒等严重危害社会的凶恶犯罪案件，其主要针对以下情形：(1) 触犯刑法的轻微的少年或老年的犯罪嫌疑人；(2) 犯罪情节显著轻微的偶犯嫌疑人；(3) 对犯罪后果采取了弥补或悔改措施的嫌疑人；(3) 适用附条件不起诉更有利于使之改恶从善，复归社会的犯罪嫌疑人。❸

在我国台湾地区，新修订的“刑事诉讼法”一方面新增交付审判制以资监督不起诉权的滥用，另一方面也赋予检察官附条件不起诉的权限。但

❶ [日] 松尾浩也：《日本刑事诉讼法》(上卷)，丁相顺译，中国人民大学出版社2005年版，第176～177页。

❷ [日] 田口守一：《刑事诉讼法》，刘迪等译，法律出版社2000年版，第104页。

❸ 杨诚、单民：《中外刑事公诉》，法律出版社2000年版，第223～224页。

是，并不是所有的案件都可以适用附条件不起诉，我国台湾地区新“刑事诉讼法”排斥了重罪，并将适用附条件不起诉的案件种类限制在“被告所犯为死刑、无期徒刑或最轻本刑三年以上有期徒刑以外之罪”。另外，关于附条件不起诉的裁量基准，我国台湾地区“新刑事诉讼法”规定，“检察官参酌‘刑法’第57条所列事项及公共利益之维护，认以缓起诉为适当者”，可以适用附条件不起诉。所谓“参酌‘刑法’第57条”，也就是检察官考虑是否为缓起诉时，应考虑本来是法官量刑审酌的事由；就结论言，应仅限于审酌各款后认为被告罪责轻微之情形；否则，纵使属于得为缓起诉之案件，但若被告罪责重大，如犯罪动机卑劣且手段残忍者，不应为缓起诉处分。所谓“参酌公共利益之维护”，是指该案的积极追诉并不存在特别的公共利益者而言，在此，作为公益代表人的检察官，尤须审酌放弃追诉是否造成一般预防及正义观感的负面影响。[1]

从上述国家和地区的立法与司法实践可以看出，附条件不起诉是在扬弃传统报应主义刑事司法理念的基础上产生的一种新的刑事案件处理模式。其不仅符合刑罚经济的原则，有利于集中优势刑事司法资源处理严重犯罪案件，而且有利于教育和改造犯罪嫌疑人，实现刑法的特殊预防目的。作为恢复性司法的典型代表，附条件不起诉制度在各国发展历程存在一定的差异，但不容置疑的是，其越来越得到世界各国刑事法律的普遍认同，表现出强劲的生命力。另外，无论从适用范围还是适用基准来看，上述国家和地区的立法和司法实践都表现出趋同性。从适用对象来看，附条件不起诉的适用范围有一个从轻罪向中度犯罪扩大化的趋势，但都排斥严重犯罪的适用。从适用基准看，都是把是否有利于犯罪嫌疑人复归社会以及符合公共利益作为附条件不起诉考量的重要依据。

---

[1] 林钰雄：《刑事诉讼法》（下编），中国人民大学出版社2005年版，第60~61页。

二、附条件不起诉制度的适用范围

关于附条件不起诉的适用范围，在司法实践中，我国检察机关试行附条件不起诉主要针对未成年犯罪嫌疑人，有学者因而主张，附条件不起诉只能适用于未成年人；❶ 有学者主张，附条件不起诉应当对所有犯罪主体都适用，并且对于一些实施犯罪活动的法人组织，也可以适用附条件不起诉。❷ 也有学者认为，附条件不起诉本应无行为主体的严格限制，但考虑到我国刑事立法和刑事司法的现状，其适用对象目前应以未成年为宜，待条件成熟后可以扩大到其他行为主体。❸ 还有学者认为，附条件不起诉应限于轻罪，对于犯罪情节恶劣、重罪、累犯以及犯数罪的不能予以适用。❹

从国外立法与司法实践来看，附条件不起诉一般限于轻罪以及中等危害程度的犯罪，对于重罪绝对排斥适用。在探索附条件不起诉的适用范围时，一般都是针对附条件不起诉适用的案件性质而言的，至于行为主体的类型，即到底是成年人还是未成年，是初犯、偶犯或者累犯，并不是判断是否适用附条件不起诉的依据，而是只是在确定案件性质内衡量是否可以适用附条件的因素而已。例如，同样是盗窃数额3 000元的犯罪，在判断对行为人是否适用附条件不起诉时，未成年人相比成年人而言可以赢得更大的适用几率。故在判断是否适用附条件不起诉时，应当以罪质而不是行为主体的类型作为划分基准。罪质就是犯罪行为的性质。一般而言，犯罪行为性质集中反映了犯罪行为的社会危害性，体现了国家对于该行为犯罪的谴责程度。但是，犯罪行为性质与社会危害性并不总是一一对应的关系，

---

❶ 游常庆："未成年人刑事案件适用暂缓起诉制度的可行性研究"，载《检察实践》2003 年第 3 期。

❷ 张泽涛："规范暂缓起诉——以美国缓起诉制度为借鉴"，载《中国刑事法杂志》2005 年第 3 期。

❸ 孙力、刘中发："暂缓起诉制度再研究"，载《法学杂志》2004 年第 9 期。

❹ 毛建平、段明学："暂缓起诉若干问题研究"，载《人民检察》2004 年第 6 期。

有些犯罪性质严重的犯罪，其社会危害性并不一定严重。例如，大义灭亲的杀人行为。所以，对于罪质的判断，除了要考虑行为的性质之外，也要一并考虑该行为应当承担的刑事责任大小。基于国外一般仅将重罪排斥在附条件不起诉的适用范围之外，故我们认为，我国的附条件不起诉除了排斥严重犯罪的适用外，对于轻罪和中度犯罪都应当有适用的空间。所谓“严重犯罪”，根据《联合国打击跨国有组织犯罪公约》第 2 条的规定，严重犯罪是指构成可受到至少 4 年的剥夺自由或更严厉处罚的犯罪的行为。基于我国大多数犯罪行为性质与刑法配置具有阶梯性，考虑到我国重刑主义的现实，我们主张严重危害社会秩序的犯罪以及法定刑 10 年有期徒刑作为区分严重犯罪与一般犯罪的标准。具体而言，对于因杀人、爆炸、抢劫、强奸、绑架、有组织犯罪、恐怖主义犯罪等严重破坏社会秩序犯罪可能被判处 10 年以上有期徒刑、无期徒刑的犯罪分子，由于犯罪行为人的犯罪性质恶劣，犯罪后果严重，不能适用附条件不起诉予以处理。

由于附条件不起诉和相对不起诉都可以针对轻罪适用，两者的适用范围在此存在交叉，那么，如何把握附条件不起诉和相对不起诉的关系成为必须面对的问题。有学者一针见血指出，如对盗窃等一般财产犯罪案件，检察官既有可能为便宜不起诉又得为缓起诉处分（假设两者的要件皆具备），未来实务上如何区别两种效果截然不同的处分。❶ 根据《刑事诉讼法》第 142 条第 2 款的规定，相对不起诉仅在犯罪情节轻微的案件中才有适用的空间，但根据该规定，即使是犯罪情节轻微的案件，也只有在依法不需要判处刑罚或免除刑罚情节时才有相对不起诉的适用。如果某一犯罪情节轻微，但没有法定不需要判处刑罚或免除刑罚情节，即使具备酌定免除刑罚情节，也不能适用相对不起诉。❷ 在创设附条件不起诉制度的背景下，由于相对不起诉制度属于“一揽子”买卖，检察机关无法判断行为人是否认罪悔罪，故将相对不起诉限于具有法定不需要判处刑罚或者免除刑

❶ 林钰雄：《刑事诉讼法》（下编），中国人民大学出版社 2005 年版，第 67 页。

❷ 孙应征、赵慧：“论刑事和解在相对不起诉制度中的构建”，载《法学评论》2007 年第 5 期。

法的轻微案件范围内具有合理性，同时也会给附条件不起诉提供了制度空间。也就是说，对于犯罪情节轻微，但不具有法定不需要判处刑罚或者免除处罚情节的案件，依照《刑事诉讼法》第142条第2款不能作出相对不起诉决定，但如果符合附条件不起诉的标准的，可以依法作出附条件不起诉处理。这样就顺利实现了相对不起诉与附条件不起诉的无缝对接，也明确两者的适用范围，避免了检察机关在实际操作中无所适从。

三、附条件不起诉制度的配套措施

在适用附条件不起诉过程中，应当注意处理好以下问题。

（1）犯罪嫌疑人的认罪问题。犯罪嫌疑人的认罪是适用附条件不起诉的前提，也是恢复性司法所要达到的重要目标。犯罪嫌疑人认罪意味着行为人已经对自身行为的过错有认识，才能积极实现对自身的改造，进而实施一定的行为来弥补给社会以及被害人造成的损害，从而顺利复归社会。犯罪嫌疑人的认罪表现为：一是正确认识自身行为对社会、他人带来的危害，并就自身的犯罪行为真诚向被害人以及司法机关表示道歉和具结悔过；二是积极赔偿或者补偿被害人因自身犯罪行为而遭受的损失；三是承诺在以后的生活中积极承担某种社会义务，遵守社会规范，顺利回归社会。通过犯罪嫌疑人真诚悔罪，使得犯罪嫌疑人能够超越过去，从犯罪中解脱出来，由此司法工作者可以相信其在将来可以选择对社会有益的方式开始新的生活，从而可以考虑附条件不起诉的适用。

（2）被害人的谅解问题。被害人作为犯罪行为直接遭受损害的主体，其在恢复性司法中扮演十分重要的角色。在传统的刑事司法制度中，关注的是犯罪对国家的侵犯，因而强调国家对犯罪处理的垄断权力，被害人无法对刑事司法的运行产生积极影响。[1] 在附条件不起诉适用过程中，突出强调了被害人在处理案件中主动和推动作用，被害人有权参与附条件不起

[1] 陈晓明：《恢复性司法的理论与实践》，法律出版社2006年版，第39页。

诉的处理，获取信息，展示自身因犯罪行为所遭受的损害，并对司法过程和结果进行控制。能够取得被害人的谅解，直接决定是否对犯罪嫌疑人适用附条件不起诉。只有被害人的复仇心理得到消解，恐惧心理得以缓解，赔偿心理得到满足，重新恢复生活信心时，才有附条件不起诉的适用。因此，在司法实践中，附条件不起诉的适用，以犯罪嫌疑人与被害人之间达成刑事和解协议为前提，没有取得被害人的谅解，检察机关不得随意作出附条件不起诉决定。在实际操作中，犯罪嫌疑人与被害人之间的刑事和解可以由相对中立的调解组织进行，检察机关应当认真审查和解协议的自愿性、真实性、合法性和可行性，保障和解协议的自愿、真实、合法、有效，依法保障被害人的合法权益，真正在办案过程中化解社会矛盾，做到案结事了。

（3）犯罪嫌疑人的帮教管理问题。犯罪嫌疑人符合附条件不起诉的适用条件时，需要有一定期限对犯罪嫌疑人进行考察，由此涉及犯罪嫌疑人的帮教管理问题。特别是对于有毒瘾、精神疾病以及心理障碍的犯罪嫌疑人，还需要特定机构对其实施一定的矫正措施。为了充分发挥附条件不起诉考验期的实际效用，真正达到甄别附条件不起诉人的人身危险性和主观恶性的功能，考虑到我国目前基层组织涣散、公安司法机关精力有限的现实，建议将附条件不起诉期间犯罪嫌疑人的帮教管理同我国目前的社区矫正制度结合起来，由社会矫正机构承担对附条件不起诉人的考察监督管理职责，定期向检察机关报告附条件不起诉人的表现，供检察机关作出最终决定时参考。

（4）被害人的国家救助问题。在司法实践中，由于犯罪嫌疑人没有赔偿能力或者没有足够的赔偿能力，以及被害人及其家属因为受到犯罪的侵害而陷入生活困境时，国家应当及时给予被害人必要的救助。建立被害人的国家救助制度，不仅有利于安抚被害人的心理创伤，缓解受害人及其家属在被害后的精神痛苦和经济困难，恢复正常的社会生活和家庭生活，而且有利于打消被害人的心理顾虑，增强对司法机关的信任，从而主动配合司法机关的活动。❶ 一旦被害人的生活困境无法摆脱，被害人就会对司法机关产生强烈的敌对心理或者仇视情绪，从而引发报复社会等不当行为，影响到社会和谐。在我国，可以考虑由各级财政拨款建立被害人国家救助资金，国家救助的金额可以根据被害性质、状况、程度、损害大小、被害人的过错程度以及犯罪人的实际赔偿能力和被害人的生活状况等因素综合确定，确保被害人及其亲属维持当地居民最低生活标准，保障被害人有尊严的生活。

（5）附条件不起诉的效力问题。附条件不起诉则属于检察机关对于犯罪案件的一种中间性裁判，其最终处理结果依赖于考验期内犯罪嫌疑人的表现，其处分效力具有不确定性。与之相随的是，检察机关对于案件的最终处理有两种可能性：要么起诉，要么放弃对犯罪嫌疑人的追诉，作出不起诉决定。具体而言，包括以下两种情形：一是附条件不起诉人在附条件不起诉考验期内犯新罪或者发现漏罪以及违反考验期相关管理规定的，检察机关应当撤销附条件不起诉决定，提起公诉；二是附条件不起诉人在附条件不起诉考验期内没有违反规定相关管理规定或者没有发现其他应当撤销附条件不起诉的情形，检察机关应当依法作出不起诉决定。根据一事不再理原则，对于检察机关已经作出不起诉决定的案件，除非发现新的事实、证据，不得对同一案件再行侦查、起诉。

❶ 房保国：《被害人的刑事程序保护》，法律出版社2007年版，第369页。

继往开来　开拓创新 全面开创我省公诉和刑事审判监督工作新局面*

刚才，敬大力检察长作了重要讲话，强调要坚持公诉和刑事诉讼监督“两手抓、两手硬、两手协调”，并就加强和改进工作部署了十个方面的重点问题，讲话通篇贯彻了科学发展观思想，符合“十七大”和十七届五中全会精神，符合检察工作发展规律，符合推进湖北检察工作的根本要求，内容丰富，思想深刻，充分体现了党组结合实际贯彻中央、省委、高检院部署的自觉性和坚定性，体现了对公诉和刑事审判监督工作的高度重视与大力支持，具有很强的思想性、政策性、针对性和可操作性，对做好当前和今后一个时期的工作具有重要的指导意义。全省检察机关一定要认真学习，深刻领会，抓好贯彻落实。

5年来（2005年~2010年6月，下同），全省检察机关公诉和刑事审判监督部门认真贯彻落实全国检察机关第三次公诉工作会议精神和省院工作部署，坚持“强化法律监督，维护公平正义”的检察工作主题，依法指控犯罪，不断强化对刑事诉讼活动的法律监督，深入推进检察工作一体化机制、法律监督调查机制等改革工作，狠抓队伍建设，公诉和刑事审判监督工作取得明显成效。

（1）依法指控犯罪、维护社会和谐稳定有新贡献。5年来，全省检察

* 本文发表于《人民检察·湖北版》2010年增刊，杨剑波博士 、廖旭同志协助完成。

机关共受理移送审查起诉案件133 214件205 085人，同比分别上升18.7%和23.3%；提起公诉111 414件168 715人，同比分别上升22.7%和28.3%；出席法庭69 640件，同比上升21.9%。其中，受理检察机关自行侦查的职务犯罪案件8 473件10 072人。坚持严厉打击危害国家安全的犯罪、严重破坏社会秩序的刑事犯罪、严重破坏市场经济秩序的经济犯罪，严肃查处贪污贿赂、渎职侵权等职务犯罪，成功办理了巴东“邓玉娇”、石首“6·17”和武穴“1·17”涉疆等敏感案件和事件，积极参与打黑除恶等专项斗争，有力维护了社会和谐稳定。

（2）开展诉讼监督、促进司法公正有新突破。强化侦查活动监督，5年来，共纠正漏起诉693件1 590人，同比分别上升8.36倍和3.92倍，书面纠正侦查活动违法442件703人，同比分别上升7.89倍和9.19倍；侦查机关（部门）采纳意见已纠正320件496人，同比分别上升17.8倍和21.5倍。强化刑事审判监督，共提出刑事抗诉案件543件，法院审结333件，采纳检察机关抗诉意见212件，采纳意见率为64.9%，同比增加10.2个百分点；书面提出纠正审判活动违法意见231件次，同比增加24.5倍；列席法院审判委员会讨论公诉案件673件，同比上升61.2倍。开展了刑事审判法律监督专项检查、“千案评查”和优秀诉讼监督案件评比活动。强化对死刑二审出庭和死刑执行临场监督，省检察院成立死刑案件二审办案机构，配备了人员，促进了死刑案件办理工作的规范化。

（3）强化职能延伸、促进社会矛盾化解有成效。认真贯彻宽严相济刑事政策，在依法指控犯罪与强化诉讼监督的同时，坚持对轻微刑事案件依法从宽处理，积极探索轻微刑事案件快速办理、不起诉说理、不抗诉说理制度，完善未成年人犯罪案件公诉办案机制，全力化解社会矛盾，最大限度地消除不和谐因素。5年来，依法不起诉4 040件5 616人，同比分别上升9.3%和3.8%，部署开展不起诉、不抗诉说疑答理等活动，实现了“三个效果”的有机统一。

（4）加强执法规范、办案质量有新提高。5年来，在办案压力不断攀升，办案力量日趋紧张的情况下，起诉案件准确率为99.95%，无罪判决率为0.47‰，同比减少2.53个千分点，撤回起诉率为0.42%（人），同比减少0.16个百分点。

（5）创新工作机制、公诉改革有新进展。贯彻落实检察工作一体化机制，稳步进行“两个适当分离”的改革试点，大力开展刑事审判法律监督调查，积极推进量刑建议与量刑规范化改革，普遍开展未成年人与成年人犯罪案件分类起诉，规范简易程序适用法律监督，实行职务犯罪不起诉上报一级审批改革，大力推行公诉工作规范化建设，给公诉和刑事审判监督工作注入了活力，促进了公诉和刑事审判监督工作全面健康发展。

（6）提高队伍素质、促进公正廉洁执法有新举措。强化思想政治建设，开展了社会主义法治理念和深入学习实践科学发展观活动；强化专业化建设，开展了各类业务培训、庭审观摩、律师与公诉人论辩赛等岗位练兵活动，组织全省优秀公诉人、优秀公诉案件、优秀抗诉案件、优秀公诉调研论文评比等活动，先后有2人被高检院记个人一等功，6人被省委政法委、省直机关工委评为全省政法系统先进工作者和职业道德模范，11个集体被省院评为先进集体，16个集体评为先进科处室，16人被评为先进个人，17人被评为先进检察官，涌现出湖北省杰出青年卫士华丽、全省检察先进个人郭艳萍、全国优秀公诉人李晓宝、乔富粤等一批优秀人才；加强对公诉人自身监督制约，5年来保持了“零违法违纪”记录，组织全国检察机关公诉部门纪律作风建设座谈会，并做经验介绍。高检院公诉厅连续3年给省检察院发函，建议给予公诉和刑事审判监督部门表彰。

上述成绩的取得，离不开各级检察院党组的高度重视与正确领导，离不开各兄弟单位、部门的真诚关心与大力支持，更是全体公诉和刑事审判监督人员恪尽职守、顽强拼搏、无私奉献的结果。在此，我代表省检察院，向全体公诉和刑事审判监督人员表示衷心的感谢和亲切的慰问！向长期以来关心、支持公诉和刑事审判监督工作的兄弟单位领导、朋友们表示崇高的敬意！5年的成绩来之不易，5年的经验弥足可贵，5年的奉献令人钦佩。坚持公诉和刑事审判监督工作科学发展，深入推进三项重点工作，全面保障经济社会持续健康协调发展，全力维护社会和谐稳定，要求我们必须坚持公诉和刑事审判监督工作正确的政治方向，自觉把公诉和刑事审判监督工作放在党和国家工作大局中来谋划和推进；必须坚持群众路线，把满足人民群众新要求新期待，实现人民群众的根本利益作为公诉和刑事审判监督工作的出发点和落脚点；必须坚持服务意识，维护好发展第一要务，着力为经济社会持续健康协调发展提供强有力的司法保障；必须以办案质量为核心，不断提升执法水平和公信力；必须注重公诉和刑事审判监督工作机制改革创新，确保公诉和刑事审判监督工作充满活力与动力。

在看到成绩的同时，应当清醒地认识到，当前影响和制约公诉和刑事审判监督工作持续健康发展的因素和问题不少。比如，少数地方领导对公诉和刑事审判监督工作的地位和作用把握不准，重视不够，对公诉和刑事审判监督工作的支持保障力度不大；公诉和刑事审判监督部门在思想观念、工作机制、工作方法存在不相适应、不相符合、不相协调的问题；依法指控犯罪与强化诉讼监督一手硬一手软、两手不协调的现象还比较普遍；执法办案水平与人民群众的新要求、新期待还有不少差距，极少数案件质量不高，有的地方简易程序适用过多过滥，就案办案的现象还在一定范围内存在；科技强检步伐有待加快，多媒体示证的适用比例十分低；公诉和刑事审判监督力量同任务不相适应，骨干流失，专家型人才偏少，一些地方公诉和刑事审判监督人员负重办案，待遇偏低，“鞭打快牛”的现象没有得到很好解决。这些问题务必引起高度重视，需要在以后的工作中切实加以改进。

当前，我国正处于即将完成“十一五”规划、进入全面建设小康社会的关键时期，经济社会发展呈现新的阶段性特征。综合判断国际国内形势，我国仍处于可以大有作为的重要战略机遇期，既面临难得的历史机遇，也面对诸多可以预见和难以预见的风险与挑战。随着社会结构、社会组织形式、社会利益格局的深刻变化，社会开放性、流动性加快，各种利益交织碰撞，社会矛盾触点增多，敏感性、关联性、对抗性、破坏性增强。这些矛盾如不及时化解，就可能激化升级为社会冲突。曹建明检察长强调指出，检察机关要深刻认识执法环境发生的重大变化，积极主动适应社会进步特别是信息化发展的客观要求，从执法理念、执法机制、执法方式等入手，全面加强和改进新形势下的检察工作。当前，湖北省公诉和刑事审判监督工作面临着复杂形势和严峻挑战。从形势任务看，湖北省同全国一样将在相当长时期内处于“人民内部矛盾凸显、刑事犯罪高发、对敌斗争复杂”的时期，刑事案件持续高发，新类型案件不断呈现，维护社会和谐稳定的任务繁重艰巨。从工作难度看，在开放、透明、信息化条件下，网络及社会监督力度不断加大，司法活动越来越受到社会各界、新闻舆论尤其是网络媒体的广泛关注，一旦司法环节出现错案，就会对检察机关进行捆绑式评价；同时，境内外敌对势力和极少数别有用心者插手群体性事件、社会热点问题和司法个案，策划实施渗透破坏活动、制造社会事件的情况已不鲜见，公诉和刑事审判监督工作压力和难度越来越大。从工作要求看，随着民主法治建设进程的发展，人民群众对公诉和刑事审判监督工作的要求和期待越来越高，既要有力惩治犯罪，又要有效保障人权；既要实体公正，又要程序公正；既要自身做到公正廉洁执法，又要监督其他诉讼环节合法公正。

在看到挑战的同时，也要看到有利条件。从法治要求看，随着依法治国方略的顺利推进，人民群众对检察机关的法律监督工作认同度、满意度、支持度不断增强，要求检察机关加强法律监督的呼声越来越强烈，为公诉和刑事审判监督工作提供了根本动力。从改革方向看，司法体制与工作机制改革正在逐步深入推进，其中涉及优化公诉和刑事审判监督职权配置的改革事项就有41项，这些改革措施有利于破解制约公诉和刑事审判监督工作科学发展的体制性机制性保障性障碍，从而为公诉和刑事审判监督工作的开展提供良好的保障。从目标任务看，三项重点工作的提出，要求通过执法办案化解社会矛盾、创新社会管理、促进社会建设，着力解决影响社会和谐稳定的源头性、根本性、基础性问题，不仅对公诉和刑事审判监督工作提出了新的更高要求，而且也为其创新发展提供了难得机遇。

根据公诉和刑事审判监督工作的地位、作用和面临的形势与任务，湖北省当前和今后一个时期公诉和刑事审判监督工作的总体思路是：以邓小平理论和“三个代表”重要思想为指导，深入贯彻落实科学发展观，坚持依法指控犯罪和强化诉讼监督两手抓、两手硬、两手协调，把握工作重点，深化机制创新，强化队伍建设，推进社会矛盾化解，创新社会管理，服务社会建设，促进公正廉洁执法，推动公诉和刑事审判监督工作全面健康发展，保湖北和促进检察工作科学发展，为湖北省经济社会平稳较快发展提供优质高效的司法保障。全省检察机关要认真落实上述工作思路，结合贯彻敬大力检察长的重要讲话精神，着力抓好以下三个方面的工作。

一、坚持指控犯罪职能，更加注重维护重要战略机遇期的社会和谐稳定

指控犯罪是检察机关维护社会和谐稳定的基本职能。要认真落实省检察院《关于充分发挥检察职能作用促进社会建设、创新社会管理，维护社会和谐稳定的指导意见》和敬大力检察长关于公诉工作 4 个方面重点的指示精神，充分履行公诉职能，坚持把化解矛盾纠纷贯穿于公诉工作的每个环节，全力维护社会和谐稳定。

（一）坚持严打方针不动摇

一是加大对严重刑事犯罪的打击力度。坚决打击境内外敌对势力、民族分裂势力、宗教极端势力的犯罪活动，维护国家安全；坚决打击故意杀人、故意伤害、抢劫、绑架、强奸等严重暴力犯罪和多发性侵财犯罪，维护人民群众合法权益；坚决打击金融诈骗、证券内幕交易、制假售假、集资诈骗、非法传销、破坏环境资源等严重经济犯罪，维护市场经济秩序；依法打击贪污贿赂、渎职侵权等职务犯罪，促进反腐倡廉建设。二是深化打黑除恶专项斗争。突出打击黑社会性质组织侵蚀国家资源、垄断行业经营、破坏农村建设、操纵黄赌毒以及对工程建设进行打砸破坏，对企业和经营者、投资者敲诈勒索等非法行为，净化社会环境。三是认真做好新型犯罪和敏感案件的办理工作。要针对涉众型犯罪不断增多，网络犯罪日益

蔓延，犯罪专业化不断强化的趋势，建立健全公诉专业办案组，加强对新型犯罪发展规律和特点的研究，加大专业化培训力度，切实提高审查起诉和出庭支持公诉水平。要认真总结我省办理“邓玉娇”等敏感案件的经验做法，正确把握处置原则、处置策略、处置时机和处置方式，做到介入及时恰当、处置迅速有力、稳控积极稳妥，使敏感案件的办理工作达到“三个效果”的有机统一。

（二）认真贯彻宽严相济刑事政策

在坚持依法严厉打击严重犯罪的同时，认真落实依法从宽处理的政策，提高运用法律政策化解矛盾纠纷、促进社会和谐的水平。全省检察机关公诉部门要认真贯彻高检院、省检察院要求，坚持“全面把握、区别对待、严格依法、注重效果”的原则，切实纠正只讲宽忽视严的倾向，认真解决执法尺度、执法标准不统一、宽严失度的问题，全面提高适用宽严相济刑事政策的能力和水平。要认真贯彻“两减少、两扩大”的原则，对初犯、偶犯、未成年犯、老年犯中犯罪情节轻微、社会危害性不大的人员要尽量减少羁押，可诉可不诉的尽量不起诉；对必须起诉但具有从宽情节的，可建议法院从宽处理，符合条件的，可提出判处监禁刑、缓刑的建议。要严格把握适用条件，注意“九个区分”，即区分犯罪的起因、犯罪主体、犯罪情节、犯罪心态、犯罪形态、犯罪类型、平常表现、悔罪态度和客观后果，综合考虑，切实做到坚持严中有宽、宽中有严；对于依法严厉打击的犯罪中具备从宽情形的要依法从宽，对于依法从宽处理的犯罪中出现从严情形的也要依法从严。要加强对典型案例的研究，下级院要及时整理上报，上级院要精心筛选下发，以指导和规范办案工作。要加强宽严相济刑事政策与量刑建议工作的对接机制建设，使得从严处理和从宽处理的政策切实体现在具体被告人的量刑建议上，落实在每个被告人承担的刑事责任中。要健全工作机制，积极探索轻微刑事案件快速办理、检调对接等工作机制，切实把这一政策贯彻落实到检察机关的每一个执法环节。要加强与公安、法院等部门的沟通协调，逐步规范适用标准和具体方式，促进宽严相济刑事政策的正确适用。

（三）更加注重提高办案质量

要始终把办案质量作为公诉工作的生命线，规范执法办案行为，完善办案工作机制，严把事实关、证据关、程序关、法律适用关，确保办理的每一起案件都经得起法律和历史的检验。

（1）要加大审查把关力度，避免无罪案件。通过对检察机关提起公诉被法院判处无罪案件的调研分析，出现无罪案件的原因主要是办案质量观念淡化，事实证据审查把关不严，适用法律不当、抗干扰能力不强、上级院指导不力等。要认真总结经验教训，健全机制、提升素质，全面提高湖北省办案质量与水平。要坚持无罪案件的“零容忍”意识，把杜绝无罪案件作为衡量公诉工作质量的重要标尺之一，坚持以事实为根据，以法律为准绳，做到不枉不纵，实现惩罚犯罪与保障人权的有机统一。要加强对证据的综合判断和分析，重视证据的固定与补强，坚决杜绝带病起诉、勉强起诉。要加强对非法证据排除规则的理解与运用，对瑕疵证据该补强的要补强，涉及非法证据的要依法排除，严把起诉关口。要切实落实关于本地区敏感案件、有较大影响案件、新型案件的备案督办制度，减少案外因素对办案工作的干扰。要落实错案追究制度，对无罪案件要认真分析，查找原因，对于非认识分歧导致的无罪案件要实行责任倒查，严肃追究存在过错的有关责任人的办案责任。要建立无罪案件的评查机制，对于出现无罪案件的地方，要及时向省检察院说明情况，提出整改措施。这次通报的64件72人的无罪案件，承办案件检察院要认真组织自查，并及时向市州分院和省检察院说明情况，举一反三，防止类似事件发生。以后要切实执行省检察院关于无罪案件逐案分析专报的制度，及时准确地填报无罪案件，不得误报、瞒报、漏报。

（2）要严把死刑案件质量关。死刑案件人命关天。要针对死刑案件办理过程中存在的基层检察院与上级检察院协调配合不到位，证据收集不规范、不全面，办案机制不完善，适用标准不统一的问题，认真落实“两高三部”两个证据规定，健全工作机制，切实加大对死刑案件事实、证据的审查把关力度，坚持最严格的证据标准，力争把每一起死刑案件都办成铁案。一要加大提前介入引导侦查取证工作的力度，实现关口前移、重心前移。凡是可能被判处“死缓无”的案件，基层检察院批捕侦监部门要主动介入，及时引导取证，自觉协同市州分院做好引导侦查取证工作。二要强化基层检察院公诉部门对死刑案件的初审责任，实现“重心下移”。基层检察院公诉部门要克服只进行程序审不进行实体审的倾向，既要承担起对定罪事实和量刑事实的初审责任，也要承担起及时提出补证意见和引导侦查取证的责任，并协同市州分院做好引导取证、复核复验证据和现场勘验等工作。上级检察机关公诉部门要克服等等看、慢慢来的作风，主动深入发案地开展引导侦查取证和审查起诉工作。三是要加强捕、诉、技协作配合，公诉部门和审查逮捕部门应及时相互通报案件情况，凡证据涉及技术性疑问的，要及时与技术部门进行沟通，听取意见；对于其中涉及案件重大事项或关键性证据，要及时向技术部门移送相关材料，由技术部门协助审查后出具书面的审查、审核意见。四要完善上下级院公诉部门联动工作机制，积极探索建立上下级院公诉部门在必要时相互调配办案人员办理“死缓无”案件的工作制度。五要做好“死缓无”案件适用的矛盾化解工作，全面落实办理“死缓无”案件的风险评估机制，建立公诉、刑事审判监督、控告申诉、监所部门协作配合化解矛盾的工作对接机制，把化解矛盾工作贯穿于“死缓无”案件办理全过程。

(3) 要落实非法证据排除规则的有效措施。近日，“两高三部”专门印发了《关于办理刑事案件排除非法证据若干问题的规定》，对于规范侦查机关（部门）的取证行为，保障诉讼当事人的合法权益，推进司法文明具有积极意义。同时对检察机关办理刑事案件特别是职务犯罪案件提出了更高的标准和更严的要求，加重了检察机关的证明责任，对公诉工作提出了新的挑战。检察机关要牢固树立证据意识，在提前介入引导侦查、审查起诉、出庭支持公诉、提出抗诉时，都要根据该规定审查、判断和运用证据，排除非法取得的言词证据，做到凡是非法言词证据要依法排除，凡是证据不足的不能起诉。要认真评估非法证据排除规则对于公诉工作的影响，研究应对措施，全面提高处置非法证据的能力与水平。特别是要从促进反腐倡廉建设、推进社会主义法制建设、维护检察机关命运共同体的战略高度，运用检察工作一体化机制，积极面对非法证据排除规则对于查办职务犯罪的挑战，健全工作机制，提高检察机关公诉部门办理职务犯罪的能力和水平。从近期省检察院指导的几起重大职务犯罪指控、出庭支持公诉和非法证据调查程序看，对于被告人及其辩护人以遭受刑讯逼供、指供、诱供等非法取证方式翻供的，要充分运用“八审查八判断”进行综合判断：一是要对犯罪嫌疑人供述进行全面审查，看其供述是否自然客观、翻供是否合理，判断是否存在刑讯逼供等非法取证行为；二是要对原始的讯问同步录音录像进行全面审查，看讯问人员、讯问时间、地点、方式、内容是否客观真实，判断是否存在刑讯逼供等非法取证行为；三是要对提押过程进行审查，看提押证上的提押时间、还押时间、提押地点是否客观真实，判断是否存在刑讯逼供等非法取证行为；四是要对同监号在押人员的证言进行审查，看是否存在非法取证的间接证据，判断是否存在刑讯逼供等非法取证行为；五是要对狱医、检察技术人员的证言进行审查，看其证言是否有身体检查结论或鉴定结论作支撑，判断是否存在刑讯逼供等非法取证行为；六是要对看守所民警、驻所检察官的证言进行审查，看其是否了解犯罪嫌疑人遭受非法取证的情况，判断是否存在刑讯逼供等非法取证行为；七是要对侦查人员的证言进行审查，看其证言是否有其他证据支持，判断是否存在刑讯逼供等非法取证行为；八是要对辩护律师、犯罪嫌疑人家属等人的反映情况进行审查，看其情况反映是否客观真实，判断是否存在刑讯逼供等非法取证行为。通过上述审查判断，要理直气壮地驳斥被告人及其辩护人指责职务犯罪侦查人员非法取证的不实之词，旗帜鲜明地维护查办职务犯罪的成果，增强职务犯罪侦查人员开展反腐败斗争的信心和决心。对于个别确实存在非法取证的证据，要依法予以排除；对于不属于非法取证，而是侦查工作不规范的问题，要协同职务犯罪部门共同总结提高，及时提出整改意见。要加强与职务犯罪侦查部门的协作配合，提前介入引导侦查，确保侦查行为同步录音录像全面、全程、全部，确保取证行为合法。要科学预测非法证据排除前置程序审理的庭审焦点，制定详细的出庭预案，确保庭审活动顺利进行。要在党委统一领导下加强与法院的协调沟通，统一认识，确保案件依法妥善处理。要加强对舆情的分析研判，统一对外宣传口径，坚持正面宣传为主，正确引导舆论。要认真总结职务犯罪应对非法证据排除规则的成功做法，协同刑事侦查机关做好普通刑事案件非法证据排除问题的应对处置工作。

（四）积极推进量刑规范化改革工作

要认真贯彻2010年10月8日全省检察机关贯彻落实《关于规范量刑程序若干问题的意见（试行）》电视电话会议精神，切实加强对量刑建议工作的组织领导，坚持“八个牢牢把握”，扎实稳步开展量刑建议工作，协同法院深入推进量刑规范化改革，促进司法公正，提高司法公信力。这里，我再强调几点意见：一要准确把握量刑建议工作的定位。量刑建议是公诉职能的有机组成部分，是出庭支持公诉、发表公诉意见的重要方面，也是检察机关对刑事审判活动是否合法实施制约的重要内容。二要准确把握量刑建议工作的作用。量刑建议具有启动量刑程序的功能，对于促进量刑的公开性、透明性和公正性具有积极意义，但量刑建议作为检察机关的一种诉讼主张，并不具有强制性约束力，对其采纳与否，法院享有自由裁量权。三要客观评估量刑建议对于公诉工作的影响。结合量刑建议工作给公诉工作带来的全新挑战，建立健全以量刑建议规范引导侦查取证，以量刑规范评价公诉工作的新模式，全面提高公诉人员提出量刑建议的能力和水平。四要积极探索将职务犯罪纳入量刑规范化改革试点。全面参与职务犯罪量刑活动举证质证和辩论，提高检察机关对职务犯罪的量刑监督能力。为了全面规范湖北省检察机关开展量刑建议和量刑规范化改革工作，省检察院在充分调研的基础上，起草了《湖北省检察机关开展量刑建议工作的指导意见（征求意见稿）》，提交会议请大家认真讨论，提出修改意见，并在文件颁布后认真执行。

二、强化刑事审判监督职能，更加注重促进公正廉洁执法

从调查情况看，湖北省刑事审判监督工作相对比较薄弱，人民群众反映强烈。敬大力检察长强调指出，要进一步强化监督意识，加大监督力度，完善监督方式，创新监督机制，增强监督实效，把刑事审判监督作为公诉和刑事审判监督部门工作的重点。当前，要围绕上述精神着重抓好以下工作。

（一）加强和改进抗诉工作

目前，湖北省抗诉工作在全国排位靠后，突出问题是，提出抗诉率、抗诉意见采纳率和法院改判率不高。这既有对抗诉工作重视不够，也有抓不住抗诉工作的重点、难点和薄弱环节的问题；既有抗诉不力、为转移上交矛盾乱抗诉，也有为避免赔偿而滥用抗诉权的问题。要根据敬大力检察长提出的加大抗诉力度、整合抗诉机制、提高抗诉质量和确保抗诉效果的要求，认真查找研究存在问题的原因，采取得力措施，下决心改变抗诉工作被动的局面。要防止和纠正“多一事不如少一事”等观念上的偏差，加大抗诉工作力度，坚持“坚决、准确、及时、有效”原则，做到敢抗、善抗、抗准。要整合抗诉工作资源，今后，凡是控告申诉、监所部门受理的不服生效裁判的案件，经审查认为需要提出抗诉的，一律交由公诉和刑事审判监督部门统一办理，对不符合抗诉条件的，仍由控告申诉、监所部门做好服判息诉工作。要针对职务犯罪处罚“轻缓化”比例过高和不均衡等突出问题，加大对职务犯罪裁判的研判分析，发现裁判确有错误的，要依法提出抗诉。要建立健全抗诉与量刑建议工作衔接机制，加大对法院量刑裁判的法律监督。要逐步扩大对刑事自诉案件、二审书面审理案件、法院自行启动再审案件的监督力度，进一步增强抗诉工作实效。要深入推行检察长列席审判委员会制度，对于抗诉案件、法院自行启动再审的案件，各级检察长应当依法列席同级审判机关审判委员会，就案件事实、证据及适

用法律和量刑问题发表意见，促进量刑公正。要健全抗诉案件的上下联动工作机制，对于重大、有影响的抗诉案件，上一级检察院要提前指导，确保抗诉质量，必要时可以派员列席下一级检察院检察委员会；审议抗诉案件时，可以邀请下一级检察院派员列席上一级检察院检察委员会；对于不支持抗诉的案件，上级检察机关在撤抗前要认真听取下级检察机关的意见并说明理由等，形成抗诉工作合力。

（二）加强对简易程序的法律监督

从调研情况看，简易程序适用中存在适用条件把关不严、检察机关派员出庭率低以及对庭审和法院裁判监督不力等问题，直接导致不少公诉案件监督缺位，有的甚至成为滋生新的司法腐败的温床，严重削弱了检察机关的法律监督职能，动摇了检察机关公诉和刑事审判监督职能的地位，在社会上造成了不良影响。要深刻反思简易程序适用中存在的问题，认真贯彻落实最高人民检察院《关于加强适用简易程序公诉案件诉讼监督工作的通知》精神，健全工作机制，创新工作方法，提高监督实效。要把简易程序的适用提高到推动公诉和刑事审判监督工作科学发展，强化检察机关法律监督能力的高度，切实解决一些地方简易程序适用过多过滥的问题。要把好简易程序适用程序关、派员出庭关和事后审查关，细化标准，保障简易程序依法正确适用。要建立健全简易程序适用与量刑建议工作衔接机制，把人民法院是否同意人民检察院提出的量刑建议，作为是否建议或同意适用简易程序、是否派员出席法庭以及是否抗诉的重要依据。要建立适用简易程序的备案审查制度、案件抽查评查制度，及时监督纠正简易程序适用中存在的问题，提高简易程序案件办理质量。要将简易程序适用工作纳入年度业务考评范围，促进简易程序执法规范化建设。省检察院在调研的基础上，起草了《关于认真作做好适用简易程序公诉案件程序适用、派员出庭、事后审查工作的意见（征求意见稿）》，提交会议请大家认真讨论，提出修改意见，并在文件颁布后扎实贯彻落实。

（三）加强刑事审判法律监督调查工作

从调研情况看，公诉和刑事审判监督部门开展刑事审判法律调查工作取得了一定成效，存在的主要问题是，刑事审判法律调查工作开展的范围不够普遍，工作的力度不够，重大违法行为的调查不多，社会影响不大。最近，两高三部联合下发的《关于对司法工作人员在诉讼活动中的渎职行为加强法律监督的若干规定（试行）》，对司法工作人员在诉讼活动中的渎职行为开展调查并做相应处理作出了规定。湖北省刑事诉讼法律监督调查办法与该规定的基本精神和主要内容高度一致。我们要认真贯彻执行“两高三部”的规定和省检察院的办法，按照敬大力检察长的要求，认真抓好法律监督调查和渎职行为调查工作。一要思想认识到位。要深刻认识到，开展刑事审判法律监督调查和渎职行为调查，是对审判机关及其工作人员违反刑事诉讼法的行为，依法进行调查并纠正的活动，是开展法律监督和支持人民法院依法公正高效司法的必要手段，运用于刑事审判监督工作的各个环节，有利于增强监督的针对性和实效性，必须作为一项重要工作抓紧抓好。二要把握范围到位。湖北省刑事诉讼法律监督调查办法详细规定了对刑事审判活动9种情形启动法律监督调查，明确了调查范围。《渎职行为调查规定》也强调指出，对于司法工作人员在诉讼活动中徇私枉法、徇情枉法，对明知是无罪的人而使其受追诉，或者对明知是有罪的人而故意包庇不使其受追诉，或者在审判活动中故意违背事实和法律作枉法裁判等情形，检察机关应当调查核实。要把我省办法与“两高三部”的规定有机结合起来，对刑事审判活动中的诉讼违法行为按照规定启动调查程序，切实推动刑事审判监督工作向前发展。三要执行程序到位。根据规定，检察机关可以采取询问、查阅、调取或者复印相关材料、勘验、鉴定，对受害人伤情检查等方法进行调查，但不得限制被调查人的人身自由或者财产权利，要认真落实各项程序规定，增强监督的规范性，保证监督的严肃性。同时，对于检察机关提出纠正意见或者更换办案人建议的，有关机关应当在15日内作出处理并将处理情况书面回复检察机关；对于检察机关的纠正违法通知书和更换办案人建议书，有关机关应当存入诉讼卷宗备查。要认真落实这些要求，保证法律监督的刚性，增强法律监督的效果。四要加强指导到位。要认真执行省检察院2009年印发的法律监督调查统一文书格式和报表，严格案卷归档，落实“有台账、有报表、有文书、有案卷”四有制度。省检察院和市级检察院要加强对下指导，通过参办、督办、提办个案排除监督阻力，通过适时召开现场会，定期整理典型案例等方法加强类案指导，将这项工作纳入考评范围，进一步推动工作。

三、加强领导、强化措施，推动公诉和刑事审判监督工作深入开展

（一）加强组织领导

各级检察院党组和检察长要围绕大局和中心工作统筹规划公诉和刑事审判监督工作，搞好组织协调，经常听取汇报，帮助理清思路，确定工作重点，认真研究解决工作中的重大问题，为公诉和刑事审判监督工作发展把好方向。要紧密结合工作实际，制定本地区公诉和刑事审判监督工作规划，明确责任和目标，下定决心解决几个突出问题，指导下级院制定详细的工作方案，加强督促检查，形成一级抓一级，层层抓落实的工作格局。检察委员会要加强对重大案件、重大问题的研究讨论，切实发挥集体领导、审查把关作用。要选好配强各级公诉和刑事审判监督部门领导班子，落实公诉和刑事审判监督部门主要负责人担任检委会委员的规定。上级检察院要加强对下指导和督促检查，总结推广好的经验和做法，及时解决带有普遍性的问题，推动公诉和刑事审判监督工作不断创新发展。

（二）检察长亲自办案

各级检察长都要亲自办案，除对案件逐案审查把关、逐案审定签发法律文书外，对当地有重大影响的大要案或者疑难复杂敏感案件，要靠前指

挥，科学理性决策，牢牢把握案件处理工作的大方向，必要时亲自出庭支持公诉。按照高检院要求，从现在起，省市县三级分管检察长每年出庭数分别不少于一、二、四件，我们要认真落实，把这项工作列入目标考核。检察长出庭支持公诉要拿出真本事、显出高水平，真刀真枪真出庭。各级公诉和刑事审判监督部门负责人也要带头办案，多出庭，出好庭。

（三）推进公诉和刑事审判监督队伍建设

2010 年 8 月，高检院制定下发了《关于加强公诉人建设的决定》，明确提出了公诉和刑事审判监督队伍建设的目标和任务，从思想政治建设、职业能力建设、专业化建设、纪律作风建设、管理机制建设等 6 个方面作了具体部署，是指导当前和今后一个时期公诉和刑事审判监督队伍建设的重要文件。要认真贯彻落实文件精神，结合本地工作实际，制定年度及 5 年实施规划，分解任务，加强督办指导，加大工作力度，确保文件精神落到实处，努力将湖北省公诉和刑事审判监督队伍整体素质提高到一个新的水平。一是加强思想政治和职业道德建设。要通过扎实开展学习实践科学发展观和社会主义法治理念教育活动和正在开展的“建设学习型党组织、创建学习型检察院”、“恪守检察职业道德、促进公正廉洁执法”及创先争优等活动，树立理性、平和、文明、规范的执法理念，引导广大公诉和刑事审判监督人员始终坚持“三个至上”“四个在心中”，恪守“忠诚、公正、清廉、文明”的检察职业道德，打牢公正廉洁执法的思想基础。二是加强职业能力和专业化建设。要深入推进学习型公诉和刑事审判监督部门建设，广泛开展大学习、大练兵、大竞赛活动，加强公诉和刑事审判监督业务专项教育培训，引导公诉和刑事审判监督人员加强学习、提高本领。要加强专家型和专门型人才的培养，着力提高公诉和刑事审判监督人员的知识结构和素质，力争公诉和刑事审判监督队伍中各级检察业务专家和检察理论研究人才所占比例达到 6% 以上，总人数达到 100 人以上；具有研究生以上学历的人员所占比例达到 13% 以上，确保每个基层院都有 1 ~ 2 名台柱子，以点带面，全面提高湖北省公诉和刑事审判监督人员的法律监督能力和水平。要注重主诉检察官的选拔、培养和使用力度，带动全省公诉与刑事审判监督部门办案水平的整体提升。要建立公诉和刑事审判监督人员全员轮训机制，确保每名公诉和刑事审判监督人员每年脱岗参加业务培训的时间不少于15天，积极鼓励公诉和刑事审判监督人员参加法律类学历学位教育并为其创造条件。三是加强纪律作风和执法规范化建设。要按照省检察院《关于构建促进检察机关公正廉洁执法工作格局的指导意见》关于构建以执法办案为中心、制度规范、执法管理、监督制约、执法保障等方面相互依托、相互促进的“五位一体”工作格局的总体部署，紧密结合公诉和刑事审判监督工作的特点，切实把各项工作要求落实到位。要切实加强对公诉和刑事审判监督队伍的严格教育、严格管理、严格监督，把强化自身监督摆在突出位置，进一步细化执法规范和行为规范，用制度与科技手段管人、管案；进一步完善巡视、督察、专项检查等制度，加强内部监督制约；进一步深化检务公开、人民监督员制度，自觉接受人大、政协和社会各界监督。坚持从严治检，严肃查处队伍中的违法违纪行为，确保纪律严明，检风清正，队伍纯洁。

（四）要完善工作机制

制度带有根本性、全局性、稳定性和长期性。要全面提高全省指控犯罪与强化诉讼监督水平，既要靠措施，更要靠制度和机制。一要积极探索在公诉和刑事审判监督工作中落实检察工作一体化机制的有效办法。全省三级检察机关公诉和刑事审判监督部门要有命运共同体意识，按照“上下统一、横向协作、内部整合、总体统筹”的要求，严格执行行之有效的办案机制和制度尤其是备案审查制度，强化上级院对重大敏感案件的指导，加强各地公诉和刑事审判监督部门之间的工作协作，健全诉讼监督衔接机制和职务犯罪案件协作配合机制，推动全省公诉和刑事审判监督部门结成运转高效、关系协调、规范有序的统一整体，充分发挥公诉和刑事审判监督工作的整体效能。二要落实同法院、公安和司法行政部门监督制约和协调配合的各项机制。要认真落实省检察院与省法院《关于在审判工作和检察工作中加强监督制约、协作配合的规定（试行）》，多加强人来人往，切实将文件规定的经常性工作联系、查阅（借阅）案卷、案件情况通报、检察长列席审判委员会等各项要求落实到位，充分保障检察机关的知情权、核查权和纠正权，为检察机关开展法律监督创造有利条件，共同维护司法公正和法制权威。要全面贯彻省检察院与省公安厅《关于在检察工作和公安工作中加强监督制约、协调配合的规定（试行）》，健全案件快速办理、介入侦查、引导取证等工作机制，理顺在案件管辖、审查起诉、应对非法证据排除程序适用、量刑建议改革程序增加、刑事申诉等方面的工作关系，提高办案质量和水平。要切实执行省检察院与省司法厅《关于在刑罚执行和监管活动工作中加强协调配合监督制约的规定（试行）》，完善与司法行政部门的沟通联系、协作配合。

（五）要加大保障力度

针对5年来刑事案件上升2成以上、司法体制和工作机制增加非法证据排除和量刑建议新的职能任务、办案力量没有增加、案多人少矛盾提出、业务骨干流失等问题，要按照“精简后方、保障一线”的原则，适当增加和合理调整公诉和刑事审判监督部门检察官职数；争取地方党委、政府的支持，为公诉和刑事审判监督部门招录速录员等办案辅助人员；在政策允许的范围内，给公诉和刑事审判监督人员一定的办案津贴和出庭补贴，注意解决主诉检察官的职级待遇。要抓好公诉和刑事审判监督部门的装备建设和信息化建设，积极推行网上办案，尽量解决所需交通工具、多媒体示证、案卷传输、远程讯问等设备问题，依靠科技手段提高工作质量和效率。要切实保障办案安全，特别是在重大敏感案件、涉黑涉恶案件等高风险案件中，要积极协商法警部门做好提讯、接待以及开庭往返等保护措施，确保公诉和刑事审判监督人员执法办案活动安全。要坚持严管与厚爱相结合，切实从政治上、工作上、生活上关心公诉与刑事审判监督人员；特别要树立人才就是财富的观念，爱才用才，人尽其才，努力营造拴心留人、干事创业的良好环境。

公诉和刑事审判监督工作任务繁重而艰巨。检察人员需要振奋精神，求真务实，开拓进取，努力从更高起点、更高层次、更高水平思考和做好公诉和刑事审判监督工作，从而推动检察工作科学发展，促进法治、平安、和谐社会建设。

加强对舆情的分析研判，提升公诉工作化解矛盾的能力*

舆情是社会公众对于新近发生事件和问题的观点、看法的集中表达，具有新近性、主观性、非强制性、公开性、易变性等特性，往往呈现萌芽、升温、炒作“井喷”、持续炒作、降温平息等阶段。它集中反映了公众对于社会问题以及社会发展的意见和看法，是社会和谐稳定的晴雨表。特别是在信息技术高度发达的当今社会，传统媒体手段受到现代网络的尖锐挑战，舆情越来越成为公众认识社会把握现实的决定性因素，传播舆情的媒体则越来越成为治国理政的重要手段。因此，我们必须深刻认识执法环境发生的重大变化，积极主动适应社会进步特别是信息化发展的客观要求，从执法理念、执法机制、执法方式等方面着手，切实加强对舆情的研判、应对和运用，提升检察机关公诉工作化解社会矛盾，促进社会和谐稳定的能力。

一、转变执法理念，正确认识舆情对于司法工作的意义

随着信息技术的发展，信息网络化带来了信息的不可控性和高度自由流动，社会公众表达自由权与媒体的新闻自由权相互交织，使得任何事件包括执法、司法个案都有可能被曝光，舆情已经成为重要的相对独立的社会力量。就公诉工作而言，舆情就是检情。真实的舆情有利于把握民意、

---

* 本文发表于《检察日报》2010年8月3日第3版，由刘光圣、赵慧博士协助完成。

倾听民声、化解民怨、汇集民智，对于正确查办职务犯罪、指控犯罪、强化法律监督、维护公平正义、弘扬社会主义法治都具有十分重要的作用。但不容忽视的是，由于公众对案件事实、检察机关查办职务犯罪、审查批捕、指控犯罪、开展刑事审判与民事行政诉讼活动法律监督等方面的信息不对称，尤其是含有大量虚假信息等舆情的存在，某些非理性的涉案舆情通过网络媒体迅速传播以及无限放大，往往给公众心理、情绪与行为选择带来误导，给司法机关正常的办案活动带来不应有的压力和不当干扰。

如何积极应对、妥善处理网络舆情，切实发挥检察机关惩治犯罪、维护人民权益、维护社会公平正义、维护社会和谐稳定、维护宪法法律统一正确实施的职能作用？首先，必须转变传统执法观念，树立“理性、平和、文明、规范”新的执法理念，把舆情压力变为提高案件处置工作的动力，养成在信息社会、舆情爆炸条件下抗“压力”、抗“干扰”良好的执法办案习惯，善于把握好、引导好、利用好社会舆情，架设司法机关与社会大众沟通交流的桥梁，提升社会对公正、廉洁、高效、文明司法的认同度、满意度与支持度。其次，要深刻认识社会舆情的双刃剑作用，切实加强舆情引导工作，及时回应舆论关切，疏导社会公众情绪，积极引导公众培养法治心理、养成法治思维，自觉维护法治秩序。最后，要切实加强舆情工作的组织领导，建立和完善舆情处置工作机制，提高统一领导、快速反应、综合协调、主动引导、科学处置的能力和水平。

二、强化执法机制建设，提高有效处置舆情的能力

在处置涉检舆情工作中，应当明确方向，把握重点，加强舆情处置工作的机制建设，切实提高有效应对、妥善处置涉检舆情的能力，促进舆情处置工作的法制化、规范化和制度化。

（1）建立预警预报机制。舆情发生后，要启动相关应急预案，有效协调相关部门、内设机构的一体应对，形成统一、高效、权威的应对处置组织体系。①检察长靠前指挥。在处置涉检舆情工作中，检察长要靠前指挥，

及时掌握舆情信息，亲自部署，果断决策，主动争取各方面的支持，力求协同动作。②强化舆情的监控研判。要密切关注舆情动态，加强情报信息和网情民意的收集，及时发现了解可能引发舆情激化的敏感信息，客观评估舆情的发展态势，为科学决策、有效应对、妥善处置涉检舆情提供智力支持。③完善预案工作措施。要明确应对舆情的组织领导、快速反应、处置方法和应对策略等重点工作措施，确保预案运行实施的快、准、实。

（2）建立同步启动机制。①及时回应舆情关切，准确披露案情，控制关键信息源，强化释法说理和答疑解惑，抢占舆论制高点，赢得舆论的主导权。②坚持“两轮驱动”，一手抓舆情引导，组织网络写手，开展正面网评、限制负面言论，使舆论向理性和法治方向发展，一手抓组织力量，协同有关机关对可能引发影响社会稳定的现实行为的化解。③坚持跟踪引导，密切关注舆情状况，全面掌握舆情发展动态，牢牢掌握舆情引导工作主动权。

（3）建立部门联动机制。①部门联动。一旦发生涉检舆情，各地要按照应急处置预案，迅速协商新闻、外宣、网监管理、公安机关等部门共同应对。②上下联动。针对网络虚拟社会的跨区域性、匿名性特征，充分发挥检察工作一体化机制优势，建立上下级检察机关沟通与协同机制，及时通报舆情信息，加强指导督办力度，形成处置合力。③内部联动。检察机关内设机构、部门之间在办理处置舆情工作中要加强沟通协调，真正做到信息共享，互通情况，各司其职，支持配合。

（4）建立问责评估机制。①明确宣传报道纪律。舆情处置工作预案的制定、组织和实施，都要经合法合规程序审批后才能组织实施。未经批准，不得擅自接受采访，不得擅自为媒体提供采访报道素材或在互联网上披露相关信息。②取得新闻主管机关支持，规范媒体对司法个案的报道，做到媒体监督司法而不干扰司法，防止案件被不当炒作而影响公正处理。③依法制裁造谣滋事行为。一方面，要加大对公民言论自由权利的保护力度，切实保障公民的经济、政治、文化及社会权利的充分行使；另一方面，要切实加强对网络不良言论与行为的管理，对于在网上造谣滋事、蛊惑公众、引发严重事件的人员，应当依照职权及时查究，需移送主管机关依法查究的，要及时移送，形成监管、查处、治理与防范工作合力，切实维护社会和谐稳定。④及时回应社会公众的质疑。对于执法办案中存在的不足、瑕疵甚至于错案，要勇于直面，坦诚回应，该依法纠错的要坚决纠正，不得藏着掖着，对公众不瞒着盖着；该问责的要依法依规问责，以及时消除公众的疑问。

三、规范执法方法，保障检察机关依法独立行使检察权

面对涉检舆情，应当切实保障人民群众的知情权、参与权、表达权和监督权，高度重视公众的关切点问题，把握时机，正确把握“四说”机理，即：说比不说好，早说比迟说好，自己说比别人说好，主动说比被动说好，有序疏导舆情民意。要讲求处置涉检舆情的时机与策略，注重在舆情引发突发性事件前，发布权威信息，以正确信息引导公众，以真实信息抵制虚假信息，最大限度压缩恶意炒作空间，最大限度消除公众疑虑和猜测，有效赢得行动先机。

要正确处理接受舆论监督与依法独立行使检察权的关系。对于正在办理舆情关注的案件，既要以开放、包容、虚心、坦诚的态度对待和接受舆论监督，充分吸收舆情中的合理成分，又要不被舆情左右，坚持依法独立办理案件，保障案件的客观公正处理。具体而言，一要充分尊重社情民意。对于社情民意中的合理成分，要依据现有法律规范，认真听取公众意见，及时将处理结果向社会公众公开；对于社情民意反映司法机关案件处理工作的失误，检察机关应当正视问题，依法处理，促进检察机关公正、廉洁、文明、规范执法。二是有效引导社情民意。对于社情民意要冷静观察、正确分析、积极应对、有序引导，纠正和防止片面迎合的不良倾向。检察机关向社会公众发布有关执法办案情况，必须重事实、重证据，于法有据；对于少数社会成员不恰当的要求，应当依法妥善回拒，纠正和防止以牺牲法律的尊严和权威来迎合部分社会成员要求的不当做法。三是正确处理舆

情中的虚假成分。对于一些公众因信息不对称而形成舆情中含有一定的虚假成分的，只要不是有意捏造、编造虚假事实来妨害司法活动的，执法司法机关一般不应对有关人员追究法律责任，而应当采取教育、说理、疏导、化解的方法，促使其消除误解，进而守法护法。对于极少数别有用心的人利用舆情制造事端或社会事件，严重干扰司法活动，破坏机关、学校、企业、社会的正常工作秩序、教育秩序、群众生活秩序以及社会管理秩序的，执法司法机关应当依法处理，对极少数为首者触犯刑事法律规定的，应当绳之以法。四是妥善处理合理不合法的舆情问题。由于我国现阶段正处于社会转型期，社会管理体制、机制存在一定的漏洞，加之立法滞后，现实社会中确实存在一些合理但无法可依的现象，对于一时无法解决或者现有法律框架内无法可依的社会诉求，执法司法机关应当向社会大众做好解释工作，争取理解与支持，必要时可以提请党委、政法委协调处理，在不违反法律基本精神的前提下，努力维护社会公众的正当权益要求，促进人的全面发展，推进和谐社会建设。

检察机关办理群体性事件相关案件的几点思考*

当前，我国正处于社会转型、经济转轨和体制转变的特殊历史时期，原有的利益格局被打破，新的利益均衡机制尚不健全，在政治、经济、文化和社会生活等领域发生深刻变化的同时，社会结构、价值观念、新旧规范以及生活方式等方面发生了巨变，各种利益群体之间的冲突日益凸显和激化，极大地妨碍了社会主义和谐社会的构建。特别是随着信息技术的发展，互联网与群体性事件呈现出交织放大的趋势，大大增加了群体性事件的防范阻力和处置难度。检察机关作为法律监督机关，积极参与预防和处置群体性事件，对于化解社会矛盾，维护社会公平正义，促进社会和谐具有十分重要的现实意义。

一、群体性事件的概念与特征

新中国成立以来，受政治、经济和社会因素的影响，人们在各个时期对群体性事件的称呼不尽相同。20世纪50年代~70年代末，称为“群众闹事”“聚众闹事”；80年代称为“治安事件”“群众性治安事件”；90年代称为“突发事件”“治安紧急事件”“突发性治安事件”“紧急治安事件”；21世纪初称为“群体性治安事件”“群体性事件”。❶ 2004年11月8

---

* 本文发表于《刑事司法指南》2010年第3辑，法律出版社，由刘光圣、赵慧博士协助完成。

❶ 王战军：“群体性事件的界定及多维分析”，载《政法学刊》2006年第5期。

日，中共中央办公厅、国务院办公厅在《关于积极预防和妥善处理群体性事件的工作意见》中，明确使用“群体性事件”概念。2005年7月7日，我国首次向世界媒体公开使用了“群体性事件”的称谓。由此可以看出，“群体性事件”概念的形成，是政府执法观念和执法方式转变的必然结果，集中反映了我国政府对于此类事件认识的深化以及处置态度、方式的转变。

对于群体性事件的界定，有的侧重于引发群体性事件的原因，有的突出其矛盾特性，有的力图揭示群体性事件的表现形式，有的重点强调其对社会的危害性，由于认识角度不同，有关群体性事件的概念存在一定的差异。我们认为，不管如何界定群体性事件，都应当在把握其运行规律的基础上，揭示群体性事件的本质特征，对群体性事件的性质以及法律定位作出明确界定。在此基础上，可以将群体性事件界定为，多人参与的对正常社会秩序造成重大负面影响的行为或者活动。

群体性事件的特征主要表现如下。

1. 利益性

利益性是群体性事件的一个基本特征。在群体性事件中，参与者最关心的往往是一些与他们自身切身利益息息相关的具体利益问题，在各地发生的群体性事件中，大量的是由于拖欠工资、非法集资、土地征用、企业改制、城市拆迁中的补偿问题等物质利益所引发的。从群体性事件的参与者看，利益受到损失的群体是群体性事件的主要参与力量。由于群体性事件涉及群众的切身利益，共同的利益目标把他们维系在一起，又极易吸纳相同利益者，使群体逐步扩大，事态不断蔓延，从而导致群体性事件。

2. 群体性

众多群众聚集参与，是群体性事件的一个主要特征。在我国体制转型时期，社会关系和社会结构出现了重大变化，形成了许多具有共同利益的社会阶层等利益群体。由于不同利益群体在社会结构中所处的位置不同，拥有的权力资源、经济资源和知识资源不同，导致不同群体之间的利益要求出现明显分歧，利益摩擦增多。一旦遇到某种诱发因素，很容易引起群体性事件。正是由于相近的血缘、地缘和业缘，共同的利益和情感往往将相关群体聚集起来，使群体性事件的群体性表现的十分明显。[1]

3. 突发性

突然爆发是群体性事件的重要特征。这种突发性表现在对于事件是否发生，在什么时间、什么地点、以什么样的方式发生，以及危害后果如何等情况，人们都难以准确地预见和把握。值得注意的是，群体性事件虽具有突发性，但群体性事件的爆发一般有深刻的社会背景，往往是一种或某几种矛盾长期积累、相互作用的结果，当积累的矛盾未能得到有效解决，一旦有外界因素刺激，便突然爆发出来。因此，从群体性事件的形成机制看，群体性事件并非完全是偶然的突发现象，有其内在必然性。

4. 对抗性

从总体上看，各地发生的群体性事件都是由非对抗性的人民内部矛盾引起的。但是，由于人民内部矛盾对抗性因素在增多，相应的，群体性事件的对抗性因素也在增多。这种对抗性主要表现为：一是热对抗，如围攻党政机关、与维持现场的公安干警对峙，阻碍交通、打砸抢烧等；二是冷对抗，如游行、罢工、罢课、罢市、绝食静坐、散步、拒绝搬迁等。冷对抗一般采取平和、非暴力的方式，热对抗相比具有更大的暴力性和破坏性。

5. 变异性

有些群体性事件在发生之初，并非是大规模的群体行为，也不带有任何政治色彩。但在发生过程中常常受许多难以预料的外界因素的影响，各种消极因素相互作用，许多无直接利益者参与其中，参与者改变原先的设想和方式，转换攻击目标，在参与人数、对抗性、影响范围、组织化程度等方面会发生变化，甚至其性质也会发生改变，发展成为对抗性的敌我矛盾。因此，随着事态不断发展，性质不断恶化升级，群体性事件可能由一般违法行为演变为犯罪行为，由非政治问题转化为政治问题，由非对抗性矛盾转化为对抗性矛盾，如果遇到境内外敌对势力插手，还可能演变成带

[1] 任红杰：《社会稳定问题前沿探索》，中国人民公安大学出版社 2005 年版，第 260～261 页。

有国际性的问题。

二、检察机关办理群体性事件相关案件应当把握的原则

检察机关在处置群体性事件相关案件中，应当把握处置群体性案件的基本原则，千方百计提升处理群体性案件的水平，及时有效化解社会矛盾，保障案件依法公正处理。

（一）党委统一领导原则

群体性事件的治理工作是一项系统工程，必须在党委统一领导下采取综合措施予以解决。检察机关办理涉检群体性事件相关案件，应当在党委、政法委统一领导部署下开展工作，重要工作部署、重大法律决定都应当向党委、政法委报告，争取领导和支持。要从大局出发办理群体性事件相关案件，坚持党的利益至上、人民利益至上、宪法法律至上，最大限度地增加和谐因素，最大限度地减少不和谐因素，为构建社会主义和谐社会提供有力的司法保障。

（二）严格依法原则

国家的法律、法规和政策是检察机关处置群体性事件的基本依据。在处置群体性事件相关案件中，检察机关应当坚持依法办事与政策指导的有机统一，一方面要通过宣传教育人民群众懂法守法，理性合法表达诉求；另一方面自身也要严格依照有关法律、法规和政策办事，决不容许执法犯法，更不能在案件办理过程中侵犯人民群众甚至犯罪嫌疑人、被告人的合法权益。特别是对群体性事件中涉嫌犯罪人的处理，检察机关应当严格依照刑法、刑事诉讼法的规定进行，坚持罪刑法定、罪刑相适应、法律面前人人平等原则，认真落实保障犯罪嫌疑人、被告人权利的法律规定，做到惩治犯罪与保障人权于法有据。

（三）宽严相济原则

群体性事件涉及的人数多，范围广，检察机关在处置群体性事件相关案件中，必须坚持孤立打击极少数、团结教育争取大多数的方针，依法严厉打击事件的策划者、组织者、骨干分子以及打砸抢烧严重暴力犯罪分子，对被煽动、被蒙蔽的一般参与人员要注意区别对待，能从宽处理的尽量从宽处理。同时，对严重犯罪中的从宽情节和轻微犯罪中的从严情节要依法予以宽严体现，对犯罪的实体处理和适用诉讼程序都要体现宽严相济的精神。

（四）注重效果原则

群体性事件往往隐藏着复杂的社会矛盾，是多种因素相互交叉的结果。因此，检察机关在办理群体性事件相关案件时，不能就案件本身来处理，应当尊重民族、宗教习惯，在法律范围内充分考虑媒体、社会舆情、国外反映等因素的影响，从有利于维护国家统一、民族团结和社会稳定，有利于维护社会主义法制，有利于维护人民群众根本利益出发，确保办案取得实效。具体而言，就是要在案件办理过程中做到惩治犯罪与保障人权的有机统一，法律效果与社会效果的有机统一，保护犯罪嫌疑人、被告人的合法权利与保护被害人的合法权益的有机统一，特殊预防与一般预防的有机统一，执法办案与化解矛盾的有机统一，以有利于维护稳定，化解矛盾，减少对抗，促进和谐。

三、检察机关办理群体性事件相关案件的基本方法

（一）分析研判案情

群体性案件发生后，检察机关应当及时组织专人认真剖析事件背后隐藏的社会矛盾，充分把握事件的性质、形势以及可能引发的社会问题，冷

静判断形势，以便采取有效措施开展处置工作。(1) 认真分析群体性事件的形成原因。群体性事件发生的原因很多，既有政治原因、经济原因、社会原因，也有宗族原因、宗教原因和其他因素的影响。在群体性事件中，参与者的利益要求大多是合理的，少数别有用心的人煽动利用、黑恶势力插手参与以及地方政府处置不当等导致事态扩大是群体性事件发生的重要因素。(2) 认真分析群体性事件的矛盾性质。当前，群体性事件多数都是人民内部矛盾，但也不排除存在一部分敌我性质的矛盾。在人民内部矛盾中，一般都是多数人的合理要求与少数人的无理要求相交织，多数人的过激行为与少数人的违法犯罪行为相交织，直接利益者与无直接利益者的违法犯罪行为相交织。在敌我矛盾中，其矛盾性质也多种多样，如恐怖主义、极端宗教势力、极端民族分裂分子等组织策划的群体性事件等。(3) 认真评估群体性事件的风险。检察机关要建立群体性事件的风险评估机制，及时收集群体性事件的动态和各种舆情，客观理性分析群体性事件存在的风险和可能引发的社会问题，为科学决策提供有力依据。(4) 认真研究处置措施和办法。对于一般违反治安管理法规的行为，应积极协助党委政府进行矛盾化解工作；对于涉及犯罪的，应在党委统一领导下研究案件的性质和处理方法，依法采取有效措施打击严重犯罪行为。

（二）成立应急处理机构

群体性案件发生后，检察机关要及时成立应急处理机构，启动相关的应急预案，组织相关机构和人员开展处置工作，明确各机构、人员的工作职责分工及相应的配套制度保障，形成统一、高效、权威的组织管理体系。(1) 检察长靠前指挥。在办理群体性案件中，检察长要牢牢把握案件办理工作的方向，对案件第一手情况要全面及时掌握，对重大工作安排要亲自部署，靠前指挥，果断决策。(2) 领导小组成员一般应当包括侦查监督、公诉、反渎职侵权、反贪污贿赂、预防、宣传、后勤等部门的分管检察长和内设机构负责人参加。该组织成员按照分工分别从事相应的工作，有的负责研究案件的法律适用问题、有的负责对案件的审查起诉和出庭公诉、有的负责查处案件中暴露出来的职务犯罪、有的负责办理群众申诉、有的负责应对媒体等，共同做好群体性事件相关案件办理工作。(3) 该应急处理机构既要协调好上下级检察机关关于群体性案件的处置工作，也要对外协调好与党委、政府以及其他相关机构、部门的工作。

（三）提前介入引导侦查

群体性案件发生后，检察机关侦查监督、公诉部门要提前介入，及时掌握案件第一手信息，为制定各项措施和预案提供客观依据。(1) 要通过查阅案件材料、参与侦查机关组织的案件讨论，就群体性事件的性质迅速作出判断，涉嫌犯罪的，应在明确案件性质的基础上，就下一步的侦查方向与侦查重点提出指导意见，引导侦查机关全面、客观地收集和固定证据，尤其是要注意运用录音、录像等各种有效手段，及时掌握大量的可靠证据，为以后依法处理有关责任人员提供必要的证据支撑。(2) 要引导侦查机关全面客观地收集证据材料，既要收集在群体性案件中起组织、策划、指挥作用犯罪分子的犯罪事实材料，也要收集群体性案件中积极参与者或者一般参与者的犯罪事实材料，对于案件涉及多人多事的，可以围绕重点犯罪分子的主要犯罪事实进行证据收集工作。(3) 要根据案件事实以及犯罪嫌疑人的人身危险性情况，依法适用强制措施。对于恐怖主义犯罪、严重危害国家安全犯罪、黑社会性质的有组织犯罪以及其他严重性犯罪，不采取逮捕强制措施不足以防止发生社会危险性的，在案件事实基本清楚的情况下，应当及时对犯罪嫌疑人采取逮捕强制措施。对于采取逮捕强制措施可能激化民族、宗教矛盾、干群关系以及激化社会矛盾的，应当慎用逮捕强制措施，或者依法变更取保候审等其他强制措施。

（四）做好审查起诉工作

在审查起诉工作中，检察机关要坚持理性、平和、文明、规范的执法理念，客观分析案件事实和法律适用，严把事实关、证据关、程序关和适用法律关，加快办案进度，选择起诉时机，确保案件定性准确、程序合法、处理适当，经得起法律和历史的检验。（1）正确把握起诉原则。对于群体性案件，由于涉及人数多，每个人在事件中所处的地位和作用不同，因此，检察机关应当坚持惩治少数，争取、团结、教育大多数的原则，对极少数插手群体性事件，策划、组织、指挥闹事的严重犯罪分子以及进行打砸抢烧等犯罪活动的首要分子或者骨干分子，要依法严厉打击；对一般参与者，要慎重提起公诉，符合不起诉条件的，可以依法适用不起诉，并可以根据案件的不同情况，对被不起诉人予以训诫或者责令具结悔过，赔礼道歉、赔偿损失。确需要提起公诉的，可以依法向人民法院提出从宽处理的意见。（2）准确把握起诉罪名。在群体性案件中，参与人的行为比较复杂，有的实施妨害社会管理秩序的犯罪，如聚众闹事、寻衅滋事、妨害公务、组织、领导、参加黑社会性质组织犯罪等；有的乘机实施故意杀人、伤害、强奸、抢劫、故意毁坏财物等侵犯公民人身权利、民主权利和他人财物所有权的犯罪；有的实施放火、爆炸等妨害公共安全的行为，等等。在处理群体性案件中，每一个行为人只能对自己行为引起的结果承担刑事责任。因此，在处理群体性案件时，应当分清每一个人在事件中的行为，依法予以处理。特别值得注意的是，对于刑法明文规定仅处罚首要分子或者首要分子和积极参加者的，不能根据共同犯罪理论对其他参与者予以处理。（3）准确把握起诉的证据标准。群体性事件规模大，人群集合具有即合性，加之发生比较突然，参与人的行为复杂多变，在司法机关介入案件查处时，有的目击证人出于各种原因不愿意出具证言，有的证人或者参与者无法找到等，由此决定了司法机关收集和固定证据工作比较艰难。因此，检察机关在办理群体性案件时，不能以普通刑事案件的证据标准来要求办理群体性案件，应当坚持“两个基本”原则，对于犯罪嫌疑人的基本犯罪事实清楚，基本证据充分的，就可以依法提起公诉。（4）合理选择起诉时机。在办理群体性案件中，检察机关应当在保障办案质量的前提下加快办案进度，选择有利时机提起公诉，防止案件炒作。（5）切实保障被害人、被告人的合法权益。在办理群体性案件中，检察机关既要保护被害人的正当权益，也要保障被告人的合法权益。特别是案件处理中要建立听取被害人及其代理人、被告人及其辩护人意见的制度，尊重他们的诉讼权利，坚持客观义务立场，保障案件依法公平处理。

（五）做好出庭支持公诉工作

案件提起公诉后，检察机关应当做好出庭准备工作，保障出庭公诉任务的顺利完成。(1) 精心制作讯问提纲。在制作讯问提纲时，要注意以下几点：一是要针对认罪和不认罪的被告人有所区分，做到详略得当；二是对于不认罪的被告人，要注意讯问技巧，避免因被告人不认罪影响庭审效果，可以考虑结合其他证据材料证实其犯罪；三是针对群体性事件件中被告人多为普通群众，在讯问语言方面应大众化，做到通俗易懂；四是考虑到群体性案件涉及人数多，案件较为复杂，开庭时间较长，公诉人应避免情绪急躁，做到理性平和；五是在讯问重点方面，应着重围绕行为人参与犯罪的故意和动机、实施行为以及对于行为后果等方面进行，做到主次分明。(2) 精心安排举证质证顺序。在举证质证顺序安排上，可以根据案件的具体情况，分别采取以下方法：一是按案件发展过程进行举证质证；二是按照每个被告人的犯罪事实进行举证质证；三是先对总体犯罪行为进行举证质证，再分别就每个被告人的犯罪行为进行举证质证。这三种举证质证顺利分别有其优点，应结合具体群体性案件的处置情况进行选择。为了便于审判员和旁听人员快捷了解案件情况，强化庭审效果，可以对举证质证材料制作成多媒体示证系统。(3) 精心制作公诉意见书。公诉意见书应当在对全案事实和证据进行全面分析的基础上，充分论证检察机关指控犯罪的合理性和合法性。具体而言，应当注意以下几点：一是注重刑法理论与案件事实、证据的结合。在公诉意见书中，要尽量避免案件事实与刑法理论“两张皮”，充分运用刑法理论，结合庭审中查明的案件事实和证据，对犯罪人的行为性质进行客观分析论证；二是要注重对证据的归纳、分析和论证。在公诉意见书中，不能简单地罗列案件事实和证据材料，应当对不同种类的证据材料进行归纳、分析，进而得出证据材料所要证明的案件事实；三是注意把握重点，处理好指控犯罪与总结经验教训的关系。在公诉意见书中，应当着重从犯罪事实和证据出发论证检察机关指控犯罪的合理性与合法性，再就本案应当吸取的教训进行深化总结。（4）精心准备答辩提纲。检察机关应当密切关注被告人及其辩护人对于案件处理的意见以及他们自行收集的证据材料，在对案件材料以及有关专业问题进行深入研究的基础上，科学预测庭审中可能存在的焦点问题，准备充分的答辩意见。在庭审答辩时，应当先对被告人及其辩护人的观点进行归纳总结，再有针对性地进行答辩。

（六）做好应对媒体工作

检察机关在办理群体性案件中，要切实增强政治意识、大局意识和责任意识，加强与宣传部门的协调，做好应对有关媒体炒作的充分准备，充分引导、分流社会舆论，切实掌控舆论引导工作的主动权。（1）检察机关在办理群体性案件中要严格遵守宣传报道纪律，有关案件宣传工作预案的制定、组织和实施，都要经合法程序审批后才能组织实施。未经批准，检察机关工作人员不得擅自接受采访，不得以个人名义刊发披露案情的新闻稿件，不得擅自为媒体提供采访报道素材或在互联网上披露相关信息。(2）检察机关要积极做好应对媒体有关方面的充分准备，掌握舆论引导工作主动权。一是请权威媒体发布信息稿，正面介绍案件处理情况；二是请宣传部门通知国内媒体，不要炒作案件；三是请外宣部门、公安部门密切关注互联网上舆情，及时发现、封堵、删除有害信息；四是制定应对媒体预案，强调文明接待，依法依理答复，并可组织专家进行释法活动。(3）检察机关对于涉及国家安全和国家秘密以及容易引起敌对势力和西方反华势力关注和炒作的涉案人员的个人情况等有关情况和事实，不得擅自向媒体披露。对于只适宜内部掌握的具体司法政策和工作做法，未经批准不得擅自泄露，避免造成不良的社会影响。（4）检察机关要密切跟踪互联网等新兴媒体关于案件办理情况的舆情动态，加强对新闻宣传主管部门的沟通联系，积极引导社会舆论。对可能引发或已引起境内外媒体高度关注的舆情信息，安排专人进行分析研判，核查事实真相，认真评估影响，提出应对措施，加强舆论引导。

（七）高度重视维稳工作

检察机关在办理群体性案件中要安排专人从事维稳工作，制定维稳工作预案，采取各种有效措施化解社会矛盾，预防和处置群体性案件。(1) 检察机关要主动参与党委统一部署的维稳工作，做好涉检上访工作，切实加强机关安保工作，确保检察环节不出现任何问题。(2) 检察机关要加强与公安机关、国家安全机关的协调，切实做好教育、稳控工作工作，强化社会面控制，确保社会稳定。(3) 检察机关要加强与法院的沟通联系，共同制定庭审预案和突发情况处置方案，确保案件审理工作顺利进行。(4) 检察机关在案件办理过程中不要就案办案，要做好矛盾化解工作，引导人民群众理性合法表达诉求，认真做好对死伤者家属的抚恤工作，积极保障被害人家属合法民事权益的实现。被告人家属存在生活困难的，也要依法妥善处理。

（八）积极运用检察工作一体化机制

检察机关要充分运用检察工作一体化机制的优势，增强处置群体性案件的整体合力。(1) 上下级检察机关在办理涉检群体性案件中要建立畅通的信息沟通机制，坚持群体性案件请示报告制度，及时将案件事实及相关证据、适用强制措施情况、拟定的办案原则、案件处理意见以及维稳工作部署等案件处置情况报告上级院，上级院要主动及时指导督办，必要时派员参与案件办理工作，避免逐级请示汇报贻误战机。(2) 上级院在必要时可以抽调本地区部分优秀办案人员组成群体性案件工作组，专门办理下级院管辖的群体性案件，切实保证案件办理质量。(3) 检察机关内设机构、部门之间可以在办理群体性案件中加强沟通协调，建立相应衔接机制，如捕诉衔接机制、诉讼监督衔接机制等，保证群体性案件快捕快诉快结。

（九）加强公、检、法、司之间的协调制约

在办理群体性案件中，公安机关、检察机关、人民法院和司法行政机

关之间应加强协调配合，统一案件法律适用问题，避免因案件事实认定与法律适用出现重大变化引发舆论热潮；另一方面也要加强制约，严把事实关、证据关、程序关、法律适用关，确保案件定性准确、程序合法，处理适当。另外，检察机关应当加强与司法行政机关的协调，进一步做好律师的引导、教育、管理工作，重点加强对有关“维权”律师的管理工作，防止他们插手、炒作案件。

（十）强化检察机关的法律监督

检察机关要加强对群体性案件办理过程中的法律监督，切实维护国家法律的统一、尊严和权威，保障社会公平正义。（1）加强对侦查机关侦查活动的监督，对于以刑讯逼供等非法手段取得的犯罪嫌疑人供述、被害人陈述、证人证言应当依法排除，对侦查活动中的违法行为，应当提出纠正意见，避免在以后诉讼活动中造成被动。（2）依法运用刑事抗诉、检察建议等形式，加强对法院刑事审判活动的法律监督。（3）依法查处群体性案件中暴露出来的贪污贿赂、渎职侵权犯罪，维护行政执法和司法公信力。

四　反腐倡廉篇

着力提高惩治和预防渎职侵权违法犯罪工作水平*

渎职侵权违法犯罪是一种严重腐败现象，不仅使公共财产、国家和人民利益遭受重大损失，而且极大地损害党和政府的形象和威信。一直以来，党和国家对反渎职侵权工作高度重视。党的“十七大”明确提出，把反腐倡廉建设放在更加突出的位置，旗帜鲜明地反对腐败，坚决查处违纪违法案件，对任何腐败分子都必须依法严惩、绝不姑息。党的十七届四中、五中全会都突出强调要加强反腐倡廉建设，严格权力运行制约和监督，加大查办违纪违法案件工作力度。特别是胡锦涛总书记在中纪委六次全会上明确指出，要坚持不懈开展党风廉政建设和反腐败斗争，切实把以人为本、执政为民贯彻落实到党风廉政建设和反腐败斗争之中，着力查处损害群众切身利益的案件。2010 年 9 月，吴邦国、贺国强、周永康等中央领导同志参观全国检察机关惩治和预防渎职侵权犯罪展览，要求我们切实肩负起职责，进一步加大对渎职侵权违法犯罪的惩治和预防力度。2009 ~ 2010 年，全国人大常委会两次听取检察机关关于渎职侵权检察工作的报告，充分体现了对惩治和预防渎职侵权违法犯罪工作的高度重视、有力监督和关心支持。

全国检察机关认真贯彻中央要求，不断加大渎职侵权犯罪的查办和预防工作力度，取得了积极成效。从查处的案件来看，渎职侵权犯罪呈现以

---

* 本文发表于中共湖北省委办公厅《决策参考》第 51 期（2011 年 11 月 17 日），由廖旭同志协助完成。

下特点：一是犯罪数量近年来呈明显上升态势；二是犯罪人员主要集中在县处级以下国家机关工作人员，但领导干部犯罪时有发生，高级领导干部犯罪案件影响恶劣；三是行政机关和司法机关渎职侵权犯罪比较突出；四是玩忽职守、滥用职权、徇私舞弊三类犯罪所占比例大；五是造成的损失巨大、危害极其严重、社会影响恶劣；六是渎职侵权犯罪越来越呈现与贪污贿赂等犯罪相交织的状态、国家机关工作人员与非国家机关工作人员相互勾结实施共同（故意类渎职）犯罪的情况越来越突出；七是资源稀缺、资金密集、竞争激烈、垄断性强的行业贪污贿赂犯罪背后往往隐藏着失职渎职犯罪；八是此类犯罪呈现出明显的行业性特征，在不同行业表现形式和作案手段差异较大。

2010 年年底，胡锦涛总书记主持召开中央政治局常委会议，专门审议了中央纪委、高检院等 9 个部门制定的《关于加大惩治和预防渎职侵权违法犯罪工作力度的若干意见》（以下简称《若干意见》），就加大惩治和预防渎职侵权违法犯罪工作力度提出了 6 条意见。中央政治局常委会议专门研究惩治和预防渎职侵权违法犯罪工作，历史上还是第一次，充分体现了以胡锦涛同志为总书记的党中央对这项工作的高度重视，体现了我们党依法惩治和有效预防腐败、加快建设社会主义法治国家的坚定决心。2010 年 12 月 21 日，中共中央办公厅、国务院办公厅以中办发〔2010〕37 号文件转发了《若干意见》。《若干意见》是当前和今后一个时期惩治和预防渎职侵权违法工作的行动纲领，对于进一步统一全党、全社会认识，加大惩治和预防渎职侵权违法犯罪工作力度，深入推进党风廉政建设和反腐败斗争，具有重大而深远的意义。

湖北省委认真贯彻中办发〔2010〕37 号文件精神，省委九届十次全会强调要切实加强反腐倡廉建设，始终坚持“力度统一论”，做到改革发展的力度有多大，反腐倡廉的力度就有多大，为湖北跨越式发展营造清明、廉洁、公正、平等的发展环境和干部成长环境。省委书记、省人大常委会主任李鸿忠同志专门主持召开省委常委会专题研究部署反渎职侵权工作，强调要高度重视反渎职侵权工作，将其纳入党风廉政建设和反腐败斗争总体格局，切实抓紧抓好抓出成效；要加强履职尽责教育，加大权责相统一的岗位责任教育力度，促使各级领导干部进一步强化履职意识，依法行政、恪尽职守、勇于担当；要严肃查办渎职侵权案件，依法加大惩治力度，把握好改革探索与违法犯罪、工作失误与失职渎职的界限，营造有利于干事创业、改革创新的良好氛围；要认真贯彻标本兼治、综合治理、惩防并举、注重预防的方针，把查办案件与加强预防有机结合起来，建立健全渎职侵权违法犯罪惩防一体化机制；要强化对行政行为的监督，加大对各类行政行为的监督力度，推动反渎职侵权工作不断取得新成效。2011 年 8 月初，李鸿忠书记、王国生省长等省领导同志在参观全国检察机关惩治和预防渎职侵权犯罪展览湖北巡展时，就进一步扩大巡展活动参观的范围和受教育面，调动全社会广泛参与和支持反渎职侵权工作的积极性，促使各级机关公务员特别是领导干部依法履职、勤政廉政、恪尽职守进一步提出了要求。

结合个人学习中央、省委、高检院部署要求的体会，就提高惩治和预防渎职侵权违法犯罪工作水平探讨 8 个方面的问题。

一、适应新形势、新任务——解决好认识问题

当前，全国全省正处在全面建设小康社会的关键时期，处在深化改革开放、加快转变经济发展方式的攻坚时期。党的十七届五中全会、国家“十二五”规划在部署我国经济社会发展时提出，要坚持以科学发展为主题，以加快转变经济发展方式为主线，促进经济长期平稳较快发展；要保障和改善民生，加强和改进新形势下群众工作，建立健全基本公共服务体系，努力使发展成果惠及全体人民；要创新社会管理体制机制，化解社会矛盾，维护社会和谐稳定；要发展社会主义民主政治，建设社会主义法治国家；要继续推进党的建设新的伟大工程，坚决惩治和有效预防腐败。

渎职侵权违法犯罪作为一种严重腐败现象，与新形势下党和国家大局要求相背离，对全面建设小康社会、建设社会主义现代化国家具有直接的、现实的危害，概括起来就是“五个挑战”。一是对转变经济发展方式、优

化市场经济秩序带来严峻挑战。一些国家机关工作人员特别是领导干部在产业结构调整、转型升级、企业改制、重大项目立项和规划审批等过程中玩忽职守、滥用职权，造成严重直接经济损失，对经济转型、产业发展、市场环境培育等在一定时期内造成的损失更是无法估量，直接阻碍破坏改革发展进程。二是对创新社会管理、化解社会矛盾、维护社会和谐稳定带来严峻挑战。许多社会矛盾、一些极端上访事件、群体性事件和重特大安全事故的发生，往往与少数国家机关工作人员违反法律法规不作为、乱作为有密切关系，往往成为突发事件、群体性事件、社会不和谐不稳定的难点、触点与导火线。三是对维护群众权益、维护社会公平正义带来严峻挑战。在食品药品监督、安全生产监管、环境保护、城市建设管理、执法司法等领域发生的渎职侵权行为，直接损害人民群众生命权、健康权、财产权等基本权利，破坏党和国家保障改善民生政策的推进落实。四是对推进依法治国进程带来严峻挑战。渎职侵权行为特别是执法司法领域的渎职侵权行为，往往表现为超越法律、违法执法、越权办案，公然藐视和践踏国家法律法规，其直接效应是突破法律底线，导致不敬法、不畏法、不护法、不守法现象滋长，严重影响和制约社会主义民主政治和法治国家建设。五是对党的执政地位带来直接挑战。渎职侵权违法犯罪的严重破坏力在于切断党同人民群众的血肉联系，损害党的执政根基，成为我们党依法执政、民主执政、科学执政过程中的一大毒瘤，必须下最大决心、采取果断措施予以根除。

由此可见，在新形势下，渎职侵权违法犯罪的严重危害性更加突显，严惩渎职侵权违法犯罪的现实紧迫性更加突显，纪检监察机关和检察机关需要进一步转变观念，加深对当前和今后一个时期反渎职侵权工作的认识。个人认为，要从3个方面来深化和提高认识。第一，正确认识加强惩治和惩治渎职侵权违法犯罪行为的作用和意义。要采取各种方式统一全党全体国家机关工作人员的思想认识，从确保中央、省各项重大经济宏观政策有效落实、促进转变经济发展方式、维护良好市场经济秩序、实现科学发展和跨越式发展的高度，充分认识加强这项工作的极端重要性；从深入推进社会矛盾化解、促进解决人民群众最关心最直接最现实的利益问题、维护重要战略机遇期社会和谐稳定的高度，充分认识加强这项工作的必要性；从深入推进党风廉政建设和反腐败工作、密切党同人民群众血肉联系、巩固党的执政基础的高度，充分认识加强这项工作的急迫性；从维护国家法制统一尊严权威、维护社会公平正义、推进依法治国战略的高度，充分认识加强这项工作的必然性。要通过提高认识切实纠正“不入腰包不为罪”“决策失误不犯法”，对发生的渎职侵权行为护着掖着藏着、不支持不配合，以及姑息、容忍、对查办案件违法干扰、设置障碍等错误思想和行为，切实增强政治意识、大局意识、责任意识，增强抓好工作的政治责任感、历史使命感和现实紧迫感。第二，正确认识惩治和预防渎职侵权违法犯罪在反腐败工作格局中的地位。渎职侵权行为既表现为对法定职责的不作为或乱作为，又反映出一些公职人员脱离实际、漠视群众利益、推诿拖拉、冷硬横推等不良作风，对党风建设和廉政建设是双重损害，与其他腐败行为具有同样严重甚至更为严重的现实危害性。因此应当结合实际贯彻中央要求，将这项工作纳入党风廉政建设和反腐败斗争的总体格局，与查处贪污贿赂、纠正不正之风等摆在同等重要位置，予以同样高度重视，在工作要求、工作措施、检查考核等方面一并考虑、整体推进。第三，正确对待“四难”问题。由于渎职侵权行为涉及行业的广泛性、各行业的专业性、各行业工作运行的自封闭性、政务公开不到位，以及部门保护、地方保护等错误观念的因素，查处渎职侵权违法犯罪面临着发现难、立案难、查证难和处理难的客观困境，对此应当辩证地看。我们认为这既是对反渎侵权工作的挑战，更是反渎职侵权工作发展的机遇。当前中央已经深刻认识到“四难”问题，作出了一系列明确要求和部署，为解决“四难”问题提供了政策保障。我们只要积极努力、强化措施、攻坚克难，就能化挑战为机遇，以破解长期制约反渎职侵权工作的“四难”问题为突破口，推动惩治和预防渎职侵权违法犯罪工作迈上新台阶。

二、坚持反腐败领导体制——解决好地位问题

“党委统一领导、党政齐抓共管、纪委组织协调、部门各负其责、依靠群众的支持和参与”的反腐败领导体制和工作机制，贯彻了党的领导、综合治理、群众路线等基本原则，是符合人民民主专政国体、符合国家机关权利运行规律、符合我国反腐败工作实际需要的。渎职侵权违法犯罪行为作为一种严重的腐败行为，对其惩治和预防工作理应坚持反腐败领导体制、纳入反腐败工作总体格局，也只有依靠这一体制和格局才能实现这项工作深入健康发展。对此，中央37号文件已明确要求要把惩治和预防渎职侵权违法犯罪工作纳入反腐败斗争的总体格局，要求各级党委、政府充分认识惩治和预防渎职侵权违法犯罪工作的重要性和紧迫性，定期分析本地区本部门惩治和预防渎职侵权违法犯罪工作形势，经常听取纪检监察机关、人民法院、人民检察院工作汇报，旗帜鲜明地支持依纪依法办案。

我学习领会这一要求，认为它表明中央已经将惩治和预防渎职侵权违法犯罪工作作为反腐败斗争重大战略部署之一，作为惩防腐败体系建设的重要内容之一纳入了重要议事日程。这一要求的实质就是要进一步提升惩治和预防渎职侵权违法犯罪工作在惩防腐败体系和反腐败工作格局中的地位，解决查办贪污贿赂违法犯罪“一手硬”、查办渎职侵权违法犯罪“一手软”问题。纪检监察机关和检察机关作为承担这一职能的主要部门，如何促进提升惩治和预防渎职侵权违法犯罪工作的地位，需要从以下几个方面努力。第一，要积极争取党委、人大、政府重视支持。自觉把惩治和预防渎职侵权违法犯罪工作置于党的领导和人大监督之下，主动向党委和人大汇报、向政府通报惩治和预防渎职侵权违法犯罪工作的思路、部署以及遇到的困难和问题，积极促进各级地方党委更加重视、更加支持惩治和预防渎职侵权犯罪违法犯罪工作，促进各级党委、政府将其作为一项重要的经常性工作来系统研究、强化措施、深入推进。第二，积极加强与有关部门的协调沟通。惩治和预防渎职侵权违法犯罪工作特点决定了纪委要按照

党委决策部署，统一协调工作中的重大政策制定、重大措施出台、重大问题解决、重大情况沟通以及重大案件处理；必须依靠有关行政机关、经济管理部门、执法司法机关的配合支持，更加积极地加强与工商、税务、国土资源、医疗卫生、城建、安监、环保、食品药品监督等行政执法机关的沟通协调，加强与公安、法院、司法、安全等司法部门的联系协商，加强政策、法律宣传，落实联席会议制度和执法协作机制，促进各部门根据分工各司其职、各负其责，履行好协调配合的责任和义务，形成齐抓共管、合力增强的良性工作格局，为切实解决渎职侵权违法犯罪行为“四难”问题提供更加良好的环境。第三，积极争取人民群众和社会各界支持。纪检监察机关和检察机关可以联合组织多层次、多渠道、全方位的反渎职侵权宣传活动，通过抓好惩治和预防渎职侵权犯罪展览、适时公布重大典型案件、开辟宣传专栏、发放宣传手册等多种方式，利用报刊、杂志、电视、网络等多种媒体，进机关、进企业、进乡村、进社区，广泛宣传党和国家关于惩治和预防渎职侵权违法犯罪工作的方针政策、法律法规，深刻揭示渎职侵权犯罪的严重危害性，及时回应舆论关注的热点问题，进一步争取人民群众和社会各界的理解、关心和支持，努力营造良好社会氛围和有利外部条件。

三、坚持“四个围绕”——解决好查处力度问题

加大办案力度是党和国家的明确要求，也是遏制渎职侵权犯罪易发多发态势、推动科学发展、促进社会和谐的客观需要。检察机关将会同纪检监察机关进一步把办案工作放在突出位置来抓，加大办案力度，增强敢于依法办案、秉公办案的勇气和信心，真正体现党和国家依法惩治渎职侵权违法犯罪的决心，增强人民群众对反腐败斗争的信心。

在工作重点方面，根据中央要求和近年来渎职侵权违法犯罪发案趋势，在当前和今后一个时期进一步突出以下几个方面的查办重点：（1）紧紧围绕科学发展的主题和加快转变经济发展方式的主线，高度重视查办危害科

学发展和政府投资安全、严重不负责任盲目决策造成重大经济损失的渎职违法犯罪案件。(2) 紧紧围绕维护人民群众利益保障和改善民生，突出查办教育就业、安全生产、食品药品监督管理、生态环境、征地拆迁、工程建设、企业改制等领域严重侵害群众经济权益、政治权益、人身权利的案件，促进党和国家保障人权、改善民生政策的落实。(3) 紧紧围绕有效化解社会矛盾、推动社会管理创新，严肃查办发生在基层政权组织和重点岗位以权谋私、滥用职权的案件，群体性事件和重大责任事故背后的失职渎职违法犯罪案件，尤其是重特大安全事故背后的渎职违法犯罪行为。(4) 紧紧围绕促进依法行政和公正廉洁执法，严肃查办发生在领导机关、领导干部中的滥用职权、失职渎职等犯罪案件，滥用司法权、行政执法权、行政审批权给国家和人民利益造成重大损失的案件，以及为黑恶势力充当“保护伞”的渎职案件。

在工作措施方面，(1) 积极拓展线索来源渠道。坚持专门机关与群众路线相结合，一方面，可以通过举报宣传月、宣传周、公布举报电话、举报信箱等方式，紧密依靠群众、积极发动群众提供渎职侵权违法线索；另一方面，要增强主动发现线索意识，深入相关行业调查研究，掌握行业特征和发案规律，摸清容易发生渎职侵权的重点部位和关键环节，有针对性地摸排线索；深入基层、深入社会调查研究，注重从不正常、不正当的社会现象、人民群众反映强烈的热点问题、重大突发事件等中发现案件线索。同时对案件线索要实行统一管理，建立健全线索评估分析、有效分流、交办督办、查办反馈等工作机制，提高线索利用率和成案率。(2) 积极强化办理措施。针对渎职侵权犯罪调查取证难、查处干扰阻力大的特点，纪检监察机关和检察机关可以以查办贪污受贿、查处违纪和作风问题等为切入点，突破渎职违法犯罪；可以运用一体化工作机制，通过提办、交办、指定异地办等方式帮助排除干扰阻力、推动案件侦破；增强查办案件的策略性、主动性和预见性，强化证据意识，围绕调查取证，依法运用侦查手段和侦查措施，及时、果断地使用强制措施，灵活使用、及时变更强制措施，依法依规全面收集固定证据，保障侦查取证工作顺利进行。(3) 积极开展专项工作。办案经验表明，以专项带动全局是一种行之有效地工作方法，对此我们应当继续坚持。紧紧抓住群众反映集中的征地拆迁、安全生产、城市建设、医疗卫生，教育就业等领域的问题，适时组织开展专项工作，采取抓系统、系统抓，抓一案、带一串，行业突破挖一窝等方式方法，带动办案工作整体发展。

四、健全“四项机制”——解决好合力问题

当前，相关制度机制不健全、不完善是制约惩治和预防渎职侵权违法犯罪工作的瓶颈问题，是“四难”问题长期困扰的症结之一。为此中办发37号文件明确要求要大力推进惩治和预防渎职侵权违法犯罪工作体制机制创新。结合湖北省实际，关键是抓好4项机制建设，在全党、全社会形成查办渎职侵权违法犯罪工作合力。

第一，完善纪检监察机关与检察机关的协作配合机制。纪检监察机关和检察机关作为查办渎职侵权违法犯罪行为的主要职能部门，必须在工作中加强协作配合。对此，《中共湖北省委反腐败案件协调小组关于加强反腐败案件线索移交、情况通报和移送处理协调的意见》作了一些规定，需要各地在贯彻落实。实践中总结出几条原则，供大家讨论。（1）及时移送原则。一方面，检察机关在受理举报和调查处理案件过程中，发现有关组织或人员仅涉嫌违反党纪政纪而不涉嫌犯罪的，应及时将相关线索移交纪检监察机关。另一方面，纪检监察机关在受理举报和调查处理案件过程中，发现有关组织或人员涉嫌职务犯罪的，应及时移交检察机关。（2）及时介入的原则。纪检监察机关在办案中发现可能涉嫌犯罪，认为需要检察机关介入的，可以要求检察机关介入，经检察机关同意后，可以派员介入。（3）主办负责的原则。坚持立案机关全权、具体负责案件的办理；案件处于什么环节，由该环节的办案单位全权、具体负责办理。（4）程序并行、分工负责的原则。对重特大、疑难案件或者主要领导批示由纪委、检察机关两家负责的案件，可先行明确案件的性质，属于党政纪案件的，由纪检

监察机关为主办理，检察机关予以协助；属于职务犯罪案件的，由检察机关为主办理，纪检监察机关予以协助。（5）同级联系的原则。一是“先横后纵”，即纪检监察机关与检察机关之间的案件移送、办案协作，需要同对应机关的下级机关予以协作配合时，应当由负责案件办理的机关向对应的同级机关提出协作要求，再由对应的同级机关向其下级机关作出具体指示。二是失职渎职犯罪案件与原案或关联案件并案办理模式。

第二，建立重大复杂案件专案调查工作机制。中央强调，对重大复杂案件，根据案件性质和办案需要，可以组织由纪检监察机关、人民检察院和相关司法、行政执法机关共同参与的联合调查组，并建立查处重大复杂渎职侵权违法犯罪联席会议制度。这是适应渎职侵权犯罪案件涉及部门多、技术性强、适用法律问题复杂特点，提高惩治渎职侵权犯罪水平的重要机制。建议省纪委牵头、会同省检察院及有关部门研究制定重大复杂案件专案调查工作规范，推动尽快建立这项机制，推进重大复杂案件办理制度化、规范化，形成工作合力、提升工作效率和水平。

第三，健全行政执法与刑事司法相衔接机制。如前所述，巨大的行政执法案件数量和近年来行政执法工作人员渎职犯罪易发高发态势与不到2% 的移送比例形成了鲜明反差，应当引起高度重视。要强化对行政执法机关的监督，关键是要建立健全行政执法与刑事司法相衔接机制，解决好执法司法信息不畅、涉渎违法犯罪线索人为阻隔、案件协查和收集证据部门壁垒等问题。要积极推进与工商、税务、海关、审计、质监、食品药品监管、土地、物价、农业、水政、林业、交通、卫生、知识产权保护、新闻出版等行政执法部门之间的“网上衔接、信息共享”机制建设，督促有关部门严格按照规定录入案件信息，确保信息畅通，切实防止有案不移、以罚代刑。同时，对重大安全生产事故、重大食品药品安全事件、重大环境污染事件、重大危害国土资源案件和重大工程建设中发生的案件，要完善纪检监察机关、检察机关介入调查机制，严肃查处事故、事件背后的渎职侵权违法犯罪行为。

第四，建立党员领导干部和国家机关工作人员非法干预查处渎职侵权违法犯罪案件工作情况沟通和处理机制。干扰阻力大、压案不查甚至报复办案人员，是当前反渎职侵权工作遇到的一个突出问题。中央明确提出要建立非法干预查处渎职侵权违法犯罪案件工作情况沟通和处理机制，为执法办案创造良好环境，将由中纪委牵头制定党员领导干部和国家机关工作人员非法干预查处渎职侵权等违法犯罪案件责任追究的具体规定。建议省纪委组织检察机关等有关部门开展这方面调查研究，建立完善相关工作机制，对非法干预、阻挠检察机关查办渎职侵权犯罪案件的，加强沟通和协作，追究当事人党纪、政纪和法律责任。

五、加强监督制约——解决好权力规范运行问题

强化监督制约是中国反腐模式的要义之一，是反腐倡廉建设的关键。很多渎职侵权违法犯罪中反映的权力滥用和履职不到位，都与监督制约体制机制不完善、不落实有紧密关系。因此中央强调要推进惩治和预防渎职侵权违法犯罪工作监督制度建设。贯彻落实这一要求，需要从以下几方面着力。

一是强化纪检监察机关监督职能。在宏观上，要强化政策监督，紧紧围绕科学发展这个主题和转变经济发展方式这条主线，加大对中央、省推进经济结构战略性调整、加强和改善宏观调控、做好“三农”工作、保障改善民生、市场价格调控、房地产调控、规范和节约用地、资源节约和环境保护等重大决策部署的监督检查，及时发现纠正党政领导干部和工作人员违反国家政策和法律规定进行的立项、审批等滥用职权行为，及时发现纠正对中央、省政策置之不理、怠于履职的失职行为，确保国家宏观政策落实到位。在微观上，要强化行政监察，重点针对人民群众反映强烈的突出问题，加大对食品药品安全、安全生产、假冒伪劣产品、工程质量、保障性住房建设、社保资金管理使用、违法违规征地拆迁、环境污染事件等问题的监督力度，加大对行政执法机关执行相关法律法规情况的检查力度，对行政执法机关工作人员乱执法、乱处罚、乱收费、乱摊派以及消极不作

为造成国家、人民和社会公共利益造成重大损失的，严肃追究党纪、政纪直至法律责任。

二是强化检察机关法律监督。主要突出反渎职侵权检察职能，严肃查办渎职侵权犯罪。突出诉讼监督职能，强化立案和侦查活动监督，重点监督纠正国家机关特别是行政执法机关工作人员徇私舞弊不移送涉嫌犯罪行为，司法机关有罪不究、以罚代刑、徇私舞弊违法立案、动用刑事手段插手经济纠纷、刑讯逼供、暴力取证等渎职侵权违法犯罪；强化审判监督，重点监督纠正法院工作人员徇私舞弊、枉法裁判、严重违反诉讼程序等问题中涉嫌渎职侵权的行为；强化刑罚执行和监管活动监督，加大对渎职侵权罪犯刑罚执行情况的监督力度，坚决纠正和查处违法减刑、假释、暂予监外执行、超期羁押、体罚虐待被监管人员等问题。

三是强化群众和社会监督。坚持和完善党务公开、政务公开、司法公开等制度，凡是同群众利益密切相关的重大事项，都要广泛听取群众意见，发挥群众的参与和监督作用，自觉接受群众监督；充分发挥新闻舆论监督宣传法制、警示教育、表达呼声、弘扬正气、鼓舞斗志、正确引导等作用，健全网络举报和受理机制，注重对网络舆情的收集、分析和研判，积极探索利用互联网等传播手段开展宣传的新途径，增强新闻媒体和舆论监督效果。

六、完善法制建设——解决好执法标准问题

实践中存在的渎职侵权犯罪处理难、免刑缓刑比例高等问题与相关法律规定不明确、不完备有密切关系。渎职侵权犯罪主体规定不科学、从一重罪处罚不合理、后果和损失认定标准不统一、因果关系认定难等实体法方面存在的问题，以及管辖权不合理、侦查手段不足等程序法问题，我们在前面已经进行了讨论。

有效解决这一问题，要求进一步加强研究，针对制约当前惩治和预防渎职侵权违法犯罪的法律问题加强重点调研，适时将经过实践检验的具体

制度和有效做法上升为国家法律法规，积极提出完善法律法规的建议，提高惩治和预防渎职侵权违法犯罪法制化水平。在具体操作上，我们认为要坚持既立足当前、又着眼长远的原则。

从当前来讲，就是要通过完善相关司法解释弥补现行法律的不足。在司法解释中应当明确“致使公共财产、国家和人民利益遭受重大损失”“特别重大损失”“情节严重”“徇私”“徇情”“严重不负责任”行为与结果之间的因果关系、数罪并罚、行政处分处罚与刑事责任衔接、行政机关调查结论与司法认定的对应、适用缓刑免刑标准和情形等问题作出明确具体规定。例如，应当明确刑法中所称的“徇私”，是指徇个人的私情、私利，包括贪图钱财、袒护亲友、泄愤报复等；谋取本单位的非法利益，或者谋取某一部门等小团体、小集体利益的，均应以徇私论。

从长远来讲，就是要完善惩治和预防渎职侵权犯罪的相关法律。例如，在刑法等法律修改方面，建议对具有徇私徇情情节，故意滥用职权造成特别重大损失后果的渎职罪要进一步提高法定刑，增加量刑档次，增设附加刑，做到罪刑相适应、罚当其罪。再如，在法律制定方面，建议针对反贪污贿赂、反渎职侵权斗争的严峻形势，及时研究制定一部反腐败法，对反腐败工作进行专门规制，将反渎职侵权工作作为专门一部分作出全面、明确、详细规定，为深入推进反腐败以及反渎职侵权工作提供更加有力的法制保障。

七、坚持“四管齐下”——解决好预防渎职侵权违法犯罪问题

渎职侵权违法犯罪造成的对改革发展的延误、造成的人民群众生命健康损失往往相当严重、难以估量甚至是无法挽回。因此，必须高度重视预防问题，做到惩治和预防“两手抓、两手硬”，实现“防患于未然”，从根本上防止滥用职权、玩忽职守、徇私舞弊，使干部少犯错误、经济少受损失、群众权利少受侵害、改革少走弯路、党和政府的形象少受损害。为此，

中央突出强调，推进惩治和预防渎职侵权违法犯罪工作，必须坚持标本兼治、综合治理、惩防并举、注重预防的方针，把查办与预防有机结合起来，建立健全渎职侵权违法犯罪惩防一体化机制。我们认为，解决好预防渎职侵权违法犯罪问题，应当坚持个案预防、专项预防、系统预防和社会预防“四管齐下”，增强预防综合效果。一是抓好个案预防。结合我们办理的重大典型案件做到“一案一预防”，深入剖析发案原因，深入开展警示教育和以案说法等活动，以身边人、身边事教育引导发案单位及其工作人员深入反省案件教训，真正认识渎职侵权违法犯罪的严重危害，自觉严格依法履职，做到查处一案、教育警示一片。二是抓好专项预防。结合民生、基础设施、移民安置等方面的重大工程、重大项目建设，抓住影响改革发展稳定大局、人民群众反映强烈、党委政府关注的突出问题，抓住项目规划、立项、审批、招投标、质量监理、检查验收、大额资金调拨使用、大宗物资采购等重点环节，强化预防调查，加强渎职侵权违法犯罪风险预警预测，查找监管漏洞、制度缺陷，及时提出消除隐患的意见建议，确保项目建设和资金使用安全。三是抓好系统预防。建立渎职侵权违法犯罪易发多发领域调查分析、风险预警和专项治理制度，深入调查分析工商、税务、环保、国土、城建、规划、安全生产、食品药品监督、司法等渎职侵权违法犯罪易发高发领域的发案特点、规律、原因，发现带有行业普遍性的制度漏洞、管理真空、监督缺陷，深入相关行业主管部门进行预防警示教育，提出有效的预防对策建议，促进建章立制、堵塞漏洞，努力减少和降低渎职侵权违法犯罪的行业性风险。四是抓好社会预防。积极促进党校和行政学院把反渎职侵权作为培训内容，强化预防教育，促进国家机关工作人员自觉勤政廉政、依法行政、公正司法；积极组织开展反渎职侵权巡回展览等大型宣传预防活动，提高公众对渎职侵权违法犯罪危害性的认识，增加社会认同，动员社会各界共同参与预防渎职侵权违法犯罪；全面推行渎职侵权等腐败行为预防年度报告制度，整体研判本地区渎职侵权违法犯罪的总体形势、规律特点和演变趋势，适时提交党委、人大、政府参考。

八、推进工作落实——解决好动力问题

中央政治局专门研究惩治和预防渎职侵权违法犯罪工作并批准《若干意见》为开创这项工作新局面提供了难得的历史机遇，要把中央要求落到实处，必须加强领导、强化保障、增强动力。一要增强精神动力。纪检监察机关和检察机关应通过多种途径、采取多种方式组织深入学习中办发37号文件精神，教育引导全体人员认识重大意义、领会精神实质、把握总体要求、明确目标任务，切实增强做好惩治和预防渎职侵权违法犯罪工作的政治责任感、历史使命感和现实紧迫感，为更加自觉、更加主动地抓好这项工作提供思想保障。二要增强组织动力。当前的重点就是向省委、省人大汇报好中央政治局常委会议和中办发37号文件精神、全国人大常委会审议意见，由省纪委牵头，省检察院等九部门共同参与，联合制定好湖北省贯彻落实中办发37号文件的实施意见，细化、实化各项政策措施，为推进这项工作提供强有力的政策保障和组织保障。三要增强物质动力。以确保惩治和预防渎职侵权违法犯罪工作良性运转为目标，建立完善公用经费、业务装备经费、基础设施建设经费保障体系及其正常增长机制，加强技术装备和侦查信息化建设，完善办案人员职业保障机制，推进基层人员工资、津贴、医疗等待遇相对均等化保障，为强化惩治和预防渎职侵权违法犯罪工作提供有力的物质保障。

高校领域腐败风险防控体系建设若干问题研究*

一、改革开放以来教育尤其是高等教育成就显著

高校是传播和创造知识的神圣殿堂，是培养高级知识人才、发展科学文化技术、促进社会主义现代化建设的基础阵地，是实施人才兴国、科教兴国，实现组织创新、社会创新、国家创新的“发动机”，是推进经济社会持续健康发展的高铁快车。新中国成立以来尤其是改革开放以来，高校同其他教育战线一样，坚持以人为本，以改革创新为动力，以促进教育公平为重点，以提高教育质量为核心，实现从教育大国向教育强国转变，从门类不全、结构不优、整体水平不高向国际知名、富有特色、达到世界一流大学水平转变进行了艰苦卓绝的实践探索，为中华民族伟大复兴，促进社会主义现代化建设作出了彪炳史册的贡献。这集中表现在以下几个方面。

（1）在教育规模方面，由1978年的598所高校增加到2008年的2 263所，国民毛入学率由1.55%提高到23.3%，两项指标分别提高了3.78倍、15倍，为实现高等教育大众化、公平化的伟大跨越奠定了坚实的基础。表5是1978～2008年全国历年高校数量与高校国民毛入学率情况。

* 本文发表于《职务犯罪预防学刊》2011年第5期，系湖北高校党委书记、校长培训班讲义。

表 5　1978 ~ 2008 年全国历年高校数量与高校国民毛入学率

年份	全国高校数（所）	高校国民毛入学率（%）
1978	598	1.55
1979	633	2.07
1980	675	2.22
1981	704	2.16
1982	715	1.96
1983	805	2.09
1984	902	2.37
1985	1 016	2.91
1986	1 054	3.56
1987	1 063	3.6
1988	1 075	3.7
1989	1 075	3.67
1990	1 075	3.45
1991	1 075	3.2
1992	1 053	3.47
1993	1 065	4.68
1994	1 080	5.7
1995	1 054	6.86
1996	1 032	8.03
1997	1 020	8.84
1998	1 022	9.76
1999	1 071	10.5
2000	1 041	11.2
2001	1 225	12.9
2002	1 396	15
2003	1 552	17
2004	1 731	19
2005	1 792	21
2006	1 867	22
2007	1 908	23
2008	2 263	23.3

注：以上表格数据来源于 1979 ~ 2008 年中国教育统计年鉴、中国教育部门户网站。

（2）在培养各类人才方面，共向国家和社会输送各类治国理政的党政人才、开拓市场经营管理的企业人才、科技法律社会方面的专门人才和职业技能人才、推进新农村建设的带头人以及社会工作人才共计3 520万人，为经济社会持续健康协调发展、中国特色社会主义建设事业的强力推进提供了智力支撑和人才资源保障。表6是1978～2008年全国高校历年本专科大学生招生、在校、毕业人数情况。

表6 1978～2008年全国高校历年本专科大学生招生、在校、毕业人数情况

年份	本专科招生数（万人）	本专科在校生数（万人）	本专科毕业生数（万人）
1978	40.1	85.6	16.5
1979	27.5	102	8.5
1980	28.1	114.4	14.7
1981	27.9	127.9	14
1982	31.5	115.4	45.7
1983	39.1	120.7	33.5
1984	47.5	139.6	28.7
1985	61.9	170.3	31.6
1986	57.2	188	39.3
1987	61.68	195.9	53.19
1988	66.97	206.6	55.35
1989	59.71	208.2	57.62
1990	60.89	206.1	61.36
1991	69.99	204.4	61.43
1992	75.41	218.4	60.42
1993	92.4	253.6	57.07
1994	89.98	279.9	63.74
1995	92.59	290.6	80.54
1996	96.58	302.1	83.86
1997	100	317.4	82.91
1998	108.4	340.9	82.98

续表

年份	本专科招生数（万人）	本专科在校生数（万人）	本专科毕业生数（万人）
1999	159.7	413.4	84.76
2000	220.6	556.1	94.98
2001	268.3	719.1	103.63
2002	320.5	903.4	133.73
2003	382.2	1 109	187.75
2004	447.3	1 334	239.1
2005	504.5	1 562	306.8
2006	546.1	1 739	377.47
2007	565.9	1 885	447.79
2008	607.66	2 021.02	511.94
合计	5 358.16	—	3 520.92

注：以上表格数据来源于1979～2008年中国教育统计年鉴、中国教育部门户网站。

（3）在培养创新与领军人才方面，贯彻“服务发展、人才优先、高端引领”的新理念，调整学科结构，抢占装备制造、信息技术、生物科技、新型材料、航空航天、海洋、金融财会、农业科技、医疗卫生、防灾减灾、政法、教育、社会科学、新闻出版、文艺等学科的前沿阵地，悉心培养和开发创新人才、领军人才、核心技术研发人才、青年科技人才，共为国家和社会提供研究生211万人，其中博士研究生25.6万人。表7是1978～2008年全国高校历年研究生毕业、在学人数情况。

表7　1978～2008年全国高校历年研究生毕业、在学人数情况

年份	研究生毕业生数（万人）			研究生在学人数（万人）		
	总计	博士	硕士	总计	博士	硕士
1978	0.009	—	—	1.0934	—	—
1979	0.014	—	—	1.883	—	—
1980	0.476	—	—	2.1604	—	—
1981	1.1669	—	—	1.8848	—	—
1982	0.4058	—	—	2.5847	—	—

续表

年份	研究生毕业生数（万人）			研究生在学人数（万人）		
	总计	博士	硕士	总计	博士	硕士
1983	0.4497	—	—	3.7166	—	—
1984	0.2756	—	—	5.7566	—	—
1985	1.7004	—	—	8.7331	—	—
1986	1.695	—	—	11.0371	—	—
1987	2.7603	—	—	12.0191	—	—
1988	4.0838	—	—	11.2776	—	—
1989	3.7232	—	—	10.1339	—	—
1990	3.544	—	—	9.3018	1.13	8.07
1991	3.2537	—	—	8.8128	—	—
1992	2.5692	—	—	9.4164	—	—
1993	2.8214	—	—	10.68	1.76	8.88
1994	2.8047	—	—	12.7935	2.27	10.5
1995	3.1877	—	—	14.5443	2.88	11.64
1996	3.97	—	—	16.23	3.52	12.68
1997	4.65	0.73	3.91	17.64	3.99	13.57
1998	4.7077	0.895	3.805	19.8885	4.524	15.31
1999	5.47	1.03	4.42	23.35	5.4	17.85
2000	5.88	1.1	4.76	30.12	6.73	23.31
2001	6.78	1.28	5.47	39.33	8.59	30.65
2002	8.08	1.46	6.62	50.1	10.87	39.21
2003	11.11	1.88	9.22	65.13	13.67	51.41
2004	15.08	2.34	12.73	81.99	16.56	65.43
2005	18.97	2.76	16.21	97.86	19.13	78.73
2006	25.59	3.62	21.97	110.47	20.8	89.66
2007	31.18	4.14	27.04	119.5	22.25	97.25
2008	34.48	4.37	30.1	128.3	23.66	104.64
合计	210.8881	25.605	146.255	—	—	—

注：以上表格数据来源于1979~2008年中国教育统计年鉴、中国教育部门户网站。

（4）在探索建设现代大学制度方面，大胆探索依法办学、自主管理、民主监督、社会参与的新型高校模式，探索不同类型学校联合办学的办学模式，探索建立符合学校管理模式的制度建设，探索健全治理结构、扩大社会合作、与国际高水平教育机构评价合作等办法，着力建设高素质教育队伍，加强师德建设、提高教师水平、改善教师待遇等保障措施。高校教职员工和专任教师人数分别由1978年的51.8万人和21万人增加到2008年的205.1万人和123.74万人，分别提高了3.96倍和5.89倍。表8是1978～2008年全国高校历年教职工与专任教师人数情况。

表8　1978～2008年全国高校历年教职工与专任教师人数情况

年份	教职工数（万人）	专任教师数（万人）
1978	51.8	21
1979	57.4	24
1980	63.2	25
1981	66.6	25
1982	73	29
1983	76.3	30
1984	80.4	32
1985	87.1	34
1986	93.1	37
1987	96.87	39
1988	99.36	39
1989	100.4	40
1990	100.47	39
1991	100.89	39
1992	101.36	39
1993	102.13	39
1994	104.03	40
1995	104.06	40
1996	103.58	40

续表

年份	教职工数（万人）	专任教师数（万人）
1997	103.15	40
1998	102.96	41
1999	106.51	43
2000	111.28	46
2001	121.44	53
2002	130.36	62
2003	145.26	72
2004	161.07	86
2005	174.21	97
2006	187.26	108
2007	197.45	117
2008	205.1	123.74

注：以上表格数据来源于1979～2008年中国教育统计年鉴、中国教育部门户网站。

（5）在提高高等教育质量方面，大力实施“985”“211”工程及“高等学校本科教学质量与教学改革工程”“研究生教育创新计划”“高等学校哲学社会科学繁荣计划”和“高等学校高层次创新人才计划”，初步探索出了一条有中国特色高校科学、协调、持续健康发展的新路子。

（6）在经费投入、信息化建设方面，改革开放以来国家对教育的累计投入不断加大，仅1991年以来，19年累计投资达到5.89万亿元。2008年，国家财政对教育的投入达到9 010.21亿元，比2007年上升了26.5%，是1991年的14.6倍，其中2007年对普通高校的经费投入为3 634.2亿元，是2001年的3.12倍。网络教学体系建设不断加强，教育信息化体系基本建成，促进了教育内容、手段、方法的科学化、规范化、制度化，教育现代化水平基本形成。表9是1991～2008年国家及地方财政对教育和普通高校的经费投入情况。

表 9 1991～2008 年国家及地方财政对教育和普通高校的经费投入情况

年份	国家及地方财政对教育的经费投入（亿元）	其中对普通高校的经费投入（亿元）
1991 年	617.83	—
1992 年	728.75	—
1993 年	867.76	—
1994 年	1 174.7	—
1995 年	1 411.5	—
1996 年	1 671.7	—
1997 年	1 862.5	—
1998 年	2 032.5	—
1999 年	2 287.2	—
2000 年	2 562.6	—
2001 年	3 057	1 166.6
2002 年	3 491.4	1 487.9
2003 年	3 850.6	1 754.4
2004 年	4 465.9	2 129.8
2005 年	5 161.1	2 550.2
2006 年	6 348.4	2 938.9
2007 年	8 280.2	3 634.2
2008 年	9 010.2	—
小计	58 881.85	15 662

注：以上表格数据来源于 2003～2009 年《中国统计年鉴》。

（7）在依法治校方面，大胆探索建立完善符合法律规定、体现学校特色的制度，坚持依法管理、从严治校，广泛开展普法活动，提高教职员工的法律观念和公民意识，不断完善督导制度与监督问责机制，主动接受和积极配合各级人大、教育管理部门、司法机关、审计机关的检查与监督，高度重视新闻媒体、社会群众及学生家长的监督，营造风清气正、文明法制的教学科研管理秩序及良好的校园环境。

（8）在党风廉政建设与行风建设方面，根据高校特点，创造性地贯彻“标本兼治、综合治理、惩防并举、注重预防”的方针，坚持和完善体现教育系统尤其是高校特点的惩防腐败体系，协同有关机关加大教育、监督、纠风、查处、改革、制度的力度，积极推行校务公开，健全对决策权、执行权、管理权的监督与制约，高度重视开展平安校园、文明校园、绿色校园、和谐校园的创建活动，完善矛盾纠纷排查化解机制，妥善处置校园突发事故和各种事端，完善各项安全防范措施，提高预防灾害、应急避险和防范违法犯罪活动的能力，全力营造富于创造、和谐融洽、充满活力的校园环境。

经过 30 多年的改革、建设和发展，开辟中国特色社会主义教育发展道路，13 亿人口的发展中大国实现了基本普及九年义务教育的世纪梦想，完成了高等教育大众化的伟大跨越，取得了职业教育发展的重大突破，建成了世界最大规模的教育体系，保障了亿万人民群众受教育的权利，实现了从人口大国到人力资源大国的转变，一批高等院校已形成具有冲击世界一流大学的能力，我国高校在国际的地位、实力和形象得到明显提升。

二、教育领域腐败趋势及其成因

从总体情况看，教育战线尤其是高校绝大多数党员领导干部是清正廉洁的，绝大多数教职员工是爱岗敬业的，绝大多数高校是风清气正的。检察机关掌握的高校领域的违法犯罪线索只是极少数，被查处的腐败分子更是极少数。根据对全国检察机关 2003 ~ 2010 年 6 月立案侦查教育系统职务犯罪的统计，共立案侦查教育系统职务犯罪 10 272 人，其中高校党员领导干部和教职员工有 2 633 人，仅占全国高校教职员工总数的 1.3‰。同时，必须清醒地看到，由于各种因素的影响和制约，高校对于腐败不具有天然的“抵御力”，高校教职员工对于腐败风险也不具有天然的“免疫力”，教育战线尤其是高校领域腐败现象不容忽视。

从全国检察机关查办的教育系统尤其是高校领域腐败案件情况看，主要呈现以下特点。

(1) 从全国教育系统尤其是高校领域职务犯罪发案趋势看，腐败案件呈波动发展趋势。2003～2010年6月全国教育系统职务犯罪共发案10 272人，其中2003年1 015人，2004年1 337人，2005年1 625人，2006年1 632人，2007年1 330人，2008年1 303人，2009年1 157人，2010年1月～6月873人。2003～2009年全国教育系统职务犯罪发案趋势见图1。

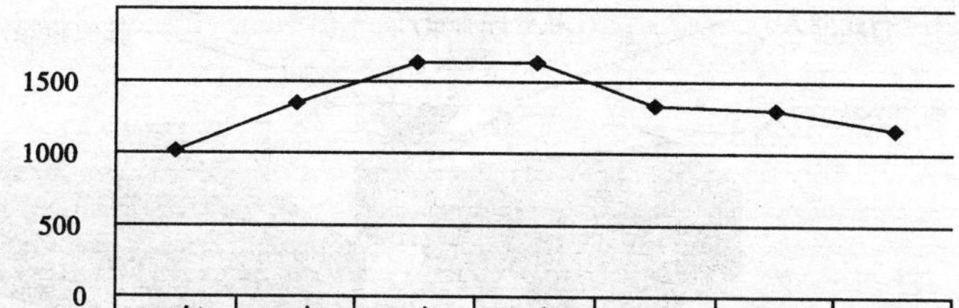

	2003年	2004年	2005年	2006年	2007年	2008年	2009年
全国发案数（人）	1 015	1 337	1 625	1 632	1 330	1 303	1 157

图1　2003～2009年全国教育系统职务犯罪发案趋势图

资料来源：最高人民检察院办公厅统计处有关统计资料。

全国教育系统中，高校领域职务犯罪共发案2 633人，占教育系统的比例为25.6%，平均每4个犯罪分子中就有1个是高校领域的。其中，2003年高校领域发案182人，2004年上升为257人，2005年上升为509人，是发案最多的一年。2006年、2007年、2008年分别下降为457人、325人、318人，2009年又回升为321人。2010年上半年发案264人，与2009年上半年相比上升36.1%。2003～2009年全国高校领域职务犯罪发案趋势见图2。

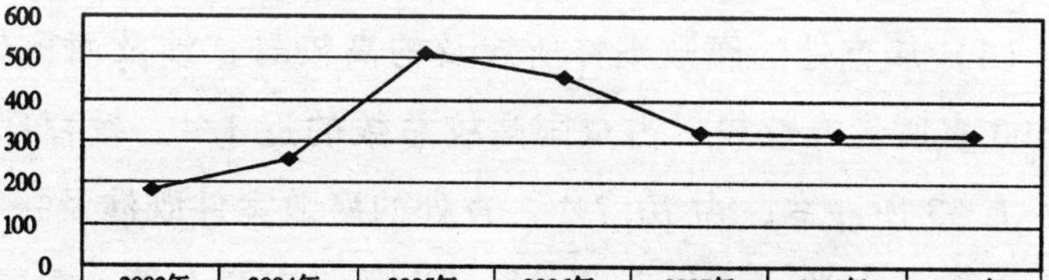

	2003年	2004年	2005年	2006年	2007年	2008年	2009年
全国发案数（人）	182	257	509	457	325	318	321

图2　2003～2009年全国高校职务犯罪发案趋势图

资料来源：最高人民检察院办公厅统计处有关统计资料。

（2）从查办案件所涉嫌罪名看，受贿犯罪居多。查办的高校领域2 633名犯罪嫌疑人中涉嫌受贿最多，有1 449人，占55%。尤其是高校领导所涉嫌职务犯罪案件几乎全部涉嫌受贿罪名。其次是贪污犯罪，有742人，占28.2%。另有257人涉嫌挪用公款，58人涉嫌行贿，56人涉嫌私分国有资产，40人涉嫌单位受贿，17人涉嫌介绍贿赂，11人涉嫌单位行贿，3人涉嫌巨额财产来源不明。如图3所示。

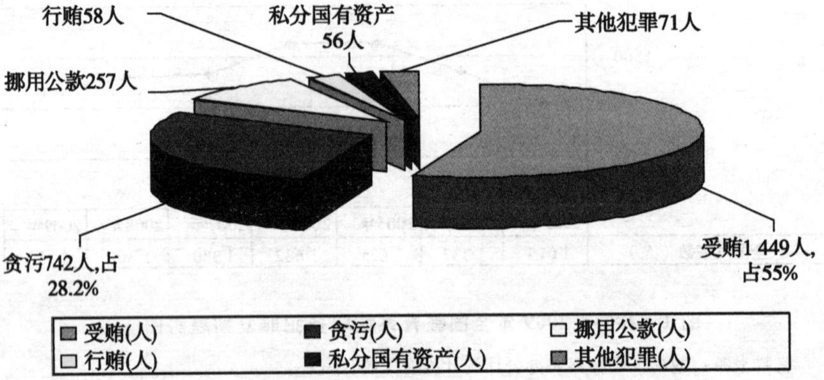

图3　教育系统职务犯罪案件所涉嫌罪名分布图

（3）从发案金额和涉案人员级别看，大要案比例高。查处的高校腐败案件中涉嫌贪污贿赂5万元、挪用公款10万元以上的大案有1 930人，所占比例高达73.3%；县处级以上职务犯罪要案891人（其中厅级干部59人），占33.8%，这个比例比全国腐败案件中要案平均比例（9.7%）高出24.1个百分点。

（4）从查处的腐败案件所涉及的高校看，涉及面比较广泛。共涉及全国500多所大专院校，占全国高校总数的近1/4。教育部直属的75所高校中，有53所涉案，占70.7%。查处的腐败案件既涉及一些中央部委直属院校，如北京大学、清华大学、复旦大学、南开大学、中国人民公安大学等；也涉及不少省属本科院校，如湖北大学、贵州大学、青海大学等；还涉及很多专科院校、高职院校、独立学院和分校办学点，如安徽省商贸职业技术学院、广西工学院继续教育学院、北京理工大学珠海学院、华中师范大学汉口分校等。

（5）从发案形式看，窝案串案比较突出。根据统计，高校领域2 633

名犯罪嫌疑人中，属窝案串案的占67%。如原安徽师范大学后勤集团总经理孙东华、数学计算机学院党委书记曾家柱等10人受贿窝串案，总涉案金额达240多万元；原南昌航空大学招生就业管理处处长万联耀、基建处处长唐洲、审计处处长周剑锋等8人受贿窝串案，总涉案金额达150多万元；原浙江大学基建处受贿窝案中，上至处长、主任，下至副处长、副主任一共6人均因涉嫌工程受贿被"一窝端"，总受贿金额近100万元。

（6）从犯罪表现形式看，主要表现在以下4个方面。一是一些学校领导和负责后勤、基建的教职员工利用手中掌管基建、信息化工程的职权，往往趁学校征地扩建、教学楼和校舍改建或装修等机会，大肆收受建筑商、包工头、工程承包商的贿赂，为其在承接工程、交付款项中大开方便之门。如原武汉大学副校长陈昭方、党委副书记龙小乐就是因为涉嫌在学生宿舍等建筑工程中受贿被立案查处的；如原湖南工业大学校务委员会主任、校长、株洲工学院院长张晓琪利用职务便利，在工程发包、付款、土地改变性质、抵押、费用减免等方面为他人谋取利益，收受学院书湘里小区项目开发商谭升明等人所送钱物，折合人民币共计228万元。二是在学校的教材、图书、医疗器材、教学设备采购环节，一些学校领导和经管人员身体力行"潜规则"，收取、索要回扣，中饱私囊。一些不法销售商为占领学校市场，往往按设备标价的10%～30%给予学校领导和经管人员回扣来为自身谋取不正当利益。随着近几年行业竞争加剧，这种不正常的现象已经逐渐成为该行业的"潜规则"，并由最先的教材采购领域迅速扩展到其他图书和教学设备的采购领域。如河北师范大学公共外语部在购买清华大学出版社英语教材过程中，原公共外语部主任孙建民暗中收受清华大学出版社给予的回扣款共计26万余元。三是一些学校领导和负责招生录取工作的教职员工，借招生大权徇私舞弊，为关系人谋私利，并收受关系人贿赂。如原武汉音乐学院演艺学院院长朱爱国利用其职务便利，收受一些考生家长给予的贿赂达20余万元，为这些考生考试、入校开后门。四是一些学校领导和财务负责人、管理人、经手人，利用分管、负责、经手有关财务经费的职务便利，私设"小金库"，或虚报、骗取公款据为己有，或虚构事实套取公款，或截留预算外资金贪占、私分，或挪用公款自己使用或交给他人营利。如原广西工学院继续教育学院院长卢小珠、副院长杨志毅、党委书记梁忠民相互勾结，截留代收费项目资金建立“小金库”并共同侵吞“小金库”30.3万元公款；如原北京第二外国语大学国际教育学院院长赵南翔涉嫌贪污学生住宿费近100万元；如原辽宁工程技术大学财务处出纳肖江涉嫌挪用经手公款527万元；均被检察机关立案查办。

（7）从湖北检察机关查办的教育系统职务犯罪情况看，教育系统包括高校领域职务犯罪案件占全部案件的比例高于全国同项比例。2003～2009年，湖北教育系统职务犯罪案件占全部案件的比例为4.22%，比同期全国比例（3.22%）高出1个百分点，其中高校领域占教育系统的比例为40.5%，比同期全国比例（25.6%）要高出14.9个百分点。图4是2003～2009年湖北和全国教育系统职务犯罪案件所占比例分年度比较情况。

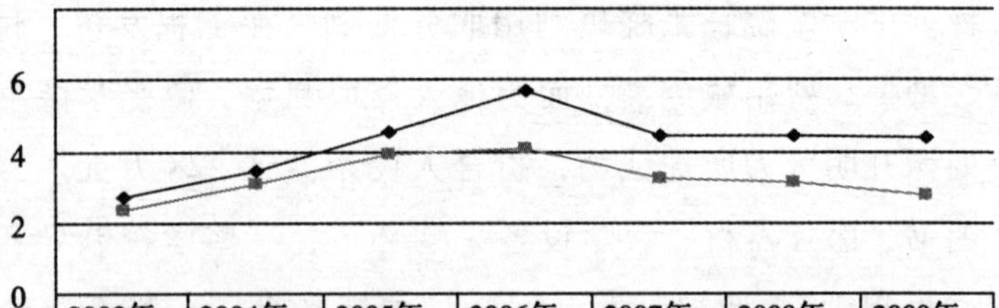

	2003年	2004年	2005年	2006年	2007年	2008年	2009年
湖北（%）	2.72	3.43	4.55	5.72	4.45	4.47	4.38
全国（%）	2.33	3.06	3.92	4.08	3.26	3.16	2.79

图4　湖北和全国教育系统职务犯罪案件所占比例比较情况

资料来源：最高人民检察院办公厅统计处有关统计资料。

从教育系统尤其是高校领域腐败发生的原因来看，主要有以下8个方面的因素。

第一，反腐思想不够统一。有的高校少数党政主要领导仍有“净土”思想，认为高校虽有腐败现象，但与其他领域相比情况并不严重，对高校领域开展党风廉政建设和反腐败斗争认识不足，抓得不紧；有的反腐倡廉工作措施缺乏针对性；有的抓教学科研这一手比较硬，抓反腐倡廉这一手比较软。

第二，体制运行不够到位。高校党委领导下的校长负责制，是我国高校体制的一大特色，对于高校决策权、执行权、监督权协调制约，防止权力滥用，分散腐败风险意义重大。但实际运行中，个别高校党政“一把手”没有把反腐败工作与教学科研和其他业务工作统筹规划，统一部署；有的把教学、科研和其他业务工作与反腐败工作对立起来；有的党政“分工分家”，如有的党委负责同志对高校的教学科研及管理中的反腐倡廉问题缩手缩脚，抓多了怕越位影响中心工作；有的行政主要领导多为专家，在繁重的教学、科研与管理工作的多重压力下对抓反腐败问题感到力不从心，这种“分工分立”与“顾此失彼”体制运行不到位的现象，是腐败有隙可乘的根源之一。

第三，选用干部不够严格。随着我国高校独立法人地位的确立，在招生录取、经费使用、机构设置、建设项目安排、设备物资采购、干部聘任和奖金分配等方面拥有的自主权越来越多，高校决策层和职能部门的权力随之增大，其在选拔、使用和管理干部方面，有的比较重视“才”的考核，对“德”的考核把关不够严；有的重视“勤、绩”的评价，忽视对“廉”的考核分析，导致少数经不起考验的干部走上位高权重的领导岗位或任职于重点部门、重要岗位，就不能慎权、慎为、慎独，而是以权谋私，最终滑入犯罪的深渊。

第四，管理制度不够健全。一方面，一些管理制度亟待建立、完善和强化。如有的领导班子科学民主决策机制不健全；有的基建工程、后勤修缮工程、大宗物资、医药、图书、设备采购等招投标和施工质量检查验收管理机制不健全，程序不公开；有的招生、考试工作的各类收费、课题费、奖励费财务管理制度不健全。另一方面，有的管理制度没有落到实处，存在“真空”，这为腐败犯罪提供了管理方面的条件。

第五，监督机制不够匹配。一是民主集中制的监督机制发挥不力。有的高校领导班子议事决策机制不健全，集中不够与发扬民主不够问题并存，导致有的决策失误，有的有决策无监督。二是依靠教职员工支持和参与学校管理不到位。如有的院校搞校务公开流于形式，把“公开”局限于“公布”，把“公布”变成审查限定，没有让教职员工真正参与民主决策、民主管理和民主监督；有的决策背离高校长远发展，群众认可度、满意度、支持度不高。从前述多名高校党政领导干部“落马”的沉痛教训看，与对其工程发包、行政管理、财务开支、人事管理、招生录用的权力运行监督不力有关。三是接受外部监督不够。有的学校接受新闻媒体、网络批评和纪检监察部门、司法机关检查、调查的措施有待加强。四是对重要部位、关键岗位的监督不够。有的学校对私设“小金库”整治不力；有的学校对滥发年终奖、送“红包”管束不严；有的院校工作人员职级不高，职务不大，却是工程承包商、设备供应商、图书出版商眼里的“香饽饽”，千方百计地巴结笼络讨好他们，吃请乃至送钱送物无所不用其极，使之成为腐败高发的“高危岗位”。

第六，抵御外部环境负面影响不够牢固。改革开放以来，尤其是当前社会转型期间，一些腐朽思想、不正之风、不良规则也侵入到高校领域。伴随着我国市场经济的快速发展进程，高校成为“人力稀缺资源”的热点部位，高学历、高文凭成为“买方市场”，有的高校领导干部及少数教职员工经不起市场竞争规则的负面影响，利用掌握基础建设、教学设备采购、招生、财务、人事等职权，与社会上不法分子搞权钱交易，以致走上违法犯罪的道路。

第七，廉政教育开展不够深入。反思教育系统包括高校反腐倡廉教育开展较多，而腐败违法犯罪不断发生的深刻教训之一在于：有的反腐倡廉教育活动偏重说教失于剖析，偏重笼统失于针对性，偏重形式、应付检查，失于落在实处、见之于实效。

第八，经费投入不够影响健康发展。虽然国家和政府一直把教育放在优先发展的战略地位，多年来不断加大对教育尤其是高校领域的经费投入，但由于一些地方政府财力有限，高校在扩招后发展规模加大加快，经费不足一直是困扰各大高校健康发展的瓶颈。1993 年《中国教育改革和发展纲要》明确要求教育经费占 GDP 总量的比例到 2000 年末要达到 4%。由于各种因素的影响，新世纪以来我国教育经费占 GDP 总量的比例始终未达到

4%。目前几乎所有的高校为保障工作的开展和学校的长远发展，不得已向银行贷款，根据统计，目前全国高校贷款总额高达2 000多亿元，校平均1亿多元，有的高达18亿之巨。高校负重奋进的发展包袱，迫使有的高校违规动用国家教育资源，乱拉赞助，盲目扩招发展，不仅自身面临持续健康发展的困境，而且增加了社会的教育负担，诱发了教育领域的各种不正之风。

三、扎实推进腐败风险防控体系建设❶

（一）明确腐败风险防控预警体系基本内涵

所谓腐败风险，是指从事教务、科研、人事、财务、学生及其他综合管理的人员或者受委派、委托从事上述公务的人员，在履行其职务中发生腐败行为的可能性及其概率。腐败风险防控预警机制及其体系，则是指为了减少和降低腐败风险，促进党员干部、教职员工勤政廉政，针对导致腐败风险的各种因素，借鉴企业全面风险管理模式所采取的分析查找、应对防范、管理控制、预警处置和保护激励等系统性措施、方法以及以此为先导的教育、监督、制度、改革、纠风、查处制度的惩防腐败体系。腐败风险防控预警机制主要有以下特征。

（1）从防控对象看具有客观性。同党政机关、行政执法机关、司法机关、经济管理部门一样，高校工作人员不具有腐败风险的天然“抵御力”“免疫力”。任何掌握一定公共权力的部门和个人都面临滋生腐败的可能性及其风险，这是由公共权力行使选择一般路径与个体选择者素质、心理、环境及制度约束的差异性冲突所决定的。

（2）从防控目的看具有前瞻性。腐败风险防控针对苗头性、倾向性问

❶ 本部分参阅湖北省纪委课题组《腐败风险预警机制研究》，湖北省委政策研究室《内部参阅》第15期。

题采取前置性措施，目的是把腐败消灭在萌芽状态，具有超前防范的作用，体现了关口前移、预防在先、防患于未然的要求。

(3) 从防控要求看具有规范性。腐败风险防控着眼于弥补体制缺陷和堵塞管理漏洞，通过构建制度规范体系，保证高校决策权、执行权、监督权沿着制度化、法制化轨道运行，从根本上解决决策行为失准、执行行为失范、监督行为缺位等问题。

(4) 从防控部位看具有针对性。腐败风险防控抓住腐败易发多发的重要领域和关键环节，针对腐败现象高发频发的层级团队、具体岗位、关键环节，将风险防控具体到相关的学院、内设处室、关键岗位、关键环节和项目，突出重点、分类指导、全面防范。

(5) 从防控策略看具有系统性。腐败风险防控引入企业全面风险管理理论，围绕高校党员教职员工尤其是领导干部、中层管理人员勤政廉政总体目标，在权力决策、执行、监督运行的各个环节腐败风险识别、评估、应对、预警、控制、化解等基本流程，形成腐败风险防控预警机制，增强了预防腐败的科学性、系统性与有效性。

（二）建立腐败风险防控的必要性和可行性

(1) 廉政建设面临的新形势对建立腐败风险防控预警及其体系提出了迫切要求。在我国目前处于“黄金发展期”“矛盾凸显期”的条件下，一方面，高等教育快速发展，廉政建设取得很大成绩；另一方面，社会上的送礼金之风、奢侈之风、玩乐之风不断向这块“净土”侵入。过去曾一度被誉为“清水”的高校，近年来也成为腐败易发高发的热点部位，甚至少数有相当学术成就的“双料”学者被糖弹所击倒。这迫切要求人们关口前移、防范在先，通过建立腐败风险防控预警机制及其体系，从根本上遏制腐败现象冲击高校廉政大堤、腐蚀净土的势头。

(2) 廉政建设的新要求对建立腐败风险防控预警及其体系提出必然选择。高校作为创新型人才的生长机，创新社会的传递带，创新型国家的支撑点，推进改革的先行官，培育德智体美全面发展社会主义的建设者、捍卫者与守卫者的摇篮，定其内涵加速发展、全面提高质量的“高铁列车”，需要有高素质的教职员工队伍与良好的外部环境。这就要求高校务必坚持惩防腐败的“十六字”方针，更加注重治本、更加注重预防、更加注重制度建设，扎实推进反腐倡廉建设，最大限度地预防和减少腐败现象的发生。

（3）预防工作的有益探索为建立腐败风险防控机制及其体系积累了实践经验。这表现在以下三方面。一是防控思路上的突破，即由侧重事后“亡羊补牢”向事前预警防控转变，由侧重监督制约干部向监督与保护激励相结合转变，由侧重下禁令、布“高压线”向注重营造平等创业“安全区”转变。二是方式方法的创新。推行网上招生、建立电子监控体系、校务公开、民主与科学决策教务、科研、学生、人事、基建、采购等重大项目与事项等，增强防控的实效性。三是大力推进教学、科研等管理体制机制改革，建立健全拒腐防变长效机制，为防止决策失误、权力失控、行为失范，减少腐败动因，以及化解腐败风险提供了保障等。

（三）腐败风险防控预警机制及其体系的总体框架

1. 指导思想

根据湖北省委〔2010〕24号文件精神，高校廉政风险防控体系建设总的指导思想是“五以一着力”，即以中国特色社会主义理论体系为指导，深入贯彻科学发展观、坚持“标本兼治、综合治理、惩防并举、注重预防”的方针；以加强反腐倡廉教育、构建社会主义核心价值体系为基础；以建立健全反腐倡廉制度体系为根本；以强化重点部位和关键岗位监管、规范权力运行为关键；以推进党务公开、校务公开、加强民主政治建设为抓手；着力防范和化解各种可能产生的廉政风险，为高等教育事业科学发展提供坚强保证。其中重要目标是防范“四个风险”，达到“四个安全”，即，防范和化解制度风险、岗位风险、环境风险、员工作风风险；保证权力行使安全、资金运用安全、项目（设备招标）建设安全和教职员工成长安全。

2. 基本原则

（1）围绕重点、服务发展。把腐败风险防控工作与贯彻落实学校重大发展战略及教学与科研重心紧密结合起来，贯穿于教学、科研与创新的重大决策及政策措施之中，收到源头预防、治理与化解腐败风险，保障和促进高等教育发展的功能。

(2) 解放思想、先行先试。以改革创新精神推进腐败风险防控预警机制的建立，倡导先干不争论、先试不议论、先做不评论，不断创新思路、完善机制、破解难题、积累经验、推动发展。

(3) 以人为本、预防在先。把以人为本作为腐败风险防控的出发点和落脚点，针对党员干部、教职员工的专业特长、管理水平、所处环境和心理特性，立足教育，着眼防范，保护和支持他们进行廉洁的教育、科研及管理。

(4) 突出重点、统筹推进。以领导干部、中层骨干为重点，以规范和制约权力为核心，以全局观念、统筹方法与协作机制推进腐败风险防控工作。

3. 基本要求

(1) 坚持腐败风险防控预警与高校科学发展相结合。要围绕中心、服务大局，把腐败风险防控建设与高校教学科研和发展结合起来，针对自身发展快、工程建设规模大、自觉管理程度高的特点，着眼于腐败风险防控，为高校科学发展提供制度保障。

(2) 坚持惩治与预防相结合。在加大惩治腐败的同时，要加大思想教育、制度建设、监督制约与改革的力度，全面构建符合高校实际的惩防腐败体系。

(3) 坚持继承与创新相结合。要注意分析把握高校领域腐败风险产生的根源和规律，对已被证明是行之有效的制度和办法，要进一步加大执行力度；对久治不愈、纠而复生的体制性、机制性问题，要用发展的思路和创新的办法加以解决，着力推进腐败风险防控体系建设。

还有一些原则，如坚持自律与他律结合、激励与约束结合、防范与管理结合等也具有适用的针对性与可行性。

4. 主要内容

腐败风险防控预警机制的制度可概括为6个层次：第一个层次，中央、省委关于建立健全惩防腐败体系“纲要”“具体意见”及“实施办法”；第二个层次，与“纲要”“办法”相配套的具体制度；第三个层次，高校结合实际制定的“实施意见”；第四个层次，学校管理各学院根据学科行业的腐败风险防控规章制度及配套措施的实施；第五个层次，挂靠独立学院与联合办学、委培外地办班等松散管理或远离学校本部管理的办学形式的腐败风险防控规章制度及其措施；第六个层次，岗位风险排查与防控。

其内在机制可以概括为5个方面。

（1）以情景推理为主要方法的查找识别机制。即根据历史经验、自身经历或腐败事例，采取列举、流程分析、情景模拟、环境及案例分析等，组织人员查找权力决策、执行、管理、监督运行中可能出现的腐败风险，形成本校、某院、某部门腐败的预知预晓的“全景图”。

（2）以分权制权为主要方式的防范应对机制。即通过层级院系对内设机构之间权力的合理分设、控制与调整，解决一些部门权力过大，或自己定规矩自己执行等；领导班子成员之间合理分权与轮岗交流，推行发言制、票决制、分工负责与定期反馈、报告制等防止权力过于集中，集体无法监督；在学院与学校之间管理分权，将资金与账目、账内与账外、审核与批复、调配与使用、定期审计、课题经费监管调查与处理等各项权力由不同层级部门及学院行使与制约。

（3）以流程监管为主要手段的监督控制机制。其主要包括：①管理信息化。实现流程再造，优化资源配置，加强内部制约，提高管理效率。②电子监督。设置行政服务中心、工程建设招投标中心、采购中心、安防中心、资产管理中心等，通过视频监控，对违规行为予以警示；纳入省招标、采购中心，接受监控。③党务、校务（院务）公开重大事项集体决策、风险评估、重要事项公示、重点工作通报等，加强对学校“落实情况的监管”。

（4）以迹象管理为载体的预警处置机制。其主要包括：①信息收集。建立腐败迹象信息员队伍（可由党小组长或纪检委员兼任），及时收集履职行为、行政管理、思想生活作风等腐败迹象，进行汇总整理。②分析评估。即按照严重程度和腐败发生概率评估分类。③预警处置。即综合运用谈心疏导、批评教育、信访告诫、诫勉谈话、限期整改、组织处理等进行预警处置。④处置整改。受预警处置的教职员工或单位，要及时整改并书面报告学校纪检监察部门。纪检监察部门要提醒督促，使其整改到位。

（5）以勤政廉政为主要目标的保护与激励机制。①建立干事创业的“安全区”。推行信访核查反馈、案件助辩及处分回访等制度，注意“三个区别”，即因缺乏经验，先行先试出现的失误与明知故犯；探索试验与有法有规不依；学科建设、科研的创新出现的不足与违规违法造成严重后果。②正确把握政策。注意坚持“三个一般不”的办法处理有关问题，即通过谈心教育、疏导而改正的一般不记入档案；信访或谈话诫勉改错的一般不影响任职使用；期限整改、组织处理能解决问题的一般不给予处分，以充分调动和保护教员工干事创业的积极性、创造性。③建立勤政廉政的激励制度，等等。

（四）腐败风险防控机制及体系构造路径

1. 模式构建

概括起来是建立“三个层次”，防范“四类风险”，健全“五大机制”，采取“四项举措”，保证“四个安全”。

（1）三个层次。这是指从点、线、面三个层次。即以选人用人、财务管理、物资设备采购、征地拆迁、工程建设、校办产业管理、招生录用、联合办学、学位授予、科研课题、校外办班、学术研究、职称评定、资产入股（上市）、学校管理等重点环节，主管校工、院（处长）、专业课题组长等关键岗位为“点”，以管“人”、管“钱”、管“生源”、管“课题”、管“项目”的相关院（系）为“线”，以内设机构、学院（系）、独立学院及校外（境）联合办学班为“面”，构建腐败风险预警防控体系，切实做到腐败预防控制机制运行全覆盖。

（2）四类风险。这是指定期不定期组织专家、专门部门或专门人员，对学校现存管理制度、岗位、环境及员工作风等进行风险评估，看是否存在腐败性风险，并适时提出分散、化解与防范的对策措施，需向相关主管部门建议的应及时提出。

(3) 五大机制。这是指分析查找机制、应对预防机制、监督控制机制、预警处置机制与激励机制。

(4) 四项举措。这是指目标设定、监督检查、考核评价、修正完善。

(5) 四个安全。这是指权力行使安全、项目建设安全、资金运行安全、教职员工成长安全。

2. 运行模式

(1) 以教育为先导，筑牢廉政思想文化基础。主要结合高校自身特点，把反腐倡廉教育融入教职员工思想教育、师德师风教育、校园文化建设之中。要创新教育形式和载体，坚持集中教育与个别教育相结合，主体教育与分类教育相结合，示范教育与警示教育相结合，有计划把安排集中轮训、短期培训、专题讲谈等，不断增强教育的针对性和实效性。广泛开展廉洁文化进校园、进课堂活动，全力营造廉荣全职、遵纪守法、积极向上的校园氛围。

(2) 以规范决策、执行、监督等权力运行为关键，健全高校决策执行、监督的科学制度体系。这包括6个方面：一是建立健全党政联席会议，分党委总支、支部会议制度、规范校与具有人、财、物独立处置权院系的民主决策程序，强化决策责任，确保决策、执行、监督相互协调与制约，防止决策权滥用，执行权越位、监督权滞后或缺位。二是健全集体决策制度。凡重要人事的推荐任免、奖惩、重大项目、大额资金以及重大事项的决策，都应集体决定，防止和纠正少数人盲目决策、错误决策。三是建立健全重大事项决策报告，征求意见，接受咨询情况说明制度，防止决策越位或不到位。四是建立健全对专业性、技术性较强的重大事项的决策前由专家论证的制度，对涉及教职员工切身利益的重大事项决策前听取群众意见的制度。五是坚持党委领导下的校长负责制。全面推行党委和行政一把手不直接分管人财、财务、基建、物资采购的工作制度。六是健全民主生活会制度，着力提高领导班子解决自身问题的能力。

（3）以公开为切入点健全校级民主监督机制。加强对民主选举、民主决策、民主管理的监督。健全教代会制度，落实和保障教职员工的知情权、参与权和监督权。运用信息技术等平台，对学校改革发展的决策与实施办法、财务收支情况、科研项目经费使用情况、工程建设项目招投标、大宗物资采购、干部人事安排、招生录用、收费项目与标准，以及教职员工切身利益的事项要定期公开、及时公布、点题公开。

（4）以重点岗位监督为抓手，健全干部及学科人才的安全成长机制。包括完善干部选拔任用机制。要加强重点岗位与关键环节的监督制约，健全重点岗位干部交流制度；对于财务管理、招生管理、人事管理、职称评定、科研评审、资产管理、大宗物资采购等权力相对集中、风险等级较高岗位的干部，要定期轮岗交流；要完善任职回避与离任审计制度；要健全用人失误失察的查究机制，匡正用人风气。

（5）以腐败风险排查、预警、化解机制为平台，增强监督管理水平。要研究制定腐败风险查找防控实施办法；定期或不定期开展对学校、院系或重点环节、重点岗位的风险等级评定，根据风险排查等级，加强对财务管理、科研经费管理、课题经费管理、干部人事管理、招生考试、职称评定、资格认定、科研评审、科学评估、工程建设、物资采购、资产处置、校办企业、股份公司、上市资产等重要风险点的监督检查，增强分散和化解风险的实效。全面实行财务预（决）算管理，严格执行收支两条线管理；定期不定期开展“小金库”检查，实行统一账号、分户管理、分级行权、财务监督、专题审核等制度，取消院系的“小金库”。严格执行学位收费公示制度。认真执行工程建设招投标制度，严把招标投标、方案审查、工程监理、设计变更、材料设备采购、质量验收、资金结算等关口。健全大宗物资设备采购制度；深化后勤管理体制与校办企业产权制度改革，完善现代股份公司法人治理结构，防止公有资产流失。规范津补贴发放制度，严格奖励、捐款监管与审计，防止化公为私、贪污挪用。

（6）以加强领导干部作风建设为支持点、健全领导人员行为规范。依据《中国共产党党员领导干部廉洁从政若干准则》与教育部“十不准”的规定，要加强高校领导干部作风建设，完善领导干部个人有关事项报告、民主评议、成员谈话述职述廉等制度，切实解决作风方面存在的突出问题。

（7）要以组织领导为保障，大力推进高校腐败风险防控体系建设。高校党委要把腐败风险预警及其防控体系建设摆上重要议事日程，切实负起全面的领导责任。高校纪检监察部门要充分发挥职能作用，主动协助党委开展工作。省委高校工委要负责组织实施，统筹考核与检查，全力推进腐败风险防控体系建设，从源头上有效预防和减少高校领域腐败现象。

（8）要以建立联席会议为契机，形成共同推进腐败风险防控机制及体系建设的良好局面。要加强各方面的协同与合作，形成责任明晰、运行规范、相互配合、齐抓共管的腐败风险防控工作机制。要建立定期检查考核制度，完善责任机制。对腐败风险防控体系建设不到位、风险防控不力、发生重大腐败案件的，要严肃责任追究，以确保这一体系建设扎实推进，功效凸显。

（9）要以考核评估为中心环节，增强腐败防控预警机制的运行的实效。

一是要建立考核评价体系。包括：①教育部或高教工委对学校的综合考评。主要由高教工委组织专家和专业机构对学校的腐败风险防控预警机制建立情况进行综合考评。考评时设计综合考评指标体系，总分 100 分。按防控预警机制项目设立若干详细评价指标，每一项目按照优秀、良好、合格、不合格量化成具体分值，考评时根据现场考评情况据实打分，最后计算出得分（详见表 10）。

表10　教育部、省高教工委对学校腐败风险防控预警机制综合效果考评指标体系

一级指标	二级指标	分值	分项得分	评价得分
查找识别（25分）	是否进行岗位风险教育	5	—	—
	是否建立岗位风险查找识别制度	5	—	—
	是否开展岗位风险查找活动	5	—	—
	是否建立本单位岗位风险“全景图”	10	—	—
应对防范（25分）	是否建立教育防范机制并贯彻执行	10	—	—
	部门之间是否合理分权并贯彻执行	5	—	—
	领导班成员之间是否分权并贯彻执行	5	—	—
	自由裁量权是否量化	5	—	—
监督控制（20分）	是否建立信息化管理制度并贯彻执行	10	—	—
	是否建立电子监察系统并有效运行	5	—	—
	是否推行政务公开	5	—	—
预警处置（20分）	是否建立信息收集制度并贯彻执行	5	—	—
	是否建立分析评估制度并贯彻执行	5	—	—
	是否建立处置制度并贯彻执行	5	—	—
	是否建立处置督查制度并贯彻执行	5	—	—
保护激励（10分）	是否建立干事创业“安全区”制度并贯彻执行	5	—	—
	是否建立激励制度并贯彻	5	—	—
总评得分		—		

注：1. 评价方法为：查阅文件、会议记录；现场考核。2. 评分标准为优秀、良好、及格、不及格四个档次。完成情况非常好评为优秀，该项得满分；完成情况较好评为良好，该项得分计80%；完成情况一般评为及格，该项得分计60%；完成情况差为不及格，该项计分低于60%。

②自我评价。由被考评单位按上述综合考评指标体系的要求自我检查、自我打分、自我计算出得分。高教工委的考评和自我考评属于定量考评。

③社会公众的民意评价。由高教工委组织，将设计好的问卷，随机发放一定范围内的党员干部、服务对象和社会公众，由社会公众按优秀、良好、合格、不合格打出等次，并量化成具体分值，回收问卷后计算出得分（详见表11）。

表 11 教育部、省高教工委对学校（下级、社会公众）

腐败风险防控预警机制考评表

序号	指标内容	评价等级			
1	查找识别机制建立及执行情况（25 分）	优秀	良好	及格	不及格
2	应对防范机制建立及执行情况（25 分）	—	—	—	—
3	监督控制机制建立及执行情况（20 分）	—	—	—	—
4	预警处置机制建立及执行情况（20 分）	—	—	—	—
5	保护激励机制建立及执行情况（10 分）	—	—	—	—
总评得分		—			

注：评分标准为优秀、良好、及格、不及格四个档次。完成情况非常好评为优秀，该项得满分；完成情况较好评为良好，该项得分计 80%；完成情况一般评为及格，该项得分计 60%；完成情况差为不及格，该项计分低于 60%。

④同级学校的评价。将上述问卷在同级学校一定范围内发放，由同级学校相互按优秀、良好、合格、不合格打出档次，并量化成具体分值，回收问卷后计算出得分。

⑤下级学院（系、处、室）的评价。将上述问卷在下级学院（系、处、室）一定范围内发放，由其按优秀、良好、合格、不合格打出档次，并量化成具体值，回收问卷后计算出得分。

二是考评结果。根据分数定考评结果，总分按以下公式计算：防控体系评价总分 = 教育部、高校工委综合考评得分 50% + 同级机关评价得分 15% + 社会公众评价得分 15% + 下级机关评价得分 10% + 自评 10%（详见表 12）。考核结果分优秀、良好、合格、不合格四个档次。对考核最后得分超过 90 分的评为优秀，对 80 ~ 90 分的评为良好，对 60 ~ 80 分的评为合格，对低于 60 分的评为不合格。

表 12 腐败风险防控预警机制综合评分表

评价主体	原始评份	权重系数	应得分数
教育部、高校工委综合考评	—	0.50	—
同级学校评价	—	0.15	—
社会公众评价	—	0.15	—
学院（系、处、室）	—	0.1	—
自我评价	—	0.1	—
最后得分	—	—	—

三是腐败风险防控预警机制考评的组织领导和结果运用。腐败风险防控预警机制考评由上级惩治和预防腐败体系领导小组组织实施，与惩防体系考核、党风廉政建设责任制考核同步进行。

腐败风险防控预警机制考核结果作为评价各单位落实党风廉政建设责任制和年度工作目标考核评判的重要依据，作为干部选拔、任用、考核的重要依据。对考核为优秀的单位给予表彰，对考核结果为不合格的单位，以书面形式下达整改通知，督促整改，并通过跟踪回访强化监督，促其整改。对拒不整改的单位，追究主要领导责任。

参考文献

[1] 中央纪委研究室：《加强领导干部党性修养　树立和弘扬良好作风——学习胡锦涛总书记在第十七届中央纪律检查委员会第三次全体会议上的重要讲话》，中国方正出版社，2009 年 2 月第 1 版。

[2]《胡锦涛、温家宝、刘延东同志在全国教育工作会议上的讲话》(中办通报第 20 期)，2010 年 7 月 13 日。

[3] 中共中央国务院：《国家中长期教育改革和发展规划纲要(2010～2020 年)》，2010 年 7 月。

[4] 中共中央国务院：《国家中长期人才发展规划纲要（2010 年～2020 年)》，2010 年 6 月。

[5] 本书编写组：《十七大报告辅导读本》，人民出版社 2007 年 10 月第 1 版。

[6] 谷安林：《中国共产党历史二十八讲》，人民出版社、党建读物出版社，2006 年 6 月第 1 版。

[7] 中央纪委驻最高人民检察院纪检组、最高人民检察院监察局：《检察机关贯彻落实〈实施纲要〉经验材料汇编》，2007 年 11 月。

[8]《省委办公厅、省政府办公厅关于建立全省高等学校廉政风险防

控体系的意见》（鄂办发〔2010〕24 号），2010 年 7 月 5 日。

[9] 中共湖北省委组织部干部监督处：《干部监督工作选编》（上），2009 年 12 月。

[10] 中共湖北省委组织部干部监督处：《干部监督工作选编》（下），2009 年 12 月。

[11] 中共湖北省委政法委员会纪检组：《湖北省政法系统领导干部廉洁自律手册》，2010 年 4 月。

关于深入推进反腐倡廉建设几个问题的建议*

根据中央纪委调研要求，结合个人近年来在检察机关工作、学习和思考，现就党的十七大以来反腐倡廉建设谈几点认识，供参考。

一、关于党的十七大以来党风廉政建设和反腐败工作的主要成效、突出特点和基本经验

党的十七大以来，在党中央坚强领导下，经过全党和全社会的共同努力，反腐败斗争取得了新的明显成效。主要表现为：（1）领导干部廉洁自律工作稳步推进。强化廉洁从政教育，领导干部违规收送礼金、兼任职务、滥发补贴、奢侈浪费、跑官要官、参加赌博等问题得到进一步遏制。（2）查办违法违纪案件工作深入开展。2007 年 11 月 ~2010 年，全国纪检监察机关立案 41.5 万件，处分 43.6 万人，移送司法机关处理 1.5 万人；全国检察机关查办职务犯罪 12.6 万人；依法依规查处了一批大案要案，保持了惩治腐败的高压态势。（3）纠正损害群众利益的不正之风取得成效。认真开展各种专项治理，征地拆迁、教育、医疗、涉农、企业重组改制等领域损害群众利益行为明显减少。（4）源头治理向纵深发展。国有企业、行政审批、干部人事、司法体制机制、财政管理体制、投资体制、金融体

* 本文系作者于 2011 年 5 月在中央纪委“十七大以来的反腐倡廉建设”调研座谈会上的发言。

制、市场配置资源制度等改革不断深化，招投标、土地招拍等制度进一步完善，党务、政务公开逐步深化，从源头上减少和遏制了腐败发生。(5) 监督工作迈出新步伐。严格落实党风廉政建设责任制，党内监督机制进一步完善，巡视工作深入开展，派驻机构及行政监察职能作用进一步发挥。(6) 反腐倡廉制度更加完善。制定和完善《中国共产党党员领导干部廉洁从政若干准则》《关于实行党风廉政建设责任制的规定》等党内法规，修订刑法关于影响力受贿罪、巨额财产来源不明罪的规定以及将滥用职权、玩忽职守、徇私舞弊造成重大食品安全事故纳入刑法规定等，为深入推进反腐败斗争提供了制度保障。

2006 年以来，湖北检察机关坚决贯彻中央、湖北省委、高检院关于反腐倡廉工作的总体部署，切实履行查办和预防职务犯罪职责，促进反腐败斗争深入开展。共立案侦查职务犯罪 9 139人，其中贪污受贿等犯罪 6 790 人，行贿犯罪 858 人，渎职侵权犯罪 1 491人。工作中注意做到“6 个坚持”：一是坚持明确工作思路。省检察院提出要正确处理查办职务犯罪数量、质量、效率、效果、规范和安全 6 个方面的重大关系，实施综合科学考评，保持执法办案工作平稳健康发展。二是坚持突出查办大案要案。立案侦查大案 4 948件，其中贪污、受贿、挪用公款百万元以上案件 245 件，重特大渎职侵权案件 511 件；县处级以上干部职务犯罪要案 778 人，其中厅级干部 64 人。三是坚持重点查办社会关注的行业领域发生的职务犯罪案件。针对损害人民群众切身利益、社会反映强烈的问题，深入教育、医疗、电力、土地、交通、社保等职务犯罪易发多发的重点行业领域查办了一批职务犯罪案件。四是坚持以专项工作为重要抓手。紧紧围绕中央、省委重大战略部署，突出查案重点，先后组织开展了严肃查办和积极预防新农村建设领域、民生领域、国家投资领域、危害能源资源和生态环境渎职犯罪等多个专项工作，增强了惩防腐败的针对性和实效性。五是坚持提升执法办案效果。省检察院认真贯彻高检院“三个有利于”的要求，提出并落实坚决依法查办、坚持惩防并举、把握政策界限、掌握分寸节奏、注意方式方法等“五条办案原则”，努力提升执法办案的法律效果、政治效果和社会效果。六是坚持立足检察职能积极预防职务犯罪。按照社会化、专业化、规范化、法制化要求推进职务犯罪预防工作，结合办案强化个案预防、专项预防和系统预防，加大检察建议工作力度，完善行贿犯罪档案查询系统，全面实行预防年度报告制度，促进从源头上遏制和减少腐败。

总结“十七大”以来的反腐倡廉工作，我们认为呈现以下鲜明特点：一是突显了决心的坚定性。党中央和各级党委始终从关系人心向背和党的生死存亡、顺利推进经济、政治、文化、社会、生态文明建设和党的建设的高度，把党风廉政建设放在更加突出位置、作为一项重大政治任务来抓，旗帜鲜明，态度坚决。二是突显了思路的科学性。始终围绕“标本兼治、综合治理、惩防并举、注重预防的方针和建立健全惩治预防腐败体系的要求”来推进工作，思路科学清晰，要求明确一贯，把握了反腐倡廉建设规律，找到了正确路径。湖北省委李鸿忠书记鲜明提出要始终坚持反腐倡廉与改革发展“力度统一论”，做到改革发展的力度有多大，反腐倡廉的力度就有多大；改革发展延伸到哪里，反腐倡廉就跟进到哪里，切实加大廉政教育、权力监督、查办案件等9个方面的力度，取得了明显成效。三是突显了重点的明确性。紧紧抓住腐败易发多发的重点领域和关键环节加大治理力度，重点治理工程建设、房地产开发、土地管理和矿产资源开发、金融、司法等腐败高发领域的突出问题，推动反腐倡廉建设全面深入开展。四是突显了措施的综合性。总体上，坚持把治标与治本、惩治与预防贯穿于反腐倡廉全过程，做到两手抓、两手硬；具体措施上，坚持综合运用教育、制度、监督、改革、纠风、惩治等多种手段，多措并举，全面推进。五是突显了源头治理的根本性。在加大惩治腐败力度的同时，更加注重治本、更加注重预防、更加注重制度建设，特别是着力完善内容科学、程序严密、配套完备、有效管用的反腐倡廉制度体系，深化体制机制改革，湖北省还积极推进“十个全覆盖”深化治本抓源头工作，着力构建武汉城市圈、鄂西生态文化旅游圈等具有湖北特色的区域性腐败风险防控体系，开创了从根本上防治腐败的新途径。

在近4年的反腐倡廉实践中，创造和积累一些新鲜经验，可以概括为

6个必须：一是必须坚持以中国特色社会主义理论体系为指导，保证党风廉政建设和反腐败斗争的正确方向。二是必须坚持把反腐倡廉建设贯穿于社会主义经济建设、政治建设、文化建设、社会建设各个领域，体现在党的思想建设、组织建设、作风建设、制度建设各个方面，更好地服务党和国家工作大局。三是必须坚持以人为本、执政为民，认真解决损害群众利益、人民群众反映强烈的突出问题，紧紧依靠人民群众参与和支持推进反腐倡廉建设。四是必须坚持标本兼治、综合治理、惩防并举、注重预防的方针，不断健全教育、制度、监督并重的惩治和预防腐败体系，确保反腐倡廉建设的整体性、协调性、系统性和实效性。五是必须坚持解放思想、实事求是、与时俱进，适应世情、国情、党情新的发展变化，以改革创新精神推进党风廉政建设和反腐败斗争，切实体现时代性、把握规律性、富于创造性。六是必须坚持党的领导，建立和完善反腐败领导体制和工作机制，提供组织保证，增强工作合力。

二、关于当前反腐倡廉建设面临的新情况、新问题和存在的薄弱环节

对于当前党风廉政建设和反腐败斗争的总体态势，胡锦涛总书记在十七届中央纪委六次全会上已经作出科学判断，即成效明显和问题突出并存、惩治力度加大和腐败现象易发多发并存、群众对反腐败期望值不断上升和腐败现象短期内难以根治并存，反腐败斗争形势依然严峻、任务依然艰巨。我们认真学习领会这一论断，认为当前反腐倡廉建设总体上与经济社会发展需要、中央要求和人民群众期盼相适应，但随着形势任务变化，工作中出现了一些新情况、新问题需要高度重视、积极应对。这主要表现为：一是一些权力集中、资金密集、垄断性强的行业领域腐败现象依然易发多发。一些行政机关、人事管理部门、司法机关干部利用行政审批权、行政执法权、人事管理权、司法权进行权钱交易的问题仍较为突出；国家资金和民间资本重点投入的农业、水利、交通、国土、城建、房地产、工程建设等

领域腐败案件仍然居高不下；能源、铁路、金融、电信等垄断性强的行业容易滋生腐败。二是民生领域腐败违法犯罪较为突出。随着国家加大民生投入，腐败进一步向教育、医疗、社保、劳动就业、环保、救灾等社会建设和民生领域渗透，窝串案现象突出，直接危害群众利益，甚至成为群体性、突发性事件的燃点和诱因。如云南省阳宗海特大水污染事件背后渎职犯罪案。三是大案要案仍然多发。党的中高级领导干部腐败案件时有发生，腐败金额动辄上千万甚至过亿的现象已不鲜见，一些重特大渎职犯罪社会危害严重、影响恶劣。如山西省襄汾县新塔矿业公司尾矿库溃坝造成 277 人死亡重大安全生产事故背后的渎职犯罪案。四是腐败案件呈隐蔽化、智能化趋势。新型腐败案件不断出现，作案手段不断翻新，利用高科技和专业技能实施的腐败犯罪不断增多，导致发现和查处难度增大、成本增高。五是贪污贿赂犯罪与渎职犯罪、洗钱犯罪相交织。如陈良宇受贿、滥用职权违规使用社保基金案，郑筱萸受贿、玩忽职守案，以及刚刚被判处死刑的杭州市副市长许迈永贪污、受贿超过两亿元，其妻戚继秋通过炒股等方式帮助其洗钱。六是一些群众反映强烈的不正之风问题仍未根治。领导干部收受礼金、消费卡等问题治理后又有反弹，庆典、论坛等过多过滥问题较为突出。

上述这些现象的存在反映了在治理腐败过程中还存在一些薄弱环节。总体上我们认为存在“三个反差”，即：贪污贿赂、渎职侵权等腐败案件易发多发与查办力度存在反差；体制机制建设滞后与惩防腐败需要运转高效、协调一致的体制机制创新存在反差；惩防腐败犯罪立法、司法解释与人民群众对公正司法、维护国家法制统一尊严权威的要求存在反差。具体而言，从经济体制层面来看，由于我国仍处于社会主义初级阶段，社会主义市场经济体制初步建立，但一些领域体制机制还不完善，为腐败留下了空间。从政治建设来看，行政管理体制机制改革需要进一步深化，对权力的监督制约制度机制有待进一步完善。从精神文明建设来看，反腐倡廉教育的针对性和实效性有待进一步提升，廉政文化的覆盖面和影响力有待进一步增强。从反腐倡廉制度建设来看，各项党内制度、行政管理制度、公共财政、转移支付、公共资源利用与安排、收益分配等制度需要进一步健全和落实，职务犯罪主体“双轨制”立法标准与司法适用等法律难题需要进一步破解。从工作层面来看，案件线索发现、调查侦查取证、风险决策、非法证据排除、职务犯罪轻刑化、腐败案件与普通刑事案件并案侦查等方面仍存在难题。从反腐能力建设来看，适应腐败案件专业化、智能化、隐蔽化以及查案工作规范化等要求，在调查、侦查的观念、谋略、技巧、方法、手段等方面需要进一步更新和改进。

三、关于今后一个时期反腐倡廉建设的努力方向和需要研究解决的重点问题

胡锦涛总书记在十七届中央纪委六次全会上鲜明提出，要以更加坚定的决心和更加有力的举措坚决惩治腐败、有效预防腐败，进一步提高反腐倡廉建设科学化水平。这表明中央已经明确提出了今后一个时期反腐倡廉建设的努力方向就是要“进一步提高反腐倡廉建设科学化水平”。我们学习领会中央这一要求，认为今后一个时期反腐倡廉建设要坚持以科学理论为指导，即以邓小平理论、“三个代表”重要思想和科学发展观要求指导反腐倡廉建设；坚持以科学理念为根本，把以人为本、执政为民、服务大局、改革创新等理念贯穿于反腐倡廉全过程；坚持以科学思路为前提，始终坚持标本兼治、综合治理、惩防并举、注重预防的方针，不断加强惩治和预防腐败体系建设；坚持以科学制度为关键，进一步深化各项体制机制改革，健全落实各项反腐倡廉制度，健全完善法律制度；坚持以科学方法为基础，全面加强和改进教育、监督、惩治、纠风等各项工作的措施和方式。

为实现提高反腐倡廉建设科学化水平的目标，我们建议着重解决好以下几个方面的重点问题：一是强化教育，解决好思想防线问题。推进反腐倡廉，教育是基础。当前，要进一步从抓好各类主题教育活动、创新教育方式、拓展教育途径、扩大教育覆盖面、推进廉政文化等方面着力，切实

增强反腐倡廉教育的针对性和感染力，在全党全社会营造“以廉为荣，以贪为耻”的良好风气，引导党员干部自觉抵制各种腐败思想侵蚀。特别是要抓好对渎职侵权违法犯罪这种“不入腰包的腐败”的教育防范工作。二是抓住关键领域，解决好惩治重点问题。要坚持以权力集中部门为重点，严肃查办发生在领导机关和领导干部中滥用职权、贪污贿赂、腐化堕落、失职渎职案件，严厉惩处利用人事权、司法权、行政执法权、行政审批权谋取利益的行为；以腐败易发多发行业领域为重点，严肃查处经济监管、国土、交通、金融、城建、规划、司法等领域贪污受贿、失职渎职等违法违纪案件，切实加大对为黑恶势力和“黄赌毒”充当“保护伞”的违纪违法犯罪行为的惩治力度；以维护人民权益为重点，严肃查处教育就业、安全生产、食品药品监督管理、生态环境、征地拆迁、工程建设、企业改制等领域严重侵害群众利益的案件以及群体性事件和重大责任事故背后的腐败案件，坚决纠正损害群众利益的不正之风；以整顿规范市场秩序为重点，深入开展商业贿赂治理，特别是加大对行贿犯罪的打击力度。三是加强监督制约，解决好权力规范运行问题。坚持以领导干部、重点岗位和关键环节为重点，通过科学配置权力，健全权力运行程序，完善监督措施，逐步建立健全决策权、执行权和监督权既相互制约又相互协调的权力结构和运行机制，防止权力失控、决策失误、行为失范。坚持完善重要情况通报和报告、述职述廉、民主生活会、巡视、诫勉谈话等党内监督制度，充分发挥人大监督、政协民主监督作用，强化检察机关对立案、侦查、审判、刑罚执行及监管等诉讼活动的法律监督，通过深化党务公开、政务公开、厂务公开、村务公开、校务公开等强化社会群众监督与舆论监督，提高监督的整体效能。四是坚持深化改革，解决好体制机制漏洞问题。中国反腐倡廉建设的一个突出特点，就是贯穿了改革创新精神，通过渐进式地推动体制机制改革，从源头上压缩腐败空间。今后一个时期，应紧密结合推进市场经济体制、干部人事制度、司法体制、行政审批制度、财政金融体制、国有资产管理体制、收入分配体制、社会管理体制、资源性产品价格和环保收费，以及职务消费的货币化与工资福利配套改革等，建立健全有利于防范腐败的体制、机制，逐步铲除腐败现象滋生蔓延的土壤。五是完善反腐倡廉制度，解决好保障问题。制度反腐是我国反腐败斗争的基本经验，是反腐倡廉工作的重要保障。应坚持以建成内容科学、程序严密、配套完备、有效管用的反腐倡廉制度体系为目标，以惩防腐败体系建设为重点，不断研究新情况、解决新问题、总结新经验，进一步加强反腐倡廉教育、预防、监督、惩治等方面的制度建设，提高反腐败斗争制度化、规范化水平。同时，更为重要的是切实加强对制度执行情况的监督检查，提高制度执行力。在法律制度完善方面，我们建议：（1）总结公务员财产申报制度等成功经验，制定公务员廉政道德法，进一步强化对公务员财产申报等制度的法律规制，推行阳光政务，确保廉洁从政。（2）针对反腐败斗争的严峻形势，建议及时研究制定一部反腐败法，对反腐败工作进行专门规制，特别是要把民营企业行贿等腐败行为的惩治和预防纳入规制范围，从源头上遏制行贿等腐败行为。（3）修改完善刑法等实体法律规范，完善相关司法解释，重点解决职务犯罪主体“双轨制”规定不科学、受贿罪“为他人谋取利益”要件难认定、行贿罪“谋取不正当利益”规定不合理、挪用公款罪“公款”性质难辨明、职务犯罪法定刑设置不合理、案件缓刑免刑适用率居高不下、渎职犯罪从一重罪处罚不合理、后果和损失认定标准不统一、因果关系认定难等问题。（4）修改完善刑事诉讼法等程序法的相关规定及司法解释，重点解决查办职务犯罪初查性质不明确、侦查管辖权规定不合理、技术和秘密侦查手段缺失、传唤和拘传时限不够、监视居住难执行、逮捕适用条件过于严格、非法证据排除规则制度缺陷、污点证人交易制度缺失、举证责任设置不合理以及纪检监察机关、检察机关监督工作信息渠道不畅通、措施手段缺乏、刚性不足等问题。六是强化培训，解决好能力水平问题。适应反腐败工作新形势新任务要求，加大对纪检监察、检察机关等反腐败职能部门人员的专业培训和岗位练兵力度，着力破解案件线索发现难、调查初查隐蔽不强和质量不高、风险决策把握不准、侦查信息资源渠道不畅通、调查侦查取证不到位以及适用法律不准确等影响和制约查处腐败案件的突出问题，进一步提升反腐查案工作能力和水平。

反渎职侵权问题研究*

今天，我主要立足于制度创新的视角，从拓宽视野、把握特点、攻克难点、提高水平4个层面，就惩治与预防渎职侵权违法犯罪问题同大家交流。

一、拓宽视野

拓宽视野要求深刻把握渎职侵权违法犯罪的内涵，把握经济全球化条件下国际社会惩治与预防渎职侵权违法犯罪的主要路径，把握中国惩治与预防渎职侵权违法犯罪的深刻历史背景、历史进程及主要经验。

首先，深刻把握渎职侵权的内涵。不同学科的学者对于渎职侵权有不同的理解。政治学认为，渎职侵权的本质就是对公共权力的滥用。经济学认为，渎职侵权是政府官员对经济人角色的一种有意识的活动，只有当渎职收益超过成本时，当事人才会选择渎职，通俗地讲就是“权力寻租”，规范语言称为“委托—代理”现象。❶ 社会学认为，渎职侵权是一种社会越轨现象，是公权力的异化。法学认为，渎职侵权是一种违法犯罪行为，在刑法上是指国家工作人员滥用职权、玩忽职守或徇私舞弊，妨害国家机

* 本文系作者于2011年在湖北省检察机关反贪、反渎干警及纪检监察干部业务培训班上的授课提纲，发表于《反渎职工作指南》2011年第6期，由廖旭、徐国华同志协助完成。

❶ ［美］平狄克·鲁宾弗尔德：《微观经济学》，中国人民大学出版社1997年版，第497页。

关正常活动，致使公共财产、国家和人民利益遭受重大损失的行为。人们对渎职侵权的认识虽然有多种视角，但渎职侵权背离了公权力的运行规则，这一点已形成广泛共识。

其次，深刻把握渎职侵权违法犯罪的严重社会危害性。渎职侵权违法犯罪是一种严重的腐败行为，通常表述为“不入腰包的腐败”，是政治文明建设中的一种逆选择现象。中央在分析当前反腐倡廉严峻形势的同时，指出渎职侵权违法犯罪多发易发，集中反映在工程建设、安全生产、食品药品和行政执法等领域，具有很大的破坏性、危害性。其主要表现为：一是严重阻碍经济发展方式转变，扰乱市场经济秩序；二是严重危害社会和谐稳定，引发社会矛盾和群体性事件；三是严重损害群众利益，破坏社会公平正义。它不仅造成公共财产、国家和人民利益重大损失，而且败坏党和政府的形象与威信。这表明，渎职侵权违法犯罪同贪污贿赂违法犯罪一样，是腐败的一种典型形式，对于我国经济、政治、文化、社会以及生态文明的建设具有极强的破坏性、挑战性，是我国推进“五化”建设的拦路虎、绊脚石。各级党政机关、司法机关、经济管理部门以及社会各界必须充分认识做好惩治与预防渎职侵权违法犯罪工作的极端重要性、紧迫性，以振奋的精神、务实的作风、创新的方法、协调一致的氛围、卓有成效的工作，大力加强和改进惩治与预防渎职侵权违法犯罪工作。

再次，深刻把握惩治与预防渎职侵权违法犯罪的一般对策和措施。渎职侵权违法犯罪同贪污贿赂违法犯罪一样，是国际腐败违法犯罪的一对“双胞胎”，是经济全球化条件下的一对“孽种”。其腐蚀性、破坏性极大。正如《联合国反腐败公约》所指出的，渎职侵权等腐败的危害在于其对社会稳定与安全造成的严重威胁，对于民主法制带来的严重破坏，对于价值观、道德观、公平正义带来的严重冲击，对于社会可持续发展带来的严重阻碍，并且确信这是一个影响所有国家社会和经济的跨国现象。[1] 二战后，国际组织、地区性组织、各国政府高度重视，采取不同措施积极惩治和预

---

[1] 《联合国反腐败公约》序言，载联合国毒品犯罪问题办事处网站。

防渎职侵权等腐败违法犯罪。

从全球性国际组织情况看，自20世纪70年代末以来，各类全球性国际组织把惩治和预防渎职侵权等腐败违法犯罪摆上了重要议事日程。如联合国（UN）自1979年起，就先后制定了一系列反腐败制度规则（具体内容见表13）❶，特别是2003年第58届联合国大会通过的《联合国反腐败公约》，为各国预防、惩治渎职侵权等腐败犯罪，加强国际合作，完善技术援助，提高公众参与度，增强全球社会拒腐风气，提供了有力的法律武器。表现为：一是《联合国反腐败公约》第19条明确把滥用职权作为腐败的一种典型形式加以规定，要求"各缔约国均应当考虑采取必要的立法和其他措施，将下述故意实施的行为规定为犯罪；滥用职权或者地位，即公职人员在履行职务时违反法律，实施或者不实施一项行为，以为其本人或者其他人员或实体获得不正当好处"。二是提出加强惩治与预防私营部门渎职侵权等腐败行为的措施。三是规定了保护举报人、证人、鉴定人、被害人的措施，促进司法公正。四是明确专职机构和专门人员的职能与任务，要求这类机构或者人员应当拥有必要的独立性，以便能够在不受任何不正当影响下有效履行职能。五是强调了国家机关之间以及国家机关与私营部门之间合作的必要性，以及加强犯罪信息共享，以便在涉及根据公约确立的犯罪的刑事诉讼中利用这类信息。六是在惩治与预防渎职等腐败行为国际合作、被判刑人移管、刑事诉讼的移交、执法合作、司法协助、联合侦查以及特殊侦查手段等方面提出了明确要求。七是规定了对渎职等腐败资产转移的预防和监测、直接追回、没收事宜的国际合作以及资产的返还与处分机制。八是规定了起诉、审判与制裁制度，对渎职等腐败犯罪实行举证责任倒置、缺席审判等提出了明确要求。这些规定为惩治与预防渎职侵权违法犯罪提供了国际经验。

---

❶ 赵秉志等：《联合国反腐败公约暨相关重要文献资料》，中国人民公安大学出版社2004年版。

表 13 1979～2003 年联合国通过的规则、条约名称

年份	联合国通过的规则、条约名称
1979 年	《执法人员行为守则》
1990 年	《反腐败的实际措施》《禁毒公约》
1996 年	《公职人员国际行为守则》 《反对国际商业交易中的贪污贿赂行为宣言》
2000 年	《联合国打击跨国有组织犯罪公约》
2003 年	《联合国反腐败公约》

从区域性国际组织情况看，无论欧盟、非洲还是亚太地区，都把反渎职侵权等腐败行为、加强国际合作、提高效率摆到了更加突出的位置。欧盟（EU）在推进欧洲各国一体化进程中，在预防和惩治渎职侵权等腐败违法犯罪方面进行了一系列立法。1997 年通过的《打击涉及欧洲共同体官员或欧洲联盟成员国官员的腐败行为公约》，将腐败分为积极腐败与消极腐败，把公职人员在履行职责中滥用职权或玩忽职守都作为消极腐败行为予以处理。非洲国家组织援助非洲全球联盟在打击和预防渎职侵权等腐败的立法中也不甘示弱。该组织于 1999 年通过了《非洲国家反腐败原则》明确提出：（1）要通过促进政府及经济的管理、努力营造有助于提高公、私领域里的透明度、责任感和廉洁的环境以及重建公众对政府的信任的方式，加强政府在社会各领域打击与消除渎职侵权等腐败的政治意愿和领导能力；（2）要采取必要的行政改革，比如确保唯才是举的聘用和晋升政策以及程序和提供充分的利益，包括报酬及退休金制度，以重建公务领域的道德和廉洁；（3）要通过消除行政官僚主义作风、规定公开和竞争招标政府合同、禁止贿赂和制定解决经济权力的行政许可、买卖以及合同裁判的冲突程序，以提高公共采购、买卖及经济权利和利益行政许可程序的透明度。亚洲开发银行与经济合作开发组织亚太地区反腐行动组新千年反腐败宣言——《亚太地区反腐败行动计划》，提出了惩治与预防渎职侵权等腐败行为的措施：（1）要求建立一定的制度，对领导人的决策和有权作决策的人进行适当的监督；（2）要求建立防止或限制管理者利益冲突的制度，保

证恰当地使用公共资源，促进管理的专业化和公正无私；（3）要求建立良好的管理制度，保证政府官员和商业用户之间的接触不受不良的和不应该的影响，尤其是税收、海关和其他容易滋生渎职侵权等腐败的领域；（4）要求采取措施鼓励对渎职侵权等腐败行为进行举报，并对举报人的人身安全和地位予以保护；（5）要求通过建立有效的法律制度、管理办法和审计制度，保障公共服务的可靠性，促进行政决策管理的透明化。[1]

从典型国家看，各国都对惩治与预防渎职侵权犯罪提出了相应的措施。从大陆法系国家立法看，渎职侵权犯罪法律规范有以下3种形式：（1）渎职罪，如德国、日本、韩国、泰国、苏联、保加利亚、蒙古、越南等国的刑法。（2）职务上的犯罪或违反公务义务罪，如印度、瑞士、阿尔巴尼亚、西班牙等国的刑法。（3）侵犯公共行政罪或侵犯司法行政罪，如意大利、巴西、加拿大等国的刑法。总体来看，大多数国家坚持广义的渎职侵权犯罪观念，将贪污、贿赂犯罪规定在渎职犯罪中，如德国刑法将受贿、行贿、索贿规定在渎职犯罪中；法国刑法将贪污罪规定在渎职犯罪中；日本也将贿赂犯罪规定在渎职犯罪中。从普通法系国家立法看，基于判例法的法律传统，其刑法中较少系统有关于渎职侵权犯罪的规定，渎职侵权犯罪的立法规定散见于各种单行法律规范中。同时，基于对渎职侵权犯罪与腐败犯罪存在密切联系的认识，渎职侵权犯罪的惩治主要依赖于有关腐败犯罪的立法，并结合有关公务员廉政方面的规则加以规范。但是，也有少数国家或地区根据法律制度的运行实践，通过制定比较系统的法律规范来惩治与预防渎职侵权犯罪。

（1）德国。《德国刑法典》第30章专论渎职犯罪，它包括第331~358条的所有条款。其主要内容又分为：①贪污贿赂犯罪，例如受贿（第331条）、索贿（第332条）、行贿（第333条）、违反公职的行贿（第334条）、情节特别严重的贿赂（第335条）等。②滥用职权罪。在德国刑法

---

[1] 赵秉志等：《联合国反腐败公约暨相关重要文献资料》，中国人民公安大学出版社2004年版。

典中，对司法工作人员滥用职权罪的规定较为详备，包括枉法（第339条）、职务上的伤害（第340条）、刑讯逼供（第343条）、对无罪人的追诉（第344条）、对无罪人执行刑罚（第345条）、虚伪记录（第348条）、非法超收费用（第352条）、超收税款、克扣支付（第353条）、对外事务中的失信（第353条a）、职务上的泄密（第353条b）、泄露案件秘密（第353条d）、泄露赋税秘密（第355条）、对当事人的背信（第356条）、引诱下属犯罪（第357条）等。

（2）日本。《日本刑法典》第25章渎职罪规定了由公务员所实施的滥用职权罪（第193~196条）与贿赂犯罪（第197~198条）。具体而言，滥用职权罪包括公务员滥用职权（第193条），特别公务员滥用职权（第194条），特别公务员暴行、凌辱、虐待（第195条），特别公务员滥用职权等致死伤（第196条）。贿赂包括受贿、受托受贿和事前受贿（第197条）、向第三者提供贿赂（第197条之2）、加重受贿和事后受贿（第197条之3）、斡旋受贿（第197条之4）、行贿（第198条）等。由于滥用职权的犯罪与贿赂犯罪两者在国家或地方公共团体机关的公务员履行自己的职务之际，即在国家机关内部侵害公务的公正性上有共同之处，因而该两种犯罪统称为渎职犯罪，也称为公务员的职务犯罪。值得注意的是，在日本旧宪法背景下，由于官僚国家色彩相当浓厚，针对以公务员污渎其职务清廉的行为为内容的贿赂罪进行了强烈的非难，但是，对以公务员自身职权行使上的过分行为为内容的职权滥用犯罪，则给予了相当宽大的处理。[1] 但是，根据日本现行宪法的规定，“所有的公务员，是全体国民的公仆，而不是部分人的公仆”，“公务员绝对不得实施刑讯逼供”。这些都暗示了对保护个人权利的重视，因此，在1947年的日本刑法部分修改中，明显加重了对滥用职权罪的法定刑。[2]

（3）瑞士。《瑞士联邦刑法典》在第18~19章分别对渎职犯罪与贿赂犯罪作了规定。根据第18章的规定，渎职犯罪被表述为针对职务义务和职

[1] ［日］大冢仁：《刑法概说（各论）》，冯军译，中国人民大学出版社2003年版，第582页。

[2] ［日］大谷实：《刑法各论》，黎宏译，法律出版社2003年版，第445页。

业义务的犯罪，具体包括滥用职权（第312条）、超收费用（第313条）、不忠实履行职务（第314条）、职务内伪造文书（第317条）、医生的虚假证明（第318条）、帮助犯人逃跑（第319条）、侵害职务秘密（第320条）、侵害职业秘密（第321条）、医学研究中的秘密（第321条a）、侵害邮政和电信秘密（第321条b）、侵害媒体的探询义务（第322条）、不阻止应受刑罚处罚的出版（第322条a）。

（4）意大利。《意大利刑法典》在第2章侵犯公共管理罪与第3章侵犯司法管理罪规定了渎职犯罪。在第3章侵犯公共管理罪中，既规定了贪污贿赂犯罪，也规定了渎职犯罪。渎职犯罪包括利用职务原因而知晓的发明或发现（第325条），泄露和利用职务秘密（第326条），藐视和侮辱国家制度、法律或权力机关行为（第327条），拒绝职务行为、不作为（第328条），军人或公共部队属员拒绝或者拖延执行命令（第329条），中断公共服务或公需服务（第331条），在发生离弃公共职务或者中断公共服务情况时不履行职责义务（第332条），窃取或者损坏在刑事诉讼中扣押的或由行政机关决定扣押的物品（第334条），过失违反与看管在刑事诉讼中扣押的或由行政机关决定扣押的物品有关的义务（第335条）。第3章侵犯司法管理罪中规定的渎职犯罪包括公务员不报告罪（第361条）、受委托从事公共服务的人员不报告罪（第362条）、严重的不报告行为（第363条）等。

（5）美国。《美国模范刑法典》第240~243节处理的都是侵害公共管理的犯罪。第240节规定了贿赂和腐败性影响的犯罪，第241节规定了伪证等共5种其他虚假行为，第242节规定了妨害公务、脱逃，第243节规定了滥用职权。渎职犯罪的刑事立法主要体现为第240节和第243节。具体而言，第240节包括7条，主要内容为：一是关于公务、政治事务的贿赂罪，二是关于公务、政治事务的威胁和其他不当影响，三是对于过去公务人员的报酬，四是对于过去公务行为的报复，五是受管辖者对公务员提供赠物，六是对于公务员以职务行为帮助谋取私人利益的报酬，七是出售政治承诺、特别影响力。第243节包括2条内容：滥用职权和利用职务行为、信息进行投机或赌博。它涉及政府雇员可能滥用其职权的两种不同方式。第 243. 1 条与通常认为属于侵犯公民权利的犯罪有关，即警察或行使公权力的其他人使他人遭受非法逮捕、拘禁、搜查等情形。第 243. 2 条规定了由公职雇员实施的一种类型完全不同的滥用职权行为。同时，美国还在其他行政法规中规定了配套的反渎职犯罪条例，如美国政府行为道德法、美国众议院议员道德准则、政府官员行为准则等。

（6）香港地区。香港刑事条例中尚无系统的惩治渎职侵权犯罪专门刑事规定，但是，对一些典型的渎职侵权犯罪，如贪污贿赂罪等，则制定了专门的单行规定，并与一些确定侦查或调查渎职犯罪专门机关的专门规定，如廉政公署条例结合起来，加强预防和惩治渎职犯罪，取得了良好的效果。其渎职侵权犯罪的刑事立法主要体现在《香港防止贿赂条例》。该条例共 35 条，其中一个条文被废除，但附加条文有 11 个，实际上是 45 个条文，包括 5 个部分：第一部分为导言，第二部分为罪行，第三部分为调查权力，第四部分为证据，第五部分为杂项规定。其中，在罪行部分，规定了以下罪名：①受贿罪（第 4 条）。即任何人（不论在香港或其他地方）无合法权限或合理辩解，向任何公职人员提供任何利益，作为该公职人员作为以下行为的诱因或报酬，或由于该公职人员作为以下行为而向他提供任何利益，即属犯罪。一是作出或不作出，或曾经作出或不作出任何凭其公职人员身份而作的作为；二是加速、拖延、妨碍或阻止，或曾经加速、拖延、妨碍或阻止由本人作出或由其他公职人员作出任何凭其本人或该其他人员的公职人员身份而作的作为；三是协助、优待、妨碍或拖延，或曾经协助、优待、妨碍或拖延任何人与公共机构间往来事务的办理。②拥有不能说明的财产罪（第 10 条）。即任何现任或曾任公职人员的人维持高于与其现在或过去的公职薪俸相称的生活水准或控制与其现在或过去公职薪俸不相称的金钱资源，除非就其任何能维持该生活水准或就该等金钱资源或财产如何归其控制向法庭作出圆满解释，否则即属犯罪。

最后，深刻把握中国惩治与预防渎职侵权违法犯罪的历史背景、主要进程和时代意义。“二战”后世界上一个最重大的历史事件就是中国这一社会主义新生政权屹立在世界东方。中国共产党在领导中国革命、建设、改革及发展过程中，始终把惩治和预防渎职侵权与贪污贿赂违法犯罪作为一个重要战略任务，持续不断地开展，大体可划分为四个阶段。

第一阶段：运动式惩治与预防渎职侵权违法犯罪阶段（新中国成立初期到70年代末）。这一阶段，经济上实行了国民经济恢复计划、三大改造、合作化运动等取得了一定成绩；政治上建立了人民民主专政国体和人民代表大会制度政体，为60年来始终抵御西方国家西化、分化图谋，并形成有中国特色社会主义制度体系，展示了社会主义强大而不可战胜的生命力。这一阶段由于受传统计划经济模式制约，生产力发展较缓慢，在惩治与预防渎职侵权问题上则采取以阶级斗争为纲的运动式模式，主要表现为：惩治与预防渎职侵权违法犯罪的法律法规散见于其他单行刑法法规或附属刑法法规中，如1950年颁布的政务院关于各级政府工作人员保守国家机密的指示、1951年保守国家机密暂行条例、1952年政务院关于胜利结束“三反”运动中的几个问题的指示和中华人民共和国惩治贪污条例、1954年人民调解委员会暂行组织条例和输入商品检验暂行条例、1956年工人职员事故报告规程、1957年中国人民警察条例等，缺乏系统性、随意性大，没有可操作性。这一时期政治上比较清廉，社会风气较好，但经济发展停滞不前，社会主义优越性没有充分体现出来。

第二阶段：探索健康发展阶段（1978~1989年）。这一阶段，以邓小平同志为核心的第二代党中央领导集体，提出了反腐八论，初步探索了在不搞群众政治运动的情况下健康有序开展反腐倡廉的新途径。

第三阶段：探索惩治与预防渎职侵权格局阶段（1990~2002年）。这一阶段，以江泽民同志为核心的党中央第三代领导集体，在应对国际政治风波、国内经济转轨期、社会转型期、WTO过渡期转换的条件下，提出了反腐九论，初步找到了建立自律、查案、纠风三项格局，推进反腐反渎职侵权前行深入的新格局。

第四阶段：制度性惩治与预防渎职侵权阶段（2003年至今）。这一阶段，以胡锦涛同志为总书记的中央领导集体，提出了反腐十论，制定了惩防腐败的“十六字方针”，下发实施了建立健全惩治和预防腐败体系实施纲要及工作规划，初步找到了加大惩治腐败力度，更加注重治本、更加注重预防、更加注重制度建设，靠法制推进反腐倡廉的新路子。2010年以来，全国人大常委会连续两年审议检察机关渎职侵权检察工作，要求把“加大查办案件力度作为首要任务，紧紧抓住生态环境、工程建设、企业改制、征地拆迁、招生考试、司法执法等领域严重侵害群众利益案件，推动渎职侵权检察工作全面开展”。特别是2010年12月2日，胡锦涛总书记主持召开中央政治局会议，专门审议了高检院会同中纪委等8个部门制定的《关于加大惩治和预防渎职侵权违法犯罪工作力度的若干意见》，就加大惩治和预防渎职侵权违法犯罪工作力度作出一系列重要指示。同年12月21日，中共中央办公厅、国务院办公厅以中办发（2010）37号文件转发了该规定。这些都为惩治与预防渎职侵权违法犯罪工作提供了强有力的组织保障、动力支持和广阔的空间。

表14　中央领导同志关于反腐倡廉的论述

人物	反腐倡廉主要观点
邓小平	反腐八论：（1）强调要紧紧围绕经济建设这个中心，坚持“两手抓”的方针，即：“一手抓改革开放，一手抓打击各种经济犯罪活动”，“没有打击经济犯罪这一手，不但对外开放政策肯定要失败，对内搞活经济的政策也肯定要失败，有了打击经济犯罪活动这一手，对外开放、对内搞活经济就可以沿着正确的方向走”，“打击经济犯罪要伴随我们整个社会主义现代化建设的进程”，“这是一个长期的经常的工作”；（2）“执政党的党风是关系到执政党的生死存亡的问题”；（3）“反对腐败要靠制度、靠法制搞，法制靠得住些”；（4）“反对腐败不搞群众运动，但必须紧紧依靠人民群众；（5）为了促进社会风气的好转，首先必须搞好党风，要从党内抓起，从高级干部抓起，从具体事抓起；（6）要加强思想教育，保持艰苦奋斗的传统，坚持这个传统，才能抗住腐败现象；（7）党要接受监督，要加强党内监督，要有专门机构进行铁面无私的监督检查；（8）要严格党的纪律，对违纪违法案件不管牵涉到谁，都要按照党纪国法查处”。
江泽民	反腐九论：（1）治国必先治党，治党务必从严；把提高拒腐防变和抵御风险能力作为党必须解决好的两大历史性课题之一；（2）把党风廉政建设放在全党全国工作大局中把握，更好地为推进改革发展服务；（3）认真贯彻“八个坚持、八个反对”的要求，进一步加强和改进党的作风建设，保持同人民群众的血肉联系；（4）坚持对党员干部进行思想教育和法制教育，坚决查处违纪违法行为，牢固建立思想道德和党纪国法两道防线；（5）要形成有效的监督和管理制度，监督关口要前移，变被动的事后监督为积极的事前防范；（6）把防治腐败作为系统工程来抓，坚持标本兼治、综合治理，逐步加大治本力度；（7）加强教育，发展民主，健全法制，强化监督，创新体制，把反腐败寓于各项改革和重要政策措施之中，从源头上预防和解决腐败问题；（8）反腐败斗争是一项长期的战略任务，既要树立持久作战思想，又要抓紧当前工作，不断积小胜为大胜；（9）坚持和完善反腐败领导体制和工作机制，认真落实党风廉政建设责任制，形成党风廉政建设和反腐败斗争的整体合力。

续表

人物	反腐倡廉主要观点
胡锦涛	反腐十论：（1）在和平建设时期，如果说有什么东西能够对党造成致命伤害的话，腐败就是很突出的一个；（2）坚决惩治腐败是我们党执政能力的重要体现，有效预防腐败更是执政能力的重要标志；（3）充分认识反腐败斗争的长期性、复杂性、艰巨性，把反腐倡廉建设放在更加突出的位置；（4）坚持反腐倡廉常抓不懈，坚持拒腐防变警钟长鸣，把反腐倡廉建设贯穿于社会主义经济建设、政治建设、文化建设、社会主义建设各个领域，体现在党的思想建设、组织建设、作风建设、制度建设各个方面；（5）坚持标本兼治、综合治理、惩防并举、注重预防的方针，扎实推进惩治和预防腐败体系建设，在坚决惩治腐败的同时，更加注重治本，更加注重预防，更加注重制度建设，拓展从源头上防治腐败工作领域；（6）坚持加强思想道德建设与加强制度建设相结合，坚持严肃查办大案要案与切实解决损害群众切身利益的问题相结合，坚持廉政建设与勤政建设相结合，坚持加强对干部的监督与发挥干部主观能动性相结合；（7）领导干部要牢记“两个务必”，坚持权为民所用、情为民所系、利为民所谋，讲党性、重品行、作表率，常修为政之德、党思贪欲之害、常怀律己之心；（8）强调牢固树立和全面落实科学发展观，切实抓好发展这个执政兴国的第一要务；（9）坚持民主集中制，充分发扬党内民主，充分发挥集体领导作用，坚持走群众路线，广泛集中全党全国人民的智慧，调动各方面的积极性和创造性；（10）提出了在全社会倡导爱国守法、明理诚信、团结友爱、勤俭自强、敬业奉献的道德规范，开展以“八荣八耻”为主要内容的社会主义荣辱观教育。

资料来源：据邓小平、江泽民、胡锦涛等中央领导同志历次重要讲话整理。

回顾新中国成立60多年，特别是改革开放30多年来惩治与预防渎职侵权违法犯罪历程，是在特定历史条件下展开的，具有特定的历史意义和时代特征。30多年中，我国在政治上必须始终抵御西方国家西化、分化的战略图谋，探索中国特色社会主义制度体系，努力完成推进现代化建设、完成祖国统一、维护世界和平与促进共同发展“三大历史任务”。在经济上，必须始终坚持以经济建设为中心，推进“三步走”战略任务；必须由计划经济体制向市场经济体制转轨、由城乡二元结构向城乡一体化转型，中国作为政治、经济、金融“三大联合国”的发起者之一，必须迅速完成加入WTO的过渡期。所以，在面临改革、发展、稳定同时还要清廉的4大任务，要实现政治、经济、文化、社会、生态5大文明。这就是惩治与预防渎职侵权违法犯罪工作的特定历史背景。

总结30年惩治与预防渎职侵权违法犯罪历程，集中到一点，就是通过制度、体制、机制创新来渐进式地推动。我国在推进工业化、信息化、城镇化、市场化、国际化“五化”建设，建设富强、民主、文明、和谐的社会主义现代化国家过程中，工业化是基础。“工业化是一系列生产技术和制度方面的连续由低级到高级的变化过程；农业国的工业化不仅仅是一个经济结构不断发生变化的过程，而且是一个技术和制度不断更新的过程。"❶ 我国著名经济学家张培刚先生指出，工业进化的过程有5个基本要素：一是人口，二是资源或物力，三是社会制度，四是生产技术，五是企业创新管理才能。这5种要素根据其性质和影响不同，可划分为两大类：一类是发动因素，包括企业创新管理才能及生产技术；一类是限制因素，包括资源及人口；社会制度既是发动因素，又是限制因素。❷ 对中国这样一个人口众多、经济不发达国家而言，构成发展中国家发展的能动要素一是代表先进生产力的生产技术和企业家才能，这对中国一直是稀缺资源；二是土地等资源或物力和人口，这一直是中国现阶段发展的限制因素；而制度具有双重功能，能实现保障、促进经济发展的能动作用，反之也能阻碍经济发展。实践表明，传统计划经济体制不能促进现阶段经济发展，我国面临缺资源、缺企业家，同时受土地、人口严重制约，以及传统的经济、行政、管理体制机制制度创新的多重压力。新制度经济学派鼻祖熊彼特指出，制度创新的主体是企业家，企业家能够把各种生产要素有机整合起来，从而制造产品、创造财富。❸ 实现创新关键在观念创新，必要条件包括经济、金融等制度，而制度在法制度经济学中被表达为一种"公共产品"。简言之，就是人们制造的一系列规则，如政治、经济、法律及其形成的一种等级结构，它具有以下5种功能：协调与信任的功能，使复杂的人际交往过程变得更易理解和更可预见，避免"超负荷识别"，减少"远期无知"；保护与控制功能，其主要保护产权主体的自主领域，使其不受外部干预；防止冲突功能，即有效防范、化解、调整相关规范冲突；权势和选择功能，恰当制度的一个中心作用，就是在不同集团之间建立权势平衡，并确保下层集团拥有"杠杆"；同时具有降低交易成本的功能，有效

❶ 张培刚：《农业与工业化（中下合卷）——农业国工业化问题再论》，华中科技大学出版社2002年版，第68页。

❷ 张培刚：《农业与工业化（上卷）——农业国工业化问题初探》，华中工学院出版社1988年版，第85页。

❸ 熊彼特：《资本主义、社会主义与民主》，商务印书馆1979年版，第90~91页。

的制度能降低市场中的不确定性，抑制人的机会主义行为倾向，从而降低交易成本。❶

惩防渎职侵权体系的一个突出特点就是贯穿了改革创新精神，通过体制、机制、制度三大创新从源头上减少渎职侵权等腐败发生。

加快国有企业改革。改革前的国有企业全面亏损、包袱很重，不能创造更多的社会财富、满足人民群众日益增长的消费需求与投资需求，进而改善民生、增强国力。对此，中央采取了渐进式改革措施，从1978～1992年的放权让利、1992～1998年的转机建制、1998～2002年的国进民退、2002年的资产管理改革，都是一个渐进深入的过程。这一过程的核心是简政放权，明晰产权，构建现代企业制度，使国企真正成为独立市场主体参与市场竞争，利用好国际国内两个市场，有效配置资源、降低成本、提高收益、减少风险，使国企个数减少、个头增大、总量增加，从而确保国有资产保值增值新的实现形式，实现了社会主义公有制经济对国民经济中总量总控制。1990～2008年，全国规模以上国有工业企业个数从74 775个减少到21 313个，减少了71.5%；资产规模从12 088亿元增加到188 811亿元，增加了14.6倍；工业总产值从12 570亿元增加到143 950亿元，增加了10倍以上；利润总额从338.1亿元增加到9 063.6亿元，增加了25.8倍(见表15)。

表15　1990年、2008年国有工业企业相关数据

	1990年	2008年	
国有工业企业个数	7 4775	21 313	↓71.5%
资产规模（亿元）	12 088	188 811	↑14.6倍
工业总产值（亿元）	12 570	143 950	↑10倍以上
利润总额（亿元）	338.1	9 063.6	↑25.8倍

数据由湖北省国有资产管理委员会提供。

国有企业的发展壮大为中国特色社会主义公有制经济奠定了坚强基础。

❶　徐汉明：《中国农民持有产权制度新论》，社会科学文献出版社2009年版，第31页。

当然，改革过程中也出现了一些问题，渎职侵权等腐败就是其中之一，比如贪污、受贿、私分国有资产、渎职尤其是民营化改革中出现的国企人员与行政主管部门相互勾结、低价出让国有资产的问题比较突出。但总体看，伴随着国企改革的逐步深化规范以及国有企业领导人员廉洁从业若干规定等制度的出台，发案总量呈逐年下降趋势（立案情况见图 5），渎职侵权等腐败现象逐步得到了有效遏制。

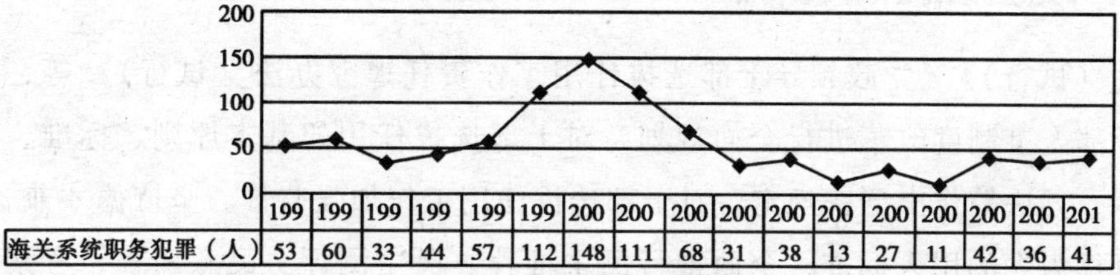

图 5　1994～2010 年全国检察机关立案侦查海关系统职务犯罪情况

数据由最高人民检察院提供。

深化行政审批制度改革。中国政府全面推行行政审批制度改革，加快推进政企分开、政资分开、政事分开、政府与市场中介分开，促进政府转变职能。在全面清理审核的基础上，国家对行政审批事项进行了大幅度削减和调整。2011 年推行行政审批制度改革以来，国务院各部门共取消和调整行政审批项目 2 000多项，地方各级政府取消和调整 77 000多项，占原有项目总数的一半以上。对于保留的行政审批项目，通过广泛设立行政服务中心公开审批，建立行政审批电子监察系统及时监控，完善行政审批责任追究责任和信息反馈机制，提高工作效率，减少权力寻租的机会。❶ 以海关为例，海关人员犯罪情况如图 2。

推进干部人事制度改革。我国坚持民主、公开、竞争、择优、建立健全科学的干部选拔任用和管理监督机制，提高选人用人公信度，从源头上防治用人腐败。中国共产党先后发布《深化干部人事制度改革纲要》《党政领导干部选拔任用工作条例》《党政领导干部选拔任用工作监督检查办

❶ 《中国的反腐败和廉政建设》，载《检察日报》2010 年 12 月 30 日。

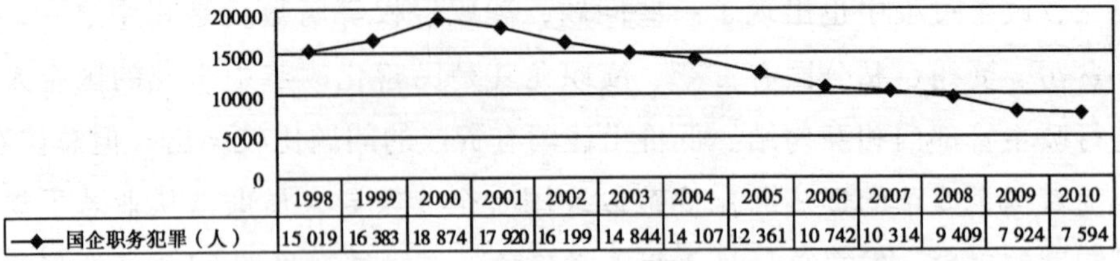

图 6　1998～2010 年全国检察机关立案侦查国有企业职务犯罪情况

数据由最高人民检察院提供。

法（试行）》《党政领导干部选拔任用工作责任追究办法（试行）》等，对干部人事制度改革进行全面规划，对干部选拔任用的基本原则、标准、程序、方法等作出严密规定，对干部选拔任用工作加强监督。坚持德才兼备、以德为先的用人标准，全面推行民主推荐、民主测评、民意调查、考察预告、任前公示，以及干部交流、任职回避等制度，大力推进公开选拔和竞争上岗，推行和完善地方党委任用重要干部票决制。❶

表 16　全国检察机关 2006～2010 年经费收入支出明细

年　度	人　数	本年总收入	年均增长率%	本年总支出	年均增长率%
2006 年	21 736	1 788 053.70	—	1 758 074.41	—
2007 年	238 240	2 435 618.14	36.22%	2 410 551.10	37.11%
2008 年	242 981	2 774 593.54	13.92%	2 749 095.58	14.04%
2009 年	253 513	3 150 939.92	13.56%	2 994 878.64	8.94%
2010 年	260 882	3 623 614.30	15.00%	3 472 084.45	15.93%
合计	1 213 353	13 722 819.60	19.67%	13 384 684.18	19.01%

资料来源：根据 2006～2010 年最高人民检察院财务决算报表整理。

深化司法体制和工作机制改革。我国坚持以维护司法公正为目标，按照科学配置侦查权、检察权、审判权和执行权的原则，建立公正高效权威的社会主义司法制度。建立警务督察制度，推行人民陪审员、人民监督员制度，扩大司法民主，规范司法公开。加强对司法活动的监督，规范司法人员对自由裁量权的行使。健全执法过错、违法违纪责任追究制度，保证司法公正。❷

❶ 《中国的反腐败和廉政建设》，载《检察日报》2010 年 12 月 30 日。

❷ 同上。

表 17 全国刑事犯罪案件立破案、审查起诉主要情况

年度	经费收入						经费支出					
	人员经费		公用经费		装备费		人员经费		公用经费		装备费	
	金额	人员经费占收入%	金额	公用经费占收入%	金额	装备费占收入%	金额	人员经费占收入%	金额	公用经费占收入%	金额	装备费占收入%
2006 年	701 925.89	41.00%	817 955.50	47.77%	192 257.01	11.23%	738 290.44	41.99%	708 750.29	40.31%	311 033.68	17.69%
2007 年	966 945.44	45.75%	978 228.58	46.28%	168 500.56	7.97%	976 679.02	46.02%	965 279.08	45.48%	180 339.35	8.50%
2008 年	1 139 936.16	47.89%	992 673.36	41.70%	247 739.96	10.41%	1 153 429.72	47.99%	1 058 853.54	44.05%	191 251.41	7.96%
2009 年	1 260 178.52	44.84%	1 206 924.69	42.95%	342 992.49	12.21%	1 266 496.15	46.98%	1 186 657.42	44.02%	242 781.73	9.01%
2010 年	1 393 366.91	43.19%	1 354 590.24	41.98%	478 477.20	14.83%	1 402 224.08	44.79%	1 378 563.54	44.03%	349 945.80	11.18%
合计	5 462 652.92	44.62%	5 350 372.36	43.70%	1 429 967.33	11.68%	5 537 119.41	45.72%	5 298 103.87	43.75%	1 275 351.96	10.53%

数据来源：根据 2006 ~ 2010 年最高人民检察院财务决算报表整理。

表 18 全国刑事犯罪案件立破案、审查起诉主要情况

年度	经费总收入	其中				本年追缴赃款			财政总收入（亿元）	赃款返还占财政总收入%
		赃款返还	赃款返还年增长%	赃款返还占上缴财政%	赃款返还占总收入%	小计	其中			
							上交财政	随案移送		
2006 年	1 788 053.70	235 335.56	—	67.45%	13.16%	44 089.04	348 888.87	40 409.57	38 760.00	0.09%
2007 年	2 435 618.14	283 206.84	20.34%	7.72%	11.63%	3 905 458.04	3 668 558.19	35 640.51	51 322.00	0.71%
2008 年	2 774 593.54	248 838.15	-12.14%	51.49%	8.97%	596 991.40	483 271.89	8 998.83	61 330.00	0.08%
2009 年	3 150 939.92	265 922.80	6.87%	50.08%	8.44%	675 188.62	531 022.81	106 433.19	6 818.00	0.08%
2010 年	3 623 614.30	234 780.56	-11.71%	41.17%	6.48%	696 719.46	570 311.36	73 290.86	83 080.00	0.07%
合计	13 772 819.60	1 268 083.91	-0.05%	22.64%	9.21%	6 314 946.56	5 602 053.13	336 722.96	303 010.00	0.18%

数据来源：根据 2006 ~ 2010 年最高人民检察院财务决算报表整理。

表 19　全国检察机关 2006～2010 年中央、省转移支付和专项补贴明细　　单位：万元

年度	合计	年均增长%	中央专款			省转移支付
			小计	中央办案补助	中央装备补助	
2006 年	113 339.78	40.15%	92 480.74	34 585.00	57 895.74	20 859.04
2007 年	150 000.00		110 000.00	40 000.00	70 000.00	40 000.00
2008 年	204 346.26		152 224.05	52 131.56	100 092.49	52 122.21
2009 年	533 023.74	85.11%	333 971.33	158 084.28	175 887.05	199 052.41
2010 年	552 199.60		35 009.58	157 325.52	192 684.06	202 190.02
合计	1 552 909.38	44.97%	1 038 685.70	442 126.36	596 559.34	514 223.68

推进财政管理体制改革。1998 年以来，中国政府提出建立公共财政的目标，积极推进财政管理体制改革，深化部门预算公开、国库集中支付、“收支两条线”管理、政府采购、规范转移支付等改革。目前已将行政事业性收费、政府型基金、国有资源有偿使用收入、国有资本经营收益等纳入预算或“收支两条线”管理的范围，并将逐步实现全面缴入国库的目标。国家已初步建立起适合中国国情的部门预算基本框架，初步实现预算外资金统筹使用、“一个部门一本预算”的改革目标。推进公务用车、公务接待等职务消费制度改革，规范党政领导干部职务消费行为。这些措施规范了政府理财行为，增强了财政管理的透明度，有效遏制了财政资金管理和使用中的腐败行为。❶

加强投资体制改革。为防止投资领域腐败现象的发生，中国政府着力建立市场引导投资、企业自主决策、银行独立审贷、融资方式多样、中介服务规范、宏观调控有效的新型投资体制，减少行政干预。2004 年，国务院发布《关于投资体制改革的决定》，对深化投资体制改革作出全面部署。经过改革，企业投资主体地位逐步确立。国家不断建立和完善政府投资监管体系，完善政府重大投资项目公示制和责任追究制，加强对投资中介机构的监管。对中央预算内投资项目实行代建制试点，目前已有 2/3 以上的

❶ 《中国的反腐败和廉政建设》，载《检察日报》2010 年 12 月 30 日。

省级政府开展代建工作。[1]

推动金融体制改革。中国实行中央银行与商业银行分离、政策性金融与商业性金融分离、银行与证券及保险业分业经营。不断加强和改进金融宏观调控，建立和完善银行业、证券业、保险业分业金融监管体制，加强金融监管，金融市场秩序逐步规范。建立并完善信息披露、信用评级制度，推动金融市场快速健康发展。推进国有商业银行股份制改革、证券公司重组、保险公司注资改制等一系列重大金融体制改革，进一步完善法人治理结构，全面清理和处置历史积累的金融风险，逐步建立投资者保护制度。积极推动支付体系建设，推广使用非现金支付工具，完善金融账户实名制，有效防止和严厉惩处利用银行账户、证券市场和资本运作等手段进行腐败活动。建立覆盖全国的企业和个人信用信息基础数据库，加强建设金融业统一诚信平台。建立金融机构的客户识别、大额和可疑交易报告、记录保存等制度，加强反洗钱监管。这些改革措施促进了金融业的规范健康发展，也有利于预防金融风险和金融腐败。[2]

建立市场配置资源制度。中国政府注重完善制度、强化监管，防止在公共资源配置、公共资产交易、公共产品生产领域出现腐败问题。在工程建设方面，加强建立统一规范的有形市场，完善招标投标法律制度，规范招标投标活动。在土地使用权出让方面，实施公开竞争出让建设用地使用权制度，对经营性用地通过招标、拍卖、挂牌的方式出让。2001～2009年，招标拍卖挂牌出让国有土地面积占总出让面积比例由7.3%上升到85.3%。在产权交易方面，规定必须遵循等价有偿和公开、公平、公正、竞争的原则。在政府采购方面，实行以公开招标为主要方式的采购运行机制，2002～2009年累计节约财政资金3 000多亿元。在矿产资源开发方面，严格执行探矿权、采矿权招标拍卖挂牌出让规定，严肃查处矿产资源开发中的违法违纪行为。[3]

---

[1] 《中国的反腐败和廉政建设》，载《检察日报》2010年12月30日。

[2] 同上。

[3] 同上。

我国在推进政治、经济、社会、文化、生态文明进程中，探索出了一条有中国特色社会主义道路，被世界称为“中国模式”，其经验被称为“中国经验”。我国惩防渎职侵权违法犯罪的模式、经验也是“中国模式”“中国经验”的有机组成部分，主要表现在：一是坚持把惩治与预防渎职侵权违法犯罪作为一项重大战略任务，充分认识惩治与预防渎职侵权斗争的长期性、复杂性、艰巨性，把惩治与预防渎职侵权工作纳入惩治和预防腐败体系建设，始终将惩治与预防渎职侵权工作摆在更加突出的位置。二是坚持把惩治与预防渎职侵权建设贯穿于社会主义经济建设、政治建设、文化建设、社会主义建设各个领域，体现在党的思想建设、组织建设、作风建设、制度建设各个方面。三是坚持标本兼治、综合治理、惩防并举、注重预防的方针，扎实推进教育、制度、监督并重的惩治与预防渎职侵权体系建设，在坚决惩治渎职侵权的同时，更加注重治本，更加注重预防，更加注重制度建设，拓展从源头上防治渎职侵权工作领域。四是坚持综合运用教育、制度、监督、改革、纠风、惩治等多种手段，多措并举、全面推进党风廉政建设和反渎职侵权败工作。

如何看待我国的惩治与预防渎职侵权等腐败工作？我们认为，我们党是有能力解决改革开放过程中出现的腐败问题的，广大党员干部和各级领导干部主流是好的。我们党有 7 300多万党员，每年因违纪受到纪律处分的仅占 1.8‰左右，向司法机关移送涉嫌犯罪的党员干部，仅占受党纪政纪处分的2.7%，不到全国党员总数的十万分之七。从检察机关查办职务犯罪情况来看，近 10 年也一直保持在 4 万人左右。[1]

人民群众对反渎职侵权等腐败工作的满意度和认可度在逐年提高，国家统计局调查队对几个主要指标进行调查，均达到历史最好水平，80% 的群众对党的十六大以来反渎职侵权等腐败工作成效表示认可，70% 的群众认为党的十六大以来渎职侵权等腐败现象在一定范围内得到遏制。据湖北调查，人民群众对反腐倡廉的信心度为 71.9%，同比上升 6.74 个百分点。

---

[1] 数据来源于 1993 年 ~2010 年《最高人民检察院工作报告》。

根据2010年10月透明国际最新发布的“腐败印象指数CPI”排名表，在全球178个受调查的国家和地区中，丹麦、新西兰和新加坡取得9.3分，并列第1名，索马里得分1.1分，被判定为最腐败的国家。美国的排名从去年的第19名下降至第22名，其评分从7.5分下降至7.1分，这是自“透明国际”从15年以前开始编纂这一指数以来美国所获得的最低评分，同时也是美国第一次跌出20强名单。中国得分3.5分，在榜单上排名位居第78位。(1995~2010年中国清廉指数得分、排名情况见图7)❶

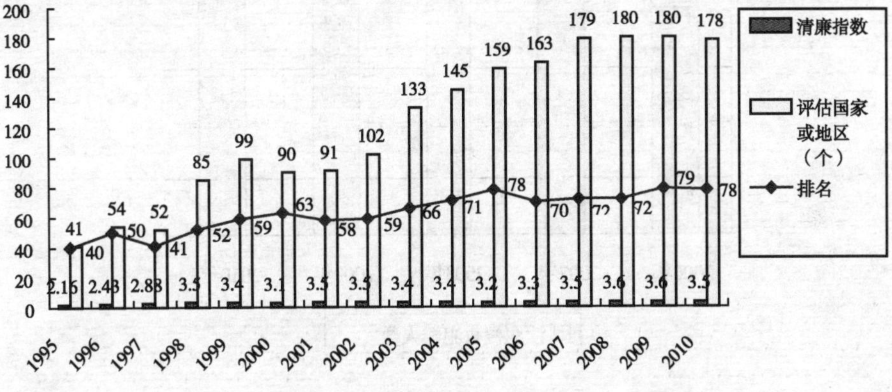

图7 1995~2010年中国清廉指数得分、排名情况

我国开展惩治与预防渎职侵权等腐败斗争，在国际上产生了积极反响。中央领导同志访问菲律宾时，他们的众议长多次讲，中国经济发展这么快，建设这么好，主要是中国共产党领导有力，惩治渎职侵权等腐败行为效果显著，得到了人民群众的拥护。

二、把握特点

从全国检察机关查办渎职侵权犯罪案件的情况分析，可以看出渎职侵权犯罪有以下几个特点。

(1) 从犯罪趋势来看，渎职侵权犯罪近年来呈明显上升态势。

---

❶ 数据来源于“透明国际”。

2006～2010年全国检察机关查办渎职侵权犯罪45 156人，占职务犯罪总数的21.8%。渎职侵权犯罪绝对数量和在职务犯罪中所占比例均呈明显上升趋势（见图8和图9）。这一方面表明，渎职侵犯犯罪呈明显增多趋势，需要引起高度重视；另一方面，表明党和国家对渎职侵权的危害认识越来越深刻，对严肃查办此类犯罪态度坚决，力度越来越大。

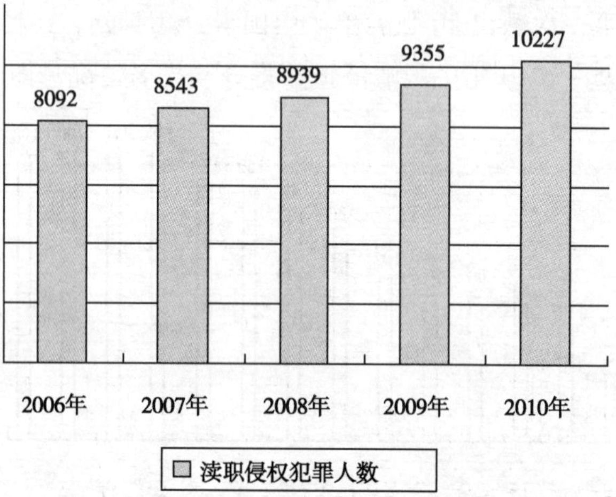

图8　2006～2010年全国检察机关立案侦查渎职侵权犯罪人数情况

（2）从犯罪主体看，渎职侵权犯罪人员主要集中在县处级以下国家机关工作人员，但领导干部犯罪时有发生，高级领导干部犯罪案件影响恶劣。

2006～2010年全国检察机关立案侦查县处级以下国家机关工作人员渎职侵权犯罪43 580人，占渎职侵权犯罪总人数的96.5%。这表明绝大部分渎职侵权案件发生在行政管理、行政执法以及司法工作的基层和一线。立案侦查县处级以上领导干部渎职侵权犯罪1 576人，占渎职侵权犯罪总人数的3.5%。其中，县处级1 525人，厅局级51人。省部级大案要案中典型的有陈良宇、郑筱萸等，影响十分恶劣。

（3）从权力运行看，行政机关和司法机关渎职侵权犯罪比较突出。

随着社会主义市场经济体制和社会主义法律体系的建立完善，行政机关、司法机关的地位与作用越来越突显。随之而来的，一些行政机关的工

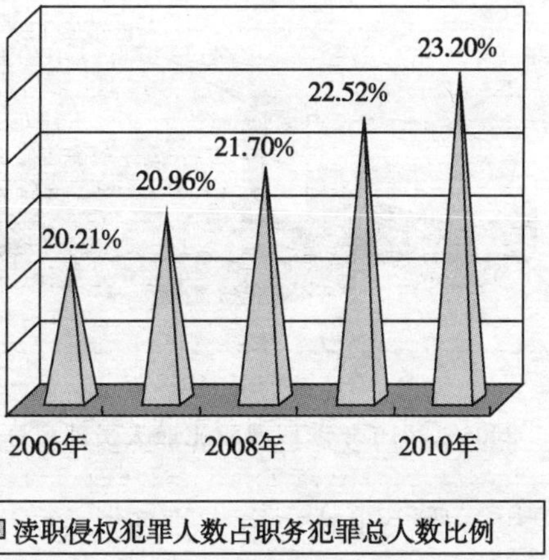

图9　2006～2010年全国检察机关立案侦查渎职侵权犯罪人数占职务犯罪总人数比例情况

作人员滥用职权，贪赃枉法，执法犯法，徇私舞弊的问题也逐渐突出；有的司法人员在人情、金钱面前经不起诱惑，徇情枉法，以案谋私，或为犯罪分子逍遥法外网开一面，或歪曲事实，伪造证据制造假案，作出不公正判决；有的甚至刑讯逼供，非法拘禁公民；有的失职渎职，造成严重后果；有的私放罪犯，泄露机密，暴力取证。2006～2010年全国检察机关立案侦查行政机关渎职侵权犯罪案件27 062人，占查办渎职侵权犯罪总人数的59.9%；立案侦查司法机关渎职侵权犯罪案件9 924人，占查办渎职侵权犯罪总人数的22%。2006～2010年渎职侵权罪部门分布情况如图10所示：❶

在涉嫌渎职侵权犯罪的行政机关工作人员中，行政执法机关工作人员16 301人，占60.2%。在司法机关工作人员渎职侵权犯罪中，公安机关7 748人，占78.1%；法院1 284人，占12.9%；司法行政机关795人，占8%；检察机关83人，占0.8%；安全机关14人，占0.2%。

（4）从犯罪类型来看，玩忽职守、滥用职权、徇私舞弊三类犯罪所占比例大。

一些国家机关工作人员在履行宏观调控、监督管理、行政执法等职权

❶　数据由最高人民检察院提供。

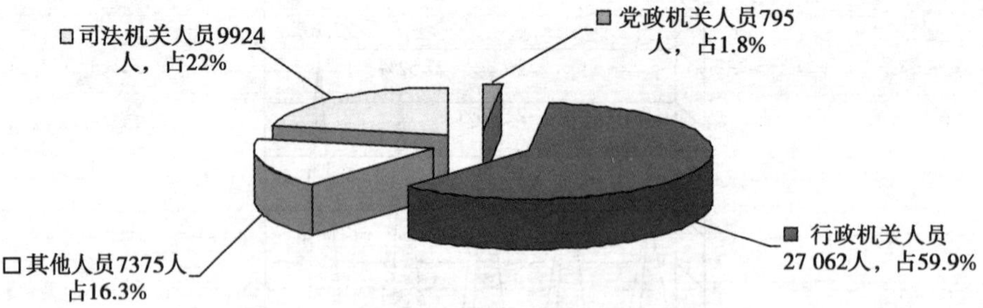

图10　2006～2010年渎职侵权犯罪人员部门分类情况

中失职渎职、滥用职权，执法犯法，危害严重。如有的在基建工程监管中玩忽职守、滥用职权，酿成“豆腐渣”工程；有的在土地征管过程中违规炒作，使国家土地资源大量流失，资金严重受损；有的税务工作人员滥用职权，少征不征税款，甚至同偷税、骗税犯罪分子相勾结，使国家税收大量流失；有的行政执法人员徇私舞弊、以罚代刑、放纵犯罪；一些经济监管部门利用掌管基金、国债、专款、专项的便利，滥用职权，失职渎职，造成重大损失。2006～2010年全国检察机关查办玩忽职守类案件18 964人，占查办渎职侵权犯罪总人数的42%；查办滥用职权类案件13 516人，占查办渎职侵权犯罪总人数的29.9%；查办徇私舞弊类案件5 307人，占查办渎职侵权犯罪总人数的11.8%。三类犯罪总和占渎职侵权犯罪总数的83%以上。如图11所示。❶

同时，玩忽职守和滥用职权两类犯罪在近年呈明显上升趋势，如图12所示。❷

（5）从危害后果来看，渎职侵权犯罪造成的损失巨大、危害极其严重、社会影响恶劣。

2006～2010年全国检察机关立案的渎职案件共致人死亡21 327人，重伤2 873人，造成直接经济损失547.6亿元，个案（件数）平均损失156.3万元，是同期贪污贿赂犯罪平均案值的5.3倍，一些重特大渎职侵权案件

❶❷　数据由最高人民检察院提供。

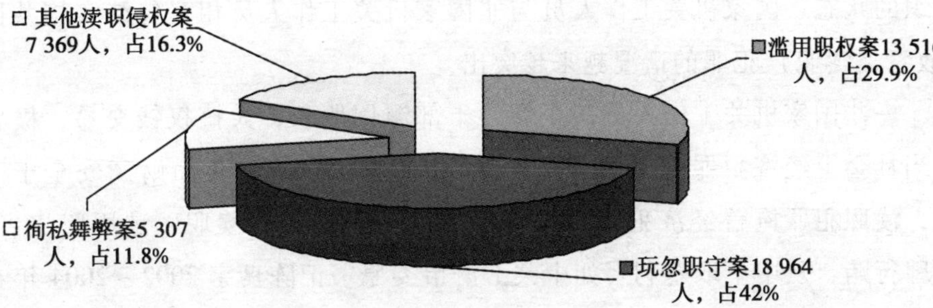

图 11　2006～2010 年全国检察机关立案查办渎职侵权犯罪各类罪情况

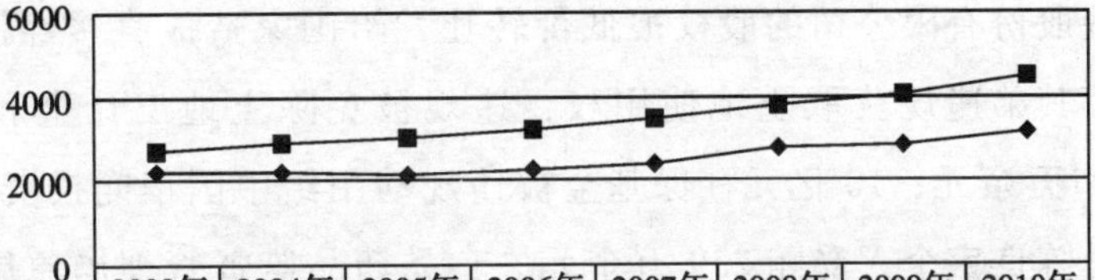

	2003年	2004年	2005年	2006年	2007年	2008年	2009年	2010年
◆ 滥用职权案(人)	2208	2231	2161	2286	2419	2790	2853	3168
■ 玩忽职守案(人)	2743	2892	3022	3191	3486	3810	4020	4457

图 12　2006～2010 年滥用职以案、玩忽职守案发案趋势图

严重损害我国经济社会发展，严重损害人民群众根本利益，败坏党和政府形象，甚至在国际上对我国国家形象和声誉造成了负面影响。典型案例有：山西省襄汾县新塔矿业公司尾矿库溃坝事故背后的渎职犯罪案。山西省临汾县国土资源局局长张晓民等 13 人因玩忽职守或滥用职权造成新塔矿业公司 2008 年 9 月 8 日发生特大尾矿库溃坝事故，造成 277 人死亡、33 人受伤。湖南省凤凰县堤溪沱江大桥垮塌事故背后的渎职犯罪案。2007 年 8 月 13 日，湘西自治州公路局局长胡东升等 8 人因玩忽职守造成湖南省凤凰县在建的凤大公路堤溪沱江大桥发生垮塌事故，造成 64 人死亡、22 人受伤，直接经济损失 3 974万余元。北京市海淀区国税局工作人员立剑平等玩忽职守案。2000 年 1～12 月李剑平因未认真履行工作职责为非法企业虚开增值税发票创造了条件，造成 2 679份发票被虚开，造成国家税收损失 2.8 亿元。

（6）从犯罪形式来看，渎职侵权犯罪越来越呈现与贪污贿赂等犯罪相交织的状态、国家机关工作人员与非国家机关工作人员相互勾结实施共同（故意类渎职）犯罪的情况越来越突出。

一些国家机关工作人员甚至领导干部滥用职权，大搞权钱交易，极力充当社会上经济犯罪分子的“保护伞”，置国家和人民生命财产安全于不顾，渎职犯罪掩盖经济犯罪；经济犯罪极力利用失职渎职、滥用职权者，大肆行贿，从中牟取暴利。如中共上海市委原书记陈良宇 2002～2004 年在任上海市委书记、代理市长、市长期间，违反规定，在国有企业股权转让、土地管理和社保基金管理方面，不正确履行职责，导致国有企业上海路桥发展股份有限公司的股权被低价转让，给国家造成直接经济损失 3.206 亿元，其弟违规获取土地使用权，违规被免除土地出让金和土地增值收益 3 441万余元；10 亿元社保基金被违规动用给中国华闻投资控股有限公司，同时陈良宇个人受贿 239 万余元。食品药品监督管理局原局长郑筱萸在任局长期间共受贿 649 万余元，且不认真履行职责，对统一换发药品批准文号专项工作疏于职守、领导不力、审查把关不严，导致药品监管失控，大量药品以造假方式获得批准文号，其中个别药品被确定为假药，增大了人民群众的用药风险，严重损害了国家机关的公信力，造成了恶劣的社会影响。

（7）从发案行业看，资源稀缺、资金密集、竞争激烈、垄断性强的行业贪污贿赂犯罪背后往往隐藏着失职渎职犯罪。

当前，渎职犯罪已渗透到各个领域，尤其是一些掌管人财物大权的部门和带有垄断性的行业，如工商、税务、土地、金融、医疗、城建等领域案件多发。土地、林业等稀缺资源的管理部门，城市建设等竞争激烈的行业，财税、金融等资金比较密集的系统，以及工商、药监、检疫、安监、环保等行政监管部门既是贪污贿赂犯罪高发领域，也是渎职犯罪的高发区。其明细比例如图 13 所示。❶

（8）从作案手段来看，渎职侵权犯罪呈现出明显的行业性特征，在不

---

❶ 数据由最高人民检察院提供。

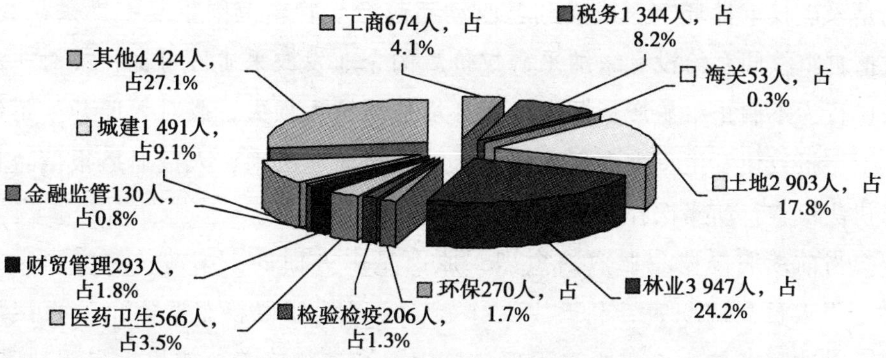

图13　2006～2010年全国各行政执法领域渎职侵权犯罪发案情况

同行业表现形式和作案手段差异较大。

由于渎职侵权犯罪涉及的行政、司法机关的行业专业性和工作运行程序自封闭性，导致渎职侵权犯罪在不同行业不同部门的表现形式差异性较大，具有不同特点和规律。以土地管理领域渎为例，土地管理领域渎职侵权犯罪主要发生在9大环节：一是土地收购储备环节，在预征、预购、拆迁、补偿、收购、储备过程中的违规操作、弄虚作假。二是土地出让环节，在土地价值的评估确认、组织实施“招、拍、挂”以及出让金的收取过程中徇私舞弊、滥用职权、玩忽职守。三是土地审批环节，违反土地管理法等法律法规，或擅自审批同意将基本农田改作他用、越权批地办证，或采取“化整为零”的方式，违规将实为一次性征用的土地分若干次报批，以合法形式掩盖非法目的，骗取上级政府批准。四是土地变更环节，擅自改变土地等级，擅自改变用地性质，造成出让金流失，甚至利用职权倒卖土地使用权牟利。五是土地出让金、规费征收环节，弄虚作假、徇私舞弊，骗取国家土地出让金减免政策，擅自决定减免土地出让金。六是土地价格评估环节，与评估机构相互勾结、弄虚作假、改变土地等级和土地用途。七是土地使用权抵押环节，未经抵押权人同意，擅自将国有土地使用证借给抵押人，或将法院查封的土地擅自过户给他人。八是土地执法监察环节，对土地违法行为疏于稽查、放任不管，造成违法用地和土地损毁，或者对发现的违法用地行为处理不力、监察滞后，致使国家利益遭受重大损失。

九是采矿权审批环节，或受利益驱动超越行政管辖范围重复审批采矿权，或擅自审核同意给没有缴纳采矿权价款的企业发放采矿许可证，或对非法采矿行为不制止给矿产资源和生态环境造成重大损失，或对无证开采不制止不上报致使发生重大责任事故，有的甚至向非法采矿人员通风报信致矿产执法检查行动屡次扑空、矿产资源严重损失。

当前渎职侵权犯罪愈演愈烈，原因是多方面的：第一，一些国家机关工作人员高搁职责，利己主义作祟，这是渎职侵权犯罪突出的直接原因。在改革开放中，极少数干部放松学习和道德修养，放松世界观改造、理想信念动摇，个人主义、拜金主义、享乐主义滋长，为了蝇头小利，滥用职权、玩忽职守，造成楼塌、桥垮、路毁以及特大火灾、爆炸等惨祸的发生；有的不学无术，知识陈旧，花天酒地，昏昏然然，决策不民主，乱批项目，盲目决策，失职被骗；有的与社会上的不法分子沆瀣一气，搞权钱交易；有的执法犯法，贪赃枉法，致使国家和集体的巨额资金流失，给国家利益和人民群众的生命财产造成的损失触目惊心，严重危害国家的经济安全。第二，有的领导干部思想认识存在偏差，认为“决策失误不为罪”“为公滥权不犯法”“改革开放难免交学费”，这些认识上的错误导致了工作中疏于教育、疏于监管、疏于防范，甚至是纵容犯罪。第三，我国正处在“二元经济”转型期、体制转轨期、入世过渡期的重要时期，一些领域的制度、机制不完善，使形形色色的渎职侵权行为有可乘之机。第四，监督制约机制不健全，尤其是对“一把手”和重点岗位、关键环节的监督制约不到位，一些国家机关对其工作人员在签订、履行合同中放任自流，撒手不管，对对方的资信情况、生产设备、货物保障和质量情况如何无人问津，领导心中无数，缺乏跟踪监督制度和措施；有的是国家机关部门负责人直接经手，随心所欲，更没有人去监督，所属人员发生问题也不监督纠正，造成被骗，致使国家遭受重大经济损失，导致了渎职犯罪行为发生。第五，在推进改革发展过程中，对可能引发的腐败风险缺乏研判、评估机制，事前预防、事中控制与监督、事后查处的综合配套措施还没有跟上，腐败风险防控体系尚未完全建立并充分发挥效能。第六，体制制度不完善，一些工作机制缺失。如反腐败领导体制的惩治和预防渎职侵权违法犯罪方面落实不够到位；重大复杂案件专案调查机制、行政执法与执纪、刑事司法衔接机制不够健全；对非法干预查处渎职侵权违法犯罪案件的处理机制尚未建立；执法办案机制不够完善、工作能力水平与反渎职侵权斗争形势较大反差，等等。第七，惩治和预防渎职侵权违法犯罪的良好环境有待改善，办案干扰阻力大。有的地方党政领导不把渎职违法当违法、不拿渎职犯罪当犯罪，有的甚至把滥用职权当作有开拓精神、把玩忽职守不作为当作出世成熟老练、对追究渎职违法犯罪不理解不支持，有的公然以组织名义干预、以“关心爱护干部”“维护单位形象”“犯罪嫌疑人一贯表现良好、政绩突出、有业务特长”等名义出具公文要求不追究刑事责任或减轻处罚，有的上级主管部门对应当组织的技术鉴定不组织、对应当出具的证明和鉴定结论不出具、甚至把责任事故鉴定成自然事故和不可抗力；同时社会上对渎职侵权犯罪也存在容忍、姑息、理解等心态。如贵州遵义县公安局戒毒所所长何学敏、指导员何太洪在任职期间严重不负责任，致使戒毒人员28次从外购买毒品、36人在所内吸毒。但检察机关侦查期间，该县公安局以种种理由阻挠，法院审判期间，县公安局党委班子集体到法院为其说情，致使法院最终判决对该二人免予刑事处罚。这些干扰阻力都造成了渎职侵权违法犯罪的立案难、查证难、处理难问题。第八，相关法律不够完善，渎职罪名设置不够合理，量刑档次少，对免刑、缓刑适用条件规定过于原则，司法解释不够具体明确等，是渎职侵权犯罪滋生的客观原因之一。

三、攻克难点

检察机关除管辖贪污贿赂犯罪12个罪名外，还管辖渎职侵权犯罪43个罪名。渎职侵权犯罪中，滥用职权类17个罪名，玩忽职守类9个罪名，徇私舞弊类8个罪名，侵犯公民权利类7个罪名以及故意泄露国家秘密罪、过失泄露国家秘密罪2个罪名。另外，不久前通过的刑法修正案（八）作出规定，负有食品安全监督管理职责的国家机关工作人员，滥用职权或者玩忽职守，导致发生重大食品安全事故或者造成其他严重后果的，处5年以下有期徒刑或者拘役；造成特别严重后果的，处5年以上10年以下有期徒刑。徇私舞弊犯前款罪的，从重处罚。

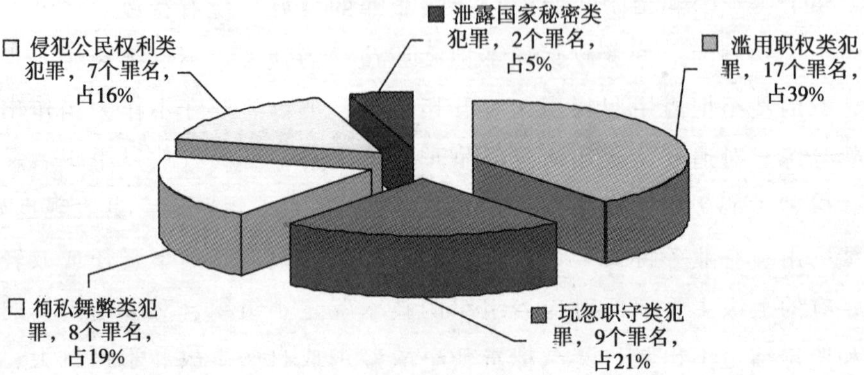

图14　检察机关管辖渎职侵权犯罪罪名分类情况

表20　类罪名与具体罪名

类罪名	具体罪名
滥用职权类	滥用职权罪，民事、行政枉法裁判罪，枉法仲裁罪，执行判决、裁定滥用职权罪，私放在押人员罪，帮助犯罪分子逃避处罚罪，放纵走私罪，放纵制售伪劣商品犯罪行为罪，滥用管理公司、证券职权罪，违法提供出口退税凭证罪，违法发放林木采伐许可证罪，非法批准征用、占用土地罪，非法低价出让国有土地使用权罪，办理偷越国（边）境人员出入境证件罪，放行偷越国（边）境人员罪，不解救被拐卖、绑架妇女儿童罪，阻碍解救被拐卖、绑架妇女儿童罪（17个罪名）
玩忽职守类	玩忽职守罪，执行判决、裁定失职罪，失职致使在押人员脱逃罪，环境监督失职罪，传染病防治失职罪，商检失职罪，动植物检疫失职罪，国家机关工作人员签订、履行合同失职被骗罪，失职造成珍贵文物损毁、流失罪（9个罪名）
徇私舞弊类	徇私枉法罪，徇私舞弊减刑、假释、暂予监外执行罪，徇私舞弊不移交刑事案件罪，徇私舞弊不征、少征税款罪，徇私舞弊发售发票、抵扣税款、出口退税罪，商检徇私舞弊罪，动植物检疫徇私舞弊罪，招收公务员、学生徇私舞弊罪（8个罪名）

续表

类罪名	具体罪名
侵犯公民权利类	非法拘禁罪、非法搜查罪、刑讯逼供罪、暴力取证罪、体罚虐待被监管人罪、报复陷害罪、破坏选举罪（7个罪名）
泄露国家秘密类	故意泄露国家秘密罪、过失泄露国家秘密罪（2个罪名）

同时，检察机关还承担着结合办案开展渎职侵权犯罪预防的职责。

查办渎职侵权犯罪与查办其他犯罪有较大区别：从查办普通刑事犯罪看，一般是“由事到人”，破案过程通常是围绕犯罪现场、受害人、物证、指纹痕迹等证据开展，秘密侦查的手段运用较多；贪污贿赂犯罪是通过行贿人、受贿人、账据、存折、储蓄卡等来查实。渎职侵权犯罪侦查有三类侦查方式：(1)“由人到事”型侦查模式。如侵权类犯罪案件，有明确的犯罪嫌疑人，有明确的指控对象。(2)“人事结合”型侦查模式。如滥用职权类、玩忽职守类犯罪，案件对象相对确定，但职责界限、责任划分难以查清。(3)“主观故意和客观后果结合”型侦查模式。主要是徇私舞弊类犯罪，主观故意的内容、徇情、徇私以及舞弊的手段是查办此类案件的重点。

当前，惩治和预防渎职侵权犯罪存在以下几个反差：一是渎职侵权犯罪易发多发与查办力度不够大存在明显反差。据统计，海关、审计、工商、技术质量监督、药品监管、土地、物价、国税、地税、农业、水政、林业、交通等13个行政执法部门2006~2010年共查办违法案件1 220余万件（年均244万件），其中移送司法机关追究刑事责任的21.7万件，仅占行政执法办理案件的1.78%。行政执法领域以罚代刑、徇私舞弊、贪赃枉法现象滋生，导致金融市场、食品、药品、土地、农业、林业、水政等领域犯罪易发多发，而查办渎职侵权犯罪不多，违法案件背后存在不少“幕后黑手”和“保护伞”。

表 21　全国部分行政执法机关执法情况表

执法部门	执法事项	2006 年	2007 年	2008 年	2009 年	4 年合计
交警执法	处理交通事故（万起）	37.88	38.72	38.95	39.07	154.62
	刑事立案（件）	38 189	41 018	41 521	43 567	164 295
海关执法	立案查处走私违法行为（万件）	7.42	7.55	7.78	7.93	30.68
	刑事立案（件）	1 139	1 197	1 254	1 285	4 875
审计执法	查处违法违规案件（万件）	33.75	35.22	36.93	38.24	144.14
	移送司法机关追究刑事责任（件）	1 480	1 735	1 979	2 163	7 357
工商执法	查处违法违规案件（万件）	60.05	64.3	65.37	66.16	255.88
	移送司法机关追究刑事责任（件）	674	690	693	715	2 772
质检执法	查处违法违规案件（万件）	18.5	18.9	19.7	20.4	77.5
	移送司法机关追究刑事责任（件）	264	294	336	395	1 289
药监执法	查处违法违规案件（万件）	20.1	21.4	22.3	22.8	86.6
	移送司法机关追究刑事责任（件）	168	179	184	190	721
土地执法	查处违法违规案件（万件）	8.1	10.4	6.9	4.9	30.3
	移送司法机关追究刑事责任（件）	69	112	87	65	333
物价执法	查处违法违规案件（万件）	8.91	7.34	5.75	5.29	27.29
	移送司法机关追究刑事责任（件）	114	103	83	75	375
国税执法	稽查违反税法案件（万件）	4.93	5.15	5.7	5.99	21.77
	移送司法机关追究刑事责任（件）	351	593	730	928	2 602
地税执法	稽查违反税法案件（万件）	63.75	64.19	65.72	67.96	261.62
	移送司法机关追究刑事责任（件）	338	856	1 121	1 381	3 696
农业执法	查处违法违规案件（万件）	8.81	10.12	12.37	12.75	44.05
	移送司法机关追究刑事责任（件）	257	186	124	145	712
水政执法	查处违法违规案件（万件）	1.88	2.24	3.56	3.39	11.07
	移送司法机关追究刑事责任（件）	115	103	109	103	430
林业执法	查处违法违规案件（万件）	19.4	19.1	17.6	18.8	74.9
	刑事立案（件）	5 755	7 909	7 125	7 216	28 005

二是体制机制建设滞后与惩防渎职侵权犯罪需要的运转高效、协调一致的体制机制创新存在明显反差。比如专案调查机制、行政执法与刑事司法衔接机制、案件统一协调、快速办理机制、对干扰阻碍办案的沟通处理

机制以及惩防的监督机制不健全、运行不畅，有的甚至缺失，导致查办渎职侵权犯罪面临线索发现难、立案调查难、查证认定难、判决处理难等问题突出，而且还亟待破解渎职犯罪“轻刑化”难题。从对刑事立案、侦查、审判活动、民事行政诉讼监督情况看，存在监督范围狭窄、手段单一、监督力度“疲软”等问题。“十一五”期间，我国刑事犯罪立案数高达2 950余万件（年均518万余件），呈逐年上升趋势；2010年高达596.9万件，预计“十二五”期间年均立案将突破600万件。“十一五”期间，全国刑事破案1 181.3万件，年均236余万件，破案率仅为46.5%，且呈逐年下降趋势，2010年破案率为39%。未破案件1 409.5万余件，年均未破案件为281.9万件，呈逐年上升趋势。案件未能及时破获和久侦不破，这是涉及保障民生的突出问题，表明受害公民的合法权益未得到有效保护。按照每件未破案件影响受害公民家庭5人计算，其波及面达7 000余万人，占总人口的5.18%。按照现有的法律规定，检察机关开展立案监督年均2万余件，审查批捕年均92.4万余人，起诉年均111万人。检察机关依职权介入监督的，占立案数的21.26%，破案数的46.62%。

人民法院每年受理的各类刑事、民事和行政案件超过1 000万件之巨，检察机关对不服生效刑事、民事和行政案件申诉处理为39.8万件，年均7.96万件，占法院受案数的0.8%左右。据全国政法工作会议发布，2010年全国涉法涉诉案件为960万余件，此外治安、消防每年执法处理的案件超过1 200万件之巨。前述问题背后隐藏着为数不少的玩忽职守、滥用职权、徇私舞弊、侵犯公民权利的渎职侵权犯罪。由于惩防体制机制不健全完善，致使大量案件未能有效查获，“四难”问题剪不断、理更乱，工作难以形成合力。三是惩防渎职侵权犯罪立法、司法解释与人民群众对公正司法、维护国家法制统一尊严权威的要求存在明显反差。一些渎职罪名立法设置不合理，量刑档次少，罪行不相称；法律规定的免刑、缓刑适用条件过于原则；对较高档次刑罚的“情节严重”“情节特别严重”“重大损失”和“特别重大损失”以及“严重后果”和“特别严重后果”，“严重不负责任”等法定条件没有司法解释；渎职犯罪自首、立功认定标准、从轻、减轻处罚条件司法解释不够具体。

表 22　全国刑事犯罪案件立破案、审查批捕主要情况

	年度	公安机关对刑事犯罪立、破案情况			检察机关审查批捕刑事犯罪情况					受理批捕所占比率		
		立案	破案	破案率	受理批捕		批准逮捕	不批准逮捕	批捕率	批捕率同比增减	件数占公安立案比率	件数占公安破案比率
		（件）	（件）	（%）	（件）	（人）	（人）	（人）	（%）	（%）	（%）	（%）
1	2006 年	4 666 474	2 214 149	47.4	636 166	1 001 760	891 620	95 607	90.3	-1	13.6	28.7
2	2007 年	4 807 517	2 410 344	50.1	655 325	1 033 942	920 766	100 711	90.1	-0.2	13.6	27.2
3	2008 年	4 884 960	2 411 476	49.4	683 345	1 069 172	952 583	107 815	89.8	-0.3	14	28.3
4	2009 年	5 579 915	2 447 515	43.9	693 844	1 071 958	941 091	123 235	88.4	-1.4	12.4	28.3
5	2010 年	5 969 892	2 329 947	39	706 392	1 069 401	916 209	143 891	86.4	2	11.8	30.3
6	2006 ~ 2010 年	25 908 758	11 813 431	45.6	3 375 072	5 246 233	4 622 269	571 259	89.1	—	13	28.6
7	2001 ~ 2005 年合计	22 554 707	9 519 271	42.2	2 929 692	4 497 866	4 071 642	364 411	91.7	—	13	30.8
6/7												
		上升 14.9%	上升 24.1%	增加 3.4%	上升 15.2%	上升 17.4%	上升 13.5%	上升 56.8%	降低 2.6%	—	持平	降低 2.2%

表 23 全国刑事犯罪案件立破案、审查起诉主要情况

	年度	公安机关对刑事犯罪立、破案情况			检察机关审查批捕刑事犯罪情况						受理批捕所占比率	
		立案	破案	破案率	受理审查起诉		决定起诉	决定不起诉	起诉率	起诉率同比增减	件数占公安立案比率	件数占公安破案比率
		（件）	（件）	（%）	（件）	（人）	（人）	（人）	（%）	（%）	（%）	（%）
1	2006 年	4 666 474	2 214 149	47.4	736 867	1 175 863	999 086	18 578	98.2	0.1	15.8	33.3
2	2007 年	4 807 517	2 410 344	50.1	780 218	1 260 329	1 082 487	27 988	97.5	-0.7	16.2	32.4
3	2008 年	4 884 960	2 411 476	49.4	820 601	1 324 651	1 143 897	29 871	97.5	0	16.8	34
4	2009 年	5 579 915	2 447 515	43.9	829 188	1 332 768	1 134 380	33 048	97.2	-0.3	14.9	33.9
5	2010 年	5 969 892	2 329 947	39	837 601	1 331 198	1 148 409	37 485	96.8	-0.4	14	35.9
6	2006～2010 年	25 908 758	11 813 431	45.6	4 004 475	6 424 809	5 508 259	146 970	97.4	—	15.5	33.9
7	2001～2005 年合计	22 554 707	9 519 271	42.2	3 300 252	5 061 827	4 332 185	102 928	97.6	—	14.6	34.7
6/7												
		上升 14.9%	上升 24.1%	增加 3.4%	上升 21.3%	上升 26.9%	上升 27.1%	上升 42.8%	降低 0.2%	—	增加 0.9%	降低 0.8%

表 24　湖北省刑事犯罪案件立破案、审查批捕主要情况

	年度	公安机关对刑事犯罪立、破案情况			检察机关审查批捕刑事犯罪情况					受理批捕所占比率		
		立案	破案	破案率	受理批捕		批准逮捕	不批准逮捕	批捕率	批捕率同比增减	件数占公安立案比率	件数占公安破案比率
		（件）	（件）	（%）	（件）	（人）	（人）	（人）	（%）	（%）	（%）	（%）
1	2006 年	154 114	69 759	43.9	19 295	29 901	27 370	1 787	93.9	-0.7	12.5	28.5
2	2007 年	164 415	74 833	45.5	20 864	31 702	29 180	1 876	94	0.1	12.7	27.9
3	2008 年	173 061	79 035	45.7	21 478	32 505	29 779	2 018	93.7	-0.3	12.4	27.2
4	2009 年	195 836	90 916	46.4	22 079	33 629	30 812	2 174	93.4	-0.3	11.3	24.3
5	2010 年	221 735	76 401	34.5	21 873	33 048	29 950	2 379	92.6	-0.8	9.9	28.6
6	2006～2010 年	909 161	388 780	42.8	105 589	160 785	147 091	10 234	93.5	—	11.6	27.2
7	2001～2005 年合计	777 493	391 752	50.4	92 772	139 771	125 291	8 689	93.5	—	11.9	23.7
6/7												
		上升 16.9%	下降 0.76%	降低 7.6%	上升 12.8%	上升 15%	上升 17.4%	上升 17.8%	持平	—	降低 0.3%	增加 3.5%

表 25 湖北省刑事犯罪案件立破案、审查起诉主要情况

	年度	公安机关对刑事犯罪立、破案情况			检察机关审查批捕刑事犯罪情况					受理审查起诉所占比率		
		立案	破案	破案率	受理审查起诉		决定起诉	决定不起诉	起诉率	起诉率同比增减	件数占公安立案比率	件数占公安破案比率
		（件）	（件）	（%）	（件）	（人）	（人）	（人）	（%）	（%）	（%）	（%）
1	2006 年	154 114	67 595	43.9	20 437	32 497	27 047	761	97.3	0.3	13.3	30.2
2	2007 年	164 415	74 833	45.5	23 036	35 973	30 087	991	96.8	-0.5	14	30.8
3	2008 年	173 061	79 035	45.7	23 621	36 853	30 659	1 002	96.8	0	13.6	29.9
4	2009 年	195 836	90 916	46.4	24 939	39 455	33 081	906	97.3	0.5	12.7	27.4
5	2010 年	221 735	76 401	34.5	25 161	38 958	32 249	857	97.4	0.1	11.3	32.9
6	2006～2010 年	909 161	388 780	42.8	117 194	183 736	153 123	4 517	97.1	—	12.9	30.1
7	2001～2005 年合计	777 493	391 752	50.4	96 329	146 233	118 245	3 854	96.8	—	12.4	24.6
6/7												
		上升 16.9%	下降 0.76%	降低 7.6%	上升 21.7%	上升 25.6%	上升 29.5%	上升 17.2%	增加 0.3%	—	降低 0.5%	增加 5.5%

经过30余年的发展历程，惩治和预防渎职侵权犯罪在工作力度、机制创新、机构设置、力量充实、后勤保障等方面取得了很大成绩。但面对新要求、新判断、新部署，还存在诸多难点需要予以破解。

（一）关于案件线索发现难问题

案件线索是查办案件的前提和基础。案件线索来源主要包括：群众举报、工作中自行发现、其他单位移送等。从近年来看，群众举报呈逐年下降趋势。全国检察机关2006年受理渎职侵权线索12 810件，2007年12 803件，2008年12 884件，2009年12 589件，2010年11 619件，2006~2010年5年总共受理举报线索62 705件（如图15）。❶

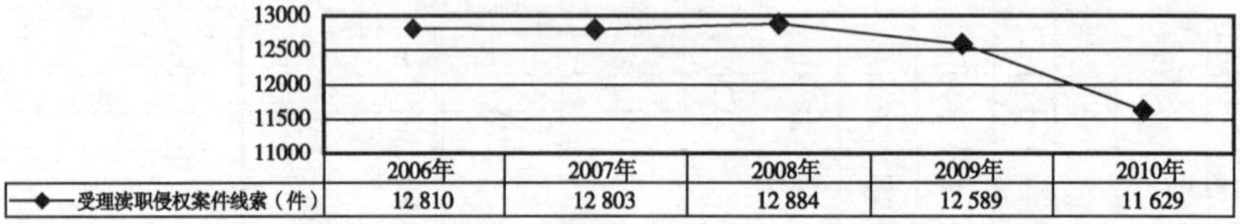

图15　2006~2010年全国检察机关受理渎职侵权案件线索情况

全省检察机关2006年受理渎职侵权线索485件，2007年464件，2008年415件，2009年397件，2010年349件，2006~2010年5年总共受理举报线索2 110件（如图16）。

前述的行政执法、经济监管、刑事立案、侦查以及其他领域处罚案件多，但移送司法机关的犯罪案件极少，其中存在大量渎职侵权犯罪“黑数”，未能发现和予以揭露。根本原因在于这些执法机关的权力运行规则自成一体，是按层级组织系统运转，呈秘密性、封闭性、自我保护性的特点，渎职侵权案件的直接当事人、审核人、决策人以及管理团体往往是暗箱操作，即使发生失职渎职等重大问题也往往加以遮拦、掩盖，而群众、事发单位员工由于未能参与权力的运行过程，对有关情况不清楚，难以了

❶ 数据由最高人民检察院提供。

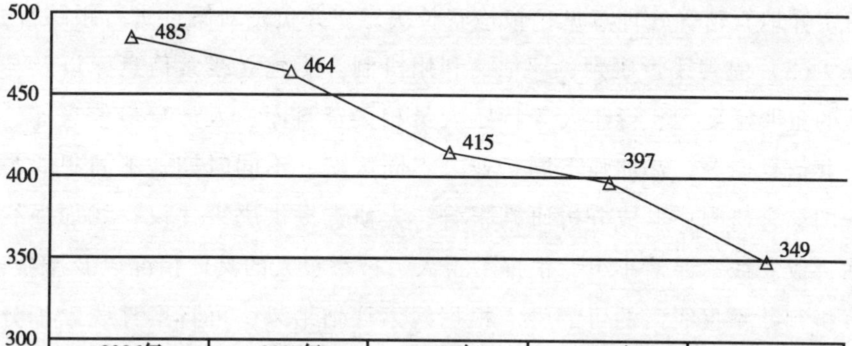

	2006年	2007年	2008年	2009年	2010年
—△—件	485	464	415	397	349

图 16　2006～2010 年湖北省检察机关受理渎职侵权案件线索情况

解事情内幕并揭发，即使举报也都是道听途说，信息失真，常常使调查、侦查工作陷入歧途。破解渎职侵权犯罪线索发现难题，需要采取有效措施加以解决。

（1）完善线索发现机制。牢固树立主动出击意识，依靠“走出去”的方法主动去发现、挖掘线索，广辟案源。具体方法上：①推行阳光政务，实行决策、执行、监督过程的全公开，彻底破除权力决策、执行、监督等运行环节的暗箱操作等弊端；②大力推行行政执法执纪、刑事侦查、刑事审判与检察机关的法律监督相衔接，实现信息资源共享；③加大纪检监察机关对派驻单位的决策、执行的监督力度；④强化与行政审计、行政监督的联系，获取有价值线索；⑤健全举报制度，畅通举报渠道，拓宽举报平台，广泛发动群众举报。

（2）完善线索归口管理机制。案件线索集中管理能起到防止压案不报、瞒案不查，防止相互封锁、搞部门和地方保护主义，防止多头查办、造成资源浪费等“五大功效”。2006 年起，湖北省检察机关在全省统一设立职务犯罪大要案侦查指挥中心办公室，并制定《职务犯罪案件线索管理办法（试行）》，明确规定所有收到、受理和发现的职务犯罪案件线索，应当及时批交或者移送指挥中心办公室统一归口管理，分类建立线索数据库，实行编号管理；对于线索的处理，则由其根据不同情况提出转办、交办、指定异地管辖等处理意见，报检察长决定，并负责对案件进行跟踪督办。

(3) 完善线索研判、评估、利用机制。①建立线索信息库以及与之相关的犯罪嫌疑人、行贿人等特定人员相关资料库、人员身份信息库、社会公共信息库等；②加强不同行业、不同区域、不同时期、不同犯罪类型线索的综合研判，形成分析研判报告，为侦查提供决策建议；③加强线索评估，成立线索评估小组，根据举报人、被举报人的具体情况以及举报内容，分析判断举报线索的可靠性。根据线索评估结果，可将案件线索细分为即查型、缓查型、待查型，分别采取不同的策略应对。

（二）关于查证难题问题

影响制约渎职侵权犯罪案件查证难，主要涉及原案、损失、初查、多因一果等方面的问题。(1) 原案问题。滥用职权类犯罪中的私放在押人员罪、帮助犯罪分子逃避处罚罪、放纵走私罪、放纵制售伪劣商品犯罪行为罪等都有一个原案的问题，即在押人员是未决犯或已决犯，或是犯罪分子而不是一般违法人员，或是走私犯罪人员而不是一般走私人员，或是制售伪劣商品并构成犯罪的人员。要查清这类滥用职权案件，必须首先从原案入手，将原案的构成要件、犯罪事实、犯罪情节等查清，再来查证滥用职权犯罪的主观、客观要件以及与原案之间的关系。因此，事实上是要查清两案而不是一案。高检院 2000 年在《关于加强渎职侵权检察工作的决定》第 9 条规定：“对重特大渎职犯罪案件所涉及的必须及时查清的案件，经上级检察机关同意，可以并案查处。” 2010 年高检院新颁布的《关于加强和改进新形势下惩治和预防渎职侵权犯罪工作若干问题的决定》再次作了相同规定。(2) 损失认定问题。渎职犯罪 36 个罪名中，有 18 个是结果犯罪，这些犯罪以发生重大损失的后果为构成要件。对于这类犯罪，主要有“三抓”：一抓鉴定结论、损失后果的评估等技术性证据；二抓职责范围、履行程序的鉴别；三抓经办人、审核人、审批人、决策人责任的区分及其认定。(3) 初查问题。初查是指检察机关在立案前对渎职侵权犯罪案件线索进行的审查和必要调查，对于保证立案准确性、确保办案工作顺利进行、保障无罪人员不受追究等具有重要意义。初查中，要明确初查的内容、重点和关键，把握初查的方法、步骤，区分初查任务的轻重缓急、整体部署，有序推进，做到未雨绸缪、胸有成竹，让侦查工作通过初查获益。(4) 因果关系问题。渎职罪因果关系多表现为间接因果关系，即渎职结果的发生并不是行为人的渎职行为所直接造成的，而是由与行为人渎职行为有关的他人行为或自然因素所直接造成，也就是在因果关系发展进程中介入了其他行为或因素，导致了结果的发生，但又未中断原有因果关系发展的情况。实践中，有的地方检法两家对渎职罪中的间接因果关系是否属于刑法因果关系存在认识分歧，致使一些渎职犯罪案件“立不起”“诉不出”“判不了”。

破解查证难题，有以下三种方法：一是总结经验，研究新的侦查工作的方式方法。如围绕民生、涉农领域中的项目资金补贴政策的落实，广泛收集情报信息，通过盯政策制定、盯项目实施、盯资金运行、盯受益人分享，实行“一条龙跟踪法”“反炒鱿鱼法”，破解项目补贴资金领域的渎职案件查证难。二是坚持“系统抓、抓系统”工作方法。针对行业系统上下一体、相对独立的运行工作体制机制，实行“系统抓、抓系统”，由点及面、整体推进，深挖彻查窝串案。三是发挥检察工作一体化机制优势。大力推进检察工作一体化机制，推行“以省院为龙头，以市州分院为主体，以基层院为基础”的侦查模式，采取交办、督办、提办、参办、异地办理等方式，有效破解地方保护、部门保护和干扰阻力，解决查证难题。

（三）关于风险决策问题

风险决策本是经济领域重要术语，指在多种不定因素作用下，对两个以上的行动方案进行选择的最终抉择。渎职侵权犯罪的风险决策则是指在办理渎职侵权犯罪案件过程中，在犯罪嫌疑人未到案或未供述犯罪事实，但有其他证据证明其有犯罪嫌疑的情况下，为进一步查清案情而及时决定立案并采取有关强制措施的办案模式。风险决策对于确保案件顺利侦破、防止案件流失和出现错案具有十分重要的意义。当前风险决策还存在一些困难和问题：一是法律规定更加严格。在“12小时”限制、律师法修改、职务犯罪审查逮捕权上提一级等背景和条件下，风险决策显得更为重要，同时难度和要求也更高。二是有些办案人员对实施风险决策的必要性、可行性及时机把握不准。三是对决策的不利后果估计不够充分，防范对策措施准备不足。

在风险决策的实施上：一要把握适用范围。从实践来看，风险决策的适用范围一般有：已有证据证明犯罪事实，但相关人员拒不交代的；窝、串案中，一个或两个同案犯已经交代犯罪事实的；具有涉案人员准备毁灭罪证、畏罪自杀等紧急情况的，等等。二要夯实决策基础。风险决策必须以信息为基础，应尽量在初查阶段全面广泛收集一切与案件相关信息，综合考虑权衡，对案件将来发展趋势的可能性作出全面预测，而不能靠“想当然”“拍脑袋”。主要要求是：(1) 至少有一笔以上违法犯罪事实触犯了刑事法律规范；(2) 关键证人、书证、物证或技术性证据能够证明该笔犯罪事实存在；(3) 案件侦结后不会引发赔偿的后果。三要选准决策时机。实践中，可以选择犯罪嫌疑人趋利避害、急于逃避法律制裁心理加剧的时刻，如其频繁和相关证人接触，银行、股票资金不正常进出等，也可以选择犯罪嫌疑人心理认识存在偏颇，嫌疑人之间攻守同盟尚未形成的时刻。四要严格决策程序。建立完备的风险决策启动、评估、决定、备案及风险防范机制，减少个人主观认识的差异，尽量减少决策的盲目性。

（四）关于非法证据排除问题

《关于办理刑事案件排除非法证据若干问题的规定》的制定和实施，无疑是推进中国特色社会主义司法制度现代化的一件大事，对于规范侦查机关（部门）的取证行为，保障被告人的合法权益，推进司法文明，维护司法公正具有十分重要的意义。但由于相关配套机制、环境等的不完善，非法证据排除规则在司法运行中遇到一些新情况、新问题，需要引起高度重视。(1) 检察机关规范执法的意识、能力和水平尚有差距、面临考验。查办工作中还存在一些执法不规范、不文明的地方，为他人攻击指责检察机关留下了“口实”；重实体轻程序、重有罪证据轻无罪及罪轻证据、重口供轻物证书证的传统观念在少数干警中尚未彻底更新；部分侦查人员的执法办案方式较简单陈旧，对侦查谋略、讯问技巧掌握不够，突破犯罪、获取证据能力还不适应新形势下查办职务犯罪的需要。(2) 被告方为逃避法律追究而滥用非法证据排除规则的情况十分突出。不少犯罪嫌疑人、被告人不顾客观事实任意申请启动非法证据排除程序，甚至公然编造侦查机关（部门）及其工作人员刑讯逼供等非法取证的事实、情节等，企图通过非法证据调查程序混淆视听，达到排除合法证据、逃避罪责的目的。(3) 非法证据排除规则在制度设计上存在严重缺陷。如非法取证的范围不明确、对被告方滥用权利的行为未作限制、未就检察机关排除非法证据的程序及其效力作出规定、未对侦查人员出庭作证的条件作出明确限定，等等。

应对非法证据排除规则，一要规范执法，进一步提高公正文明规范执法的能力和水平。一方面，要坚持依法办案，规范办案。对确有刑讯逼供或暴力取证的，该排除的非法证据毫不含糊一律予以排除；另一方面，要坚持维护法律尊严、维护正常办案秩序。对被告人及其辩护人利用排除非法证据规则对检察机关进行无端指责，企图翻案的行为，坚决依法予以揭露和抨击。二要充分运用“八审查八判断”进行综合判断。(1) 对犯罪嫌疑人供述进行全面审查，看其供述是否自然客观、翻供是否合理，判断是否存在刑讯逼供等非法取证行为；(2) 对原始的讯问同步录音录像进行全面审查，看讯问人员、讯问时间、地点、方式、内容是否客观真实，判断是否存在刑讯逼供等非法取证行为；(3) 对提押过程进行审查，看提押证上的提押时间、还押时间、提押地点是否客观真实，判断是否存在刑讯逼供等非法取证行为；(4) 对同监号在押人员的证言进行审查，看是否存在非法取证的间接证据，判断是否存在刑讯逼供等非法取证行为；(5) 对狱医、检察技术人员的证言进行审查，看其证言是否有身体检查结论或鉴定结论作支撑，判断是否存在刑讯逼供等非法取证行为；(6) 对看守所民警、驻所检察官的证言进行审查，看其是否了解犯罪嫌疑人遭受非法取证的情况，判断是否存在刑讯逼供等非法取证行为；（7）对侦查人员的证言进行审查，看其证言是否有其他证据支持，判断是否存在刑讯逼供等非法取证行为；（8）对辩护律师、犯罪嫌疑人家属等人的反映情况进行审查，看其情况反映是否客观真实，判断是否存在刑讯逼供等非法取证行为。三要认真总结应对非法证据的经验、做法，建立健全工作机制。包括积极争取党委的领导与支持、加强与法院的沟通联系、充分运用检察工作一体化机制和加强舆情应对。

（五）关于渎职罪犯罪主体问题

（1）把握好依照法律、法规授权的组织中从事公务的人员失职渎职构成犯罪的主体界限。①一些具有行政管理权的事业单位中从事公务的存在失职渎职行为的人员。包括在中国证监会、银监会、保监会、具有确认知识产权的国家知识产权局、社会保障基金理事会等机构、具有授予高等院校学位证书行政职能的高等院校等机构中从事公务的人员。②一些行使国家行政管理职权的政府直属单位从事公务的存在失职渎职行为的人员。如电力监管委员会、钢铁协会、纺织协会、烟草专卖局、盐业监督管理协会等部门，在工作中是代表国家行使对电力资源的开发利用、铁矿石及钢材的开采利用、棉花的种植及纺织产品产销、烟草种植及生产销售、盐产品的生产管理及销售等国家管理相关行政管理职权，其工作人员在行使职权中给公民个人、公共财产和国家造成经济损失、人身伤亡的重特大事件时，亦能成为渎职罪的主体。③一些具有行政管理职能的社会团体中从事公务的存在失职渎职行为的人员。如公证、仲裁机构中的公证、仲裁人员，在履职过程中存在徇私舞弊、贪赃枉法、滥用职权等失职渎职行为，应按照渎职罪追究其责任。④一些行政性国有公司、企业组织中从事公务的存在失职渎职行为的人员。如各级国家电力公司、铁路局（站、段、站）、航空公司、烟草公司、盐业公司等，行使着国家电力监管、铁路交通运输管理、航空运输管理、烟草和食盐专卖等方面管理职权，这些单位的工作人员在履行职责中渎职犯罪的，应按照刑法规定追究其渎职罪责任。⑤一些在公益性行政事业单位中从事公务的存在失职渎职行为的人员。如各级公立教育机构中的工作人员（如各级学校的校长）、医疗卫生单位（如卫生防疫站）、农业部门中畜牧防疫部门、博物馆等人员。⑥在非国家机关所设的具有国家机关性质的机构中从事公务的存在失职渎职行为的人员，包括一些国有单位的公安、纪检、监察人员。

（2）把握好依法受委托从事公务的人员失职渎职构成犯罪的主体界限。①依法受委托的组织从事公务的存在失职渎职行为的工作人员，包括被委托行使治安管理行政职权的治安保卫委员会和治安联防队的人员等。②基层群众性自治组织中从事公务的存在失职渎职的工作人员，如居民委员会和村民委员会中的工作人员，在协助人民政府从事救灾、抢险、防汛、优抚、移民、救济款物的管理和发放；社会捐助公益事业款物的管理和发放；土地征用补偿费用的管理和发放；代征、代缴税款；有关计划生育、户籍、征兵工作等行政管理工作时存在失职渎职行为的，能成为渎职罪主体。③其他一些受委托、聘用从事公务的存在失职渎职行为的人员。如一些合同制民警、交通协管员。

（3）把握好其他依法行使国家管理职权的人员失职渎职构成犯罪的主体界限。①执政党和参政党组织中从事公务的存在失职渎职行为的工作人员。②人民政协及工、青、妇组织中从事公务的存在失职渎职行为的工作人员。

（六）关于行贿犯罪打击问题

滥用职权类、徇私舞弊类犯罪背后往往存在行受贿犯罪问题，而当前对行贿问题打击不力的现象较为普遍。据调查统计，2007~2009 年，全省检察机关办理职务犯罪案件中涉案行贿人 1 669人，立案 343 人，立案人数占涉案人数的 21%，未立案 1 326人，占 79%；未立案人中，未达立案标准 406 人，认罪态度较好、追诉前主动交代行贿行为 412 人，未谋取不正当利益和谋取不正当利益证据不足的 351 人，公安、纪委等部门查办及检察院另案处理的 16 人，待处理 8 人，该立案未立案的 133 人，具体情况如

图 17。

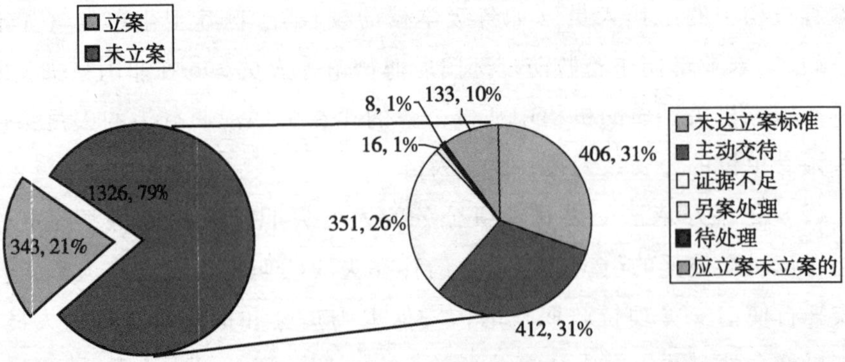

图 17　涉案行贿人处理情况

涉案行贿单位的直接负责人和直接责任人共 640 人，立案 69 人，立案人数占涉案人数的 11%，未立案 571 人，其中未达立案标准 505 人，认罪态度较好，追诉前主动交代行贿行为 13 人，未谋取不正当利益和谋取不正当利益证据不足的 24 人，公安、纪委等部门查办及检察院另案处理的 13 人，待处理 4 人，已故 1 人，该立案未立案的 11 人，具体情况如图 18。

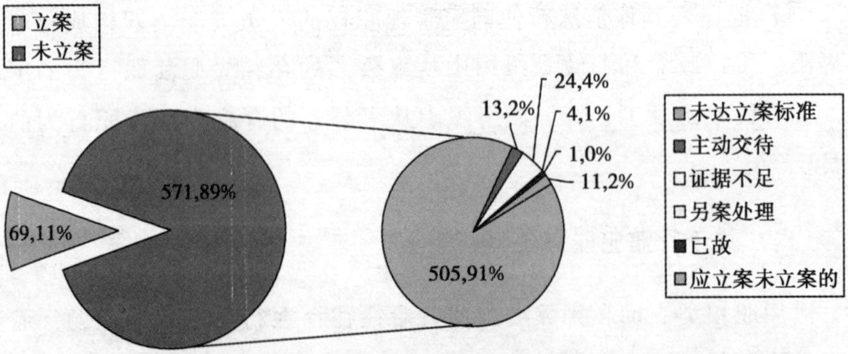

图 18　涉案行贿单位处理情况

对涉案行贿人未追究刑事责任的主要情形有：（1）行贿数额较小，不够立案标准；（2）被追诉前主动交代行贿行为，态度较好，依照《刑法》规定“可以减轻或免除处罚”；（3）对“谋取不正当利益”的界定存在认识上分歧的案件，往往采取不予追究的方式；（4）办案中为获取行贿人口供，达到追究受贿犯罪的目的，对行贿人往往将其作为污点证人对待，只取证，不追究；（5）行贿人向多人行贿的，没有以累计数计算行贿金额，而以单笔不够立案标准为由而不予立案。可见，对行贿犯罪的打击追究不力既有受利益驱动、对法律规定理解运用不准确以及与行贿人搞“辩诉交易”等主观原因，也有法律规定不完善、查找行贿人难度大等客观因素，应当采取有针对性的措施予以解决。

一是要统一思想。对于行贿案件的办理，纪检监察、检察机关、法院要统一思想，对于构成犯罪的行贿人，不能让其逍遥法外；对于谋取了不正当利益的行贿人，不能让其在经济上占便宜；对于有行贿记录的行贿人，不能让其继续危害社会，要实行“行贿黑名单制度”，建立健全行贿人档案查询系统。二是明确行贿查处重点。严肃查办多次行贿或者向多人行贿的行为；严肃查办充当黑恶势力保护伞的行贿；严肃查办向党政干部和司法工作人员的行贿；严肃查办严重损害国家利益、公共利益和人民群众切身利益，社会反映强烈的行贿以及严肃查办隐藏在渎职侵权犯罪背后的行贿犯罪。三是严格依法办案。在我国刑法中，相对于受贿犯罪而言，对于行贿犯罪的处罚已经充分体现了宽大政策，司法实践中，不宜再进一步放宽行贿罪的处理标准，应严格按照法律规定办理。

（七）关于渎职侵权犯罪“轻刑化”问题

近年来，职务犯罪轻刑化尤其是渎职侵权犯罪轻刑化的现象十分突出。据统计，2001~2005年全国职务犯罪案件被判处有罪但免予刑事处罚或适用缓刑的比率，已由2001年的51.38%增至2005年的66.48%。2006年全国法院对职务犯罪作出有罪判决25 654人，其中免刑5 033人，缓刑13 171人，免缓刑比例达70.96%；2007年有罪判决26 496人，其中免刑6 239人，缓刑12 507人，免缓刑比例达70.75%；2008年有罪判决29 836人，其中免刑7 978人，缓刑12 687人，免缓刑比例达69.26%；2009年有罪判决30 146人，其中免刑7 889人，缓刑12 146人，免缓刑比例达66.46%。2005~2010年，全国渎职侵权犯罪缓刑、免刑适用比例分别为83.6%，

84.3%，85.4%，84.6%，85.2%，85.6%（具体情况如图19）。

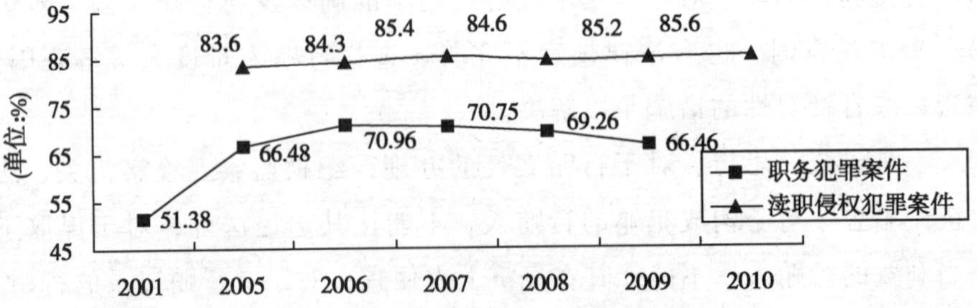

图19　全国职务犯罪、渎职侵权犯罪案件免缓刑比例

从湖北情况看，2006年职务犯罪免缓刑比例为75.31%，2007年为69.69%，2008年为71.93%，2009年为71.99%；渎职侵权犯罪免缓刑适用比例2006年为84.3%；2007年为85.2%；2008年为85.7%；2009年为87.1%；2010年为88.2%，且呈逐年上升趋势（具体情况如图20）。

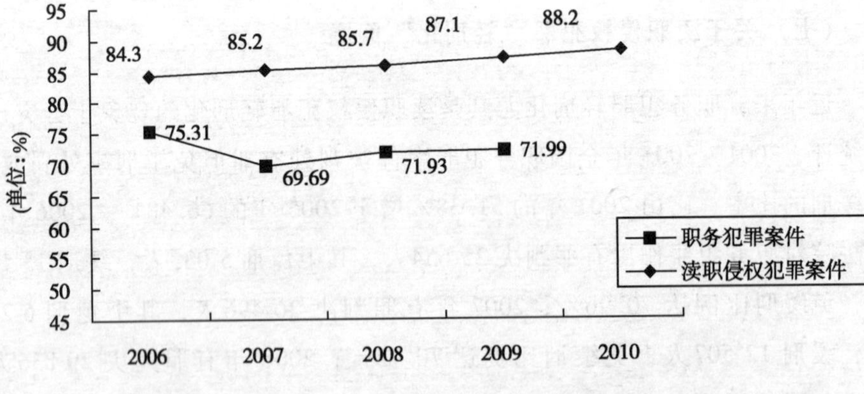

图20　湖北省职务犯罪、渎职侵权犯罪案件免缓刑比例

从上可以看出：渎职侵权犯罪免缓刑适用比例比职务犯罪适用比例高，

湖北省渎职侵权犯罪免缓刑适用比例又比全国渎职侵权犯罪免缓刑适用比例高，且呈逐年上升趋势。

渎职罪“轻刑化”处理的主要原因有：（1）对渎职罪的严重社会危害性和依法惩治的极端重要性认识不深刻，宽容、理解心态普遍存在；（2）一些渎职罪名立法设置不合理，量刑档次少，罪刑不相称；（3）法律规定免刑、缓刑适用条件过于原则；（4）相关司法解释不具体，不明确；（5）查办渎职罪干扰阻力大，普遍存在立案侦查难、调查取证难、结案处理难问题；（6）部分检察、审判人员政治业务素质不高，办理渎职犯罪案件的能力不强；（7）有关执法部门沟通协调不够，指导不力。

解决“轻刑化”问题：一要进一步加大对反渎职侵权工作的宣传教育力度，集中查处和公布一批典型渎职犯罪案件，形成声势，警示多数，营造反渎职侵权工作的良好社会氛围。二要把查办渎职犯罪案件工作纳入党委领导的反腐败整体格局；各级党委要像抓反贪污贿赂那样高度重视反渎职犯罪工作，把查办渎职犯罪大案要案纳入党委反腐败议事日程，纳入纪委组织协调范围。三要完善反渎职犯罪立法和司法解释。目前，要通过司法解释确定缓刑、免刑的适用条件和标准，切实防止量刑偏轻的问题。四要强化法律监督，规范司法活动。强化对检察、审判活动的法律监督，加强抗诉和审判监督工作。对徇私枉法、滥用职权涉嫌犯罪的，要坚决依法查处。结合量刑建议试点改革，积极主动提出量刑建议，健全检察长列席审委会制度，提高监督实效；五要严肃查处干涉反渎职工作的有关人员，排除地方和部门保护主义对渎职犯罪查办工作的干扰。

（八）关于渎职侵权犯罪与贪污贿赂犯罪的合并查处问题

当前，反渎职侵权工作在反腐败斗争总体格局中的作用显现不充分，存在“抓廉政建设一手硬、抓勤政建设一手软”的问题，大量渎职侵权犯罪线索被人为搁置或流失。这具体表现为：（1）公安机关、行政执法机关在刑事侦查、行政执法过程中，对发现的渎职侵权犯罪线索，不核实、不移送检察机关；（2）检察机关反贪、监所等部门主动发现、挖掘渎职侵权犯罪的意识不强，往往只注重查办贪污贿赂案件，而忽视了对渎职侵权犯罪的查办；（3）审判机关对于以渎职罪和受贿罪双罪名提起公诉的案件，往往只认定受贿罪，而不认定渎职罪，有时甚至以情节相对较轻的受贿罪吸收情节相对较重的渎职罪，不是“从一重处罚”，而是“从一轻罪处罚”，进而为缓刑、免刑的适用留下余地；（4）纪检监察机关与检察机关还未有效形成惩防渎职侵权违法犯罪的强大工作合力。对上述问题，应引起高度重视。

做好渎职侵权犯罪与贪污贿赂犯罪的合并查处工作，要从以下3个方面入手：（1）增强查办渎职侵权犯罪的意识和观念。按照刑事诉讼法和人民检察院刑事诉讼规则的规定，渎职侵权犯罪案件由检察机关反渎职侵权部门管辖。反渎部门经检察长或上级检察机关批准，可以从有利于突破案件、有利于排除阻力的角度出发，将贪污贿赂犯罪与渎职侵权犯罪合并查处。检察机关反贪、监所等部门或其他侦查机关在查办案件中，发现渎职侵权犯罪线索的，可以一并查处或及时移送检察机关反渎部门查办；（2）强化协调配合，整合惩防渎职侵权犯罪的力量、资源。坚持党委统一领导、党政齐抓共管、纪委组织协调、部门各负其责、依靠群众支持和参与的反腐败领导体制和工作机制，把反渎职侵权工作纳入惩治和预防腐败体系建设，切实解决“查贪污贿赂案件一手硬，查渎职侵权案件一手软”“抓廉政建设一手硬、抓勤政建设一手软”的问题；（3）加大对渎职侵权犯罪案件审判活动、刑罚执行情况的法律监督力度。对认定事实和适用法律错误、量刑畸轻畸重、严重违反诉讼程序的，要依法提出抗诉，坚持纠正和查处违法减刑、假释和暂予监外执行等问题。

四、提高水平

一直以来，党和国家对反渎职侵权工作高度重视。党的十七大明确提出，把反腐倡廉建设放在更加突出的位置，旗帜鲜明地反对腐败，坚决查处违纪违法案件，对任何腐败分子都必须依法严惩、绝不姑息。党的十七届四中、五中全会和十七届中央纪委六次全会都突出强调要加强反腐倡廉建设，严格权力运行制约和监督，加大查办违纪违法案件工作力度。特别是胡锦涛总书记在中纪委六次全会上明确指出，要坚持不懈开展党风廉政建设和反腐败斗争，切实把以人为本、执政为民贯彻落实到党风廉政建设和反腐败斗争之中，着力查处损害群众切身利益的案件。2010 年 9 月，吴邦国、贺国强、周永康等中央领导同志参观全国检察机关惩治和预防渎职侵权犯罪展览，要求我们切实肩负起职责，进一步加大对渎职侵权违法犯罪的惩治和预防力度。2009～2010 年，全国人大常委会两次听取检察机关关于渎职侵权检察工作的报告，充分体现了对惩治和预防渎职侵权违法犯罪工作的高度重视、有力监督和关心支持。

2010 年年底，胡锦涛总书记主持召开中央政治局常委会议，专门审议了中央纪委、高检院等 9 个部门制定的《关于加大惩治和预防渎职侵权违法犯罪工作力度的若干意见》（以下简称《若干意见》），就加大惩治和预防渎职侵权违法犯罪工作力度提出了 6 条意见。中央政治局常委会议专门研究惩治和预防渎职侵权违法犯罪工作，历史上还是第一次，充分体现了以胡锦涛同志为总书记的党中央对这项工作的高度重视，体现了我们党依法惩治和有效预防腐败、加快建设社会主义法治国家的坚定决心。12 月 21 日，中共中央办公厅、国务院办公厅以中办发〔2010〕37 号文件转发了《若干意见》。《若干意见》是当前和今后一个时期惩治和预防渎职侵权违法工作的行动纲领，对于进一步统一全党、全社会认识，加大惩治和预防渎职侵权违法犯罪工作力度，深入推进党风廉政建设和反腐败斗争，具有重大而深远的意义。结合个人学习中央 37 号文件的体会，我就提高惩治和预防渎职侵权违法犯罪工作水平，与大家探讨 8 个方面的问题。

（一）适应新形势新任务——解决好认识问题

当前，全国全省正处在全面建设小康社会的关键时期，处在深化改革开放、加快转变经济发展方式的攻坚时期。党的十七届五中全会、国家“十二五”规划在部署我国经济社会发展时提出，要坚持以科学发展为主题，以加快转变经济发展方式为主线，促进经济长期平稳较快发展；要保障和改善民生，加强和改进新形势下群众工作，建立健全基本公共服务体系，努力使发展成果惠及全体人民；要创新社会管理体制机制，化解社会矛盾，维护社会和谐稳定；要发展社会主义民主政治，建设社会主义法治国家；要继续推进党的建设新的伟大工程，坚决惩治和有效预防腐败。

渎职侵权违法犯罪作为一种严重腐败现象，与新形势下党和国家大局要求相背离，对全面建设小康社会、建设社会主义现代化国家具有直接的、现实的危害，概括起来就是“五个挑战”：一是对转变经济发展方式、优化市场经济秩序带来严峻挑战。一些国家机关工作人员特别是领导干部在产业结构调整、转型升级、企业改制、重大项目立项和规划审批等过程中玩忽职守、滥用职权，造成严重直接经济损失，对经济转型、产业发展、市场环境培育等在一定时期内造成的损失更是无法估量，直接阻碍破坏改革发展进程。二是对创新社会管理、化解社会矛盾、维护社会和谐稳定带来严峻挑战。许多社会矛盾、一些极端上访事件、群体性事件和重特大安全事故的发生，往往与少数国家机关工作人员违反法律法规不作为、乱作为有密切关系，往往成为突发事件、群体性事件、社会不和谐不稳定的难点、触点与导火线。三是对维护群众权益、维护社会公平正义带来严峻挑战。在食品药品监督、安全生产监管、环境保护、城市建设管理、执法司法等领域发生的渎职侵权行为，直接损害人民群众生命权、健康权、财产权等基本权利，破坏党和国家保障改善民生政策的推进落实。四是对推进依法治国进程带来严峻挑战。渎职侵权行为特别是执法司法领域的渎职侵权行为，往往表现为超越法律、违法执法、越权办案，公然藐视和践踏国家法律法规，其直接效应是突破法律底线，导致不敬法、不畏法、不护法、不守法现象滋长，严重影响和制约社会主义民主政治和法治国家建设。五是对党的执政地位带来直接挑战。渎职侵权违法犯罪的严重破坏力在于切断党同人民群众的血肉联系，损害党的执政根基，成为我们党依法执政、民主执政、科学执政过程中的一大毒瘤，必须下最大决心、采取果断措施予以根除。

由此可见，在新形势下，渎职侵权违法犯罪的严重危害性更加突显，严惩渎职侵权违法犯罪的现实紧迫性更加突显，纪检监察机关和检察机关需要进一步转变观念，加深对当前和今后一个时期反渎职侵权工作的认识。个人认为，要从3个方面来深化和提高认识：第一，正确认识加强惩治和惩治渎职侵权违法犯罪行为的作用和意义。要采取各种方式统一全党全体国家机关工作人员的思想认识，从确保中央、省各项重大经济宏观政策有效落实、促进转变经济发展方式、维护良好市场经济秩序、实现科学发展和跨越式发展的高度，充分认识加强这项工作的极端重要性；从深入推进社会矛盾化解、促进解决人民群众最关心最直接最现实的利益问题、维护重要战略机遇期社会和谐稳定的高度，充分认识加强这项工作的必要性；从深入推进党风廉政建设和反腐败工作、密切党同人民群众血肉联系、巩固党的执政基础的高度，充分认识加强这项工作的急迫性；从维护国家法制统一尊严权威、维护社会公平正义、推进依法治国战略的高度，充分认识加强这项工作的必然性。要通过提高认识切实纠正“不入腰包不为罪”“决策失误不犯法”、对发生的渎职侵权行为护着掖着藏着、不支持不配合，以及姑息、容忍、对查办案件违法干扰、设置障碍等错误思想和行为，切实增强政治意识、大局意识、责任意识，增强抓好工作的政治责任感、历史使命感和现实紧迫感。第二，正确认识惩治和预防渎职侵权违法犯罪在反腐败工作格局中的地位。渎职侵权行为既表现为对法定职责的不作为或乱作为，又反映出一些公职人员脱离实际、漠视群众利益、推诿拖拉、冷硬横推等不良作风，对党风建设和廉政建设是双重损害，与其他腐败行为具有同样严重甚至更为严重的现实危害性。因此应当结合实际贯彻中央要求，将这项工作纳入党风廉政建设和反腐败斗争的总体格局，与查处贪污贿赂、纠正不正之风等摆在同等重要位置，予以同样高度重视，在工作要求、工作措施、检查考核等方面一并考虑、整体推进。第三，正确对待“四难”问题。由于渎职侵权行为涉及行业的广泛性、各行业的专业性、各行业工作运行的自封闭性、政务公开不到位，以及部门保护、地方保护等错误观念的因素，查处渎职侵权违法犯罪面临发现难、立案难、查证难和处理难的客观困境，对此应当辩证地看。这既是对反渎侵权工作的挑战，更是反渎职侵权工作发展的机遇。当前中央已经深刻认识到“四难”问题，作出了一系列明确要求和部署，为解决“四难”问题提供了政策保障。我们只要积极努力、强化措施、攻坚克难，就能化挑战为机遇，以破解长期制约反渎职侵权工作的“四难”问题为突破口，推动惩治和预防渎职侵权违法犯罪工作迈上新台阶。

（二）坚持反腐败领导体制——解决好地位问题

“党委统一领导、党政齐抓共管、纪委组织协调、部门各负其责、依靠群众的支持和参与”的反腐败领导体制和工作机制，贯彻了党的领导、综合治理、群众路线等基本原则，是符合人民民主专政国体、符合国家机关权利运行规律、符合我国反腐败工作实际需要的。渎职侵权违法犯罪行为作为一种严重的腐败行为，对其惩治和预防工作理应坚持反腐败领导体制、纳入反腐败工作总体格局，也只有依靠这一体制和格局才能实现这项工作深入健康发展。对此，中央 37 号文件已明确要求要把惩治和预防渎职侵权违法犯罪工作纳入反腐败斗争的总体格局，要求各级党委、政府充分认识惩治和预防渎职侵权违法犯罪工作的重要性和紧迫性，定期分析本地区本部门惩治和预防渎职侵权违法犯罪工作形势，经常听取纪检监察机关、人民法院、人民检察院工作汇报，旗帜鲜明地支持依纪依法办案。

我学习领会这一要求，认为它表明中央已经将惩治和预防渎职侵权违法犯罪工作作为反腐败斗争重大战略部署之一，作为惩防腐败体系建设的重要内容之一纳入了重要议事日程。这一要求的实质就是要进一步提升惩治和预防渎职侵权违法犯罪工作在惩防腐败体系和反腐败工作格局中的地位，解决查办贪污贿赂违法犯罪一手硬、查办渎职侵权违法犯罪一手软问题。纪检监察机关和检察机关作为承担这一职能的主要部门，如何促进提升惩治和预防渎职侵权违法犯罪工作的地位，需要从以下几个方面努力：第一，要积极争取党委、人大、政府重视支持。自觉把惩治和预防渎职侵权违法犯罪工作置于党的领导和人大监督之下，主动向党委、人大汇报、向政府通报惩治和预防渎职侵权违法犯罪工作的思路、部署以及遇到的困难和问题，积极促进各级地方党委更加重视、更加支持惩治和预防渎职侵权犯罪违法犯罪工作，促进各级党委、政府将其作为一项重要的经常性工作来系统研究、强化措施、深入推进。第二，积极加强与有关部门的协调沟通。惩治和预防渎职侵权违法犯罪工作特点决定了纪委要按照党委决策部署，统一协调工作中的重大政策制定、重大措施出台、重大问题解决、重大情况沟通以及重大案件处理；必须依靠有关行政机关、经济管理部门、执法司法机关的配合支持，更加积极地加强与工商、税务、国土资源、医疗卫生、城建、安监、环保、食品药品监督等行政执法机关的沟通协调，加强与公安、司法、安全等司法部门的联系协商，加强政策、法律宣传，落实联席会议制度和执法协作机制，促进各部门根据分工各司其职、各负其责，履行好协调配合的责任和义务，形成齐抓共管、合力增强的良性工作格局，为切实解决渎职侵权违法犯罪行为“四难”问题提供更加良好环境。第三，积极争取人民群众和社会各界支持。纪检监察机关和检察机关可以联合组织多层次、多渠道、全方位的反渎职侵权宣传活动，通过抓好惩治和预防渎职侵权犯罪展览，适时公布重大典型案件，开辟宣传专栏，发放宣传手册等多种方式，利用报刊、杂志、电视、网络等多种媒体，进机关、进企业、进乡村、进社区，广泛宣传党和国家关于惩治和预防渎职侵权违法犯罪工作的方针政策、法律法规，深刻揭示渎职侵权犯罪的严重危害性，及时回应舆论关注的热点问题，进一步争取人民群众和社会各界的理解、关心和支持，努力营造良好社会氛围和有利外部条件。

（三）坚持“四个围绕”——解决好查处力度问题

加大办案力度是党和国家的明确要求，也是遏制渎职侵权犯罪易发多发态势、推动科学发展、促进社会和谐的客观需要。检察机关将会同纪检监察机关进一步把办案工作放在突出位置来抓，加大办案力度，增强敢于依法办案、秉公办案的勇气和信心，真正体现党和国家依法惩治渎职侵权违法犯罪的决心，增强人民群众对反腐败斗争的信心。

在工作重点方面，根据中央要求和近年来渎职侵权违法犯罪发案趋势，在当前和今后一个时期进一步突出以下几个方面的查办重点：(1) 紧紧围绕科学发展的主题和加快转变经济发展方式的主线，高度重视查办危害科学发展和政府投资安全、严重不负责任盲目决策造成重大经济损失的渎职违法犯罪案件。(2) 紧紧围绕维护人民群众利益保障和改善民生，突出查办教育就业、安全生产、食品药品监督管理、生态环境、征地拆迁、工程建设、企业改制等领域严重侵害群众经济权益、政治权益、人身权利的案件，促进党和国家保障人权、改善民生政策的落实。(3) 紧紧围绕有效化解社会矛盾、推动社会管理创新，严肃查办发生在基层政权组织和重点岗位以权谋私、滥用职权的案件，群体性事件和重大责任事故背后的失职渎职违法犯罪案件，尤其是重特大安全事故背后的渎职违法犯罪行为。(4) 紧紧围绕促进依法行政和公正廉洁执法，严肃查办发生在领导机关、领导干部中的滥用职权、失职渎职等犯罪案件，滥用司法权、行政执法权、行政审批权给国家和人民利益造成重大损失的案件，以及为黑恶势力充当“保护伞”的渎职案件。

在工作措施方面，(1) 积极拓展线索来源渠道。坚持专门机关与群众路线相结合，一方面，可以通过举报宣传月、宣传周、公布举报电话、举报信箱等方式，紧密依靠群众、积极发动群众提供渎职侵权违法线索；另一方面，要增强主动发现线索意识，深入相关行业调查研究，掌握行业特征和发案规律，摸清容易发生渎职侵权的重点部位和关键环节，有针对性的摸排线索；深入基层、深入社会调查研究，注重从不正常、不正当的社会现象、人民群众反映强烈的热点问题、重大突发事件等中发现案件线索。同时对案件线索要实行统一管理，建立健全线索评估分析、有效分流、交办督办、查办反馈等工作机制，提高线索利用率和成案率。(2) 积极强化办理措施。针对渎职侵权犯罪调查取证难、查处干扰阻力大的特点，纪检监察机关和检察机关可以以查办贪污受贿、查处违纪和作风问题等为切入点，突破渎职违法犯罪；可以运用一体化工作机制，通过提办、交办、指定异地办等方式帮助排除干扰阻力、推动案件侦破；增强查办案件的策略性、主动性和预见性，强化证据意识，围绕调查取证，依法运用侦查手段和侦查措施，及时、果断使用强制措施，灵活使用、及时变更强制措施，依法依规全面收集固定证据，保障侦查取证工作顺利进行。(3) 积极开展专项工作。办案经验表明，以专项带动全局是一种行之有效地工作方法，对此应当继续坚持。紧紧抓住群众反映集中的征地拆迁、安全生产、城市建设、医疗卫生，教育就业等领域的问题，适时组织开展专项工作，采取抓系统、系统抓，抓一案、带一串，行业突破挖一窝等方式方法，带动办案工作整体发展。

(四) 健全“四项机制”——解决好合力问题

当前，相关制度机制不健全、不完善是制约惩治和预防渎职侵权违法犯罪工作的瓶颈问题，是“四难”问题长期困扰的症结之一。为此中央37号文件明确要求要大力推进惩治和预防渎职侵权违法犯罪工作体制机制创新。结合湖北省实际，关键是抓好4项机制建设，在全党、全社会形成查办渎职侵权违法犯罪工作合力。

第一，完善纪检监察机关与检察机关的协作配合机制。纪检监察机关和检察机关作为查办渎职侵权违法犯罪行为的主要职能部门，必须在工作中加强协作配合。对此，《中共湖北省委反腐败案件协调小组关于加强反腐败案件线索移交、情况通报和移送处理协调的意见》作了一些规定，需要各地在贯彻落实。实践中总结出几条原则，供大家讨论。(1) 及时移送原则。一方面，检察机关在受理举报和调查处理案件过程中，发现有关组织或人员仅涉嫌违反党纪政纪而不涉嫌犯罪的，应及时将相关线索移交纪检监察机关。另一方面，纪检监察机关在受理举报和调查处理案件过程中，发现有关组织或人员涉嫌职务犯罪的，应及时移交检察机关。(2) 及时介入的原则。纪检监察机关在办案中发现可能涉嫌犯罪，认为需要检察机关介入的，可以要求检察机关介入，经检察机关同意后，可以派员介入。(3) 主办负责的原则。坚持立案机关全权、具体负责案件的办理；案件处于什么环节，由该环节的办案单位全权、具体负责办理。(4) 程序并行、分工负责的原则。对重特大、疑难案件或者主要领导批示由纪委、检察机关两家负责的案件，可先行明确案件的性质，属于党政纪案件的，由纪检监察机关为主办理，检察机关予以协助；属于职务犯罪案件的，由检察机关为主办理，纪检监察机关予以协助。（5）同级联系的原则。一是“先横后纵”，即纪检监察机关与检察机关之间的案件移送、办案协作，需要同对应机关的下级机关予以协作配合时，应当由负责案件办理的机关向对应的同级机关提出协作要求，再由对应的同级机关向其下级机关作出具体指示。二是失职渎职犯罪案件与原案或关联案件并案办理模式。

第二，建立重大复杂案件专案调查工作机制。中央强调，对重大复杂案件，根据案件性质和办案需要，可以组织由纪检监察机关、人民检察院和相关司法、行政执法机关共同参与的联合调查组，并建立查处重大复杂渎职侵权违法犯罪联席会议制度。这是适应渎职侵权犯罪案件涉及部门多、技术性强、适用法律问题复杂特点，提高惩治渎职侵权犯罪水平的重要机制。建议省纪委牵头、会同省检察院及有关部门研究制定重大复杂案件专案调查工作规范，推动尽快建立这项机制，推进重大复杂案件办理制度化、规范化，形成工作合力、提升工作效率和水平。

第三，健全行政执法与刑事司法相衔接机制。如前所述，巨大的行政执法案件数量和近年来行政执法工作人员渎职犯罪易发高发态势与不到2%的移送比例形成了鲜明反差，应当引起高度重视。要强化对行政执法机关的监督，关键是要建立健全行政执法与刑事司法相衔接机制，解决好执法司法信息不畅、涉渎违法犯罪线索人为阻隔、案件协查和收集证据部门壁垒等问题。要积极推进与工商、税务、海关、审计、质监、食品药品监管、土地、物价、农业、水政、林业、交通、卫生、知识产权保护、新闻出版等行政执法部门之间的“网上衔接、信息共享”机制建设，督促有关部门严格按照规定录入案件信息，确保信息畅通，切实防止有案不移、以罚代刑。同时，对重大安全生产事故、重大食品药品安全事件、重大环境污染事件、重大危害国土资源案件和重大工程建设中发生的案件，要完善纪检监察机关、检察机关介入调查机制，严肃查处事故、事件背后的渎职侵权违法犯罪行为。

第四，建立党员领导干部和国家机关工作人员非法干预查处渎职侵权违法犯罪案件工作情况沟通和处理机制。干扰阻力大、压案不查甚至报复办案人员，是当前反渎职侵权工作遇到的一个突出问题。中央明确提出要建立非法干预查处渎职侵权违法犯罪案件工作情况沟通和处理机制，为执法办案创造良好环境，将由中纪委牵头制定党员领导干部和国家机关工作人员非法干预查处渎职侵权等违法犯罪案件责任追究的具体规定。建议省纪委组织检察机关等有关部门开展这方面调查研究，建立完善相关工作机制，对非法干预、阻扰检察机关查办渎职侵权犯罪案件的，加强沟通和协作，追究当事人党纪、政纪和法律责任。

（五）加强监督制约——解决好权力规范运行问题

强化监督制约是这是中国反腐模式的要义之一，是反腐倡廉建设的关键。很多渎职侵权违法犯罪中反映的权力滥用和履职不到位，都与监督制约体制机制不完善、不落实有紧密关系。因此中央强调要推进惩治和预防渎职侵权违法犯罪工作监督制度建设。贯彻落实这一要求，需要从以下几方面着力。

一是强化纪检监察机关监督职能。在宏观上，要强化政策监督，紧紧围绕科学发展这个主题和转变经济发展方式这条主线，加大对中央、省推进经济结构战略性调整、加强和改善宏观调控、做好“三农”工作、保障改善民生、市场价格调控、房地产调控、规范和节约用地、资源节约和环境保护等重大决策部署的监督检查，及时发现纠正党政领导干部和工作人员违反国家政策和法律规定进行的立项、审批等滥用职权行为，及时发现纠正对中央、省政策置之不理、怠于履职的失职行为，确保国家宏观政策落实到位。在微观上，要强化行政监察，重点针对人民群众反映强烈的突出问题，加大对食品药品安全、安全生产、假冒伪劣产品、工程质量、保障性住房建设、社保资金管理使用、违法违规征地拆迁、环境污染事件等问题的监督力度，加大对行政执法机关执行相关法律法规情况的检查力度，对行政执法机关工作人员乱执法、乱处罚、乱收费、乱摊派以及消极不作为造成国家、人民和社会公共利益造成重大损失的，严肃追究党纪、政纪直至法律责任。

二是强化检察机关法律监督。主要突出反渎职侵权检察职能，严肃查办渎职侵权犯罪。突出诉讼监督职能，强化立案和侦查活动监督，重点监督纠正国家机关特别是行政执法机关工作人员徇私舞弊不移送涉嫌犯罪行为，司法机关有罪不究、以罚代刑、徇私舞弊违法立案、动用刑事手段插手经济纠纷、刑讯逼供、暴力取证等渎职侵权违法犯罪；强化审判监督，重点监督纠正法院工作人员徇私舞弊、枉法裁判、严重违反诉讼程序等问题中涉嫌渎职侵权的行为；强化刑罚执行和监管活动监督，加大对渎职侵权罪犯刑罚执行情况的监督力度，坚决纠正和查处违法减刑、假释、暂予监外执行、超期羁押、体罚虐待被监管人员等问题。

三是强化群众和社会监督。坚持和完善党务公开、政务公开、司法公开等制度，凡是同群众利益密切相关的重大事项，都要广泛听取群众意见，发挥群众的参与和监督作用，自觉接受群众监督；充分发挥新闻舆论监督宣传法制、警示教育、表达呼声、弘扬正气、鼓舞斗志、正确引导等作用，健全网络举报和受理机制，注重对网络舆情的收集、分析和研判，积极探索利用互联网等传播手段开展宣传的新途径，增强新闻媒体和舆论监督效果。

（六）完善法制建设——解决好执法标准问题

实践中存在的渎职侵权犯罪处理难、免刑缓刑比例高等问题与相关法律规定不明确、不完备有密切关系。渎职侵权犯罪主体规定不科学、从一重罪处罚不合理、后果和损失认定标准不统一、因果关系认定难等实体法方面存在的问题，以及管辖权不合理、侦查手段不足等程序法问题，我们在前面已经进行了讨论。

有效解决这一问题，要求进一步加强研究，针对制约当前惩治和预防渎职侵权违法犯罪的法律问题加强重点调研，适时将经过实践检验的具体制度和有效做法上升为国家法律法规，积极提出完善法律法规的建议，提高惩治和预防渎职侵权违法犯罪法制化水平。在具体操作上，我们认为要坚持既立足当前、又着眼长远的原则。

从当前来讲，就是要通过完善相关司法解释弥补现行法律之不足。在司法解释中应当明确"致使公共财产、国家和人民利益遭受重大损失""特别重大损失""情节严重""徇私""徇情""严重不负责任"行为与结果之间的因果关系、数罪并罚、行政处分处罚与刑事责任衔接、行政机关调查结论与司法认定的对应、适用缓刑免刑标准和情形等问题作出明确具体规定。如，应当明确刑法中所称的"徇私"，是指徇个人的私情、私利，包括贪图钱财、袒护亲友、泄愤报复等；谋取本单位的非法利益，或者谋取某一部门等小团体、小集体利益的，均应以徇私论。

从长远来讲，就是要完善惩治和预防渎职侵权犯罪的相关法律。如在刑法等法律修改方面，建议对具有徇私徇情情节，故意滥用职权造成特别重大损失后果的渎职罪要进一步提高法定刑，增加量刑档次，增设附加刑，做到罪刑相适应、罚当其罪。再如，在法律制定方面，建议针对反贪污贿赂、反渎职侵权斗争的严峻形势，及时研究制定一部反腐败法，对反腐败工作进行专门规制，将反渎职侵权工作作为专门一部分作出全面、明确、详细规定，为深入推进反腐败以及反渎职侵权工作提供更加有力的法制保障。

（七）坚持"四管齐下"——解决好预防渎职侵权违法犯罪问题

渎职侵权违法犯罪造成的对改革发展的延误、造成的人民群众生命健康损失往往相当严重、难以估量、甚至是无法挽回。因此，必须高度重视预防问题，做到惩治和预防"两手抓、两手硬"，实现"防范于未然"，从根本上防止滥用职权、玩忽职守、徇私舞弊，使干部少犯错误、经济少受损失、群众权利少受侵害、改革少走弯路、党和政府的形象少受损害。为此，中央突出强调，推进惩治和预防渎职侵权违法犯罪工作，必须坚持标本兼治、综合治理、惩防并举、注重预防的方针，把查办与预防有机结合起来，建立健全渎职侵权违法犯罪惩防一体化机制。我们认为，解决好预防渎职侵权违法犯罪问题，应当坚持个案预防、专项预防、系统预防和社会预防“四管齐下”，增强预防综合效果。一是抓好个案预防。结合我们办理的重大典型案件做到“一案一预防”，深入剖析发案原因，深入开展警示教育和以案说法等活动，以身边人身边事教育引导发案单位及其工作人员深入反省案件教训、真正认识渎职侵权违法犯罪的严重危害，自觉严格依法履职，做到查处一案、教育警示一片。二是抓好专项预防。结合民生、基础设施、移民安置等方面的重大工程、重大项目建设，抓住影响改革发展稳定大局、人民群众反映强烈、党委政府关注的突出问题，抓住项目规划、立项、审批、招投标、质量监理、检查验收、大额资金调拨使用、大宗物资采购等重点环节，强化预防调查，加强渎职侵权违法犯罪风险预警预测，查找监管漏洞、制度缺陷，及时提出消除隐患的意见建议，确保项目建设和资金使用安全。三是抓好系统预防。建立渎职侵权违法犯罪易发多发领域调查分析、风险预警和专项治理制度，深入调查分析工商、税务、环保、国土、城建、规划、安全生产、食品药品监督、司法等渎职侵权违法犯罪易发高发领域的发案特点、规律、原因，发现带有行业普遍性的制度漏洞、管理真空、监督缺陷，深入相关行业主管部门进行预防警示教育，提出有效管用的预防对策建议，促进建章立制、堵塞漏洞，努力减少和降低渎职侵权违法犯罪的行业性风险。四是抓好社会预防。积极促进党校和行政学院把反渎职侵权作为培训内容，强化预防教育，促进国家机关工作人员自觉勤政廉政、依法行政、公正司法；积极组织开展反渎职侵权巡回展览等大型宣传预防活动，提高公众对渎职侵权违法犯罪危害性的认识，增加社会认同，动员社会各界共同参与预防渎职侵权违法犯罪；全面推行渎职侵权等腐败行为预防年度报告制度，整体研判本地区渎职侵权违法犯罪的总体形势、规律特点和演变趋势，适时提交党委、人大、政府参考。

（八）推进工作落实——解决好动力问题

中央政治局专门研究惩治和预防渎职侵权违法犯罪工作并批准《若

干意见》为开创这项工作新局面提供了难得的历史机遇，要把中央要求落到实处，必须加强领导、强化保障、增强动力。一要增强精神动力。纪检监察机关和检察机关应通过多种途径、采取多种方式组织深入学习中央37号文件精神，教育引导全体人员认识重大意义、领会精神实质、把握总体要求、明确目标任务，切实增强做好惩治和预防渎职侵权违法犯罪工作的政治责任感、历史使命感和现实紧迫感，为更加自觉、更加主动地抓好这项工作提供思想保障。二要增强组织动力。当前的重点就是向省委、省人大汇报好中央政治局常委会议和中办发37号文件精神、全国人大常委会审议意见，由省纪委牵头，省检察院等九部门共同参与，联合制定好湖北省贯彻落实中央37号文件的实施意见，细化、实化各项政策措施，为推进这项工作提供强有力的政策保障和组织保障。三要增强物质动力。以确保惩治和预防渎职侵权违法犯罪工作良性运转为目标，建立完善公用经费、业务装备经费、基础设施建设经费保障体系及其正常增长机制，加强技术装备和侦查信息化建设，完善办案人员职业保障机制，推进基层人员工资、津贴、医疗等待遇相对均等化保障，为强化惩治和预防渎职侵权违法犯罪工作提供有力的物质保障。

医药卫生领域职务犯罪的特点、原因及其预防*

一、医药卫生领域职务犯罪的主要特点

近年来，随着我国医药卫生体制改革的不断深入，医药卫生事业得到了较大发展。但由于教育、制度和监督等多方面的原因，医药卫生领域与职务行为有关的商业贿赂犯罪案件时有发生，引起了社会各界的广泛关注。2003~2010年10月，全省检察机关立案侦查医疗卫生领域职务犯罪519人，其中涉嫌受贿361人，涉嫌贪污77人，涉嫌挪用公款49人，涉嫌行贿10人，涉嫌私分国有资产1人，涉嫌玩忽职守18人，涉嫌滥用职权3人。通过对这些案件的分析，我们认为有如下特点。

（1）从发案趋势看，近年来一直处于多发状态。2003~2010年10月全省医疗卫生领域职务犯罪发案趋势情况看，2006年以前发案呈逐年上升态势，2006年度达到发案的高峰。2007~2009年以后呈逐年下降态势。今年以来发案回升明显，1~10月发案69人，与2009年全年相比上升23.2%，与2008年全年持平。具体趋势如图21所示。

（2）从案件规模看，大要案比例高。立查的案件中涉嫌贪污贿赂5万元、挪用公款10万元以上的大案有278人，占53.6%；县处级以上职务犯罪要案28人（全部是处级干部），占5.4%。大要案比例共占59%。如某

---

* 本文系作者于2010年12月在湖北省卫生系统的授课提纲。

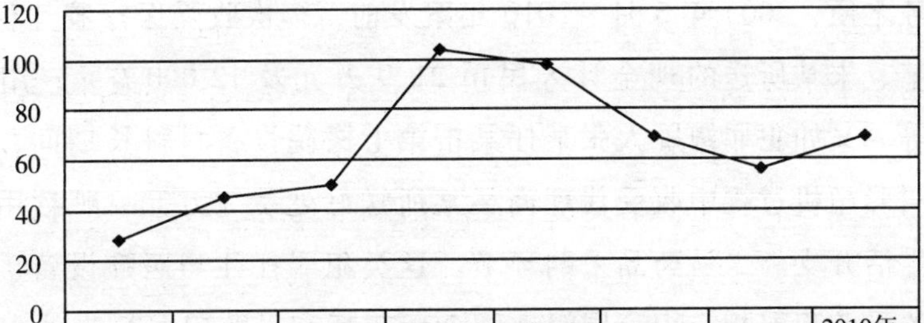

	2003年	2004年	2005年	2006年	2007年	2008年	2009年	2010年 1~10
全省发案数(人)	28	45	50	104	98	69	56	69

图21　2003年以来湖北省医疗卫生领域职务犯罪发案趋势图

医院常务副院长兼放射科主任冯某涉嫌受贿48万元，某医院院长张某涉嫌贪污6.9万元，某市血液中心主任张某涉嫌受贿20万元，某医院院长宋某涉嫌受贿40万元，某市妇幼保健院院长冯某涉嫌玩忽职守造成人员死亡，某省荣军医院院长田某涉嫌受贿47万元，均被立案侦查。

从最近全国典型案件看，有原济南市中心医院院长刘子栋（正厅级）涉嫌受贿、贪污、挪用公款140余万元案；原湖南省人民医院院长屈全福（正厅级）涉嫌受贿案；原湖南省妇幼保健院院长曹章伟（副厅级）涉嫌受贿案。

（3）从发案部位看，县市级医院和乡镇卫生院发案高。县市级医院发案268人，占51.6%；乡镇卫生院发案110人，占21.2%；两者共占72.8%。其他的发案部位有："三甲"医院等重点医院发案49人，占9.4%；医疗卫生管理部门（卫生局）发案36人，占6.9%；其他防疫、血液中心、妇幼保健等部门发案56人。

（4）从发案环节看，受贿犯罪主要集中在以下三个环节：一是医疗设备、器械采购环节。361人受贿犯罪行为中，90%以上是发生在医疗设备、器械采购环节，如各医院骨科、放射科、胸外科、血液中心等业务科室和设备科等行政科室工作人员，因掌管采购权，往往容易被一些不法商人腐蚀，收受回扣、红包、礼金等。如犯罪嫌疑人秦某，在担任某市儿童医院放射科主任期间，利用本科室购买医疗设备和使用医疗胶片之机，利用职务之便，2005 年 5 月 ~2010 年案发前，多次收受医疗胶片供应商林某、袁某、朱某所送的现金计人民币 21.9 万元及 12 000美元，用于其个人消费等。又如犯罪嫌疑人张某任某市第七医院设备科科长期间，涉嫌在医院购买彩超机过程中收受代理商吴某所送好处费 3 万元，赃款用于个人及家庭生活开支。二是药品采购环节。这类犯罪往往与医疗设备、器械采购环节的受贿犯罪相交织，同时在两个环节都有受贿犯罪行为的占 20% 左右。如犯罪嫌疑人谢某在担任某区第二人民医院院长期间，利用职务上的便利，在向某药业公司药品采购中，收受该公司销售代理商李某所送贿赂 13.8 万元，并为其谋取利益。三是基建工程环节。发生在这个环节的受贿犯罪占 10% 左右。如犯罪嫌疑人郭某在任某市第三人民医院院长、党委书记期间，利用职务上的便利，在该院基建工程中收受他人财物共计 43.5 万元；犯罪嫌疑人宋某在担任某医院院长期间，利用负责医院基建和维修等职务之便，多次收受相关业务往来单位、个人贿赂人民币共计 40 余万元。

（5）从犯罪表现形式看，有三突出：一是权钱交易现象突出。一方面，从涉嫌罪名来看，以涉嫌受贿最多。519 名犯罪嫌疑人中涉嫌贿赂犯罪 371 人，占 71.5%。另一方面，绝大多数犯罪嫌疑人都担任一定的职务。根据统计，担任卫生局正副局长、医院正副院长、卫生院院长、科室主任、科长等“带长”职务的占 80% 以上。二是“作案时间长，犯罪次数多”现象突出。医疗卫生系统的职务犯罪以贿赂犯罪居多，犯罪细节只有当事人清楚，隐蔽性较强；有些医疗单位对本单位、本系统的腐败问题往往采取遮掩、内部消化态度，不愿意对外公开，在配合检察机关查办案件方面也不积极，导致一些犯罪分子能长期作案、多次作案而没有被及时查处。如某中医院检验科主任叶某从 2000 年 5 月 ~2009 年 10 月的 9 年多时间里，在购买使用医疗检验试剂的经济往来中，违反国家规定，以销售额的 20% 收取回扣和按价提取回扣等方式，先后 33 次收受有关公司贿赂共计人民币 70 余万元。虽然叶某的行为多次受到群众和有关单位举报，但一直没有被彻底查处，直到 2010 年 4 月才被检察机关依法逮捕、立案审查。三是窝案串案现象突出。立案侦查的 519 名犯罪嫌疑人中，有 67% 属于窝案或串案，比例比较高。如某县人民医院特大受贿窝、串案，涉及犯罪嫌疑人有该医院副院长吴某、骨科主任李某，以及郑某、赵某、何某、方某、郭某、尚某等6名骨科医生，总涉案金额100余万元，该医院整个骨科全军覆没。

（6）从犯罪后果看，社会危害严重。一是严重败坏医德医风和社会风气，引发医疗卫生领域的“信任危机”和“医患对立”，严重阻碍和谐社会创建；二是触目惊心的医疗“回扣”和腐败，进一步导致药价“虚高”，医疗成本上升，广大老百姓经济负担加重，加剧了社会矛盾，影响社会稳定；如最近网络报道的湖南湘雅医院天价药品曝光，出厂价15.5元的药品，到医院涨到213元，其中暴利反馈“水很深”、腐败问题严重，在社会中造成极其恶劣的影响。三是利益驱动下医生多开、滥开处方，小病大看，造成极大的医疗浪费和经济损失；四是医疗卫生领域的渎职犯罪虽然不多，但造成的人员伤亡和经济损失巨大。如某市人民医院院长刘某涉嫌玩忽职守一案，造成经济损失就高达390万元；某区卫生监督所所长李某、某镇卫生院副院长邵荣国等涉嫌玩忽职守犯罪均造成人员死亡。

二、医药卫生领域职务犯罪发生的原因

医药卫生领域职务犯罪发生的原因是多方面的，我们认为以下几个方面不容忽视。

（一）医疗服务与药品销售不分家

医药卫生领域“回扣”问题严重，职务犯罪突出，与目前医院“医药不分，以药养医”的现状是分不开的。药品销售的主渠道不是零售药房，80%的药品是通过医院发售的，医院50%～60%的利润来源于药品销售。为弥补财政投入的不足，国家允许医院将药品价格在采购价的基础上再上浮15%出售，差额部分归医院所得。一些医院为追求药品销售加成收入，便在采购药品时倾向于定价较高（加成收入也相应较高）的药品，医生在开处方时也倾向于开大处方高价药。药品生产和销售企业为了迎合医院提

高收入的需要，同时自己也可以获得更高的利润，就想方设法虚列成本，提高药价，造成极大的药品折扣空间，导致药品购销中回扣泛滥，犯罪滋长。某医院药学部副主任马某不仅个人收受多家医药公司贿赂23万余元，还以该药学部名义收取药品回扣、赞助费、新药推荐费等130余万元。

（二）医药市场不正当竞争

湖北省检察机关近年来在医药卫生领域立案查处的300多起受贿案件中，贿赂犯罪主要表现为医务人员在医药采购中收受医药企业或其人员所送的贿赂款物或医药回扣，由此可见，医药生产和销售企业在销售医药产品时动辄以贿赂和回扣开路的不正当竞争行为，是医药卫生领域腐败现象严重的一个重要原因。目前，我国有药品生产企业近万家，流通企业数万家，医药市场竞争异常激烈。部分医药企业为使药品进入医疗单位并开到患者手中，不惜违反规定，对有药品采购权和处方权的相关人员通过回扣、贿赂等不正当竞争手段进行攻关，以达到销售药品，获取利益的目的。一般情况下，医药公司在按一定价格将药品销售给医疗单位时，已将10%～30%的销售款作为销售费用由医药代表以回扣的形式返给开处方的医生或者科室有关人员。

（三）药品定价机制不合理

目前，药品的定价体系是政府定价、政府指导价和市场价并行，中管药由中央政府物价部门制定最高零售价，省管药由省政府物价部门制定最高零售价，其他药品由企业自行定价。在医药购销方面，实行的是计划和市场结合的双轨制，医药批发、零售基本市场化，但药品定价不完全是市场化，使定价与实际成本差距过大。在药品价格的审定过程中存在着以下三大弊病：一是审批不严，相互攀比。厂家虚列成本，物价部门审批不严，加之省管药品最高零售价的制定带有地方保护主义色彩，各省相互攀比，定价越比越高。二是过程冗长，定价滞后。中管药品定价，由省物价部门上报审核，过程冗长缓慢，定价出来后，往往成本已经下降，市场零售价早已下滑，但最高零售价变动滞后，有的基本不变，生产企业的出厂价和最高零售价差价很大。某区检察院在查办黄某受贿案（收受药品回扣31 000元）中发现，某厂的神威牌参脉注射液，国家定价为110元/盒，药品经销商可以从厂家拿到17元/盒，而药品经销商的批发价可以按照最高零售价倒推定价达95.6元/盒（批发价可以按最高零售价的八五折定价）。三是老药翻新，定价飞升。“老药、老设备、老价格，新药、新器械、新价格”，便宜、好用的老药，执行老价格，因无利可图，很多老药已无人生产，而生产企业争相上新药、新器械，特别是新药。国家新药审批办法规定，更换剂型、改变给药途径的药也算新药，为了利益，很多厂家在老药的基础上，更换包装，更换剂型，变成了新药，新药上报后，国家批准的零售价远远高于老药。

（四）药品的集中招标制度不完善

为降低药品价格，卫生部、计委等6个部门于2000年联合发文开始进行药品集中招标采购试点，现在已在全国范围内普遍推广。自此药品价格在总体上有所下降，但幅度不够大，药价仍然太高。究其原因，主要是医药集中招标采购制度尚不完善。它一方面导致药价继续虚高，为医药回扣的存在和医药领域职务犯罪的发生提供了空间和土壤；另一方面又为少数不法分子利用招标大肆进行行贿受贿提供了可乘之机。如某省卫生厅卫生管理服务中心原主任李某于2002~2004年期间，利用负责制定全省药品招标目录、对全省药品集中招标、监督的职务便利，非法收受某医药公司等单位13人次贿赂的人民币8.6万元。当前，药品集中招标采购制度的不完善主要体现在，面对新药层出不穷以规避招标、医药企业实行行业保护不愿让价和违规违法招标时无能为力等，导致招标药品要么没有市场，要么价格虚高，有的甚至比零售价还高，达不到招标应有的目的。如某市检察机关在办案中发现，吉林九风药业生产的7片装胃药潘舒泰克，是经过招标的药品，政府定价是85.4元，招标价是51.8元，而药店仅售23.1元，招标价是市场零售价的200%还多。

（五）少数医务人员的医德医风不纯正

当前医德医风的不纯正主要表现为少数医生收受红包、医药回扣、开单提成、开大处方、滥用抗生素、乱检查，以及对病人态度冷淡生硬，缺少同情心等。如检察机关在查办某医院医务人员涉嫌受贿犯罪的案件时，犯罪嫌疑人对自己利用采购药品之机收受回扣的行为并不以为不妥，称现在的社会风气就是这样，他不收，别人也会收。医德医风方面存在的问题往往会直接导致职务犯罪的发生。如刁某受贿案，刁某于2003～2004年任某市第二人民医院主治医师期间，利用其开具处方的便利和通过要求其他医生开具处方等手段，大量开具某医药经销有限公司业务员杨某所销药品，从而多次收受杨给的药品回扣共计198 400元。

（六）有关部门的监督管理不到位

当前，我国的医药卫生监管体制存在着“多头管理、管办不分”的问题，国家相关部门对医药卫生的监督管理难以到位并形成合力。如药品从生产到流通，有药品监督、物价、工商等多个部门参与管理；进入医院环节后，又有卫生部门进行监督管理；想进入医保药品目录，要经过劳动和社会保障部门；参加药品集中招标，则要经过“药品招标委员会”。多头管理的目的是为了加强监督管理，但往往是事与愿违，不仅容易造成职责不分，监管不力，而且给少数人利用职权进行权钱交易以可乘之机。如某省食品药品监督管理局市场监督处原副处长李某，在2003年4～9月期间，利用负责审理省内药品销售企业“GSP认证资格”的职务便利，不认真履行监管职责，先后42次收受申报企业贿赂共计13.5万元。

（七）对医药腐败的打击处理不及时

国家对医药回扣和医药腐败一直都是禁止和打击的，有关部门在医药卫生系统也开展了不少整治医药回扣和红包的专项活动。但由于种种原因，真正追究违法违纪责任的并不多，移送司法机关追究刑事责任的则更少。

据对全省检察机关查处的 106 件案件的分析，连续作案的达 56 件，占 52.8%。其中连续 10 次以上作案的 23 件，作案次数最高的达 48（笔）次。如襄樊市 364 医院原副院长（兼任江汉分院院长）陈宏安受贿案，陈从 1997 年～2004 年 4 月，先后收受药品经销商陈某等人 48 笔（次）贿赂共计 6 万余元。

（八）预防职务犯罪的措施不够有力

一是不少医疗机构存在重业务轻违法犯罪预防的倾向。医药卫生行业特别是医疗机构对业务水平的要求都很高，普遍比较重视业务知识的学习和提高，但不少单位忽视预防工作，从而导致预防措施不到位，相关人员法律意识淡薄，职务犯罪和商业贿赂犯罪案件时有发生。二是改革的措施与预防腐败的措施不配套。近年来，为推进医疗卫生事业的健康发展，在医疗卫生服务、医疗保障、医疗卫生事业的行政管理和药品生产与流通等方面进行了一些改革，取得了一定成效。但是在改革中对预防职务犯罪和商业贿赂犯罪的问题重视不够，存在改革的措施与预防措施不配套、不衔接的问题，从而给各种医药腐败行为以可乘之机。

三、对策与建议

总的建议：一是全面落实《中共中央、国务院关于深化医药卫生体制改革的意见》，坚持公共医疗卫生的公益性质，坚持预防为主、以农村为重点、中西医并重的方针，实现政事分开、管办分开、医药分开、营利性和非营利性分开，强化政府责任和投入，加强监督管理，创新体制机制。这是预防职务犯罪的根本性、源头性措施。二是全面落实中央《建立健全惩治和预防腐败体系 2008～2012 年工作规划》和省委《关于贯彻落实〈建立健全惩治和预防腐败体系 2008～2012 年工作规划〉的实施办法》，扎实推进腐败风险防控体系建设，有效防范和化解制度风险、岗位风险、环境风险、员工作风风险，保证权力行使安全、资金运用安全、项目（设备招标）建设安全和员工成长安全。

（一）抓好思想教育，增强医药卫生工作人员职业道德观念和法律意识

医药卫生管理部门和各医药卫生单位应结合医药卫生系统的特点，把管钱、管物、管人、管事的人员作为重点，大力开展思想道德和预防职务犯罪教育，提高其思想道德修养，增强预防职务犯罪的责任感和自觉性。要加强对医药生产、销售企业人员的教育，引导他们公平竞争，依法经营，远离回扣，从源头上预防职务犯罪和商业贿赂犯罪的发生。同时，要提高领导干部对防范职务犯罪和商业贿赂犯罪重要性的认识，认真落实《湖北省预防职务犯罪条例》的有关规定，切实把预防职务犯罪和商业贿赂犯罪工作提上议事日程。

（二）建立健全制度，构筑防范商业贿赂的制度屏障

一是要健全医药采购制度，包括招投标制度、采购制度等。二是要健全财务管理制度，防止“坐收坐支”、自收自支、“小金库”、账外账等违法违规行为的发生。三是要完善对领导干部的监督制约制度，坚持民主集中制，确保对领导干部特别是“一把手”的监督制约制度便于操作，能够落实。四是进一步规范处方权的使用，切断处方与回扣的关联。

（三）严格监督管理，依法规范医药卫生行业的各项工作

一方面，医药卫生管理部门要严格行政审批，合理审定价格，防止不法药企规避招标，和医疗机构擅自抬高药价，造成药价虚高；另一方面，医药卫生单位要加强对本单位人员，特别是管钱、管物、管人、管事等人员的监督管理，防止制度虚置，监督落空。

（四）加大查处力度，依法严惩医药卫生领域的不法行为

一方面，要加强对医药卫生领域违法收受回扣等贿赂行为的查处。对于医务人员违法违纪收受回扣、“红包”等贿赂、开大处方、开单提成等行为，要严格按照国家有关法规和行业规范进行处理，情节严重的，要依法取消其执业资格，涉嫌犯罪的要依法及时移送司法机关追究刑事责任。另一方面，对医药卫生领域的行贿行为也不能姑息迁就。对于医药生产、销售企业及其工作人员违反规定给予医务人员回扣等贿赂的，要移送工商行政管理部门依法处理；涉嫌犯罪的，要依法及时移送司法机关追究刑事责任。对于人民法院依法作出的生效判决、裁定认定构成行贿犯罪，并已纳入检察机关建立的行贿犯罪档案的，取消其在各医疗机构的药品销售，并限制或取消其参与药品集中招标采购的资格，已经中标的，要取消其中标资格。

（五）注重预防工作，建立预防商业贿赂的长效机制

一是要建立健全预防工作制度。医药卫生系统各部门和单位都应当注重监管制度和廉政制度的建立，构筑起预防职务犯罪和商业贿赂犯罪的制度防线。要通过建立健全医药采购制度，特别是集中招标采购制度，从制度上防范医务人员利用医药采购之机违法收受回扣；通过建立健全财务结算制度，防止相关医务人员利用药款结算索贿受贿；通过建立健全监督管理制度，加强对医务人员的管理力度，约束和规范医务人员的执业行为，使各项制度和措施都能落到实处，达到预防和减少职务犯罪和商业贿赂犯罪的目的。二是要逐步完善预防犯罪的网络体系。卫生行政、药品监督，以及物价、工商等部门可以与检察机关联合成立医药卫生领域预防职务犯罪和商业贿赂犯罪的协调组织，并将各医药生产、销售企业和医疗机构统一纳入，共同开展预防职务犯罪和商业贿赂犯罪工作，以便形成整体合力，增强预防效应。

农业发展银行和农业银行工作人员职务犯罪情况分析*

一、总体情况

全国检察机关查办情况：2005 年 ~ 2009 年 8 月共立案侦查农业发展银行和农业银行工作人员职务犯罪案件 2 478人，大多数已经被法院作了有罪判决。其中，涉嫌贪污贿赂犯罪 2 374人，涉嫌渎职侵权犯罪 104 人。立案侦查的犯罪嫌疑人中，县处级以上的干部犯罪要案 102 人（含厅级干部 4人）。比较典型的案件有：原中国农业发展银行上海市分行南汇区支行行长夏志雄（正处级）、副行长潘建华（女，副处级）涉嫌私分国有资产 80 万元案，原中国农业发展银行鞍山市分行行长刘殿武（正处级）涉嫌受贿 3 万元案，原中国农业发展银行玉溪市分行副行长柏自全（副处级）涉嫌受贿 10. 3 万元案，原中国农业银行信贷司司长魏香斌（副厅级）涉嫌受贿 11 万元案，原中国农业银行广东省分行行长符史峰（正厅级）涉嫌受贿 31. 8 万元案，原中国农业银行西藏自治区分行行长韩文明（正厅级）涉嫌受贿 540 多万元、副行长李定胜（副厅级）涉嫌受贿 50 万元案，原中国农业银行北京市分行海淀区支行行长梁新华涉嫌玩忽职守案，等等。

湖北省检察机关查办情况：2005 ~ 2009 年 8 月共立案侦查农业发展银行和农业银行工作人员职务犯罪 119 人。其中，涉嫌贪污贿赂犯罪 114 人，

---

* 本文系作者于 2009 年 8 月在湖北省农业发展银行和农业银行系统的授课提纲。

涉嫌渎职侵权犯罪5人。立案侦查的犯罪嫌疑人中，县处级以上的干部犯罪要案8人。比较典型的案件有：原中国农业发展银行武汉市分行某区支行副行长汪某（副处级）涉嫌玩忽职守、受贿案，原中国农业银行湖北省分行总务处处长吴某（正处级）涉嫌受贿5.13万元案，原中国农业银行湖北省分行房贷处处长袁某（正处级）涉嫌受贿23.6万元案，原中国农业银行湖北省分行审计处副处长周某（副处级）涉嫌受贿10万元案，原中国农业银行湖北省分行机构业务处副处长喻某（副处级）涉嫌受贿6万元案，原中国农业银行荆门市分行副行长周某（副处级）涉嫌受贿24万元案，原中国农业银行湖北省分行金穗房地产开发公司总经理蒋某（正处级）涉嫌受贿45.8万元案，等等。

二、主要特点及犯罪成因

（1）从发案趋势看，呈逐年下降趋势。

全国检察机关2005~2008年立案侦查农业发展银行和农业银行工作人员职务犯罪情况如图22所示。4年中分别立案侦查701人、609人、493人、416人，总体呈逐年下降趋势。2008年与2005年相比，立案数下降40.7%，是4年中发案最少的一年。4年中立案侦查的要案数分别为25人、29人、12人、20人，总体呈下降趋势。2008年与2005年相比，立案数下降40.7%，要案数下降20%。

湖北省检察机关2005~2008年立案侦查农业发展银行和农业银行工作人员职务犯罪情况如图23所示。4年中分别立案侦查30人、34人、28人、13人。2008年与2005年相比，立案数下降56.7%，是4年中发案最少的一年。

（2）从与其他国有银行相比较看，发生在农业发展银行和农业银行的职务犯罪最多。2005年~2009年8月，湖北省检察机关立案侦查国有银行系统职务犯罪277人，其中农业发展银行和农业银行119人，建设银行52人，工商银行46人，中国银行38人，中国人民银行14人，其他银行8

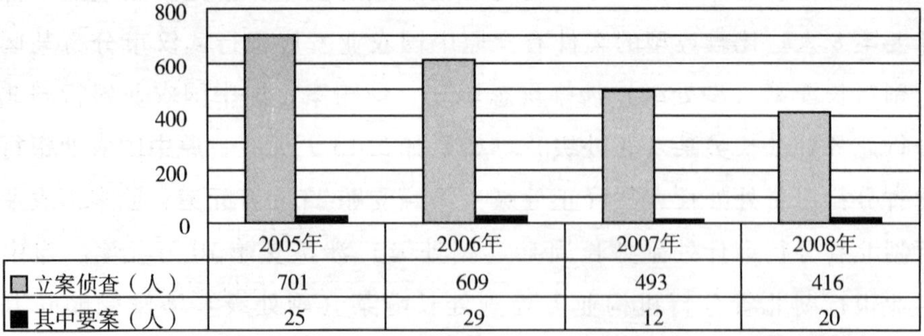

图22　全国检察机关立案侦查农业发展银行和农业银行工作人员职务犯罪情况表

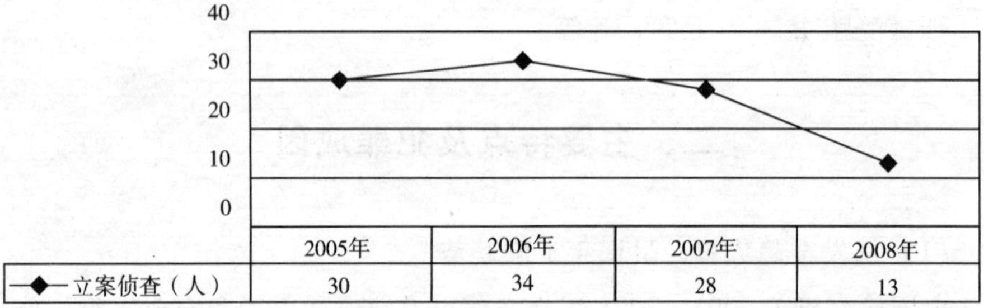

图23　湖北省检察机关立案侦查农业发展银行和农业银行工作人员职务犯罪情况表

人。农业发展银行和农业银行占43%，是发案最多的国有银行系统。（如图24所示）

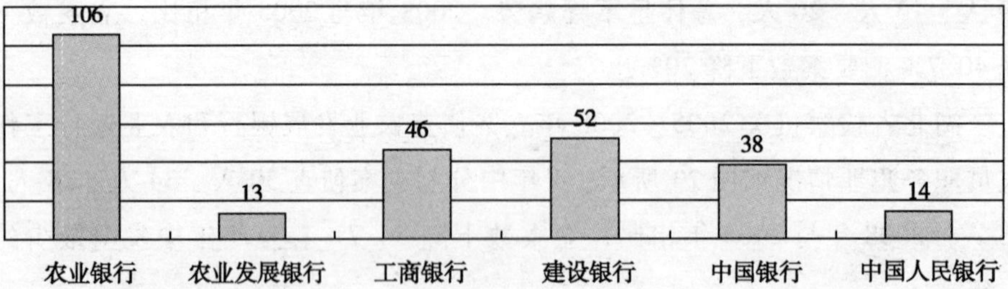

图24　近5年湖北省检察机关立案侦查主要的国有银行工作人员职务犯罪情况（人）

（3）从涉嫌罪名看，绝大多数属于贪利型犯罪且挪用公款罪居多。从全国检察机关立案侦查情况看，贪利型主罪有2 374人，占95.8%；渎职型主罪有104人，占4.2%。要案102人中涉嫌受贿、贪污等贪利型犯罪有

100 人，占 98%，涉嫌渎职型犯罪有 2 人，占 2%。从全省检察机关立案侦查情况看，贪利型主罪有 114 人，占 95.8%；渎职型主罪有 5 人，占 4.2%。要案 8 人中涉嫌受贿、贪污等贪利型犯罪有 7 人，占 87.5%，涉嫌渎职型犯罪有 1 人，占 12.5%。具体情况是：挪用公款罪 60 人，占 50.4%；贪污罪 27 人，受贿罪 21 人，私分国有资产罪 5 人，行贿罪 1 人，玩忽职守罪 5 人，

（4）从犯罪主体看，正副行长和信贷员所占比例较高。从全省检察机关立案侦查情况看，农业发展银行工作人员中有 9 人是正副行长或信贷员，占 69.2%；农业银行工作人员正副行长或信贷员也占 38.7%。

（5）从涉案金额看，大案率高。全国立案侦查的 2478 人中，大案有 1 933人，大案率为 78%；全国立案侦查的 119 人中，大案有 98 人，大案率高达 82.4%。如犯罪嫌疑人陈某在担任某县农业发展银行行长期间，指使会计部主任程某，采取收入不入账和虚列支出等手段，从单位财务上套出资金 630 余万元，经集体研究，分发给单位职工 106.46 万元，涉嫌私分国有资产罪被立案侦查；如犯罪嫌疑人孙某，利用担任中国农业银行某市绿园支行行长的职务之便，与该行营业部副主任贺某合谋，违规发放贷款 300 万元，指使该行信贷员马某发放贷款 1 310万元，指使信贷员董某发放贷款 400 万元，共违规发放贷款 19 笔共计人民币 2 010万元，转而由孙某个人使用或投资于房地产建设，已被以涉嫌挪用公款罪立案查处。

（6）从犯罪表现形式看，主要有“五个突出”。

第一，利用贷款审批、发放权搞权钱交易比较突出。受贿犯罪主要是利用贷款审批、发放权搞权钱交易，谋个人私利。如前述犯罪嫌疑人魏香斌（副厅级），利用担任中国农业银行信贷司司长的职务便利，为陕西宝鸡市毅武集团办理违规贷款，并收受该公司贿赂款人民币 11 万元，被北京市人民检察院第一分院立案查处。如前述犯罪嫌疑人韩文明、李定胜，利用担任中国农业银行西藏自治区分行正副行长职务之便，在其单位基建工程、行服定做以及贷款审批过程中，先后收受陕西精高企业集团董事长童军、西藏林盛助邦木业公司股东蒋朝君等人贿赂款人民币 418 万元、美元

16 万元。如犯罪嫌疑人王巨儒在担任中国农业银行北京市顺义区支行行长、党委书记期间，利用职务之便，在发放贷款过程中，非法收受北京福瑞顺峰混凝土有限公司股份折合人民币 15 万元，并为当事申请贷款单位“开绿灯”。

第二，利用专业特长隐蔽作案的现象比较突出。银行工作人员一般都掌握着金融工作的一些专业特长，使用这些特长犯罪作案，具有很大的隐蔽性，难以一时发现。如犯罪嫌疑人胡某在担任中国农业银行某支行清算员期间，从 2001 年 8 月就开始作案，采用私压传票，然后再自制同等金额的假凭证的手段，将自己管理的银行内部资金转入自己的个人账户上，先后转出资金共 60 万元供自己赌博和偿还赌债，一直作案到 2004 年 12 月。由于作案手段专业，外行人难以发现，直到 2005 年 3 月才案发。又如某县农业银行分理处主任丁某利用贷款人偿还住房公积金贷款本息共计 41 087 元的机会，趁其他柜员不备将 40 000元本金隐蔽，只填写“利息收入传票”，金额 1 087元，在还款凭证第四联上盖“现金收讫”章后，交给会计核算计账，事后将其他几联撕毁，从而贪污本金 4 万元。

第三，贪占或挪用公款进行经营、炒股的现象比较突出。一些犯罪嫌疑人寄希望于“借鸡下蛋”，然后偷偷地再把“鸡”还回去，结果是事与愿违，罪行暴露。如犯罪嫌疑人李某在担任农业发展银行某支行棉花主管信贷员期间，在为区内各棉花公司和加工企业办理棉花收购贷款过程中，伙同他人将棉花收购贷款 335 万元借给他人做生意，同时收受贷款使用人所送的好处费 11. 6 万元。又如某市农行某区支行信贷员汤某采取编造资料的手段骗取贷款 35 万，同时冒领贷款 32 万，用于个人炒股、购买彩票、赌博等，被以涉嫌贪污罪立案侦查。

第四，携款潜逃现象比较突出。从全省检察机关立案侦查情况看，携款潜逃的有 13 人，占 10. 9%，平均每 10 个犯罪嫌疑人就有 1 个携款潜逃。如原中国农业银行某营业所出纳马某伙同其丈夫何某，各自乘当班营业之机，将营业所现金 41 万余元以及某县信用联社城北信用社现金 9. 7 万元私自提取，合计提取 50. 7 万元公款外逃近 7 年，直到 2005 年被检察机关抓获并立案查办。某市农行马口办事处计账会计周某利用职务便利，多次采取自填凭证手段盗取科目资金合计 36.25 万元，并于 1992 年携款外逃，直到 2007 年被检察机关抓获并立案查处。某县农业银行营业员闵某利用职务便利将县直机关干部工资 92.4 万元以转帐支票方式直接打入自己个人户头上，并于 2006 年潜逃，当年被检察机关抓获并立案查办。

第五，玩忽职守造成国家重大经济损失的犯罪案件比较突出。从全省检察机关立案侦查情况看，渎职犯罪案件全部是玩忽职守造成国家重大经济损失的犯罪案件。如犯罪嫌疑人马某、刘某分别在担任某县农业发展银行行长、信贷部主任期间，违反规定，超出业务范围拆借资金 1 000万元给某公司使用，后该公司无法归还，造成 744 万元的直接经济损失；犯罪嫌疑人龚某在担任中国农业银行某市分行天津路支行副行长期间，在办理承兑汇票贴现业务时严重失职，造成国家直接经济损失 1 100万元；王某在担任某县农业银行荆陵分理处坐班主任、会计主管期间，不正确履行监管职责，导致柜员闵某（另案处理）将县财政局委托银行代为发放的县直机关工作人员工资 92.4 万元转入个人账户并携款潜逃，给国家造成重大经济损失。

农业发展银行和农业银行职务犯罪时有发生，其原因是多方面的，主要有以下几条：一是金钱诱惑和贪欲驱使。在贫富差距凸显的今天，人们心理更容易失衡，也更容易受到和接受金钱的诱惑，更难满足膨胀的欲望。银行工作人员与金钱打交道多，一些人包括领导干部往往经不住金钱利益的诱惑，被贪欲所控制和驱使，搞权钱交易或利用职务之便攫取金钱。二是监管机制不健全或落实不到位，给了犯罪分子可乘之机。不少银行单位重对外业务轻内部管理，重制度建设轻监督落实，重防外盗轻防内贼，加上行业竞争日益激烈，一些银行不惜违规操作追求利润的最大化，自身监管不够，章、印、帐、证管理混乱，很多财经制度和监管机制未能与时俱进地及时得到健全和完善。加上银行多是垂直管理，外部的监督制约也难以充分发挥作用。三是基层银行人员素质参差不齐。部分基层银行进人把关不严，未经严格考核，存在照顾性进人，带来隐患。如一些初中或高中毕业的人员被任命为信贷员，甚至成为分理处主任。四是思想教育和法制宣传不到位。金融制度改革以来，银行业竞争日趋激烈，为求生存、谋发展，一些银行把工作思路都放在了拓展业务、追求经济效益上，忽视了对内部干部职工的思想教育和法制宣传，导致一些人利欲熏心，廉洁守法的意识日益淡漠，以致滑向犯罪的深渊。五是打击预防力度不够。有的银行单位对反腐败工作没有正确和清醒的认识，存在一些误区：认为查出犯罪案件会影响单位形象，对一些犯罪苗头遮遮掩掩；有的片面考虑经济账，认为只要追回经济损失，即使发现违法乱纪甚至犯罪现象也仅作内部处理，大事化小，小事化了；有的麻痹大意，整顿、查账等动作对重点嫌疑人不加防范，打草惊蛇，致使犯罪嫌疑人携款潜逃。这些认识上的偏差必然导致查处上的心慈手软、打击和预防的力度不够，客观上助长了犯罪的滋生蔓延。

三、危害及防治措施

农业发展银行和农业银行职务犯罪的危害性表现在：第一，严重影响国家金融活动的正常开展。农业发展银行和农业银行属于国有金融行业，如果发生职务犯罪，将对国家金融工作带来负面影响，损害国家的金融信誉。第二，往往给国家带来巨大的经济损失。当前，发生在银行等金融系统的职务犯罪的犯罪金额居高不下，大量公款被犯罪分子贪占后挥霍或挪用后无法追回，给国家和集体造成极大的经济损失。湖北省近5年立案侦查的119名农业发展银行和农业银行工作人员职务犯罪案件总立案金额达到1.9亿元，人均160万元，是近5年职务犯罪人均立案金额的近20倍。第三，往往造成恶劣的社会影响。此类犯罪一般波及面较广，涉及犯罪金额一般也比较大，往往在社会上反响强烈，老百姓深恶痛绝，对金融单位和政府形象都有消极影响。

主要防治措施如下。

一是加强对农业银行系统工作人员的选任和教育。建立起严格科学的选人用人机制，进行经常性的法制教育、职业道德教育和银行腐败案件警示教育，提高工作人员的法制观念和遵纪守法的意识，增强拒腐防变的能力。

二是建立农业银行系统的行业预防机制。针对农业银行系统的行业特性，建设系统的带行业性的监督管理机制。从建章立制入手，引入科学的管理模式和高科技的监管手段，强化内部管理和内控机制建设。如建立和严格执行银行内部重要岗位轮换制度，如建立和完善要害部位和关键岗位人员的定期考察制度，如强化对印章、密押、重要空白凭证、电脑密码的管理，堵塞漏洞。通过各种具体措施减少和消除产生职务犯罪的土壤和条件，防范犯罪于未然。

三是坚持和强化联手防范机制。农业银行系统要加强与纪检、监察、检察、审计等部门的联系和相互配合，建立联手防范机制，共同研究制定防范措施，加强对农业银行系统新型的金融业务的配套立法和制度研究，促使农业银行系统的预防职务犯罪工作向系统化、社会化、法制化方面发展，更有效地遏制和防范职务犯罪的发生。